"十二五"普通高等教育本科国家级规划教材



新编21世纪法学系列教材

总主编　曾宪义　王利明

# 世界贸易组织法

第三版

World Trade Organization Law

韩立余　著

中国人民大学出版社
·北京·

# 编审委员会

## 作者简介

**韩立余** 中国人民大学法学院教授，博士生导师；中国人民大学法学博士，香港大学法律学院普通法深造文凭。兼任国务院关税税则委员会咨询专家委员会委员、世界贸易组织争端解决机构专家组成员、中国法学会世界贸易组织法研究会副秘书长。主要著作有《既往不咎——WTO争端解决机制研究》（北京市哲学社会科学优秀成果一等奖、中国法学会中国法学优秀成果专著类二等奖）、《美国外贸法》（北京市哲学社会科学优秀成果二等奖）、《世贸规则与产业保护》、《经营者集中救济制度》、GATT/WTO案例分析多卷本等。

## 内容简介

《世界贸易组织法》包括总论、分论和中国三大部分，具体包括世界贸易组织概论、争端解决机制、贸易待遇、关税制度、数量及其他非关税壁垒、农产品贸易、反倾销措施、补贴与反补贴措施、保障措施、国际服务贸易、与贸易有关的知识产权、中国在世界贸易组织中的权利和义务、世界贸易组织的挑战和未来。

本书的最大特点是结构合理、内容精练。将繁杂的世界贸易组织规则，按照一定的内容和逻辑进行编排，使读者更好地理解相关规则、制度和协议，是世界贸易组织法教材编写者的一项任务。本书以制度为核心，将规则和协议贯穿其中，达到了纲目结合、纲举目张的效果。本书作者在深入领会规则、广泛阅读案例的基础上，概括出世界贸易组织的核心规则，浓缩世界贸易组织规则精要，并反映案例法的法理发展，有利于读者更好地掌握世界贸易组织规则。

2014年6月国务院办公厅颁发了《关于进一步加强贸易政策合规工作的通知》，要求各级政府和部门做好贸易政策合规工作。贸易政策合规，是指贸易政策应当符合《世界贸易组织协定》及其附件和后续协定、《中华人民共和国加入世界贸易组织议定书》和《中国加入世界贸易组织工作组报告书》。这一通知要求，实际上对世界贸易组织法课程提出了要求：了解世界贸易组织规则，是贸易政策合规的要求；世界贸易组织法这一课程，是了解世界贸易组织规则的有效途径。而《世界贸易组织法》是帮助实现这一目标的最好助手。

《世界贸易组织法》在正文之后附加练习题及参考答案，为读者进一步理解和思考世界贸易组织规则提供了方便，可作为本科生和研究生的教材使用。

# 总　序

曾憲義

在人类文明与文化的发展中，中华民族曾作出过伟大的贡献，不仅最早开启了世界东方文明的大门，而且对人类法治、法学及法学教育的生成与发展进行了积极的探索与光辉的实践。

在我们祖先生存繁衍的土地上，自从摆脱动物生活、开始用双手去进行创造性的劳动、用人类特有的灵性去思考以后，我们人类在不断改造客观世界、创造辉煌的物质文明的同时，也在不断地探索人类的主观世界，逐渐形成了哲学思想、伦理道德、宗教信仰、风俗习惯等一系列维系道德人心、维持一定社会秩序的精神规范，更创造了博大精深、义理精微的法律制度。应该说，在人类所创造的诸种精神文化成果中，法律制度是一种极为奇特的社会现象。因为作为一项人类的精神成果，法律制度往往集中而突出地反映了人类在认识自身、调节社会、谋求发展的各个重要进程中的思想和行动。法律是现实社会的调节器，是人民权利的保障书，是通过国家的强制力来确认人的不同社会地位的有力杠杆，它来源于现实生活，而且真实地反映现实的要求。因而透过一个国家、一个民族、一个时代的法律制度，我们可以清楚地观察到当时人们关于人、社会、人与人的关系、社会组织以及哲学、宗教等诸多方面的思想与观点。同时，法律是一种具有国家强制力、约束力的社会规范，它以一种最明确的方式，对当时社会成员的言论或行动作出规范与要求，因而也清楚地反映了人类在各个历史发展阶段中对于不同的人所作出的种种具体要求和限制。因此，从法律制度的发展变迁中，同样可以看到人类自身不断发展、不断完善的历史轨迹。人类社会几千年的国家文明发展历史已经无可争辩地证明，法律制度乃是维系社会、调整各种社会关系、保持社会稳定的重要的工具。同时，法律制度的不断完善，也是人类社会文明进步的显著体现。

由于发展路径的不同、文化背景的差异，东方社会与西方世界对于法律的意义、底蕴的理解、阐释存有很大的差异，但是，在各自的发展过程中，都曾比较注重法律的制定与完善。中国古代虽然被看成是“礼治”的社会、“人治”的世界，被认为是“只有刑，没有法”的时代，但从《法经》到《唐律疏议》、《大清律例》等数十部优秀成文法典的存在，充分说明了成文制定法在中国古代社会中的突出地位，唯这些成文法制所体现出的精神旨趣与现代法律文明有较大不同而已。时至20世纪初叶，随着西风东渐、东西文化交流加快，中国社会开始由古代的、传统的社会体制向近现代文明过渡，建立健全的、符合现代理性精神的法律文明体系方成为现代社会的共识。正因为如此，近代以来的数百年间，在西方、东方各主要国家里，伴随着社会变革的潮起潮落，法律改革运动也一直呈方兴未艾之势。

从历史上看，法律的文明、进步，取决于诸多的社会因素。东西方法律发展的历史均充分证明，推动法律文明进步的动力，是现实的社会生活，是政治、经济和社会文化的变迁；同时，法律内容、法律技术的发展，往往依赖于一大批法律专家以及更多的受过法律教育的社会成员的研究和推动。从这个角度看，法学教育、法学研究的发展，对于法律文明的发展进步，也有着异常重要的意义。正因为如此，法学教育和法学研究在现代国家的国民教育体系和科学研究体系中，开始占有越来越重要的位置。

中国近代意义上的法学教育和法学研究，肇始于19世纪末的晚清时代。清光绪二十一年（公元1895年）开办的天津中西学堂，首次开设法科并招收学生，虽然规模较小，但仍可以视为中国最早的近代法学教育机构（天津中西学堂后改名为北洋大学，又发展为天津大学）。三年后，中国近代著名的思想家、有"维新骄子"之称的梁启超先生即在湖南《湘报》上发表题为《论中国宜讲求法律之学》的文章，用他惯有的富有感染力的激情文字，呼唤国人重视法学，发明法学，讲求法学。梁先生是清代末年一位开风气之先的思想巨子，在他的辉煌的学术生涯中，法学并非其专攻，但他仍以敏锐的眼光，预见到了新世纪中国法学研究和法学教育的发展。数年以后，清廷在内外压力之下，被迫宣布实施"新政"，推动变法修律。以修订法律大臣沈家本为代表的一批有识之士，在近十年的变法修律过程中，在大量翻译西方法学著作，引进西方法律观念，有限度地改造中国传统的法律体制的同时，也开始推动中国早期的法学教育和法学研究。20世纪初，中国最早设立的三所大学——北洋大学、京师大学堂、山西大学堂均设有法科或法律学科目，以期"端正方向，培养通才"。1906年，应修订法律大臣沈家本、伍廷芳等人的奏请，清政府在京师正式设立中国第一所专门的法政教育机构——京师法律学堂。次年，另一所法政学堂——直属清政府学部的京师法政学堂也正式招生。这些大学法科及法律、法政学堂的设立，应该是中国历史上近代意义上的正规专门法学教育的滥觞。

自清末以来，中国的法学教育作为法律事业的一个重要组成部分，随着中国社会的曲折发展，经历了极不平坦的发展历程。在20世纪的大部分时间里，中国社会一直充斥着各种矛盾和斗争。在外敌入侵、民族危亡的沉重压力之下，中国人民为寻找适合中国国情的发展道路而花费了无穷的心力，付出过沉重的代价。从客观上看，长期的社会骚动和频繁的政治变迁曾给中国的法治与法学带来过极大的消极影响。直至70年代末期，以"文化大革命"宣告结束为标志，中国社会从政治阵痛中清醒过来，开始用理性的目光重新审视中国的过去，规划国家和社会的未来，中国由此进入长期稳定、和平发展的大好时期，以这种大的社会环境为背景，中国的法学教育也获得了前所未有的发展机遇。

从宏观上看，实行改革开放以来，经过二十多年的努力，中国的法学教育事业所取得的成就是辉煌的。首先，经过"解放思想，实事求是"思想解放运动的洗礼，在中国法学界迅速清除了极左思潮及苏联法学模式的一些消极影响，根据本国国情建设社会主义法治国家已经成为国家民族的共识，这为中国法学教育和法学研究的发展奠定了稳固的思想基础。其次，随着法学禁区的不断被打破、法学研究的逐步深入，一个较为完善的法学学科体系已经建立起来。理论法学、部门法学各学科基本形成了比较系统和成熟的理论体系和学术框架，一些随着法学研究逐渐深入而出现的法学子学科、法学边缘学科也渐次成型。1997年，国家教育主管部门和教育部高校法学学科教学指导委员会对原有专业目录进行了又一次大幅度调整，决定自1999年起法学类本科只设一个单一的法学专业，按照一个专业招生，从而使法学学科的布局更加科学和合理。同时，在充分论证的基础上，确定了法学专业本科教学的14门核心课程，加上其他必修、选修课程的配合，由此形成了一个传统与更新并重、能够适应国家和社会发展需要的教学体系。法学硕士和博士研究生及法律硕士专业学位研究生的专业设置、课程教学和培养体系也日臻完善。再次，法学教育的规模迅速扩大，层次日趋齐全，结构日臻合理。目前中国有六百余所普通高等院校设置了法律院系或法律本科专业，在校本科学生和研究生已达二十余万人。除本科生外，在一些全国知名的法律院校，法学硕士研究生、法律硕士专业学位研究生、法学博士研究生已经逐步成为培养的重点。

众所周知，法律的进步、法治的完善，是一项综合性的社会工程。一方面，现实社会关系的发展，国家政治、经济和社会生活的变化，为法律的进步、变迁提供动力，提供社会的土壤。另一方面，法学教育、法学研究的发展，直接推动法律进步的进程。同时，全民法律意识、法律素质的提高，则是实现法治国理想的关键的、决定性的因素。在社会发展、法学教育、法学研究等几个攸关法律进步的重要环节中，法学教育无疑处于核心的、基础的地位。中国法学教育过去二十多年所走过的历程令人激动，所取得的成就也足资我们自豪。随着国家的发展、社会的进步，在21世纪，我们面临着更严峻的挑战和更灿烂的前景。“建设世界一流法学教育”，任重道远。

首先，法律是建立在经济基础之上的上层建筑，以法治为研究对象的法学也就成为一门实践性很强的学科。社会生活的发展变化，势必要对法学教育、法学研究不断提出新的要求。经过二十多年的奋斗，中国改革开放的前期目标已顺利实现。但随着改革开放的逐步深入，国家和社会的一些深层次问题，比如说社会主义市场经济秩序的真正建立、国有企业制度的改革、政治体制的完善、全民道德价值的重建、环境保护和自然资源的合理利用等等，也已经开始浮现出来。这些复杂问题的解决，无疑最终都会归结到法律制度的完善上来。建立一套完善、合理的法律制度，构建理想的和谐社会，乃一项持久而庞大的社会工程，需要全民族的智慧和努力。其中的基础性工作，如理论的论证、框架的设计、具体规范的拟订、法律实施中的纠偏等等，则有赖于法学研究的不断深入，以及高素质人才特别是法律人才的养成，而培养法律人才的任务，则是法学教育的直接责任。

其次，21世纪是一个多元化的世纪。20世纪中叶发生的信息技术革命，正在极大地改变着我们的世界。现代科学技术，特别是计算机网络信息技术的发展，使传统的生活方式、思想观念发生了根本的改变，并由此引发许多人类从未面对过的问题。就法学教育而言，在21世纪所要面临的，不仅是教学内容、研究对象的多元化问题，而且还有培养对象、培养目标的多元化、教学方式的多元化等一系列问题，这些问题都需要法学界去思考、去探索。

中国人民大学法学院建立于1950年，是新中国诞生后创办的第一所正规高等法学教育机构。在半个多世纪的岁月中，中国人民大学法学院以其雄厚的学术力量、严谨求实的学风、高水平的教学质量以及丰硕的学术研究成果，在全国法学教育领域处于领先地位，并开始跻身于世界著名法学院之林。据初步统计，中国人民大学法学院已经为国家培养法学专业本科生、硕士生、博士生一万余人，培养各类成人法科学生三十余万人。经过多年的努力，中国人民大学法学院形成了较为明显的学术优势，在现职教师中，既有一批资深望重、在国内外享有盛誉的法学前辈，更有一大批在改革开放后成长起来的优秀中青年法学家。这些老中青法学专家多年来在勤奋研究法学理论的同时，也积极投身于国家的立法、司法实践，对国家法制建设贡献良多。

有鉴于此，中国人民大学法学院与中国人民大学出版社经过研究协商，决定结合中国人民大学法学院的学术优势和中国人民大学出版社的出版力量，出版一套“21世纪法学系列教材”。自1998年开始编写出版本科教材，包括按照教育部所确定的法学专业核心课程和其所颁布印发的《全国高等学校法学专业核心课程基本要求》而编写的14门核心课程教材，也包括法学各领域、各新兴学科教材及教学参考书和案例分析在内，到2000年12月3日在人民大会堂大礼堂召开举世瞩目的“21世纪世界百所著名大学法学院院长论坛暨中国人民大学法学院成立五十周年庆祝大会”之时，业已出版了50本作为50周年院庆献礼，到现在总共出版了80本。为了进一步适应高等法学教育发展的形势和教学改革的需要，最近中国人民大学法学院与中国人民大学出版社决定将这套教材扩大为四个系列，即：“本科生用书”、“法学研究生用书”、“法律硕士研究生用书”以及“司法考试用书”，总数将达二百多本。我们设想，本套教材的编写，将更加注意“高水准”与“适用性”的合理结合。首先，本套教材将由中国人民大学法学院具有全国影响的各学科的学术带头人领衔，约请全国高校优秀学者参加，形成学术实力强大的编写阵容。同时，在编写教材时，将注意吸收中国法学研究的最新的学术成果，注意国际学术发展的最新动向，力求使教材内容能够站在21世纪的学术前沿，反映各学科成熟的理论，体现中国法学的水平。其次，本套教材在编写时，将针对新时期学生特点，将思想性、学术性、新颖性、可读性有机结合起来，注意运用典型生动的案例、简明流畅的语言去阐释法律理论与法律制度。

我们期望并且相信，经过组织者、编写者、出版者的共同努力，这套法学教材将以其质量效应、规模效应，力求成为奉献给新世纪的精品教材，我们诚挚地祈望得到方家和广大读者的教正。

2006年7月1日

# 序　言

法学教育是高等教育的重要组成部分，是建设社会主义法治国家、构建社会主义和谐社会的重要基础，并居于先导性的战略地位。在我国社会转型的新世纪、新阶段，法学教育不仅要为建设高素质的法律职业共同体服务，而且要面向全社会培养大批治理国家、管理社会、发展经济的高层次法律人才。近年来，法学教育取得了长足的进步，法科数量增长很快，教育质量稳步提高，培养层次日渐完善，目前已经形成了涵盖本科生、第二学士学位生、法学硕士研究生、法律硕士研究生、法学博士研究生的完整的法学人才培养体系，接受法科教育已经成为莘莘学子的优先选择之一。随着中国法治事业的迅速发展，我们有理由相信，中国法学教育的事业大有可为，中国法学教育的前途充满光明。

教育的基本功能在于育人，在于塑造德才兼备的高素质人才。法学教育的宗旨并非培养只会机械适用法律的“工匠”，而承载着培养追求正义、知法懂法、忠于法律、廉洁自律的法律人的任务。要完成法学教育的使命，首先必须认真抓好教材建设。我始终认为，教材是实现教育功能的重要工具和媒介，法学教材不仅仅是法学知识传承的载体，而且是规范教学内容、提高教学质量的关键，对法学教育的发展有着不可估量的作用。

第一，法学教材是传授法学基本知识的工具。初学法律，既要有好的老师，又要有好的教材。正如冯友兰先生所言：“学哲学的目的，是使人作为人能够成为人，而不是成为某种人。其他的学习（不是学哲学）是使人能够成为某种人，即有一定职业的人。”一套好的教材，能够高屋建瓴地展示法律的体系，能够准确简明地阐释法律的逻辑，能够深入浅出地叙述法律的精要，能够生动贴切地表达深奥的法理。所以，法学教材是学生学习法律的向导，是学生步入法律殿堂的阶梯。如果在入门之初教材就有偏颇之处，就可能误人子弟，学生日后还要花费大量时间与精力来修正已经形成的错误观念。

第二，法学教材是传播法律价值理念的载体。好的法学教材不仅要传授法学知识，更要传播法律的精神和法治的理念，例如对公平、正义的追求，尊重权利的观念。本科、研究生阶段的青年学子，正处在人生观、价值观形成的阶段，一套优秀的法学教材，对于他们价值观的塑造和健全人格的培养具有重要意义。

第三，法学教材是形成职业共同体的主要条件。建设社会主义法治国家，有赖于法律职业共同体的生成。一套好的法学教材，向法律研习者传授共同的知识，这对于培养一个接受共同的价值理念、共同的法律思维、共同的话语体系的法律共同体，具有重要的作用。

第四，法学教材是所有法律研习者的良师益友。没有好的教材，一个好的教师或可弥补教材的欠缺和不足，但对那些没有老师指导的自学者而言，教材就是老师，其重要作用是显而易见的。

长期以来，在我们的评价体系中，教材并没有获得应有的注重，对学术成果的形式优先考虑的往往是专著而非教材。在不少人的观念中，教材与创新、与学术精品甚至与学术无缘。其实，要真正写出一部好的教材，其难度之大、工作之艰辛、影响之深远，绝不低于一部优秀的专著，它甚至可以成为在几百年甚至更长的时间内发挥作用的传世之作。以查士丁尼的《法学阶梯》为例，所谓法学阶梯，即法学入门之义，就是一部教材。但它概括了罗马法的精髓，千百年来，一直是人们研习罗马法最基本的著述。日本著名学者我妻荣说过，大学教授有两大任务：一是写出自己熟悉的专业及学术领域的讲义乃至教科书；二是选择自己最有兴趣、最看重的题目，集中精力进行终生的研究。实际上，这两者是相辅相成的。写出一部好教材，必须要对相关领域形成一个完整的知识体系，还要能以深入浅出的语言将问题讲清楚、讲明白。没有编写教材的基本功，实际上也很难写出优秀的专著。当然，也只有对每一个专题都有一定研究，才能形成对这个学术领域的完整把握。

虽然近几年我国法学教育发展迅速，成绩显著，但是法学教育也面临许多挑战。各个学校的师资队伍和教学质量参差不齐，这就更需要推出更多的结构严谨、内容全面、角度各有侧重、能够适应不同需求的法学教材，为提高法学教学和人才培养质量、保障法学教育健康发展提供前提条件。

长期以来，中国人民大学法学院始终高度重视教材建设。作为新中国成立后建立的第一所正规的法学教育机构，中国人民大学法律系最早开设了社会主义法学教学课堂，编写了第一套社会主义法学讲义，培养了新中国第一批法学本科生和各学科的硕士生、博士生，产生了新中国最早的一批法学家和法律工作者。中国人民大学法律系因此被誉为“新中国法学教育的工作母机”。半个多世纪以来，中国人民大学法学院为社会主义法制建设培养了大批优秀的法律人才，并为法学事业的振兴和繁荣作出了卓越贡献，也因此成为引领中国法学教育的重镇、凝聚国内法律人才的平台和沟通中外法学交流的窗口，并在世界知名法学院行列中崭露头角。为了对中国法学教育事业作出更大的贡献，我们有义务也有责任出版一套体现我们最新研究成果的法学教材。

承蒙中国人民大学出版社的大力支持，我们组织编写了本套教材，其中包括本科生用书、法律硕士研究生用书、法学研究生用书和司法考试用书四大系列，分别面向不同层次法科教育需求。编写人员以中国人民大学法学院教师为主，反映了中国人民大学法学院整体的研究实力和学术视野。相信本套教材的出版，一定能够为新时期法学教育的繁荣发展发挥应有的作用。

是为序。

2006年7月10日

# 第三版修订说明

世界贸易组织运行已近二十年，对世界贸易组织规则的理解日趋深入。中国越来越多的涉诉争端，提高了世界贸易组织事务在中国的关注度。就中国读者而言，已经超越了依赖中文读物了解世界贸易组织规则之阶段。方便的互联网络，零时差的信息共享，为中国读者及时了解世界贸易组织的相关信息提供了便利。这对中文《世界贸易组织法》教材提出了更高的要求。内容系统性、表述简明性、理解准确性，成为教材修订的指导思想。具体方法上，删繁就简，除旧更新。文字上，尽可能按中文习惯来表述，而不再拘泥于拗口的译文。

本教材出版后，得到了读者的肯定；读者也提出了进一步完善的建议，这些建议在这次修订中都得到了落实。但作者也深知自己的知识、能力和精力有限，这次修订还会有不足之处，恳请读者多多批评指正。

韩立余

2014 年夏

# 编写说明

中国加入世界贸易组织后，世界贸易组织规则不再是研究者的专属领域，而成为与中国经济生活紧密相关、中国经济发展不能摆脱的规范和准则。中国以加入成员的方式，按照中国与世界贸易组织议定的条件，加入了世界贸易组织。为加入世界贸易组织，中国作出了自己的承诺；加入世界贸易组织后，中国享有了世界贸易组织规则确立的权利。中国根据世界贸易组织的一般规则和中国“入世”议定书享有权利和义务。

中国“入世”对中国的经济产生了重要的影响，而且必将产生更为重大的影响。进一步了解世界贸易组织的规则，及时跟踪世界贸易组织规则的适用，是一项艰巨而道远的任务。在大学开设世界贸易组织法课程，为学生走入社会充分应用世界贸易组织规则奠定基础，培养相关人才，成为中国入世后法学教育的最基本要求。

目前国内开设世界贸易组织法课程的法学院系越来越多。除研究生开设该课程外，本科生开设该课的也呈增多之势。但师生感觉普遍的问题是缺乏合适的教材，现有著作或者过深或者过浅。有的教师只好自己复制材料供学生阅读，但由于条件所限，提供的材料不完整，影响学生全面地掌握世界贸易组织法的基本内容。

为满足世界贸易组织法教学的需要，本着内容简明、全面、准确，篇幅适中的原则，作者根据自己的教学研究经验和他人的研究成果，撰写了这本世界贸易组织法教材，供世界贸易组织法课程使用。

本教材由韩立余撰写。尽管作者在撰写时尽心尽责，但由于精力、水平所限，恐仍有不足之处，敬请读者批评指正。

韩立余

2005年10月

# 目　录

## 第一部分　法律制度总论



## 第二部分　贸易制度分论

# 第一部分

# 法律制度总论

# 第一章

# 世界贸易组织概论

本章摘要

世界贸易组织的成立标志着真正统一的国际贸易制度的形成。与其前身关税与贸易总协定相比，世界贸易组织在许多方面都表现出重大不同。其调整范围不再仅仅限于国际货物贸易，而且还扩大到服务贸易、与贸易有关的知识产权；其职责既包括管理、实施有关贸易规则，还包括对成员的贸易政策进行审查、解决国际贸易中发生的成员之间的贸易争端。世界贸易组织成员不断扩大，其成员间的贸易额占世界贸易的绝大部分。但在体制上，世界贸易组织继承了关税与贸易总协定的决策做法，使其成为一个独特的国际经济组织。

关 键 词

GATT1947　GATT1994　WTO　非歧视原则　多边体制　统一制度　临时适用议定书　累积适用　国际公法上的习惯解释原则　有效解释

## 第一节　世界贸易组织的建立

### 一、世界贸易组织的建立

1995年1月1日，世界贸易组织正式成立，宣告了国际贸易管理的真正多边体制诞生。

世界贸易组织（World Trade Organization，WTO）的建立是关税与贸易总协定（GATT）乌拉圭回合谈判的结果。在这次谈判中，作为谈判成果之一，签订了《建立世界贸易组织的马拉喀什协定》（以下简称《世界贸易组织协定》），该协定以及其他最后文件于1995年1月1日起生效。

第二次世界大战后期，英美希望建立一个在政治上和经济上皆有规则可循的世界。于是联合国、世界银行、国际货币基金组织相继成立，但原计划作为经济三大支柱之一的国际贸易组织夭折了。美国等许多国家将关税减让谈判达成的成果及国际贸易组织宪章（哈瓦那宪章）草案中有关关税与贸易政策的条款合并起来，即《关税与贸易总协定》，根据《关税与贸易总协定临时适用议定书》（PPA）临时适用。《关税与贸易总协定》自 1948 年 1 月 1 日起，一直临时适用到世界贸易组织成立，临时适用期限长达 47 年。关税与贸易总协定逐渐演变为事实上的国际组织。

关税与贸易总协定主持进行了 8 次贸易回合的谈判，其中前 5 次主要是关税减让谈判。从 20 世纪 60 年代肯尼迪回合谈判开始，谈判议题超出了关税减让范围。第六次谈判达成了反倾销措施协议但没生效，第七次谈判东京回合达成了一系列非关税措施框架的守则，如补贴与反补贴措施守则、贸易技术壁垒守则、进口许可程序守则、政府采购守则、海关估价守则、反倾销守则、牛肉制品协议、国际奶制品协议和民用航空器贸易协议等，被主要发达成员采用。

1986 年开始的乌拉圭回合谈判，谈判议题空前扩大，不但就关税减让、非关税措施进行了谈判，而且还对与贸易有关的知识产权问题、与贸易有关的投资措施问题、服务贸易问题、争议解决机制问题进行了谈判并达成了协议。该谈判导致了世界贸易组织的产生。

1993 年 12 月 15 日，乌拉圭回合谈判的代表草签了谈判达成的协议，标志着乌拉圭回合谈判的结束。1994 年 4 月 15 日，乌拉圭回合谈判代表正式签署了《乌拉圭回合多边谈判结果最后文件》，各国立法机关遵循国内程序批准这一谈判结果。世界贸易组织于 1995 年 1 月 1 日起正式成立。

## 二、世界贸易组织是对关税与贸易总协定的继承和发展

在谈论关税与贸易总协定时，实际上包括两层意义：一是作为国际文件的关税与贸易总协定，该协定规定了国际贸易的基本规则；二是作为国际组织的关税与贸易总协定，负责管理关税与贸易总协定的规则的执行。

世界贸易组织成立后一年，作为国际组织的关税与贸易总协定随之不再存在，而由世界贸易组织代替。作为协议的关税与贸易总协定依然存在，但已变成世界贸易组织规则的一部分，而且已被修订。作为规则旧文本的关税与贸易总协定，现在被称为 GATT1947，而新修订的文本的关税与贸易总协定被称为 GATT1994。关税与贸易总协定仅处理货物贸易。世界贸易组织成立后，修订后的 GATT1994 作为《世界贸易组织协定》的一部分，和《与贸易有关的知识产权协定》（TRIPS）以及《服务贸易总协定》（GATS）共同组成调整世界贸易的规则的主要框架。

上述三项协议构成一整套贸易规则，由同一个多边贸易组织——世界贸易组织管理，适用同一贸易争端解决机制；同时世界贸易组织还设立贸易政策审查机制，共同保证贸易规则的实施。因此，从关税与贸易总协定，发展到世界贸易组织，不仅仅是调整范围的简单扩大，而是一个质的变化。

世界贸易组织制度是统一的制度，和关税与贸易总协定框架下的分散性制度有着根本

的不同，后一制度由一系列协议、谅解和法律文件组成，其中最重要的是GATT1947和东京回合协议（又称东京守则）。每一主要协议都是拥有不同缔约方、独立的管理机构和独立的争端解决机制的条约。如关税与贸易总协定有128个缔约方，而反补贴守则仅有28个缔约方；GATT1947由缔约方全体管理，而东京回合协议则由各协议的委员会管理。

《世界贸易组织协定》是由全体成员作为整个承诺接受的单一的条约文件。其第2条第2款明确规定，附件1、附件2和附件3是《世界贸易组织协定》的有机组成部分，对所有成员都有约束力。在此框架内，所有世界贸易组织成员都受《世界贸易组织协定》和3个附件中的权利与义务的约束。

世界贸易组织是一个具有法律人格的国际经济组织，具有每一成员赋予的履行其职责所需要的法定资格，《世界贸易组织协定》是其成立的明确法律依据。世界贸易组织及其官员和各成员代表享有履行职责所必需的特权和豁免。而关税与贸易总协定从始至终，都没有正式取得法律人格，只是从一个多边条约逐渐演变为一个事实上的国际组织，它缺乏履行职能所必需的组织机构和制度。在国际法上，世界贸易组织和关税与贸易总协定的法律地位是不同的。

尽管存在上述不同点，但世界贸易组织和关税与贸易总协定之间是继承和发展的关系：关税与贸易总协定是世界贸易组织的前身，世界贸易组织是关税与贸易总协定的延续。关税与贸易总协定的缔约方成为世界贸易组织的创始成员。GATT1994主要是由GATT1947组成的，吸收了世界贸易组织成立前关税与贸易总协定几乎所有的贸易规则（《临时适用议定书》除外），并成为世界贸易组织三大贸易规则之一。

在基本原则上，关税与贸易总协定中的主要原则，如最惠国待遇原则、国民待遇原则、透明度原则，都被另外两项重要协定——《服务贸易总协定》、《与贸易有关的知识产权协定》吸收，并具体适用于各自的适用范围和调整事项。这是世界贸易组织规则和关税与贸易总协定规则密切联系的重要体现。

在决策方式上，世界贸易组织继续实行GATT1947所遵循的经协商一致作出决定的惯例。在争端解决方面，世界贸易组织成员确认，遵守世界贸易组织成立前根据GATT1947第22条和第23条实施的管理争端的原则。《关于争端解决规则与程序的谅解》（DSU）尽管与GATT1947第22条和第23条适用范围不同，但实质上是对后者反映的规则和程序的进一步澄清、细化和补充。

## 第二节　世界贸易组织的职能和机构

### 一、世界贸易组织的宗旨

世界贸易组织作为世界上唯一的多边性国际贸易管理组织，旨在提高生活水平，保证充分就业，扩大货物与服务的生产与贸易，为持续发展之目的扩大对世界资源的合理利用，保护和维护环境，并以与不同经济发展水平相适应的方式采取相应的措施；强调发展中成员尤其是最不发达成员在国际贸易中获得增长并取得更大的份额，建立完整的、更有活力的和持久的多边贸易体系，保持多边贸易制度的基本原则和加强该体制的目标。

## 二、世界贸易组织的地位和职能

世界贸易组织具有国际法上的法律人格，享有各成员所赋予的为履行其职责所需的特权或豁免，其官员和各成员代表同样享有各成员所赋予的独立行使世界贸易组织有关职责所必需的特权和豁免。

世界贸易组织主要履行以下 4 种职能：第一，促进乌拉圭回合各项法律文件以及今后可能达成的各项新的协议的实施、管理与运作；第二，为世界贸易组织就协议范围内的问题和世界贸易组织授权范围内的新议题的进一步谈判提供谈判场所；第三，负责解决其成员间存在的贸易分歧和争端；第四，负责定期审查其成员的贸易政策。

此外，世界贸易组织还负责对发展中成员提供技术援助和培训，与其他国际组织合作。

## 三、世界贸易组织的机构与成员

世界贸易组织的最高决策机构是部长会议。部长会议履行世界贸易组织的职能，并为此采取必需的措施。部长会议有权对各多边贸易协议中的任何事项作出决定。部长会议至少每两年召开一次。部长会议由各成员代表组成。

在部长会议休会期间，由总理事会行使部长会议的职能。总理事会还执行《世界贸易组织协定》指定的各项职能。总理事会作为争端解决机构召开会议，履行《关于争端解决规则与程序的谅解》（DSU）规定的争端解决机构的职责。总理事会作为贸易政策审查机构召开会议，行使《贸易政策审查机制》所规定的贸易政策审查职责。总理事会由所有成员代表组成，向部长会议报告。实际上，一个机构，三块牌子。

世界贸易组织设立货物贸易理事会、服务贸易理事会和与贸易有关的知识产权理事会，在总理事会的指导下，分别负责《多边货物贸易协议》、GATS 以及 TRIPS 的运作。各理事会可据需要建立自己的下属机构。各理事会行使各有关协议及总理事会赋予的职责。各理事会的成员从所有成员代表中产生。

世界贸易组织设立贸易与发展委员会、国际收支限制委员会以及预算、财务和行政管理委员会，行使有关协议赋予的职责及总理事会赋予的职责。除上述委员会外，现在还设立了贸易与环境委员会、区域贸易协定委员会。

诸边贸易协议下设立的各种机构，行使这些协议赋予的职责，并在世界贸易组织框架内运作，其活动应通知总理事会。

世界贸易组织设立秘书处，由总干事领导。部长会议任命总干事，并制订有关规则确定总干事的权力、责任、任职条件及任期。总干事任命秘书处职员，并据部长会议确定的规则确定他们的责任和任职条件。总干事和秘书处的职员具有国际性质，在履行职责方面，不应当寻求和接受世界贸易组织之外的任何政府或其他当局的指示，应避免有损其国际官员身份的行为；同时，世界贸易组织的成员应尊重总干事和秘书处职员在其职责方面的国际性质，不应对他们行使职权施加影响。

世界贸易组织的成员包括国家和单独关税区，欧洲共同体（以下简称欧共体）及其成员皆是世界贸易组织的成员。中国香港特别行政区、澳门特别行政区和台湾地区皆以单独关税区的身份成为世界贸易组织的成员。成员分原始成员和加入成员。在《世界贸易组织协定》生效日，关税与贸易总协定的原缔约方和欧共体，接受《世界贸易组织协定》及多边贸易协议，并在GATT1994附有承诺和减让表以及在《服务贸易总协定》中附有具体承诺者，都是世界贸易组织创始成员。不是原GATT的缔约方的任何国家，或在对外贸易关系方面和《世界贸易组织协定》及多边贸易协议所规定的事务方面享有充分自治的单独关税区，可以在它和世界贸易组织议定的条件下，加入世界贸易组织。这种加入适用于《世界贸易组织协定》及所附的多边贸易协议，加入应由部长会议作出决定，经2/3多数同意。

中国以加入的方式，于2002年12月11日正式成为世界贸易组织的成员。根据《世界贸易组织协定》，任何国家申请加入该组织，都必须按该国与世界贸易组织成员达成的条件进入。中国加入世界贸易组织的条件规定在《中国加入世界贸易组织议定书》及其附件《工作组报告》中。中国加入世界贸易组织，是建立在权利与义务平衡基础之上的。作为世界贸易组织的成员，中国既享有相应的权利，也承担相应的义务。中国加入世界贸易组织，为中国的对外贸易发展乃至整个经济的发展创造了良好的环境，加入以来的实践已经证明这一点。但中国加入世界贸易组织也对中国的法制建设提出了更高的要求，中国应保证国内法符合世界贸易组织规则的要求。进一步熟悉世界贸易组织规则，充分运用世界贸易组织规则，是中国面临的重要任务之一。中国应充分利用世界贸易组织规则允许的灵活性，保护和促进国内经济的发展。

至2014年6月，世界贸易组织共有160个成员。

## 四、世界贸易组织的决策程序

世界贸易组织是成员驱动、管理的组织，继续遵循GATT1947奉行的协商一致的决策惯例。在就有关事项作出决议时，如出席会议的成员未正式提出异议，视为一致作出决议；如不能取得一致，则投票决定。在部长会议和总理事会会议上，世界贸易组织的每一成员都有一票投票权。除非另有规定，部长会议和总理事会的决定以多数票表决通过，但：对任何协议条款的解释，需2/3多数通过；对一般条款的修改，一般需2/3多数通过，但修改《世界贸易组织协定》第9条（决策）、第10条（修正），GATT1994第1条和第2条

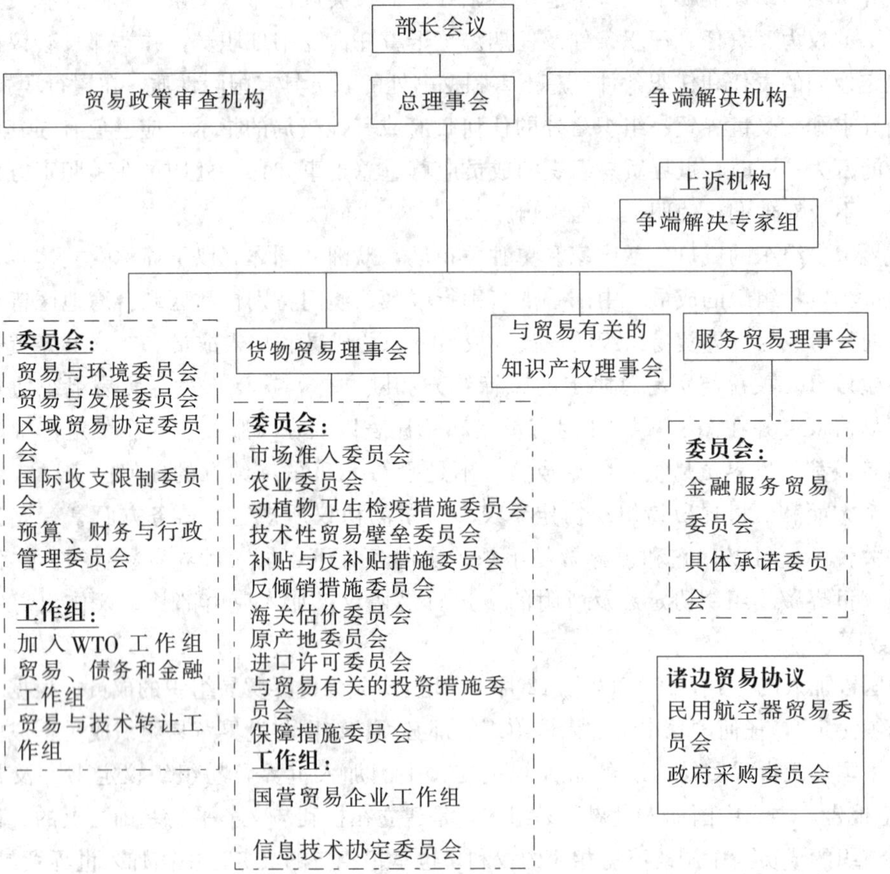


**图 1　世界贸易组织机构图**

（最惠国待遇和减让），《服务贸易总协定》第 2 条第 1 款（最惠国待遇）、《与贸易有关的知识产权协定》第 4 条（最惠国待遇），需由全体成员接受方始有效；豁免某成员的世界贸易组织义务需 3/4 多数的同意。

尽管存在上述投票表决的规定，但由于关税与贸易总协定从 1959 年以来在重大问题上再也没有采取过投票表决的做法，协商一致的做法成为普遍接受的做法和惯例。世界贸易组织继续遵循这一惯例。

应该注意的是，争端解决机构在作出决定时，按协商一致的方式进行，但在通过专家组或上诉机构的报告时，却采取自动通过原则，即除非争端解决机构一致不通过相关报告，该报告即得以通过。争端解决机构通过的专家组或上诉机构的报告仅对有关争议各方有约束力，不是一般意义上的决定。

世界贸易组织的决策机制，不同于国际货币基金组织和世界银行，也不同于联合国。世界贸易组织不存在一个由少数成员组成的可以代表组织的决策机构。

# 第三节　世界贸易组织法律制度的基本原则与特点

## 一、世界贸易组织法律制度的基本原则

世界贸易组织调整的范围很广，有关协议的文本很长，也很复杂，但一些基本原则贯穿于所有文件之中，这些基本原则是世界贸易组织多边贸易制度的基石。

1. 非歧视原则

世界贸易组织的非歧视原则包括两个方面，即最惠国待遇原则和国民待遇原则。前者适用于其他外国成员相互之间就相关事项在内国成员边境或境内的待遇关系，后者适用于外国成员与内国成员就相关事项在内国成员境内的待遇关系。简单来表示，前者是“外—外”关系，后者是“内—外”关系，但给惠国或义务主体都是内国成员。一国不能对其贸易伙伴实行歧视，所有贸易伙伴都应平等地获得最惠国待遇；同时，一国也不能在其国内的产品、服务或国民同其他成员的产品、服务或国民间进行歧视。

严格意义上说，非歧视原则包含了“外外”之间或“内外”之间的平等待遇，是不准确的。最惠国待遇要求平等待遇，国民待遇要求“不低于”待遇。因此，授予待遇的成员给予其他成员国民的待遇优于给予本国国民的待遇，不违反国民待遇义务。

最惠国待遇，简言之，就是平等地对待其他成员。给惠国授予某一成员的产品、服务或国民的特殊优惠，该优惠也必须同样给予其他成员的产品、服务或国民。关税与贸易总协定第 1 条即规定了最惠国待遇，用以调整货物贸易。在《服务贸易总协定》中，最惠国待遇规定于第 2 条；《与贸易有关的知识产权协定》在第 4 条中规定了最惠国待遇。

最惠国待遇这一表述，从名称上看似乎有些矛盾，表明对某一特定成员的特殊待遇，实际上在世界贸易组织制度中指不歧视，每一成员对所有其他贸易伙伴都按最惠国平等对待，给予所有其他成员同样的最惠国待遇，结果其他成员都享有最惠待遇。历史上在通过双边协定签订最惠国条约时，只有少数国家享有这一特权。如今，世界上绝大多数国家或地区都是世界贸易组织成员或签订最惠国协定，最惠国待遇已经成为一种正常的平等的贸易待遇。

最惠国待遇，在一定的条件下存在例外，例如，自由贸易协定待遇、特殊差别待遇等。

国民待遇，简言之，在特定领域或事项方面，给予其他成员的货物、服务或服务提供者、国民的待遇，不低于给予本国货物、服务或服务提供者、国民的待遇。在世界贸易组织的三个主要协定中都规定了国民待遇原则，关税与贸易总协定的第 3 条、《服务贸易总协定》的第 17 条以及《与贸易有关的知识产权协定》的第 3 条，但每一协定对待国民待遇的规定并不完全相同。

2. 贸易自由化原则

自从关税与贸易总协定诞生之后，进行了多轮的贸易谈判。前几轮主要是关于关税减

让的谈判，后来谈判重点转向货物贸易的非关税壁垒以及服务贸易和知识产权的新领域。无论是关税减让还是服务贸易、与贸易有关的知识产权问题，都取得了很大的进展，世界贸易在更自由的环境中发展。通过渐进性的自由化措施，逐步地对开放市场作出调整。开放市场会更大地促进自由贸易，产生更大的利益。

世界贸易组织的法律制度，是建立在市场经济的基础之上的。《世界贸易组织协定》本身就是一个商业协定。世界贸易组织规则是通过谈判不断降低贸易壁垒、开放市场的协定。世界贸易组织追求更加自由的贸易，而非自由贸易。

3. 透明度和预期性原则

多边贸易制度的建立，创造了更稳定、更能预期的商业环境。在世界贸易组织中，存在越来越多的约束性关税税率和开放市场的约束性承诺。承诺不提高贸易壁垒，使贸易者对将来的贸易机会有比较明确的了解，具有稳定性和预期性。通过各成员作出的约束性承诺，外国公司、投资者以及外国政府能够对一成员的贸易壁垒的变化充满信心，相信不会发生不可捉摸的提高。

一成员作出约束性承诺并不表示该成员不能改变这一承诺，但其更改必须与其他贸易伙伴磋商，必须对其他贸易伙伴因其改变而遭受的损失作出补偿。这就保证了贸易的安全性。

预期性原则也可以通过其他方面实施。一方面，制止使用配额和其他数量限制措施；另一方面，通过透明措施，向世界贸易组织通知，使一成员的政策和规则明确、公开。另外，世界贸易组织的贸易政策审查机制也提供了鼓励更加透明的方法。

4. 公平竞争原则

世界贸易组织提供旨在开放、公平和非扭曲贸易的一整套竞争规则，允许采取关税和一定条件下的其他形式的保护措施。

非歧视原则旨在保障公平的贸易条件，反倾销与反补贴的有关规则亦是如此。世界贸易组织规则试图明确公平与不公平的情况，以及政府如何采取有关措施，支持公平竞争。

5. 对发展中成员优惠、促进发展和经济改革原则

世界贸易组织2/3的成员是发展中成员和经济过渡型成员，世界贸易组织承认发展中成员需要时间对国内经济作出进一步的调整，在实施有关协议方面需要更大的灵活性，因而世界贸易组织有关协议中对发展中成员给予一定的过渡期，同时在服务贸易和知识产权的保护方面，对其国情给予适当的考虑。

6. 多边体制

世界贸易组织制度是一多边制度，世界贸易组织的有关协议对此都作了规定。《世界贸易组织协定》前言规定，以乌拉圭回合协定和以往的自由化成果及市场经济导向政策和各参加方的承诺为基础的世界贸易体制，决心建立一个完整的、更有活力的和持久的多边贸易体系，决心保持该多边贸易体制的基本原则和加强该体制的目标，世界贸易组织应成为各成员处理与该协定各附件有关的多边贸易关系提供谈判场所，为进一步谈判提供场所，并为执行该谈判的结果提供框架。最惠国待遇制度、双边谈判多边受益制度，都体现了世界贸易组织体制的多边性。争端解决制度更体现了多边制度这一特点。DSU第23条名称为

“加强多边体制”，其中第 1 款规定，对违背有关协议的义务或有关协议的利益的损害或丧失，以及妨碍有关协议目标的实现，各成员寻求解决方法时，应遵守该谅解的规则和程序。GATS 规定，建立一个服务贸易原则和规则的多边框架，在透明和逐步自由化的条件下扩大服务贸易，以此作为促进所有贸易伙伴的经济增长和发展中成员发展的手段。TRIPS 规定，有必要在多边防止和解决政府间争端的有效、快速程序方面制订新的规则和纪律，需要一个包含原则、规则和纪律的多边框架，以处理国际冒牌货贸易问题；强调通过多边程序达成强有力的承诺以解决与贸易有关的知识产权争端，从而减少摩擦的重要性。

## 二、世界贸易组织法律制度的特点

世界贸易组织是对以前的关税与贸易总协定的继承和发展。从法律制度的角度看，和关税与贸易总协定相比，世界贸易组织的法律制度表现出多边性和统一性的特点，具体表现为下述几个方面：

1. 法律依据权威

世界贸易组织多边法律制度的基础是《世界贸易组织协定》，这是一个永久性的协定；而适用 GATT1947 的依据是 1947 年签署的《关税与贸易总协定临时适用议定书》，该议定书已被 GATT1994 废除。

2. 适用规则统一

世界贸易组织在实质意义上不允许成员对世界贸易组织规则作出保留或偏离世界贸易组织规则，它要求各成员的国内立法与世界贸易组织规则保持一致，国内法的规定不应成为不履行有关世界贸易组织义务的理由；而在以前的关税与贸易总协定制度下，《关税与贸易总协定临时适用议定书》明确允许在不违反现有国内立法的范围内最大限度地适用 GATT1947 的第二部分（被称为祖父条款或祖父权利），国内法的规定可以成为不履行有关义务的借口。

3. 结构统一

综观世界贸易组织多边法律制度，尽管协议繁多、复杂，却是一个完整的统一制度，对所有的成员都有约束力，成员不得有选择性地参加协议（极少数成员参加的附件 4 中的诸边协议除外），各成员承担的义务是相同的；而在关税与贸易总协定框架下，各协议间是相互独立的、分散的，不同成员受不同协议的约束，不同的协议有不同的参加方，不同参加方间的权利和义务也可能是不同的。

4. 调整范围广泛

世界贸易组织既调整货物贸易，又调整服务贸易，还调整与贸易有关的知识产权，它所调整的货物贸易还包括了纺织品贸易和农产品贸易；而关税与贸易总协定只调整货物贸易，但又不包括纺织品贸易，对农产品贸易的调整也缺乏强有力的约束。

5. 权利和义务统一

在世界贸易组织制度下，各成员的权利和义务是一揽子的，各个协议所规定的各种义务累积在一起对成员适用；而在以前的关税与贸易总协定框架下，不同国家参加不同协议，各参加方享有的权利、承担的义务是不同的。

6. 争端解决制度统一

世界贸易组织的争端解决制度是统一的，各成员间根据不同协议产生的争端都适用同一争端解决制度；而在关税与贸易总协定框架下，不同的协议有不同的争端解决制度，表现出分散性。两个制度下，申请设立专家组、通过和实施争端解决报告的程序，都不相同。

7. 吸收关税与贸易总协定规则

GATT 1947 年经过修改，成为了 GATT 1994 的一部分，也成为世界贸易组织规则的一部分。在关税与贸易总协定框架下行之有效的原则，扩大适用于新制定的协定中，如《服务贸易总协定》和《与贸易有关的知识产权协定》。

8. 遵循了关税与贸易总协定的决策方法和惯例指导

世界贸易组织遵循了关税与贸易总协定框架下形成的协商一致的决策方法，并且，在关税与贸易总协定框架下作出的决定、程序和惯例，对世界贸易组织也有指导性作用。在争端解决制度方面，世界贸易组织信守关税与贸易总协定的争端解决适用的原则。可以说，世界贸易组织吸收了关税与贸易总协定的经验和精华。

## 第四节　世界贸易组织规则体系

### 一、世界贸易组织规则体系的构成

世界贸易组织协议是多边贸易制度的核心，这些协议是由主要贸易成员谈判、签署并由国内立法机构批准的，是国际贸易的法律规则。实质上，这些协议是有关政府间签订的国际契约，约束有关政府将其贸易政策、贸易措施限制在达成的条件之内。毫无疑问，这一制度也使产品或服务的生产商、出口商和进口商依据这些规则进行贸易。

世界贸易组织管理的世界贸易组织相关协议构成了一个比较复杂的庞大体系。根据乌拉圭回合谈判达成的最后文件，《世界贸易组织协定》是世界贸易组织的主要协定，其他协议都是该协定的附件。当其他协议的规定与《世界贸易组织协定》的规定冲突时，以《世界贸易组织协定》的规定为准。世界贸易组织部长会议是最高决策机构，可以就多边贸易协议中的任何事项作出决定，该类决定是世界贸易组织规则不可分割的组成部分。

《世界贸易组织协定》是一个组织性或机构性协定，它建立了世界贸易组织，并规定了与组织机构相关的问题。有的西方学者将其称为“世界贸易组织的宪章”。《世界贸易组织协定》本身并没有规定各成员的具体权利和义务，这样的权利和义务是通过其附件来规定的。

《世界贸易组织协定》有 4 个附件，其中附件 1、附件 2 和附件 3 是适用于全体成员的法律规则，附件 4 为诸边贸易协议，仅对接受的成员有效。附件 2 为关于争端解决规则与程序的谅解，附件 3 为贸易政策审查机制。1996 年在新加坡会议上签订的《信息技术协议》，性质上属于诸边协议的范围，但有关成员作出的承诺对其他所有成员适用。

附件1包括3个附件，即附件1A《多边货物贸易协议》、附件1B《服务贸易总协定》及附件1C《与贸易有关的知识产权协定》。这三个附件之间是并存的统一适用关系，不存在优先适用或替代适用的问题。

《多边货物贸易协议》，包括GATT1994、《农业协议》、《卫生与植物卫生措施协议》（以下简称《卫生协议》）、《纺织品与服装协议》、《技术性贸易壁垒协议》、《与贸易有关的投资措施协议》、《关于履行GATT1994第6条的协议》（《反倾销协议》）、《关于履行GATT1994第7条的协议》（《海关估价协议》）、《装运前检验协议》、《原产地规则协议》、《进口许可程序协议》、《补贴与反补贴措施协议》（以下简称《反补贴协议》）、《保障措施协议》。《纺织品与服装协议》于2004年12月31日终止。在《多边货物贸易协议》中，如果GATT1994中的某一规定与另一其他协议中的某一规定相冲突，该另一协议中的规定在冲突涉及的限度内具有优先效力。

**表1　　世界贸易组织规则体系**

<table>
<tr><td colspan="6">世界贸易组织协定</td></tr>
<tr><td colspan="5">多边贸易协定<br>（强制适用）</td><td>诸边贸易协议<br>（选择适用）</td></tr>
<tr><td colspan="3">附件1</td><td rowspan="2">附件2</td><td rowspan="2">附件3</td><td rowspan="2">附件4</td></tr>
<tr><td>附件1A</td><td>附件1B</td><td>附件1C</td></tr>
<tr><td>《多边货物贸易协议》（附件1A的总体解释性说明）</td><td rowspan="14">《服务贸易总协定》</td><td rowspan="14">《与贸易有关的知识产权协定》</td><td rowspan="14">《关于争端解决规则与程序的谅解》</td><td rowspan="14">《贸易政策审查机制》</td><td>《民用航空器贸易协议》</td></tr>
<tr><td>GATT1994<br>（GATT1994包括内容的规定）、<br>GATT1947、<br>以前议定书等、<br>1994年谅解、<br>1994年议定书</td><td>《政府采购协议》</td></tr>
<tr><td>《农业协议》</td><td>《信息技术协议》<br>（1996年制定）</td></tr>
<tr><td>《卫生协议》</td><td>《国际奶制品协议》<br>（已终止）</td></tr>
<tr><td>《技术性贸易壁垒协议》</td><td rowspan="10">《国际牛肉协议》<br>（已终止）</td></tr>
<tr><td>《与贸易有关的投资措施协议》</td></tr>
<tr><td>《反倾销协议》</td></tr>
<tr><td>《海关估价协议》</td></tr>
<tr><td>《装运前检验协议》</td></tr>
<tr><td>《原产地规则协议》</td></tr>
<tr><td>《进口许可程序协议》</td></tr>
<tr><td>《补贴与反补贴措施协议》</td></tr>
<tr><td>《保障措施协议》</td></tr>
<tr><td>《纺织品与服装协议》<br>（已终止）</td></tr>
</table>

GATT1994 的结构比较复杂。根据“关于 1994 年关税与贸易总协定包括内容的规定”说明，它由四部分组成：第一部分，1947 年 10 月 30 日的《关税与贸易总协定》（不包括《临时适用议定书》）及根据《世界贸易组织协定》生效之前实施的法律文件核准、修正和修订的文本，即 GATT1947；第二部分，在《世界贸易组织协定》生效之前，根据 GATT1947 生效的有关文件；第三部分，乌拉圭回合谈判中达成的一系列谅解；第四部分，GATT1994 马拉喀什议定书。

上述第二部分包括下列法律文件：（1）有关关税减让的议定书和核准书；（2）加入议定书（但不包括临时适用或撤销临时适用的有关规定，不包括议定书包含的与加入日存在的立法不违背的情况下最大限度适用 GATT1947 第二部分的规定）；（3）根据 GATT1947 第 25 条授予的、在世界贸易组织协定生效之日仍然有效的豁免决定；（4）GATT1947 缔约方全体作出的其他决定。

根据上述（1）的规定，一个国家在不同时期的关税减让表依然是有效的法律文件。新的、关税更低的减让表并不使原减让失效。另外，上述（4）范围内的决定，涉及一般权利和义务的决定，包括诸如缔约方全体于 1971 年通过的“授权决定”，但不包括原关税与贸易总协定框架下缔约方全体通过的针对特定成员的争端解决报告。

上述第三部分所包含的各项谅解为乌拉圭回合谈判时新达成的对原规则的进一步澄清或修订，包括：关于解释 GATT1994 第 2 条第 1 款（b）项的谅解（其他税费）；关于解释 GATT1994 第 17 条的谅解（国营贸易企业）；关于解释 GATT1994 国际收支条款的谅解；关于解释 GATT1994 第 24 条的谅解（关税同盟与自由贸易区）；关于豁免 GATT1994 义务的谅解；关于解释 GATT1994 第 28 条的谅解（减让表的修改）。

对于 GATT1994 与 GATT1947 的关系，《世界贸易组织协定》第 2 条第 4 款明确规定，“1994 年关税与贸易总协定和 1947 年关税与贸易总协定在法律上是不同的”。前者除包括了后者外（临时适用议定书除外），还有另外三个组成部分。《世界贸易组织协定》是构成关税与贸易总协定制度的 GATT1947、其他协议和谅解的继承性条约，是其成员完全接受的条约，但《世界贸易组织协定》第 16 条第 1 款规定，除该协定或多边贸易协议另有规定外，世界贸易组织应当接受 GATT1947 缔约方全体以及该协议框架内各机构所遵循的决定、程序和惯例的指导。GATT1947 通过《世界贸易组织协定》附件 1A 包括在《世界贸易组织协定》中。在很多方面，GATT1994 都不同于 GATT1947。

虽然 GATT1947 被并入并成为 GATT1994 的一部分，但其规定不是世界贸易组织成员就与货物贸易相关的某个问题的全部权利和义务。除 GATT1994 外，构成货物贸易规则的还有其他 12 个货物贸易协议（从 2005 年 1 月 1 日起有 11 个货物贸易协议）。以补贴为例，《农业协议》和《反补贴协议》反映了成员有关农产品补贴的权利和义务的最新说明。《反补贴协议》中包括了适用和解释 GATT1994 所没有的权利和义务。《附件 1A 的总体解释性说明》表明，附件 1A 中的其他货物协议在很多方面是对 GATT1994 的重要阐释，并在与 GATT1994 相冲突的范围内优先。但这不表明附件 1A 中的其他货物协议取代 GATT1994，相反，应该统一适用。

## 二、认识世界贸易组织规则体系的意义

以《世界贸易组织协定》为核心的世界贸易组织规则，构成了一个内容极为庞杂的制度；同时，各规则之间又具有一定的联系，形成了一个统一的结构。这一体系结构，对于我们认识世界贸易组织规则所包括的权利和义务，弄清规则之间的关系，很有帮助。

概括地说，整个世界贸易协议包括 6 大部分、3 个层次。6 大部分包括《世界贸易组织协定》、多边货物贸易协议、服务贸易规则、与贸易有关的知识产权规则、争端解决规则、贸易政策审查规则。3 个层次是：组织机构、主要实体权利和义务规则、争端解决和政策审查规则。

《世界贸易组织协定》，像一把巨型的伞，将其他协议覆盖于其中。整个世界贸易组织规则形成了一个伞形结构，或者由几大支柱（几大附件协议）支撑穹顶的建筑。这一结构具有相对的稳定性、适应性和包容性。在无须对这一结构进行重大变动的情况下，这一结构也可以容纳有关新议题的新协议。

相关规则构成了相对独立的规则群，使其在内、外规则的关系上具有不同的特点。例如，附件 1、附件 2 和附件 3 构成了强制性适用的贸易规则，而附件 4 只是供成员选择的规则，只对选择适用的成员有约束力。附件 1A、附件 1B 和附件 1C 是主要贸易规则的组成部分，各附件之间是并存关系，无优先或替代适用的问题。在附件 1A 中，在相互冲突的范围内，其他贸易协议，优先于 GATT1994 适用。就 GATT1994 来说，尽管四个组成部分的具体制定时间不同，但就整个协议来说，它们都是乌拉圭回合谈判修改的结果，因而在法律意义上构成了同一时间达成的同一协议的不同组成部分，因而在适用时应遵循统一适用的原则，无优先或替代适用的问题。

世界贸易组织规则本身对其规则间的相互关系作了原则性规定。(1)《世界贸易组织协定》本身规定，在其与任何多边贸易协议（包括诸边贸易协议）条款冲突时，以《世界贸易组织协定》为准。(2) 货物贸易规则、服务贸易规则、与贸易有关的知识产权规则，是相互独立的、并行的。某一项贸易措施受其中一个协议的调整，并不表明就因此而不受其他协议的支配。(3) 就货物贸易规则而言，11 个货物贸易协议优先于 GATT1994。

# 第五节 世界贸易组织规则的解释

## 一、解释的种类和权限

世界贸易组织规则繁杂、晦涩；同时，作为国际条约，各成员对其内容的理解可能存

在分歧。因此，对世界贸易组织规则的含义予以澄清、解释是必要的。根据解释机构和解释的作用不同，世界贸易组织规则的解释可以分为两类。一类是部长会议解释，另一类是争端解决机构解释。二者的区别在于，部长会议对世界贸易组织规则所作的解释，对所有的成员都具有约束力；争端解决机构（上诉机构和专家组）在解决成员间的争端过程中对规则所作的解释，只对有关争议的当事人成员有约束力，但对于对未来的争端解决案件的处理有指导性作用。

部长会议和总理事会拥有对《世界贸易组织协定》和多边贸易协议进行解释的专有权，这种解释直接改变成员的权利和义务，但须成员的 3/4 多数通过才能生效。争端解决机构（通过专家组特别是上诉机构），在争端解决过程中，依照国际公法的习惯解释原则澄清这些协议的现有规定，这样的澄清或解释不得增加或减少成员的权利和义务。

尽管部长会议解释的效力高于争端解决机构解释的效力，但部长会议解释的机会和可能性非常小，实践中常见的是反映在争端解决机构通过的争端解决报告中的解释，即所谓的争端解决机构解释。在具体争端中，这一解释直接关系到争端方的权利和义务，关系到申诉方的申诉或被诉方的抗辩成功与否。下文中所说的解释，主要指争端解决机构的解释。

## 二、争端解决机构解释所遵循的一般原则

### 1. 原则性的规定

争端解决机构在解释世界贸易组织规则时，根据国际公法上的习惯解释原则进行解释。在美国汽油标准案中，上诉机构指出，《维也纳条约法公约》第 31 条、第 32 条所规定的原则，就是国际公法上的习惯解释原则。该公约第 31 条要求：条约应依其用语，按其上下文并参照条约之目的及宗旨所具有的通常意义，善意解释。为了证实根据该公约第 31 条解释规则所得出的意义，或者根据该公约第 31 条进行的解释得出的意义不明或难解时，或者导致明显荒谬或不合理的结果时，《维也纳条约法公约》第 32 条规定，为了确定该用语的含义，可以使用补充性解释资料，包括条约的准备资料及缔约的情况在内。世界贸易组织成立以来的争端解决实践表明，专家组特别是上诉机构，不采取许多国家法院采取的目的性解释方法，其解释主要依靠实际用语和上下文。实际用语、上下文和条约的目标及宗旨诸因素的相互关系及先后次序是：先条文、上下文，后目标、宗旨；每种方法解释出来的结果，相互确认而非相互替代。

GATT1947 框架下争端解决机制中的做法对世界贸易组织起着指导作用，这主要是指争端解决机构所通过的案件报告的指导作用。在世界贸易组织争端解决制度中，不存在英美法系中的先例约束制度，但承认以前案件的指导作用。在日本酒类税案中，上诉机构确认了以前的争端解决报告对相关案件的指导作用。这也适用于世界贸易组织框架下通过的争端解决报告。专家组和上诉机构从以前的争端解决报告中寻求指导。在美国不锈钢案（DS344）和美国继续归零案（DS350）中上诉机构有进一步的精彩分析。

2. 争端解决机构的具体解释方法

除上述原则性指导外，争端解决机构在实践中还采取了一些具体的解释方法，这些具体方法，实质上是《维也纳条约法公约》第 31 条规定的解释方法的具体表现或具体适用。

在争端解决的实践中，在涉及不同协议、不同规定的相互关系时，争端解决机构总是遵循协调一致的解释方法，认为每一协议/每一规定，都是《世界贸易组织协定》这一条约的不可分割的组成部分，应共同适用、累积适用。比如说，一项贸易措施，可能既受货物贸易规则的调整，同时又受服务贸易规则的调整；不能因为受到货物贸易规则的调整，而排除服务贸易规则的适用。

在解释时，争端解决机构遵循着国际法中的避免冲突的假定，即有效解释。根据该假定，除非不能同时履行两项义务，不能认定不同规定间存在冲突。而《世界贸易组织协定》及其附件是由相同的谈判方在同一谈判中达成的一揽子的协议，应推定不存在相互冲突，除非成员不能同时履行相互矛盾的要求。

如果某一用语或规则有两种不同的解释，一种对成员的义务重，另一种对成员的义务轻，则采取后一种解释。此为义务从轻解释。

# 第六节　世界贸易组织规则的实施与监督

## 一、成员通过制定、修改国内法履行义务

世界贸易组织是由成员政府组织的国际组织。承担义务、享有权利的主体是各成员政府。个人或企业，不能依据世界贸易组织规则，直接向其自己的政府或其他成员政府主张权利，也不能依据世界贸易组织规则直接对自己的政府或其他成员政府提起诉讼。个人或企业，必须通过自己的政府，要求其他政府履行义务。个人或企业根据《世界贸易组织协定》享有的权利是间接的。在世界贸易组织规则调整的知识产权领域，也是如此。

《世界贸易组织协定》是各成员政府缔结的由各成员立法机构批准的国际条约。世界贸易组织成员的义务主要是通过制定、修改国内法来实施的。《世界贸易组织协定》第 16 条第 4 款规定，“每一成员应保证其法律、法规和行政程序与所附各协定对其规定的义务相一致”。在其他协定中，也规定了类似的实施义务。例如，《与贸易有关的知识产权协定》第 1 条第一句即规定“各成员应实施本协定的规定”；在“知识产权的实施”这一部分规定，“各成员应保证其国内法中包括关于本部分规定的实施程序”。

世界贸易组织的这一要求，和关税与贸易总协定框架下的规则形成了鲜明对比。《关税与贸易总协定临时适用议定书》规定，缔约方在不违反现有国内立法的情况下，最大限度地适用关税与贸易总协定的第二部分的规定（即除了第 1 条和第 2 条之外的其他规则）。而世界贸易组织规则，要求成员通过国内法的形式实施根据《世界贸易组织协定》的义务，

不允许成员以国内法为理由违反世界贸易组织规则；并且明确废除了关税与贸易总协定框架下的《临时适用议定书》。在争端解决机构裁定有关成员违反了有关规则时，被裁定违反了有关规则的成员首先应通过修改国内法的形式履行争端解决机构的裁定和建议。

此外，根据世界贸易组织的透明度原则，成员的法律、政策，应通过法律的公布、通知和建立咨询点等方式为人所知，使人们能够预期到法律的确定性和贸易机会。世界贸易组织规则不允许成员行政机关适用内部掌握或不对外界公开的内部规定、做法。在印度专利案中，尽管行政机关的实际做法与已经失效的专利实施条例相同，但由于该内部做法不为外国政府和经营者所知，争端解决机构裁决印度违反了世界贸易组织规定的有关义务。

对于成员履行世界贸易组织义务的监督，有不同的形式和层次，贸易政策审查机制和争端解决机制是两种主要的监督和保障方法。二者的区别在于，贸易政策审查的结果对有关成员没有约束力，而争端解决机构作出的裁决和建议对有关成员具有法律上的约束力。

## 二、贸易政策审查机制

世界贸易组织，是一个由成员共同管理、以规则为基础的多边贸易制度。要实现世界贸易组织的宗旨，使世界贸易组织的规则在实践中真正发挥作用，需要成员遵守世界贸易组织的规则、尊重世界贸易组织的争端的裁决。对于各成员政府来说，这就意味着，按照世界贸易组织的各项原则和具体协定来确定国内的经济政策、调整国内的经济立法。为了促进各成员遵守世界贸易组织的规则，使它们对自己的法律、政策是否与世界贸易组织规则一致有一个充分合理的认识，《世界贸易组织协定》附件3《贸易政策审查机制》确立了一项监督世界贸易组织成员贸易政策的机制——贸易政策审查机制（Trade Policy Review Mechanism，TPRM）。

贸易政策审查机制，由世界贸易组织贸易政策审查机构（Trade Policy Review Body，TPRB）对各个成员的贸易政策和实践及其对多边贸易体制运行的影响进行定期的、集体审查和评估。每一个世界贸易组织成员的贸易政策都要受到定期审查，审查的频率，取决于各成员对多边贸易体制影响的大小。

《贸易政策审查机制》规定，为达到最充分的透明度，每一世界贸易组织成员都应定期向贸易政策审查机构提交全面报告。该报告应按照贸易政策审查机构所议定的格式，说明它所实施的贸易政策和实践。在两次审议之间，各成员应在其贸易政策发生任何重大变更时提供简要报告，并每年根据议定的格式提供更新的统计信息。

贸易政策审查机构应根据下列文件进行讨论和评议：由受审查的成员定期提交的描述它所实施的贸易政策和做法的报告；由秘书处依其职责根据它自行获得的信息以及从其他成员那里获得的信息所起草的报告。这两份报告应该与相应的会议纪要一起，在评议之后及时公开发表，并提交给部长会议。

贸易政策审查机制，在世界贸易组织多边贸易机制中，具有独特的作用。该审查机制及审查结果，并不作为有关协定下具体义务或争端解决程序的依据，也不构成成员新的政策承诺。

无论是受审查成员自己的报告还是秘书处的报告，都不具有约束力。如何看待审查结果，取决于受审查成员自己的认识，取决于成员的自愿落实。贸易政策审查，只是为了解成员的贸易政策、也为受审查成员自己了解贸易政策提供了一个渠道和场所。通过这一审查，为受审查成员的贸易政策提供了独立的评估意见，有助于受审查成员贸易政策实施的效果，也减少了可能产生的贸易争端。因而，尽管审查的结果不产生像争端解决机构的裁定那样的效力，但它以另一种方式促进了世界贸易组织多边贸易体制的健康发展。该机制可以说是一个集体评估、自愿落实、保障成员政策与相关规则要求相一致的一种制度。

## 三、争端解决机制

相关内容见下一章。

## 一、问题与思考

1. 关税与贸易总协定同世界贸易组织的区别和联系。
2. 如何理解世界贸易组织的基本原则？
3. 世界贸易组织法律制度有什么特点？
4. 比较世界贸易组织与其他主要国际组织的决策机制。

## 二、练习题

### （一）判断正误

1. 世界贸易组织的权限是各成员赋予的。

【解析】正确。世界贸易组织由成员共同管理，无独立于成员的权限。

2. 与联合国一样，世界贸易组织有一个由少数成员组成的常设机构，行使最高权力。

【解析】错误。世界贸易组织的决策机构是部长会议及各成员参加的总理事会。

3. 世界贸易组织负责处理国际贸易关系，像警察一样，在出现问题时主动进行调查，甚至对成员可以采取强制性措施。

【解析】错误。世界贸易组织被动性地处理争端，鼓励成员通过磋商达成相互满意的解决办法。成员在解决争端中起主导、决定性作用。

4. 实际上，像联合国通过决议恢复中国在联合国的席位一样，关税与贸易总协定或者世界贸易组织可以直接通过决议恢复中国的席位。

【解析】错误。中国只有按照其和关税与贸易总协定/世界贸易组织议定的条件，才可以成为其中一员。

5. 货物贸易理事会负责监督与货物有关的规则的实施，有权就货物贸易规则作出解释、作出决定。

【解析】错误。只有部长会议/总理事会才可以就相关规则作出解释。

6. 协商一致原则，指世界贸易组织的各成员都明确表示同意。

【解析】错误。出席会议的成员没有明确反对，即视为达成一致意见。

7. 从某种意义上说，世界贸易组织并不是一个全新的组织，它只不过是把一个事实上的组织变成正式的国际法的组织罢了。

【解析】正确。世界贸易组织是对关税与贸易总协定的继承与发展。

8. 由于总理事会、贸易政策审查机构和争端解决机构是一套人马、三块牌子，所以其组成人员都是一致的。

【解析】错误。三个机构的组成人员可能是不同的，可能由不同专业的人参加不同的机构。

9. 在对世界贸易组织的一般规则进行修改时，需要由出席会议的2/3的成员同意。

【解析】错误。对一般规则的修改，需要成员的2/3多数接受。

10. 最惠国待遇条款是关税与贸易总协定和世界贸易组织的基石，因而不能修改。

【解析】错误。可以修改，但需全体成员同意。

11. 一成员如果对世界贸易组织的运作不满意，可以退出世界贸易组织。

【解析】正确。根据《世界贸易组织协定》第15条，成员可以退出世界贸易组织。

12. 如果一成员屡次违反世界贸易组织的规则，达到了不能容忍的程度，世界贸易组织可以将该成员开除。

【解析】错误。世界贸易组织没有对成员进行制裁、开除的权限。

13. 申请加入世界贸易组织的国家，必须按其与世界贸易组织谈定的条件，加入该组织。

【解析】正确。《世界贸易组织协定》第12条明确这样规定。

14. 中国大陆、香港特别行政区、澳门特别行政区和台湾地区共同构成了一个大中华商贸圈，作为世界贸易组织的一个成员，在世界贸易组织中将发挥重要的作用。

【解析】错误。中国大陆、香港特别行政区、澳门特别行政区和台湾地区是相互独立的成员，是世界贸易组织的4个成员。

15. 部长会议与总理事会的关系，是最高权力机构与最高权力机构的常设机构的关系。

【解析】正确。部长会议休会时，由总理事会行使部长会议的职能。

16. 如其名称所表示的，世界贸易组织是一个有关世界贸易的组织，如果进、出口商之间产生贸易问题，可以提交世界组织组织进行解决。

【解析】错误。世界贸易组织是各国及单独关税区组成的成员间的政府组织，只解决成员间的贸易争端，不解决贸易商的贸易争端。

17. 事实上，自1959年以来，关税与贸易总协定就重大问题从来没有投票表决过。这意味着，在类似重大问题上，美国有否决权。

【解析】正确。协商一致原则，即意味着没有成员明确反对，如有某一成员明确反对，即没有达成一致，导致不能作出决策。

18. 欧共体成为世界贸易组织的一员，是因为它代表组成欧共体的各成员国在世界贸易组织活动，其成员不是世界贸易组织的成员。

【解析】错误。欧共体及其成员国都是世界贸易组织的成员，尽管欧共体及其成员国在世界贸易组织内由欧共体按同一声音发言。欧共体与其成员的权限也并不完全相同。

19. 世界贸易组织的最终决策人是总干事。

【解析】错误。世界贸易组织的最终决策权在部长会议，总干事是秘书处的负责人，其职责由部长会议决定。

20. 美国驻世界贸易组织的代表到中国享有外交豁免权。

【解析】正确。根据《世界贸易组织协定》第 8 条，对世界贸易组织每一成员应给予世界贸易组织官员和各成员代表独立履行与世界贸易组织有关的职能所必需的特权和豁免，该特权和豁免应与联合国《专门机构特权及豁免公约》所规定的特权和豁免相似。

21. 世界贸易组织系成员谈判的场所，除世界贸易组织本身组织的谈判外，也包括成员相互之间处理贸易问题的谈判，比方说，中国和美国。

【解析】正确。成员间的贸易磋商许多都是在世界贸易组织框架内进行的。

22. 世界贸易组织是世界贸易组织协议的实施机构，也是制订新的贸易规则的立法机构。

【解析】正确。这是世界贸易组织的职能组成部分。世界贸易组织内部不存在类似某些国内制度中的三权分立制度。

23. 世界贸易组织规则是一个自成一体的规则体系，但该体系可以纳入世界贸易组织成员新达成的规则。

【解析】正确。世界贸易组织现有规则是成员间谈判达成的规则，具有一定的相对独立性。成员还可以进行新的谈判，达成新的规则。

24. 一国在加入世界贸易组织时，可以选择性地加入货物贸易规则、服务贸易规则或与知识产权有关的规则协议。

【解析】错误。《世界贸易组织协定》及附件 1、附件 2 和附件 3，构成了不可分割的一部分，对所有成员有约束力。附件 4 诸边协议只对接受它的成员有约束力。

25. 在加入《世界贸易组织协定》时，加入国有义务修改其国内法，使之与世界贸易组织规则的要求相一致，而不能以国内法有不同规定为理由，不予修改。

【解析】正确。《世界贸易组织协定》第 16 条第 4 款规定，每一成员应保证其法律、法规和行政程序与相关协定规定的义务相一致。

26. 世界贸易组织的调整范围广于原来的关税与贸易总协定，其有关协议中包括了关税与贸易总协定框架下所没有的《农业协议》，原来的关税与贸易总协定不调整农产品贸易。

【解析】错误。关税与贸易总协定也调整农产品贸易，只是随着农产品义务豁免的增多，该约束逐渐削弱。另外，《关税与贸易总协定临时适用议定书》同时规定，各缔约方在不违背国内法的最大限度内实施关税与贸易总协定第二部分的义务。这也影响了关税与贸易总协定对农产品的约束力。

27. 争端解决机构在审理争端、对有关协议条款进行分析时，如果出现不同的解释结果，对争端方赋予的义务轻重不一，为加强纪律的约束性，应适用义务较重的解释。

【解析】错误。应采取义务较轻的解释。这与政府义务的性质有关。各成员具有独立的主权。

28. 由于世界贸易组织取代了关税与贸易总协定，关税与贸易总协定框架下的争端解决报告失去了作用。

【解析】错误。通过的争端解决报告对今后的争端解决具有指导性。没有通过的争端解决报告，在与审议的问题相关时，也可用于参考。《关于争端解决规则与程序的谅解》第3条第1款明确规定，各成员确认遵守迄今为止根据GATT1947第22条和第23条实施的管理争端的原则。这包括了关税与贸易总协定框架下通过的争端解决报告的作用。

29.《世界贸易组织协定》是一个国际条约，有关国际法的一般规则，对《世界贸易组织协定》当然适用。

【解析】错误。世界贸易组织规则确立的权利和义务，是各成员讨价还价谈判的结果，具有一定的相对性。世界贸易组织规则自成一体。国际法的一般规则，并非对世界贸易组织都适用。

30. 在世界贸易组织规则间的相互关系上，具有最高效力的协定是《世界贸易组织协定》。

【解析】正确。《世界贸易组织协定》的条款与任何其他协议的条款产生抵触时，以该协定的条款为准。

31. 某一成员的一项贸易措施，如果违反了关税与贸易总协定的有关规则，则不可能违反服务贸易总协定的有关规定，因为二者的调整范围根本不同。

【解析】错误。世界贸易组织的相关规则是共同、累积适用的。

32. 如果世界贸易组织的现有规则的含义不很明确，争端解决机构可以作出对成员有约束力的解释。

【解析】错误。争端解决机构只能在解决具体争端时对相关规定予以解释或澄清，其目的为解决相关争端。该解释或澄清不具有约束所有成员的效力。

33. 世界贸易组织的规则繁多、复杂，构成了完整的规则体系，不适用其他的国际法规则。

【解析】错误。尽管世界贸易组织规则自成一体，但不能脱离整个国际法而存在。其他国际法规则可以支持世界贸易组织规则，但不能替代世界贸易组织规则。

34. GATT1994与GATT1947相比，调整范围扩大了，包括了与贸易有关的投资措施。

【解析】错误。调整与贸易有关的投资措施的《与贸易有关的投资措施协议》独立于GATT1994。

35.《与贸易有关的知识产权协定》实质上是一个知识产权协定，《与贸易有关的投资措施协议》实质上是一个投资协议。

【解析】错误。《与贸易有关的投资措施协议》是一个货物贸易规则。

36. 由于《保障措施协议》的效力高于关税与贸易总协定的效力，因而，如果存在关税与贸易总协定中有规定而《保障措施协议》中没有规定的事项，表示《保障措施协议》将这一事项删除了。

【解析】错误。这两个协定是平等的独立的协定，共同适用，应进行一致性解释和适用。

37. 在依据不同的解释方法对有关条款进行解释时，有关协议的制定目的最为重要，正是因为有此目的，才产生了该规则。

【解析】错误。世界贸易组织争端解决中对条款的解释采取文义解释，而非目的解释。

38. 构成对成员的约束义务的，不仅包括一般的规则，还包括有关成员作出的关税减让、市场准入承诺等。

【解析】正确。有关成员的关税减让、市场准入承诺构成了整个世界贸易组织规则的一部分。

39. 包括乌拉圭回合谈判在内，关税与贸易总协定共进行了8轮谈判，每轮谈判都就关税作出了减让，约束关税越来越低，在后边的减让取代了以前的减让后，以前的减让也就失去了效力。

【解析】错误。根据GATT1994组成部分的说明，各关税减让表均有效，后边的减让不能替代以前的减让。

40. 所谓有效解释原则，即是说，在进行解释时要得出有效的结果，不要作无效的劳动。

【解析】错误。有效解释原则是指相关协议的相关条款、文字都起作用，都有效。对相关条款的解释不能使其他条款的规定无效。

41. 关税与贸易总协定和世界贸易组织都没有明确承认过去的争端解决报告的判例法作用，实际上这种作用是存在的。

【解析】正确。以前的争端解决做法对以后的争端解决具有指导作用。在争议事项类似、诉求类似的情况下，对在后案件的解决遵循在前案件中的推理。

42. 世界贸易组织多边贸易制度的重要组成部分是无条件的最惠国待遇。

【解析】正确。多边的无条件的最惠国待遇，是世界贸易组织的最根本性制度。世界贸易组织的三大支柱性协定都有相关规定，立即的无条件的最惠国待遇义务是普遍性义务。

43. 在世界贸易组织中，更注意根据贸易规则来解决争端，而不是将贸易争端政治化。

【解析】正确。成员间的贸易争端应根据《关于争端解决规则与程序的谅解》进行。发起争端解决程序不是敌意表现，是相关权利和义务的要求。

44. 世界贸易组织规则中体现的法治精神的一个方面，是各成员在规则面前的平等，不因为一个成员的实力、人口、面积小而无视其权利、要求。

【解析】正确。在世界贸易组织中，各成员的地位都是平等的，通过协商一致作出决策，都有一票投票权。

45. 中国加入世界贸易组织，很大程度上避免了双边贸易关系中所受到的任意歧视。

【解析】正确。美国取消了以前对华实施的最惠国待遇年度审查即是有力的证明。

46. 政策透明的最基本的含义是，不得实施没有公布的规章。

【解析】正确。规章公布后实施可增加法律和贸易机会的预期性、确定性。关税与贸易总协定第 10 条及其他协议的相关条款都含有类似的要求。

47. 政策透明的要求，不仅影响到规章的公布、公开，也影响到决策方式，现场办公作出的决策可能违反政策透明的要求。

【解析】正确。因为影响到了法律、政策和贸易机会的可预期性和稳定性。

48. 中国加入了世界贸易组织后承担了相关义务，外国出口商可以中国违反世界贸易组织规则为由，对中国政府起诉。

【解析】错误。世界贸易组织规则确立的相关权利或义务，是由成员享有或承担的，成员之间相互享有权利、承担义务。

49. 一名中国公民认为中国政府（或有关部门）没有充分保护他的专利权，违反了《与贸易有关的知识产权协定》规定的义务，向中国法院提起了行政诉讼，中国法院应予受理。

【解析】错误。中国政府对其他成员政府承担知识产权没有充分保护的责任，不对本国国民、其他成员的国民承担责任。个人或公司不能根据世界贸易组织相关协定直接享有权利。

50. 在经过对世界贸易组织有关知识的学习后，对中国政府履行有关义务有了了解。作为地方行政领导，也具有在本地区履行世界贸易组织有关规则的义务，如果中国法律有不同的规定，可以不必遵循中国法律的规定。

【解析】错误。本国各级政府机构须遵守本国的法律要求。中央政府对其他成员承担地方政府相关行为的责任。

51. 由于世界贸易组织规则涉及的问题很多，中国的现有立法中许多都没有相应的立法，因而，中国可以直接把世界贸易组织规则作为国内法适用，既简单，又保证了与世界贸易组织规则的一致性。

【解析】错误。根据《世界贸易组织协定》的现有规定、世界贸易组织的做法及其他主要成员的做法，世界贸易组织规则没有在国内直接适用的效力。如中国法律赋予世界贸易组织规则在国内法律制度中直接适用的效力，则破坏了中国与其他成员间达成的权利、义务平衡，对中国不利。

52. 中国法院在审理有关外贸案件时，可以直接以世界贸易组织规则作为裁决依据。

【解析】错误。中国法院必须适用中国立法机关制定的相关法律，不能直接适用世界贸易组织规则审理案件。

53. 中国有句话，叫做行动胜于语言。因而，只要中国政府及有关部门的实际做法与世界贸易组织的要求一致，国内有无明文规定没有关系。

【解析】错误。各成员应保证其法律、法规和行政程序符合世界贸易组织相关规则的要求。

54. 政策透明原则，并不要求公布可能损害国家利益的有关信息。

【解析】正确。国家利益至高无上，是履行世界贸易组织义务的最根本指导原则。任何义务的遵循都不得损害国家利益。世界贸易组织的相关规则也允许不公布可能损害国家利益的相关信息。

55. 对于被裁定违反世界贸易组织规则的措施，被诉国只需予以撤销或对其修改，使之与有关规则要求一致，无须对有关国家进行赔偿。

【解析】正确。赔偿是自愿的，且仅是不撤销、不修改被诉措施的临时替代措施，是次优选择。

56. 海关官员在对进口商品征收关税时，应依据该国在世界贸易组织中的减让表征税，而不应按该国税率表征税，因为减让表中的税率是约束税率，构成了该国承担的义务。

【解析】错误。海关官员应执行国内法。包括减让表在内的世界贸易组织的相关规则，不具有在国内法律制度中直接适用的效力。约束税率和适用税率不是一回事。

57. 一国加入世界贸易组织时，首要的任务是修改国内有关立法，使其与世界贸易组织规则的要求相一致。

【解析】正确。《世界贸易组织协定》第 16 条第 4 款要求，每一成员应保证其法律、法规和行政程序与所附各协定对其规定的义务相一致。

58. 政策透明规则要求公布有关法律、规章，这主要指的是中央政府，地方政府的有关规定无须公布。

【解析】错误。中央政府的义务包括了地方政府的义务。

59. 世界贸易组织的贸易政策审查机制，就是对各成员的外贸政策进行公开审判，就是否违反世界贸易组织规则作出有法律约束力的终局裁定。

【解析】错误。贸易政策审查机构的审查结果对被审查成员不产生约束力。审查的目的主要是增加贸易政策的透明度，同时也提醒相关成员履行义务。根据《贸易政策审查机制》，该机制无意作为履行各协定项下具体义务或争端解决程序的基础，也无意向各成员强加新的政策承诺。

60. 贸易政策审查中出现的问题，可能成为进一步申诉的对象。

【解析】正确。虽然贸易政策审查的结果没有约束力，但如果对其他成员提出的问题没有重视或没有修改，其他成员可能会发起争端解决程序。

61. 对世界贸易组织成员贸易政策审查的频率，取决于成员的贸易额。

【解析】正确。各成员对多边贸易体制运行的影响是确定审查频率的决定因素。此种影响按其在最近代表期的世界贸易中所占份额确定。

62. 对中国来说，贸易政策审查的内容就是中国商务部实施的有关法律、法规和该部自己公布的有关规章。

【解析】错误。贸易政策的范围不仅仅限于中国商务部实施的有关法律、法规和该部自己公布的有关规章，其他可能影响贸易的政策，都在审查之列。

63. 贸易政策审查，既起到监督的作用，也起到提醒的作用。

【解析】正确。贸易政策审查机制的目的在于通过提高各成员贸易政策和做法的透明度，并使之得到更好的理解，有助于各成员更好地遵守多边贸易协议和适用诸边贸易协议的规则。

64. 一国的贸易政策，由其他国家去审查，这很明显是对受审查国的主权的侵犯。

【解析】错误。贸易政策审查机制无意作为履行各协定项下具体义务或争端解决程序的基础，也无意向各成员强加新的政策承诺。

65. 所谓更加自由贸易原则，就是在自由贸易的基础上更加放松对贸易的管理。

【解析】错误。更加自由贸易原则，是指在管制的基础上不断开放市场、降低市场壁垒。世界贸易组织没有主张自由贸易。

66. 由于世界贸易组织的基本规则是更自由贸易，规则的基础是市场经济，中国“入世”后，外贸部门的管理工作减轻了，甚至可以撤销外经贸部门。

【解析】错误。这是一种完全错误且有害的观点。由于某些传统的直接管制的手段被限制或被禁止，要实现政策目标，需要找出适当的符合世界贸易组织要求的方法与手段。这一任务更为艰巨。中国“入世”后的实践也证明了这点。

67. 任何一个国家，无论是市场经济国家还是转型经济国家，采取的贸易政策实际上都是张弛结合的。

【解析】正确。世界上没有纯粹的自由贸易政策或贸易管制政策，各国根据不同的时期存在的不同情况采取相应的贸易政策。

68. 世界贸易组织规则的市场经济基础，要求不能存在政府投资的企业。

【解析】错误。政府投资企业应遵循世界贸易组织的规则。世界贸易组织规则中专门有规范国有企业的条款。

## （二）选择填空

1. 修改《世界贸易组织协定》中的决策条款，需要世界贸易组织成员的________成员通过。

A. 三分之二　B . 四分之三　C. 全体

【解析】答案 C。《世界贸易组织协定》第 10 条“修改”规定，对第 10 条及第 9 条“决策”、GATT1994 第 1 条和第 2 条、《服务贸易总协定》第 2 条第 1 款及《与贸易有关的知识产权协定》第 4 条的修正，应经所有成员接受方可生效。

2. 中国 1986 年提出恢复关税与贸易总协定的原始缔约国地位，中国的进口关税应“恢复”到________。

A. 1948 年成为关税与贸易总协定成员时

B. 1986 年提出申请时

C. 现在想来“恢复”的提法似乎不妥

【解析】答案 C。关税与贸易总协定经过了多个回合的讨价还价的谈判，关税在不断降低。中国没有参加相应的关税减让谈判，不能自动地享有以前的关税减让的好处。根据关税与贸易总协定的做法和《世界贸易组织协定》的规定，一国成为其中一员应按其与其他成员议定的条件加入。

3. 欧共体是世界贸易组织的一个成员，是因为它是________。

A. 代表其成员国的政治联盟

B. 一个单独关税区

C. 重要的国际组织

【解析】答案B。欧共体是一个单独关税区。欧共体本身和其成员国都是世界贸易组织的成员。

4. 世界贸易组织的现行调整范围，包括________。

A. 国际货物贸易　B. 国际投资　C. 知识产权的国际许可

【解析】答案AC。世界贸易组织的现有调整范围包括货物贸易、服务贸易和与贸易有关的知识产权，但不包括国际投资。《与贸易有关的投资措施协议》是一个货物贸易协议。

5. 世界贸易组织的职责包括________。

A. 处理成员间的贸易争端

B. 实施有关的贸易协议

C. 主持就新的贸易议题的谈判

【解析】答案ABC。《世界贸易组织协定》第3条规定了世界贸易组织的职能，其中包括这三项。除这三项外，还包括贸易政策审查和与其他国际经济组织的合作。

6. 专家组在审理贸易争端、对有关协议进行解释时，应按下列顺序：________。

A. 条文本身　条文的制定目的　上下文

B. 目标宗旨　条文本身　谈判时的草案

C. 条文本身　上下文　目标宗旨

【解析】答案C。根据上诉机构确立的做法，《关于争端解决规则与程序的谅解》第3条所要求的"依照国际公法的惯例澄清这些协定的现有规定"，就是《维也纳条约法公约》第31条和第32条确立的解释规则。该规则要求进行条约的文义解释，先是需要解释的相关条文、用语本身，再是该条款的上下文，最后才是条约的目标和宗旨。

7.《关税与贸易总协定》、《服务贸易总协定》以及《与贸易有关的知识产权协定》，它们的关系是________。

A. 平等且排斥　B. 平等且补充替代　C. 独立且平等适用

【解析】答案C。上述三项协定的地位是平等的，尽管各有自己的调整范围，但在相关时，可能同时对某一措施予以规范，某一协定的适用并不排斥其他协定的适用。

8. 在货物贸易多边规则中，包括________。

A. GATT1994　B.《与贸易有关的投资措施协议》　C.《海关估价协议》

【解析】答案ABC。在世界贸易组织的实体规则中，除在《服务贸易总协定》和《与贸易有关的知识产权协定》外，其他都是货物贸易规则。

9. GATT1994包括________。

A. GATT1947

B. 有关国家加入关税与贸易总协定时的议定书

C. 历次关税谈判达成的关税减让

【解析】答案 ABC。根据 GATT1994 的组成部分说明，GATT1994 包括了 GATT1947（但临时适用议定书除外）、有关国家加入关税与贸易总协定的议定书以及历次关税谈判达成的关税减让。

10. 如果《反倾销协议》与《关税与贸易总协定》中有关反倾销的规定不同，在适用时，应________。

A. 进行协调一致的解释

B. 在不能同时履行两项规定时，适用《反倾销协议》中的规定

C. 直接适用《反倾销协议》中的规定

【解析】答案 AB。总原则是进行一致性解释和适用。如果不能同时履行两项规定中的要求，则适用性质上属于特别法的规定，此处即《反倾销协议》的有关规定。

11. 中国加入世界贸易组织后承担的义务，包括________。

A. 一般规则规定的义务

B. 中国作出的关税减让

C. 中国作出的服务贸易市场准入承诺

【解析】答案 ABC。世界贸易组织的一般规则、中国作出的关税减让和市场准入承诺，都构成了中国的义务渊源。

12. 某种商品在天津入关，关税是 12%，在上海入关关税是 10%。这种做法违反了________规则。

A. 统一实施　B. 国民待遇　C. 最惠国待遇

【解析】答案 AC。涉及法律、法规的统一实施及最惠国待遇问题。此处涉及关税，不涉及国民待遇问题。

# 第二章

# 世界贸易组织争端解决机制

本章摘要

世界贸易组织争端解决机制是世界贸易组织具有的独特的争端解决制度。和关税与贸易总协定的根本不同在于，世界贸易组织争端解决机构对报告的通过采取的是“一致通过，除非一致不同意通过”的原则，而关税与贸易总协定采取的是“一致通过”的原则，这使得世界贸易组织对于处理国际贸易争端具有特别重要的作用。同时，世界贸易组织争端解决机制设立了上诉审查制度。世界贸易组织还可授权成员对于不履行争端机构通过的报告的成员进行贸易报复，使争端解决机制的威力增强。

关 键 词

DSU　DSB　争议措施　申诉法律依据概要　设立专家组的申请　专家组的权限与职责　上诉机构的审查范围　审查标准　客观评估　一票通过制　利益的丧失或受损　违约之诉　非违约之诉　司法经济原则　交叉报复　举证责任标准　21.5 专家组程序　22.6 仲裁程序

## 第一节　争端解决机制概论

### 一、争端解决机制的建立和作用

《关于争端解决规则与程序的谅解》(DSU) 建立了世界贸易组织的争端解决制度。世界贸易组织争端解决机制，是提供多边贸易体制的可靠性和预见性的核心。该制度保障各成员在有关协议项下的权利和义务，以及按照国际公法解释的习惯规则，澄清有关协议的现有条文。该制度在世界贸易组织占有重要的位置，发挥重要的作用。正如首任世界贸易组织总干事鲁杰罗所说：“如果不提及争端解决机制，任何对世界贸易组织成就的评论都是不完整的。从许多方面讲，争端解决机制是多边贸易体制的主要支柱，是世界贸易组织对全球经济稳定作出的最独特的贡献。”没有这一争端解决制度，各成员的权利就缺乏制度的保障。因此，从某种程度上说，DSU 给予的保证比实质性规则提供的保证更重要。

解决争端和澄清现有规则，是争端解决机构（DSB）的两大作用和职责，前者具有短期的利益和价值，后者则具有长远的价值和意义。成员在相关协议项下的权利和义务的保护，以澄清现有规则为前提；成员间争端的解决，也以澄清现有规则为前提。而且，鉴于争端解决报告所具有的指导作用，争端解决机构澄清现有规则的作用不容忽视。这说明，诉诸争端解决程序，并不仅仅是解决目前的争端问题，还可能具有更为重要的构筑制度的价值和作用。

世界贸易组织的争端解决机制由争端解决机构负责运作。争端解决机构聘请国际贸易专家组成专家组对案件进行全面审查，由其常设机构上诉机构对专家组报告涉及的法律问题和法律解释进行上诉审查。争端解决机构通过争端解决报告。

争端解决机构通过的争端解决报告，仅对该案件的争端当事方有约束力，不具有普遍适用的效力，不影响到其他成员的权利、义务。但是专家组尤其是上诉机构的理念、审理方法是一致的，先例对后例具有指导性作用，这从某种意义来说，具有同案同判的作用。实践表明，争端解决机构的做法是一脉相承的，而展示其做法的报告是确定该做法的基础。

## 二、适用范围

DSU 适用于该谅解附录 1 所列各项协议的争端解决。这些协议（适用协议）包括：《世界贸易组织协定》；多边贸易协议，具体包括附件 1A、附件 1B 和附件 1C，以及附件 2；诸边贸易协议，即附件 4 的协议。这些协议统称为相关协议或适用协议。

争端解决机制既适用于机构性规则，也适用于权利、义务性规则；既适用于实体性规则，也适用于程序性规则（例如附件 2）；既适用于强制性规则，也适用于选择适用的规则。各成员就《世界贸易组织协定》和 DSU 的权利与义务的争端，也适用该争端解决规则与程序。但附件 3《贸易政策审查机制》不属于争端解决机制的适用、调整范围，附件 3 没有规定对成员有约束力的权利和义务。

DSU 规定了世界贸易组织争端解决的一般规则与程序，或统一规则与程序。除 DSU 提供的规则和程序外，DSU 附件 2 所列相关协议中明确规定了具体协议项下争端解决的特殊或额外规则和程序，这些特殊或额外规则和程序，仅适用于就各相关协议提起的争端。在特殊或额外规则和程序与 DSU 的一般规则和程序存在差异时，应以特殊或额外规则和程序为准。但实践中，处理争端的专家组或上诉机构，按照协调一致的原则来处理、适用这些规则。

特殊或额外规则和程序，仅适用于争端解决的某一方面或某一特定问题，适用于某一局部问题。它不能取代DSU所提供的一般规则与程序，不能取代由一整套规则构成的完整的争端解决机制。

## 三、争端解决机制的特点

（1）强制性。如果一成员对另一成员的有关措施提出磋商要求，另一成员应在规定的期限内作出答复，并进行磋商。如果不予答复或不进行磋商，或磋商没有在规定的期限内达成相互满意的解决办法，要求磋商的一方（申诉方）可以向争端解决机构提出设立专家组的要求，由争端解决机构设立专家组对案件进行审查。对于专家组作出的争端解决报告，任何争端方都可以提出上诉。对于专家组或上诉机构作出的争端解决报告，除非争端解决机构成员一致反对，即被通过，对争端方有约束力。被裁定违反了有关协议的一方必须在规定的期限内履行有关建议，否则，争端解决机构可以授权对其中止减让或承诺（即授权报复）。所有这一切都是强制性的。

（2）自动性。和关税与贸易总协定框架下的争端解决制度不同，世界贸易组织的争端解决程序的启动及进行是自动的，这从上述的强制性也可看出。被诉方不能阻碍争端解决程序的进行。争端解决机构通过专家组或上诉机构的争端解决报告是自动的。这就避免了关税与贸易总协定框架下被诉方阻碍程序、阻碍通过专家组报告的情形，世界贸易组织的贸易制度、多边纪律得到加强。

（3）统一性。世界贸易组织争端解决机制，统一适用于世界贸易组织的协议和规则。以一个统一的制度，代替了关税与贸易总协定框架下存在的不同争端解决制度。无论是强制性适用规则还是选择性适用规则，无论是货物贸易规则、服务贸易规则还是知识产权规则，根据这些规则产生的争端，都根据一个争端解决制度来解决。这就提供了多边贸易制度的稳定性和可预见性。

（4）司法性。除磋商程序外，无论是在专家组程序还是在上诉机构程序，专家组或上诉机构都严格按照现有的法律规则来审理争端，审理人员以独立身份审理案件，与其所属国家或政府没有关系，争端方也不能对审理人员施加影响。审理过程遵循争端解决规则与程序，遵循正当程序规则。这些和关税与贸易总协定框架下争端方以其实力来解决争端截然不同。

## 四、争端解决机制的原则

### 1. 通过多边制度解决争端

世界贸易组织鼓励、要求通过多边贸易体制解决成员间的贸易争端，阻止成员通过单边措施解决争端。世界贸易组织的争端解决制度是为多边贸易体制提供保证和可预见性的一个重要方面。根据DSU第23条的规定，成员寻求纠正违反义务情形，寻求纠正其他造成相关协议项下利益丧失或受损情形，或寻求纠正妨碍相关协议目标的实现情形，应援用并遵守DSU的规则和程序。除非根据DSU诉诸争端解决机制，各成员不得作出效果上等于认定违反有关协议、利益丧失或损害、阻碍取得有关协议目标的决定。相关成员应遵循DSU的规定，确定有关成员执行裁决的合理期，确定中止减让或中止其他义务的程度，并获得相应授权。

2. 积极解决争端

争端解决机制的目的在于达成积极的解决争端的方法。解决争端应优先考虑能被争端各方愿意接受并与各有关协议相一致的方法。若无法达成双方愿意接受的方法，争端解决机制的首要目标是确保废除与有关协议不一致的措施。当不可能废除这些措施时，才诉诸补偿和报复，而该方法仅作为临时措施使用，是最后的救济措施。

3. 有效、迅速解决争端

DSU要求各成员对启动争端解决程序的效力进行评估，在提出一项争端前，各成员应对于按照这些程序采取行动是否富有成效作出判断，因争端解决机制的目的在于确保对争端有积极的解决办法。

迅速解决贸易争端对各成员的利益都是十分重要的。DSU规定，当一成员认为其根据有关协议所享有的利益正直接或间接地被另一成员采取的措施损害时，迅速解决争端对于世界贸易组织有效地发挥作用、使各成员的权利和义务保持适当平衡至关重要。上诉机构推翻专家组的相关裁决后，如有可能，也会完成对被诉措施的违法性分析，以有效、迅速解决争端。

4. 善意解决争端

尽管成员应诉诸争端解决程序解决争端，请求调解和适用争端解决程序不应被视为引起争端的行为，但适用争端解决程序不应用作引起争端的行为。在产生争端时，成员应善意地参与争端解决程序，努力解决争端。故意玩弄诉讼技巧，不遵循正当程序规则，与争端解决机制所追求的目标是相违背的。在世界贸易组织的争端解决程序中，每一成员都被推定善意地解决争端。

## 五、既往不咎的价值导向

透过整个DSU的条款，我们看到了一个保障贸易机会、面向未来的价值取向，这尤其体现在裁决的执行措施中。某一成员的措施造成其他成员的利益丧失或受损时，该成员不是对该丧失或受损的利益提供补偿，而是废除或修改相关的措施。这一特点完全不同于我们熟悉的国内法中的违约或侵权救济。

DSU第3条第7款确立了争端解决的基本原则。首选的方法是争端各方接受且与相关协议相一致的解决方法。这一方法不可行时，保证撤销与任何相关协议的规定不一致的有关措施，成为争端解决机制的首要目标。而提供补偿只有在立即撤销相关措施不可行时才可采取，且这一补偿取决于被诉方的自愿。最后的手段是针对相关成员采取歧视性的中止减让或义务措施。补偿和中止减让都只能是临时性的补救措施。根据上述规定和争端解决的实践，只要被裁定造成利益损害的一方废除或修改其措施，其以前的措施造成的损害得不到救济或赔偿。这在相关案件中已经得到确认。

DSU 中体现的面向未来、既往不咎的价值取向，还可以具体地从报复数额的计算方法中体现出来：如果被诉方未能在合理期限内实施争端解决机构的裁决，或未能完全实施该裁决，拟采取报复的一方的报复额的起算日期是实施裁决的合理期限的届满日，而不是以前的日期。例如，被指控措施实施日、设立专家组申请日、争端解决机构通过争端解决报告日，都不能作为计算报复数额的日期。

## 第二节　争端解决机制的机构设置和职能

### 一、机构设置及职能

争端解决程序中涉及的机构主要有争端解决机构、总干事及总干事领导的秘书处、上诉机构，以及非常设的专家组（包括 21.5 程序专家组）、仲裁员等。

1. 争端解决机构

DSU 设立争端解决机构，负责执行争端解决规则与程序以及有关协议中的磋商和争端解决条款（有关协议中另有规定者除外）。争端解决机构实际上是负责处理争端的总理事会。《世界贸易组织协定》规定，在审议成员之间的争端和采取必要措施解决争端时，总理事会作为争端解决机构召开会议，因而总理事会实际管理这些规则和程序，行使争端解决机构的职责。争端解决机构有权成立专家组，通过专家组或上诉机构的报告，监督有关措施的执行或授权有关国家进行报复。但争端解决机构有自己的主席，并建立必要的程序规则以行使其职权。

争端解决机构在批准设立专家组的申请、通过专家组报告/上诉机构报告、授权报复时，采取所谓的“反向一致同意”原则，即“除非一致不同意，则一致同意”原则，其实质是一票通过制或准自动通过制。这一做法和关税与贸易总协定框架下的一票否决制不同。

2. 总干事

总干事可依职权提供斡旋、调解或调停，协助各成员解决争端。应争端方的要求，在争端方对专家组的组成达不成一致意见时，总干事可以决定专家组的组成。

3. 秘书处

秘书处应协助专家组，尤其是在处理事项的法律、历史和程序方面给予协助，并提供秘书和技术支持。在争端解决方面秘书处向发展中国家成员提供额外的法律建议和协议，并可以安排获得法律专家的协助。秘书处提供争端解决程序和做法的培训课程。提供专家组成员名单，并向争端方建议专家组的提名。争端各方将书面陈述提交秘书处，由秘书处转交专家组和其他争端方。

4. 专家组

专家组是争端解决机构的非常设性机构，专家组的成员一般由争端成员双方磋商后从世界贸易组织秘书处存有的专家名单中选定；只有在双方不能达成一致时，专家组才由世界贸易组织总干事任命。专家组协助争端解决机构履行有关职责。专家组应对其审议的事项进行客观的评估，包括案件的事实、有关协议的适用性以及争议措施与有关协议的一致性，帮助争端解决机构作出裁定和提出建议。DSU 第 21 条第 5 款“程序”规定的专家组，通常是原专家组，负责裁定被诉方采取的实施争端解决机构建议或裁决的措施是否与相关协议的要求相一致。

5. 上诉机构

上诉机构是争端解决机构中的常设机构，它负责对于被提起上诉的专家组报告中的法律问题和专家组进行的法律解释进行审查。上诉机构可以维持、变更或推翻专家组的法律裁定和结论。上诉案件由上诉机构 7 名成员中的 3 人组成审判庭审理。上诉机构定期召开例会讨论政策、做法和程序事项。上诉审查制度，是世界贸易组织争端解决机制的一大特色，它保证了法律规则适用的准确性、统一性、一致性。

6. 仲裁员

DSU 第 22 条第 6 款中的仲裁程序仲裁人（通常也是原专家组成员），负责裁定拟中止减让的水平是否与利益丧失或受损的水平相等，并确定具体的中止减让额。第 21 条第 3 款规定了仲裁程序仲裁人裁决被诉方实施建议或裁决的合理期限。

此外，在适用替代专家组（包括上诉机构）程序的第 25 条仲裁程序时，仲裁员可对争议事项进行仲裁。

## 二、专家组的权限与职责

1. 专家组的设立和组成

如果申诉方提出设立专家组（panel）的申请，争端解决机构最迟应在将该请求列入争端解决机构正式议程的会议之后的下一次会议上成立专家组。被诉方可以阻挠专家组的成立，但仅限一次。争端解决机构进行第二次会议时，被诉方不得阻挠设立专家组，除非机构一致同意不设立专家组。

专家组应由资深的政府和/或非政府人员组成，包括曾经在专家组工作过或处理过案件的人员，或作为某个世界贸易组织成员的代表，或某个 GATT1947 的代表，或在秘书处任过职的人，或讲授或出版过国际贸易法或国际贸易政策或曾经任某一成员的高级贸易政策官员的人员。专家组成员应具有独立性，并拥有多种不同的背景和丰富的经验。除非争端各方同意，属于争端方的公民或与事项有重大利害关系且已将此通知争端解决机构的成员（第三当事人）的人员，不应在涉及该争端的专家组工作。专家组由 3 名专家组成（除非争端各方同意 5 名），其成员可从秘书处的专家名单中选定。专家组成员以个人的身份而非作为政府代表或任何组织的代表提供服务，世界贸易组织成员不应就专家组审查事项向其下达指示或试图施加影响。在发展中国家成员与发达国家成员之间发生争端时，如果该发展中国家成员提出请求，该专家组至少应包括 1 名来自发展中国家成员的专家。专家组通常由秘书处商争端成员任命。如争端各方不能就专家组成员达成一致，经一方请求，总干事可以任命专家组人选。

如果一个以上的成员（多方起诉程序）就同一事项请求设立一个专家组，可以设立一个单一的专家组；若就同一事项的起诉设立了一个以上的专家组，应尽可能由相同的人员组成各个专家组的成员，并协调此类争端中专家组工作进程时间表。单一专家组应组织审查并将专家组的调查报告上报争端解决机构，确保争端各方享有的请求独立的专家组审查起诉的权利不受损害。与事项有重大利害关系且已将此通知争端解决机构的成员（第三当事人），应该有机会向专家组陈述意见，并向专家组提出书面报告。

2. 专家组的权限

专家组的权限（terms of reference），指专家组在特定案件中依据申诉方提出的有关请求而对申诉方提交的有关事项，根据有关适用协议进行调查并作出裁决的权限。特定案件中的专家组的权限依赖于申诉方提出的设立专家组申请中所具体指明的争端的具体措施，该具体措施构成专家组的权限的基础。专家组的权限的重要性在于两个方面：第一，权限满足了重要的正当程序目标——它给予了当事方和第三方有关争端问题的足够信息，允许它们有机会对申诉方的案件作出答复；第二，通过界定争端的准确请求，确立了专家组的管辖权。

该权限可能因当事人请求的不同而不同。专家组的权限规定于 DSU 第 7 条。DSU 规定了专家组的三种权限：标准权限、当事人协议权限、主席拟定权限。据 DSU，专家组的标准权限是："按照 XXXX 协议（有关协议的名称由争端的各当事方列举）的有关规定，对 XXX（当事方名称）以 DS/XXXX 文件提交 DSB 的有关事项审查，并作出有助于 DSB 提出建议或作出裁决的裁定。"争端当事方在专家组建立后 20 天内可以就专家组的权限另行约定。在设立专家组时，DSB 可以授权其主席与争端方磋商设定专家组的权限，但要受前述规定（标准权限和 20 天内的另行约定）的约束。由此拟定的专家组的权限应向世界贸易组织的各成员分发。如果达成了标准权限外的权限，任何成员可以向 DSB 提出相关的问题。无论对权限如何约定，专家组应处理解决争端方引用的有关协议中的相关规定。

个案中的专家组的权限依赖于申诉方向 DSB 提出的设立专家组的申请。在危地马拉反倾销调查案中，申诉方提出的设立专家组的申请中并没有具体指出上述具体措施，因而该案并没有适当地提交专家组。专家组没有获得管辖权，因而专家组的裁决也就缺乏依据。

在指明具体措施而确定了专家组的权限后，专家组在实际审查过程中也可能出现越权或怠权的情况，许多上诉案件涉及这方面的问题。在澳大利亚鲑鱼案中，上诉机构认为专家组在产品方面范围没有越权，但在措施方面错误地解释了其权限，包括了不应该包括的措施。与专家组越权审查相反，专家组对应该审查的问题没有审查即构成了专家组的怠权。

一般来说，专家组在审查多个诉求时往往遵循司法经济原则（principle of judicial

economy，有人也将其称为司法节制原则），即只解决为解决争端所必须解决的事项。DSU 第 11 条以及 GATT1947 的做法并没有要求专家组必须对申诉方提出的所有法律要求进行审查，这种要求与世界贸易组织争端解决机制保证积极地解决争端的目标不符。DSU 第 3 条第 4 款规定："DSB 提出的各项建议或作出的裁决，应旨在据本谅解和有关协议的权利、义务达成对事项的满意解决。"专家组可以适用司法经济原则，而并非必须适用司法经济原则。专家组适用司法经济原则时必须真正解决争端。鉴于专家组作出的某一裁决在上诉时可能被上诉机构推翻，专家组仅仅作出这一裁决而对其他诉求以司法经济为由拒绝裁决时，即可能产生没有有效解决争端的情形。

实践中上诉方对专家组提出的怠权指控并非全不成立，这在澳大利亚鲑鱼案中得以证实。上诉机构指出：在适用司法经济原则时应记住争端解决制度的目的，仅提供部分解决问题的办法是虚假的司法经济。专家组的裁决必须促进 DSB 作出足够准确的建议和裁决的请求，以便该成员迅速与裁决相一致，保障为了所有成员的利益有效地解决争端。

专家组在审理案件时，作为一个司法性机构解决争端，其作用与各专业委员会的审查作用不同，后者的审查类似行政监督的审查，并不代替争端解决机构对争端的审查。例如，专家组对保障措施的审查与保障措施委员会对保障措施的审查之间，后者不能代替前者。在世界贸易组织中，不存在许多国内法中存在的类似行政和司法的机构平衡原则。机构平衡原则不是国际法的原则。

3. 寻求信息权

专家组的另一重要权利，是获得信息资料的权利。DSU 第 13 条规定："1. 专家组有权从其认为合适的任何个人或机构寻求信息和技术建议。2. 专家组可以从任何相关的渠道寻求资料，也可以和专家们就事项的某些方面磋商以获得他们的意见。"

DSU 第 13 条赋予了专家组"向其视为适当的任何个人或机构寻求信息和技术建议"的权利，专家组可以从有关渠道寻求信息，可以就有关问题与特定专家磋商。但该权利是一酌情裁量权，专家组没有义务在每一案件中寻求信息或与某一特定专家磋商。正如专家组有权酌情确定如何寻求专家意见，专家组也有权酌情确定是否寻求信息或专家意见。专家组可与专家个人而不是专家审查小组进行磋商。专家组享有充分的酌情权决定设立专家审查小组是否必要或适当。

专家组从其视为适当的任何个人或机构，或从任何相关渠道"寻求"信息和技术建议的权利，是一种非常广泛的综合性权利（comprehensive nature）。这一权利不仅仅包括对信息或建议渠道的选择和评估，还包括决定不寻求信息或建议的权利。专家组有权接受或拒绝其寻求或收到的任何信息或建议，或作出某种适当的处理。在某一具体案件中决定信息和建议的必要性，确定已收到的信息或建议的可采性和相关性，决定给予该信息或建议多大的重要性，或者得出对其收到的信息或建议不予采纳的结论，都属于专家组的权利范围。

DSU 第 12 条第 1 款授权专家组偏离 DSU 附件 3 规定的工作程序或对该程序予以增加，并在与争端方磋商后实际制定自己的工作程序。同条第 2 款进一步指示应给予专家组程序以足够的灵活性以确保高质量的专家组报告，只要不非正当地延迟专家组程序。DSU 第 12

条和第 13 条的重心，在于给予专家组充分、广泛的权限从事并控制程序，通过这一程序了解案件的有关事实和适用于该事实的法律规则和原则。这一权限及其广度，是专家组履行 DSU 第 11 条规定的义务（即客观评估义务）所必要的和不可或缺的，不应被削弱。

专家组被禁止解决不属于其权限范围内的法律请求。但 DSU 不限制专家组成员自由使用任何一方提供的论据，或者进行自己的法律推理，以支持其对审查的事项作出的裁定和结论。如果在推理中专家组使自己完全限于争端方提出的论据，专家组可能就不能进行 DSU 第 11 条要求的对事项的客观评估。

专家组在认为需要时，可以要求争端成员提供专家组认为需要的信息。这种权利是一种裁量权，这一裁量权不因为世界贸易组织的其他规定而以另一方初步确立其要求或抗辩为条件。在申诉方提出初步证据或被诉方确立其初步抗辩之前或之后，专家组都可以提出这样的要求。对该要求，争端成员不应拒绝。如果成员可以随意拒绝，在效果上等于宣布成员自己可以在法律上自由阻止专家组履行其职责和义务，这就从根本上剥夺了其他成员据 DSU 享有的权利。如果被要求提供信息的成员拒绝提供有关信息，专家组可以从其拒绝中得出对其不利的推论。这也是一个裁量权，专家组可以不得出这样的推论。实践中，专家组尽可能避免得出这样的推论。

4. 专家组的职责

专家组的职责（functions）规定于 DSU 第 11 条："专家组的职责是帮助 DSB 据 DSU 和有关协议履行其责任。因而，专家组应对向其提交的事项进行客观评估（包括对案件事实的客观评估、对有关协议适用性的客观评估和争议措施与有关协议一致性的客观评估)，并作出裁定帮助 DSB 提出建议或作出裁决。专家组应定期与争端方进行磋商，并给予他们充分的机会寻求相互满意的解决办法。"

专家组的根本职责是协助争端解决机构履行解决争端的职责，其具体表现是对申诉方提交事项的客观评估（objective assessment of matter)。为了更好地解决争端，专家组应促成争端方满意地解决争端。

对于当事方提出的证据、事实的审查是专家组的重要职责。专家组的重要性很大程度上在于它是事实的审查者。专家组对证据的审查和权衡原则上属于专家组的自由裁量权的范围，但该自由裁量权并非无限的，尤其是要受到客观评估义务的制约和限制。

上诉方在上诉中往往指控专家组没有进行客观评估。对此，上诉机构强调，并非评估事项中的每一差错（尽管可能引起法律问题）都可被定性为没有对事实进行客观的评估。对事实进行客观评估，即是审查提交给专家组的证据并在证据的基础上作出事实性认定。故意无视或拒绝审查提交给专家组的证据，故意歪曲或误述提交给专家组的证据，都与专家组对客观评估事实不一致。证据的"无视"、"歪曲"和"误述"，在司法或准司法程序通常的意义上，不仅意味着事实评估中的错误判断，而且是导致怀疑专家组的诚信的严重错误。指控专家组无视或歪曲提交给它的证据，在效果上，即是指控专家组在一定程度上拒绝给予提交证据方基本的公平。在很多司法制度中的正当程度或自然公正，并不要求专家组对事实性证据所赋予的证据力与当事方所给予的一样。

专家组的审查涉及对世界贸易组织成员的主管当局的措施或决定的审查。在对当局措施或决定的审查标准上，有两种对立的主张："重新审查"（de novo review）标准和"完全尊重"（deference）标准。前者是对事实性和程序性进行全面的审查，后者是仅对成员主管当局是否遵守世界贸易组织规则要求的程序进行审查，而不再对主管当局进行的调查进行审查。专家组的审查标准，即是DSU第11条规定的"客观评估"。

客观标准反映了世界贸易组织成员赋予世界贸易组织的管辖权和成员自己保留的管辖权的平衡。采用协议中没有明确规定的标准可能会改变仔细达成的平衡，任何专家组或上诉机构都无权这样做。就发现事实来讲，该标准既不是"重新审查"标准，也不是"完全尊重"标准。"重新审查"标准不适合当前的做法和制度，而完全尊重成员主管当局的决定则不能保障DSU第11条规定的客观标准。

## 三、上诉机构

### （一）上诉机构的权利

上诉机构审查对专家组案件的上诉，对专家组报告涉及的法律问题和专家组所作的法律解释进行审查，可以维持、变更或撤销专家组的法律裁决和结论。这既是上诉机构的职责，也是上诉机构的基本权利。

管辖权问题是任何一个审判机构首先面临的问题。为了确定自己是否有权对上诉案件或上诉事项进行审查，上诉机构必须解决管辖权问题。尽管上诉方提出的上诉中可能没有涉及管辖权问题，对这一问题的审查是上诉机构享有的默示权利。

与专家组的权利相比，上诉机构具有的一个非常重要的权利是制订审查规则。DSU第12条比较详细地规定了专家组程序，DSU附录3特别规定了工作组的工作程序，附录4规定了专家组对专家审议小组的管辖问题。DSU对上诉审议程序的规定则比较简单，但DSU将上诉审议程序的制定授权给上诉机构，于第17条第9款规定："在与争端解决机构主席和总干事磋商后，上诉机构制定（上诉审议的）工作程序，并通知各成员。"上诉机构根据这一授权，制定了长达32项规则的《上诉审查工作程序》。上诉机构在该工作程序中还保留了修改工作程序的权利。上诉机构制定工作程序的权利，使上诉机构在上诉审查程序中具有较大的灵活性，也使上诉机构获得某些潜在的权利。

根据上诉机构制定的《上诉审查工作程序》，如果某一程序性问题没有为该程序规则所包括，上诉审判庭可以针对该上诉制定适当的程序，只要该程序不违反DSU、相关协议及《上诉审查工作程序》。制定这样的程序是为了上诉程序进行得公正、有序。《上诉审查工作程序》本身还赋予了采取灵活程序的权利。规则16（2）规定："如果在例外情况下，严格遵循本规则所列时限将造成明显的不公正，则任何参与方可请求审判庭修改本规则所列提交文件的时限或工作日程中所列进行口头听证的日期，审判庭同意后，修改的时间通知争端的参与方。"

上诉机构正是依据可以制订程序规则的权利，在一些案件中确立了DSU没有明确规定的权利。例如，有关对待法庭之友意见问题，上诉审判庭认为，既然上诉机构可以制定自己的工作程序，上诉审判庭可以制定特定上诉的工作程序，当然也可以制定采纳法庭之友意见的程序，因而上诉审判庭享有是否接受法庭之友意见的决定权。另外，上诉机构制定工作程序的权利，实质上已经影响到争端参与方的权利，例如，上诉机构几次修改工作程序，扩大了上诉方和被上诉方之外的参与方的权利。

在《上诉审查工作程序》规则29中，上诉机构还赋予自己发布适当命令的权利，如果某一参与方没有在要求的期限内提交陈述，或者未能出席口头听证，则上诉审判庭在听取参与方的看法后，应发布其视为适当的命令（order），包括驳回上诉。这一规定赋予了上诉审判庭重要的支配上诉程序的权利。

《上诉审查工作程序》规定了上诉机构和上诉审判庭的决策与工作方式：协商达成一致意见成为最优先的目标，多数意见是次优选择。

上诉机构成员定期举行例会，讨论政策、做法和程序事项。这些规定，对上诉机构的作用产生了重大影响，进一步树立了上诉机构的权威。迄今为止，绝大多数上诉机构的报告都是协商一致作出的。

### （二）上诉机构的审查范围

1. 上诉机构的审查对象

根据DSU第17条的规定，上诉机构应审理对专家组案件的上诉。上诉应限于专家组报告涉及的法律问题和专家组所作的法律解释。上诉机构可以维持、变更或撤销专家组的法律裁决和结论。

通过DSU的上述规定，我们可以看出，上诉机构的审查对象与专家组的审查对象是不同的，尽管专家组和上诉机构的根本职责是相同的：专家组的职责是协助争端解决机构履行DSU及相关协议项下的职责；上诉机构对专家组报告进行审查，以保证专家组报告的准确性，实质上也是协助争端解决机构履行职责。但在专家组程序中，专家组审查的对象是被诉方采取的措施，审查这些措施是否符合相关协议的要求，而在上诉审查程序中，上诉机构审查的是专家组报告，或者说是专家组的行为，审查专家组报告中的裁决或解释是否符合相关协议的要求。正因为如此，上诉机构可以维持、变更或撤销专家组的法律裁决和结论。只有在个别的情况下，在上诉机构推翻了专家组作出的裁决、专家组记录中的事实允许的情况下，上诉机构才继续专家组没有完成的分析，对于被诉方的措施是否违反相关协议作出裁决。

上诉机构与专家组审查对象的不同，决定了两个程序中争端方的努力目标不同。在专家组程序中，申诉方极力证明被诉方的措施违反了相关协议，被诉方极力抗辩其措施没有违反相关协议，或即使违反了相关协议但根据相关条款存在正当性。在上诉机构程序中，上诉方极力证明专家组的某些裁决或解释错误，而被上诉方则极力证明上诉方予以上诉的专家组裁决或解释正确。可见，攻击或捍卫的对象已经变化。这一不同，可以从《上诉审查工作程序》对上诉方和被上诉方陈述的要求中得到确认。上诉方的陈述应列出：（1）上诉理由的准确说明，包括对专家组报告中的法律问题和专家组所作的法律解释的错误的具体指控，以及指控的法律主张；（2）所依据的相关协议及其他法律来源的准确说明；（3）所寻求的裁决的性质。被上诉方的陈述应列出：（1）反对上诉方陈述中提出的对专家组报告中的法律问题和专家组的法律解释的错误的具体指控的理由，以及支持反对上诉的法律主张；（2）对上诉方陈述中每一理由的接受或反对；（3）所依据的相关协议条款及其他法律来源的准确说明；（4）所寻求的裁决的性质。这些规定中，专家组报告成为控、辩双方所指向的靶子。

2. 只能审查法律问题

上诉机构对专家组报告的审查是受到限制的，审查对象仅限于专家组报告涉及的法律问题和专家组的法律解释。与专家组的职责中明确规定专家组对案件事实进行评估不同，上诉机构不能审查专家组报告中的事实问题。但何为法律问题、何为事实问题，二者之间并没有一条明确的容易识别的界限。

原则上，作为事实的认定者，专家组对事实的认定不受上诉审查。上诉机构自己多次强调了这一点。例如，上诉机构在欧共体荷尔蒙案中指出："区别于专家组的法律解释或法律结论的事实认定，原则上，不受上诉机构的审查。"在欧共体、印度床单案（21.5 程序）中，上诉机构指出："在审查专家组对证据的评估时，上诉机构不能仅仅依据上诉机构得出与专家组不同的事实裁定而作出专家组违反第 11 条的裁定。相反，上诉机构必须相信，专家组作为事实裁判者在评估证据时超出了裁量权限。以前的上诉中也很明显，上诉机构不会轻易干预专家组行使裁量权。"在韩国酒类税案中，上诉机构拒绝事后猜测专家组对于作为证据提交的某些研究的评价或审查赋予证据的相对重要性。在澳大利亚鲑鱼案中，上诉机构认为，不要求专家组对争端方的事实性证据赋予的意义和重要性与争端方赋予的相同。

但上诉机构在欧共体荷尔蒙案中的态度并没有完全否认上诉机构不能审查事实认定问题，而是使用了"原则上"这一术语，对自己的观点进行了限制。上诉机构在该案中同时指出，"特定事实或一组事实与特定条约条款要求的一致性或不符，是一个法律定性问题，是一个法律问题"。这实际上表明在必要时，上诉机构也会审查专家组对事实的评估问题。上诉机构的这一态度是符合 DSU 的要求的，因 DSU 第 11 条规定，专家组应对案件事实进行客观评估，而上诉机构的任务是对专家组报告进行法律方面的审查，这一审查无疑包括了对事实的客观评估问题。对于专家组对争议措施的定性，是可以上诉审查的。

与上诉机构不审查事实问题相联系，上诉机构不审查争端方在上诉程序中提出的新证据。DSU 第 17 条第 6 款明确将上诉机构的管辖权限于专家组报告中包括的法律问题和专家组所作的法律解释，上诉机构没有权力考虑上诉中的新证据。即使是从公共文献中可以获得的文件，也不能免除 DSU 第 17 条第 6 款对上诉机构施加的限制。如果考虑这样的证据，其他参与方并没有机会对这些文件提供意见，而为了提供意见，可能要求提供更多的证据。上诉机构也被禁止考虑这样的证据。

对国内法的审查问题，在世界贸易组织的争端解决机制中是一个非常敏感但又非常重要的问题。作为一个国际性审判机构，争端解决机构自然不具有国内立法机关或国内法院确定法律含义的资格和能力。但如果不对国内法进行审查，特别是在被诉措施是国内立法的情况下，专家组自然不能对提交事项进行客观评估，因此，专家组采取了在确定争议措施是否符合相关协议要求的限度内审查国内法的方法，对国内法含义的确定仅限于这一范围。专家组根据国内法的用语、国内法律的解释和适用、行政机构的执法做法和准则，确定国内法的一般含义。对此，争端方基本上已经达成共识。但对于专家组对国内法含义的确定，是否可以在上诉中提出呢？

上诉机构认为，在国际公法中，国际审判庭可以多种方式对待国内法：国内法可以作为事实证据，提供国家做法的证据；国内法也可以构成遵守或不遵守国际义务的证据。根据DSU，为了确定世界贸易组织成员是否履行了《世界贸易组织协定》下的义务，专家组可以审查该成员的国内法。这样的评估是专家组作出的法律定性。因而，专家组对于国内法是否与世界贸易组织义务一致的法律定性，根据DSU第17条第6款，属于上诉审查的范围。

3. 司法经济原则在上诉程序中的应用

争端解决机制的作用是解决成员间的贸易争端，其出发点和目的也是解决成员间的争端。除非必须，不审查可查可不查的问题。申诉成员可能在设立专家组的要求中根据不同的法律条款提出了许多要求，或上诉方在上诉中提出了许多要求。如果能解决争端，专家组或上诉机构并不一定要对所有要求作出裁定。

尽管上诉机构的审查范围仅限于专家组报告中涉及的法律问题及由该专家组所作的法律解释，但如果上诉机构推翻了专家组的裁决和结论，为了有效地解决争端，上诉机构也可以根据专家组报告中记录的足够事实，对于当事人没有上诉的事项进行审查。

如果案件没有适当地提交专家组，或设立专家组的要求没有满足应该满足的条件，而专家组错误地认为有权进行审查而作出裁定和结论，则上诉机构在推翻专家组的裁定与结论后，不再对案件继续进行审查，如危地马拉水泥案。如果上诉机构已就其中的一个上诉要求作出裁定，则对于针对相同问题的不同要求（法律条款不同），上诉机构一般不再进行审查，如巴西飞机补贴案。如果问题不同，但专家组程序中没有对有关事实进行审查，或专家组程序记录中的证据不充分，不足以继续进行审查，则上诉机构一般不再继续进行审查，如韩国奶制品保障措施案。如果上诉机构推翻了专家组的裁定与结论，又有事实或证据为依据，又需要解决争端方间的争端，则上诉机构需要继续审查，作出裁定和结论。

## 第三节　争端解决程序

### 一、磋商

一成员根据DSU正式向其他成员提出磋商请求，是争端解决程序开始的标志。DSU对磋商的要求，是为了促进争端双方通过磋商这一机会解决争端的可能性，但 DSU 并不要求磋商取得某种实质性的结果，磋商不成也不影响其他争端解决程序的进行。一项争端只有在通过双边磋商解决争端的努力宣告失败后，才由成员政府提交争端解决机构。这是争端解决程序所确定的重要原则之一。磋商要求仅仅是一项程序性要求，是申诉方提出设立专家组申请的前提条件。是否实际进行过磋商、磋商效果如何，与后面进行的专家组程序没有必然的关系。但在实践中，很多争端是通过磋商程序解决的，磋商在争端解决中具有不可替代的作用。

每一个成员应保证对另一成员提出的关于在其境内采取的影响各有关协议实施的措施问题，给予同情的考虑，并就此提供充分的磋商机会。接到磋商请求的成员应在收到请求后 10 日内给予答复，并在不超过 30 天内善意地进行磋商。如果在上述期限内未给予答复或进行磋商，请求磋商成员可以直接请求成立专家组。如果在收到磋商请求后 60 天内不能经磋商解决争端，或双方一致认为磋商无法解决该争端，请求方可以在 60 天内提出成立专家组的请求。若情况紧急，应在 10 天内进行磋商，如在 20 天内不能通过磋商解决争端，可要求成立专家组。

所有磋商请求都应向争端解决机构及有关的理事会、委员会通报。磋商请求应是书面的，包括请求理由、争端中的各项措施的资料及请求的法律依据。磋商达成的双方接受的争端解决办法，亦应通知争端解决机构。

参与磋商的成员之外的成员如根据各有关协议的规定，认为正在进行的磋商对其有重要的贸易利益，可要求参与磋商。只要接到磋商请求的成员同意其所谓的重要贸易利益确实有理有据，该成员可参与磋商。

另外，除磋商外，DSU 还规定争端各方可以在任何时候要求进行斡旋（good offices）、调解和调停，涉及斡旋、调解和调停的各项程序不影响任何一个当事方按照这些程序在任何进一步的诉讼程序中享有的权益。争端各方可以在任何时候终止斡旋、调解和调停程序。一旦斡旋、调解和调停程序终止，请求方即可以提出设立专家组的请求。

## 二、专家组程序

### （一）专家组程序概述

提出设立专家组请求后，应在 45 天内设立专家组、任命专家组成员。此后 6 个月的时间为专家组进行审查、作出报告的时间。专家组通常应在 6 个月内向争端各方提出报告；在紧急情况下，提出报告的期限为 3 个月。专家组程序主要包括下述阶段：（1）在第一次开庭审理前，争端各方向专家组提交书面文件；（2）在第一次开庭审理中，起诉方、被诉方和宣称在争端中有重要利益的第三方对案件进行陈述；（3）各方提出书面反驳意见，在第二次开庭审理中进行口头答辩；（4）如果一方提出科学性或技术性问题，专家组可以向专家咨询或任命专家评审小组提供咨询报告；（5）专家组向各方分发报告的陈述部分（事实性的和争议性的部分，不包括裁定和结论)，给予两周的时间供争端各方对报告提出意见；(6) 专家组向各方分发包括裁定和结论的中期报告 (interim report)，并给予各方 1 周的时间进行审查；(7) 专家组阶段审核，与争端各方再次举行会议；(8) 向争端各方发出最后报告，并在 3 周后分发给世界贸易组织所有成员，如果专家组认为争端的贸易措施确实违反有关协议或义务，专家组应建议采取与世界贸易组织规则一致的措施；(9) 除非争端解决机构在 60 天内一致不通过该报告，或争端方提起上诉，专家组报告成为终局报告。

### (二) 适当提起案件

这包括下述几个方面：申诉方提出申诉的权利是否受到限制；申诉方是否适当地向专家组提起了案件；要求磋商的事项是否必须与设立专家组请求中的事项完全相同。

1. 诉权

诉权，一般理解为在争端中提起诉讼的权利。诉权在法院管辖中是一个重要的基础性问题，而申诉方遭受的权益损失是其中的一个重要因素。在世界贸易组织的争端解决机制中是否也存在类似的要求呢?

DSU 第 1 条第 1 款规定，该谅解的规则和程序适用于据该谅解附件 1 中所列协议的磋商和争端解决条款提起的争端。GATT1994 第 23 条是一个争端解决条款，该条第 1 款规定："成员如果认为其根据本协定直接或间接可享受的利益正在丧失或受到损害，或者使本协定规定的目标的实现受到阻碍……"上诉机构认为对于确定诉权问题特别重要的是"如果认为"这样的用语。这与 DSU 的规定是一致的，其第 3 条第 7 款规定：在提起一项争端前，成员应就按照这些程序采取措施是否有效作出判断。一成员是否据 DSU 对另一成员提起争端享有非常大的自由决定权。上述规定表明，在决定类似措施是否有效方面，是希望成员自我约束的。《与贸易有关的知识产权协定》和《服务贸易总协定》也有类似的规定。

世界贸易组织成立以来的实践表明，任何成员都可以自主地对其他成员的措施提出申诉，提出申诉的唯一先决条件是申诉方曾经提出过磋商要求，且磋商期届满。申诉方自主评估提出申诉的效果。提出申诉，不需要特殊的法律利益或经济利益。

2. 提出设立专家组的申请

设立专家组的第一步是申诉方提出设立专家组的申请。DSU 第 6 条第 2 款规定："应以书面形式提出设立专家组的申请。申请应指出是否已经进行过磋商，指明 (identify) 争端的各项具体措施 (specific measures)，并提供一份足以明确说明申诉法律依据 (legal basis) 的概要。如果申诉方请求设立的专家组具有标准权限以外的权限，书面申请应包括特殊权限的建议文本。"

具体来说，设立专家组的申请包括四个方面：书面形式要求；是否进行过磋商；是否指明了争端的具体措施；是否有提出申诉的法律依据。其中后两项非常重要，直接关系到专家组的权限。

第一，是否进行过磋商。由于磋商涉及争端双方处理争端的诚意，专家组在考虑问题时会对此给予注意。

专家组的权限是由设立专家组的申请确定的，不是由申诉方向被诉方提出的磋商要求确定的。专家组的工作范围不受先前的磋商范围的约束。但除非进行过磋商，一方无权提出设立专家组的请求。磋商是否充分、是否达成相互接受的解决办法，并不是一个前提条件。

第二，是否指明了具体措施。这是设立专家组请求的关键要求。一方面，具体措施是争端方争议的对象；另一方面，经申请设立的专家组的职责范围主要依据具体措施确定。正如上诉机构在欧共体香蕉案中指出的，“专家组请求应足够明确的重要性在于两个原因：一是它通常构成 DSU 第 7 条专家组职责的基础，二是它是通知辩护方和第三方申请的法律基础”。在实践中，这一要求涉及的问题主要包括对措施的理解与认定、措施是否具体、是否需要指明所有措施。

措施，从主体方面说，指世界贸易组织成员的措施，包括该成员的国家机构和地方机构采取的措施，前者又可以包括立法部门、行政部门和司法部门采取的措施，可归于政府的企业措施也包括在内。措施可以是一成员的任何行为，无论是否具有法律上的约束力，甚至也可以是没有约束力的政府管理指针；也可以是一成员不行为。措施不仅指一般适用的措施，如规范性的规章，还可以是法律、规章的具体适用行为，如海关当局的关税适用。从数量角度看，措施可以是单一措施，也可以是多个措施构成的整体。DSU 第 6 条第 2 款并没有明确要求指明争端具体措施适用的产品，但就世界贸易组织义务来说，为了指明争端中的具体措施，必要时应指明受争端措施影响的产品。

在关税与贸易总协定/世界贸易组织的实践中，作为抽象措施的立法、规章和作为具体措施的具体行为，都可以成为申诉的对象，但对抽象措施的指控往往比对具体行为的指控困难得多。由于立法的复杂性、多面性和不明确性，对立法的审查方法与对具体行为的审查方法可能不同。在关税与贸易总协定的争端解决实践中，专家组发展起来一种称为“强制性立法对裁量性立法”或“义务性立法对授权性立法”的二分法分析方法，世界贸易组织的专家组也遵循了这一方法。根据这一分析方法，凡是强制性要求行政机构以违反关税与贸易总协定/世界贸易组织的方式行事的立法，无论其是否实际适用，都是直接违反关税与贸易总协定/世界贸易组织的；虽然要求行政机构以违反关税与贸易总协定/世界贸易组织的方法行事，但同时又授予行政机构一定的裁量权，行政机构通过行使裁量权可以不违反关税与贸易总协定/世界贸易组织时，这样的立法，在行政机构没有具体实际适用、违反关税与贸易总协定/世界贸易组织时，被视为没有违反关税与贸易总协定/世界贸易组织。上诉机构认识到这种方法，并在美国 1916 年反倾销法案中指出，区别义务性立法和裁量性立法之裁量权，必须是政府行政机构享有的裁量权。

尽管如此，强制性/裁量性立法的二分法，实际上并没有获得上诉机构的完全首肯。上诉机构在美国对日本钢日落审查案中明确表达了这一点：“上诉机构迄今为止还没有被要求就强制性/裁量性区别这一分析方法继续存在的相关性或重要性发表一般性意见。上诉机构也不认为本上诉要求上诉机构对这一差别进行全面的分析。然而，上诉机构希望指出，对于任何这样的分析工具，强制性/裁量性差别的意义（import），随案件的不同而不同。因此，上诉机构也希望对于机械地适用这一差别保持警惕。”

上诉机构提出个案分析强制性/裁量性立法的观点，表明以前专家组经常使用的这一二分法并不总能为被控的立法提供某种豁免，美国“301条款”案就是裁量性立法被裁决违法的例子。它同时表明，申诉方完全可以不对立法进行这种区分而直接提出申诉，被诉方并不能以裁量性立法为由预先将其排除在专家组的管辖权之外。另外，上诉机构的上述观点也并没有完全否定强制性/裁量性立法分类的意义，这为被诉方为自己抗辩没有违反相关义务留下了余地。

第三，是否有足以明确提出问题的法律依据概要。申诉法律依据概要，既是申诉的法律依据，也是辩护的法律依据。法律依据主要指世界贸易组织的相关规定。申诉方可以在同一申诉中提出多项诉求。

申诉法律依据的重要性显而易见。争端解决机构在批准设立专家组的申请时并不对申请的具体内容进行审查，设立专家组的申请在DSB会议中通常是自动批准的。设立专家组的申请通常不受争端解决机构的详细审查，而是由专家组对设立申请进行仔细的审查以确保符合DSU第6条第2款字面和精神上的要求。但实践中，对于什么是明确提出问题的法律依据概要有分歧。

实际上，申诉法律依据的明确性问题，并无一个绝对标准，需要根据具体案件的具体情况来进行分析。对这一问题的理解和要求经历了一个变化的过程：上诉机构在开始时认为，申请方列举指控被违反的具体协议的规定即已足够，是最低基本要求。但如果列举的条款确立的是多重义务而不是明确的单一义务，仅仅这种指明就没有满足要求。设立专家组的申请中实际使用相关协议中的用语而没有列举条款，也视为提供了明确提出问题的法律依据。这一问题应据个案来解决，要考虑到被诉方的抗辩能力，根据专家组程序的实际施行过程，判明被诉方是否因为仅仅列举条款而受到损害。

被诉方对于申诉方设立专家组的申请不明确的异议，可以在争端解决机构会议上提出，也可以在专家组组成后立即向专家组提出。这是被诉方享有的两种不同的异议机会和权利。

### （三）专家组程序中的举证责任

专家组程序中的举证问题包括两个问题：第一个问题是是否违反了有关协议，第二个问题是违反了有关协议是否造成了利益的丧失或损害。

第一个问题实际上是哪一方负责证明违反有关协议的义务问题。对于这一问题，世界贸易组织的现有规则中并没有作出明确的规定，专家组特别是上诉机构逐渐确立了这方面的规则。提出事实的一方，无论是申诉方还是被诉方，负责提供由此引起的举证。同时，举证责任在于提出肯定性的具体要求或抗辩的一方。如果一方提出的证据足以得出其要求是真实的推论，则举证责任立即转移到另一方，该方如果不提出足够的证据反驳该推论，则败诉。根据GATT1947中专家组报告确立的规则，确定违反该协定第23条第1款（a）项的责任在申诉方，如果申诉方未能提供足够的证据证明被诉方违反了该协定的规定，则不能证明被诉方采取的措施与有关协议的要求不一致。世界贸易组织争端解决机制遵循了这一规则：一方主张另一方违反了世界贸易组织规则的规定，必须提出证据并证明这一主张。一旦该方如此行为，即轮到另一方提出证据和论据来反对这一主张。当事人承担的举证责任是初步证据责任，如果一方没有初步证明其主张，则其主张不被专家组或上诉机构支持。

在具体要求上，提供多少、提供何种证据来建立这种推论，因措施不同而不同，因规定不同而不同，因案件不同而不同。DSU 不要求专家组在被诉方提出抗辩和证据之前对申诉方是否提出了初步证据作出裁定。专家组不能利用其享有的重要调查权，在申诉方没有提出初步证据的情况下，作出有利于申诉方的裁决。在争端双方都没有提出某一证据的情况下，专家组不得使用专家提出的这种证据，作为判定被诉方是否违反相关协议的依据。申诉方是否提出了初步证据，被诉方是否进行了有效的反驳，由专家组在最终裁决时作出裁定。

一方违反有关协议的规定，并不必然得出其措施使该协议的有关成员据该协议的利益丧失或损害的结论。换言之，申诉方关于其利益丧失或损害的申诉并不必然成立。如何以及谁证明利益的丧失或损害是举证问题的第二个方面，关于这一问题，DSU 第 3 条第 8 款规定："如果违反有关协议规定的义务，该措施即被视为初步构成利益丧失或受损。这通常意味着一种推定，即违反规则对该有关协议的成员造成了不利影响，在此情况下被诉方应对这种指控进行反驳。"实践中，在指控违反义务的案件中，这一推定实际上是很难反驳、不能反驳的。另外，这种推定的利益丧失或受损，与执行程序中仲裁人确定申诉方的利益丧失或受损，不是同一概念，后一概念是被诉方拒不执行裁决或执行裁决不合要求给申诉方造成的预期损失。

在非违约之诉中，申诉方无须证明被诉方违反了相关协议的要求，而需要证明被诉方的措施造成了其利益的丧失或受损。如果申诉方不能证明其利益丧失或受损，则其诉求得不到支持。

## 三、上诉机构程序

### （一）上诉机构程序概况

争端各方都可以对专家组的报告提出上诉。上诉只应基于法律问题（points of law）和专家组的法律解释，但不能审查现有的证据或新的证据。

根据上诉机构制定的《上诉审查工作程序》，上诉程序应公正、有序，并据该工作程序进行。如果有该工作程序没有包括的问题，上诉审判庭应为该上诉通过适当的程序，该程序应符合 DSU 的规定。该通过的程序应立即通知上诉各方和第三方以及其他上诉机构成员。在例外的情况下，如果严格按照时间表会导致明显的不公正，有关各方可要求上诉审判庭修改原规定的提交文件的时间或口头审理的时间。

上诉程序包括：提交上诉通知；上诉方提交文件；在多方上诉的情况下，其他上诉方提交文件；被诉方提交文件；第三方提交文件；口头审理；分发上诉报告；争端解决机构通过报告。

作为一般规则，从争端一方正式通知提出上诉决定之日，到上诉机构分发其报告之日的程序，不应超过 60 天。如果上诉机构认为不能在 60 天内提交报告，则应以书面形式向争端解决机构通报延迟的原因，并告知预期提交报告的期限，但最长不得超过 90 天。上诉时间据上诉是否为一般上诉或禁止性补贴上诉而不同：一般上诉总的时间为 60 天至 90 天，而禁止性补贴上诉，其时间为 50 天至 80 天。

上诉机构的报告应在该报告向各成员发布后的 30 天内由争端解决机构通过，并由争端各当事方无条件地接受，除非争端解决机构一致同意不通过该报告。

一般来说，从争端解决机构设立专家组到争端解决机构通过专家组报告或上诉机构报告这段时间，如对专家组报告没有提起上诉，时间不应超过 9 个月；如果上诉，不应超过 12 个月。

### （二）上诉权

根据上诉机构制定的《上诉审查工作程序》规则 20，上诉应在上诉方依照 DSU 第 16 条第 4 款书面通知争端解决机构并同时向秘书处提交上诉通知后开始。

上诉机构的设置是世界贸易组织争端解决机制中最特别的地方之一。上诉机构具有审查专家组报告的权利和职责，如果争端方认为专家组在作出裁决时出现错误或规则解释错误，可以通过上诉程序获得救济。因而，上诉审查程序对于保障争端方的权利是非常重要的。上诉机构在美国虾案中特别强调了争端方的上诉权："对专家组的法律结论和法律解释进行上诉的权利，是乌拉圭回合制定的 DSU 确立的重要的新权利。《上诉审查工作程序》规则 20 第 2 款及其他规则的规定应给予最适当的理解，以便赋予上诉权全面的含义和效力，并给予认为自己受害的一方真正的有效的机会表明结论和解释中的错误。"①

争端方对专家组报告上诉的权利，是一种当然上诉权，还是取决于上诉机构或争端解决机构的酌情决定？我们看到，DSU 第 16 条第 4 款的规定和《上诉审查工作程序》规则 20 中，没有提到争端解决机构会议，没有提到被上诉方的反对。《上诉审查工作程序》规则 20 名称即为"上诉程序的开始"，它要求上诉方通知争端解决机构其上诉决定，并同时向秘书处提交上诉通知。这些要求都是上诉方单方面的行为。可见，上诉方行使上诉权是不需要争端解决机构批准的，被上诉方也不能提出反对。

根据《上诉审查工作程序》规则 30，"在上诉中的任何时间，上诉方都可以通过通知上诉机构，撤销其上诉，上诉机构向争端解决机构通知这一情况"。另外，《上诉审查工作程序》规则 30 第 2 款还规定，在上诉程序当中，上诉方和被上诉方自己可以另行达成相互满意的解决办法，这种解决办法通知争端解决机构后，通知上诉机构，也导致上诉的撤销。

---

① US—Shrimp，WT/DS58/AB/R，para. 97.

### （三）上诉通知中的上诉事项

根据前述规定，上诉方提起上诉只需通知争端解决机构其上诉决定，并同时向秘书处提交上诉通知书。在这两项要求中，上诉通知书对上诉事项来说，更具有实质意义。《上诉审查工作程序》规则 20 第 2 款规定了上诉通知书应包括的内容或信息：（1）提起上诉的专家组报告的名称；（2）提交上诉通知书的争端方名称；（3）争端方送达地址、电话和传真号码；（4）上诉性质的简要说明（brief statement of the nature of the appeal），包括对专家组报告的法律问题及专家组进行的法律解释错误的指控。在这四项具体要求中，前三项是常识性的、基础性的，第四项是对上诉对象的说明。和设立专家组的申请中必须指明争议措施和法律依据一样，第四项的要求起到指明上诉对象和法律依据的作用。上诉机构曾经指出，《上诉审查工作程序》规则 20 反映了上诉程序中的正当程序要求。就其实质对象来说，应该理解为主要指对上诉性质的简要说明。对上诉性质的简要说明，使得被上诉方和潜在的第三方了解问题所在，对于需要进行的抗辩做好准备或表达自己对相关问题的关注；同时也确定了上诉机构的审查范围。

上诉机构指出，《上诉审查工作程序》规则 20 第 2 款要求上诉通知包括对上诉性质的简要说明，包括对错误的指控。原则上，上诉性质和错误指控这两个方面，足以充分地指明上诉指控的专家组的错误裁定或法律解释。上诉通知不需要包括上诉方认为专家组的裁定或解释错误的理由，不需要提供上诉依据的概要。支持对错误进行指控的法律依据，在上诉方以后提供的材料中提出并进一步发展。上诉机构在此对上诉通知表达的观点，与对于设立专家组的申请表达的观点基本是一致的，上诉通知的作用在于发起上诉程序，指出上诉的问题。至于该上诉有无理由、理由是否充分，是上诉程序中需要审查的问题。

在前文对上诉通知的分析中，我们可以看到，没有包括在上诉通知中的问题、没有适当提交上诉机构，不属于上诉机构的审查范围。有关专家组职责的上诉，更是如此。上诉机构对有关 DSU 第 11 条专家组职责的问题，与对其他法律问题相比，明显采取了更严格的态度。

美国对欧共体产品反补贴案中，欧共体声称没有适当通知的其中一个问题是，美国没有提出适用 DSU 第 11 条适用错误的诉求。上诉机构发现：在上诉通知中或补充信件中，都没有明确提及该条，也没有提及该条用语；上诉机构也不能从中辨别出美国指控专家组没有对事项进行客观评估，或没有对案件事实进行客观评估。美国在口头听证中承认，从上诉通知和补充信件中不能辨别出美国据 DSU 第 11 条提出了诉求。然而，美国主张，上诉通知中没有必要提及这一点，因为这只是支持错误指控的一个主张（理由），而主张是不需要在上诉通知中规定的。另外，美国认为，在上诉通知框架下提及“诉求”是不适当的，因为诉求更适于在设立专家组申请的框架下提出。上诉机构不同意美国的意见，认为：根据 DSU 第 11 条提出专家组错误的诉求，只能在上诉框架下提出。根据其定义，在设立专家组的申请中不会存在这样的诉求，因而专家组在其报告中不会提及该诉求。因此，如果上诉方意在上诉中主张这一问题，它们必须在上诉通知中提及这一问题，提及方式须使被上诉方辨别该问题并知道它们将面对的案件。因而，上诉机构相信，不能说欧共体获得了通知，美国意在上诉中主张专家组没有满足 DSU 第 11 条的要求。上诉机构认为，专家组遵循 DSU 第 11 条的问题在本上诉中没有适当提出。

上诉机构在日本苹果案中，进一步强调了对 DSU 第 11 条提出上诉的特殊性：根据第 11 条提出的诉求不同于据相关协议实体条款提出的诉求。这一差别不能导致下述推定：仅仅因为存在对专家组实体条款分析的指控，推定存在根据 DSU 第 11 条提出了指控。相反，根据 DSU 第 11 条提出的诉求构成了单独的错误指控，必须包括在上诉通知中。上诉机构因而拒绝了日本提出的根据 DSU 第 11 条提出的指控只是支持上诉中提出的问题的法律依据的主张。

与明确要求指明上诉事项相比，与对于根据 DSU 第 11 条提出的上诉的特别要求相比，于管辖权问题，即使没有上诉，上诉机构也可以审查。根据一般情况，如果被上诉方在上诉通知中没有获得上诉方提出某一特定诉求的通知，该诉求通常被排除在上诉之外。然而，对于管辖权这一问题，上诉机构采取了不同的态度。美国伯德修正案中，上诉机构在裁定美国的上诉通知没有通知被上诉方美国意在提出专家组超越其权限范围的诉求后，在上诉中继续审查了这些诉求。上诉机构同意美国提出的观点，并将上诉机构的管辖权与专家组的管辖权进行了对比："专家组享有管辖权，是合法的专家组程序的根本前提。为此，专家组不能忽视深入管辖权根本——解决和处理事项的权力（authority）——的问题。相反，专家组必须处理这些问题，如必要，需主动处理这些问题，以使自己确信他们有权力继续专家组程序。"专家组必须解决、处理具有根本性的某些问题，即使争端方没有明确提到这些问题。在上诉机构看来，同样的推理对上诉机构也适用。"对管辖权的反对尽早提出"，为正当程序起见，上诉方最好在上诉通知中提出这样的问题，以便使被上诉方意识到上诉中提出了这样的诉求。然而，专家组的管辖权问题是一个根本性问题，即使在上诉通知中没有提出专家组超越其管辖权这样的诉求，考虑这样的诉求也是适当的。

## 四、裁决执行程序

### （一）裁决执行程序的作用

争端解决机构通过反向一致程序通过专家组/上诉机构报告后，这些报告对争端方产生了法律约束力，报告中的建议和裁决成为争端解决机构的建议和裁决，争端进入执行程序。

DSU 建立的争端解决制度，除了建立了国际争端解决的上诉审查程序外，还建立了争端裁决的执行、监督程序，从而加强了世界贸易组织规则的约束力，一定程度上改变了国际法的软法形象。这一裁决执行制度，使世界贸易组织争端解决机制更加完善、更加有效。

DSU 第 21 条"对执行建议和裁决的监督"和第 22 条"补偿和中止减让"，都属于裁决执行程序的范畴。第 21 条具体地规定了被诉方对争端解决机构裁决和建议的执行，以及其他成员对被诉方执行措施的监督。第 22 条则重在规定被诉方没有或不能执行裁决或建议时申诉方可以采取的“报复措施”，即中止减让或其他义务，也包括了被诉方可能提供的补偿。第 21 条和第 22 条从两个方面，为被诉方执行争端解决机构的裁决或建议制定了纪律。

DSU 建立的裁决执行程序，无疑是强化争端解决纪律的表现。它对于其措施被裁定违反了相关协议的被诉方作出了新的限制或约束，为指控成功的申诉方行使成功指控所带来的权利或恢复被损害的权利提供了进一步的保障，也为世界贸易组织的有效运转和成员的权利、义务平衡提供了基础。与不存在裁决执行程序的争端解决制度相比，与靠道义力量执行裁决相比，世界贸易组织的争端解决机制更具有“法治”的色彩。

同时也应看到，执行程序中也存在权利与义务的平衡，存在着正当程序的要求。正如违反义务本身不表明该成员没有善意行事一样，某一成员违反了义务也不意味着该成员的权利被剥夺或受到损害。DSU 在多处都强调了这一点。例如，第 3 条第 2 款规定，争端解决机构的建议和裁决不能增加或减少相关协议所规定的权利和义务。第 19 条第 2 款规定，专家组和上诉机构在其裁决和建议中，不能增加或减少相关协议所规定的权利和义务。因此，争端解决机构的执行程序对被诉方施加了执行裁决和建议的约束的同时，也规定了其享有的正当权利。这一正当权利可以简单概括为三个方面：合理期限内执行裁决和建议；在与相关协议相符的范围内执行裁决和建议（不超出相关协议的要求）；争端解决机构授权中止减让或其他义务等于利益丧失或受损的程度。

执行程序的规定，也体现了 DSU 第 23 条旨在加强的多边体制。该条第 1 款规定了多边体制的总要求：当成员寻求纠正违反义务情形或寻求纠正造成相关协议项下的利益丧失或减损的其他情形，或寻求纠正妨碍相关协议任何目标的实现的情形时，应诉诸并遵循该谅解的规则和程序。美国“301 条款”案进一步明确了这一要求。另外，在美国对欧共体产品采取措施案中，美国在仲裁员作出裁决之前采取中止减让措施，被认为违反了通过多边程序解决争端的要求。DSU 第 23 条第 2 款更进一步明确了多边体制的要求：除通过 DSU 的规则和程序诉诸争端解决外，各成员不得作出违反义务、利益丧失或受损或相关协议目标的实现受到妨碍的确定，这种确定应与争端解决机构通过的专家组或上诉机构报告的裁决或仲裁裁决相一致。此外，该款还进一步要求，各成员遵循第 21 条所列程序，确定有关成员执行建议和裁决的合理期限；根据第 22 条所列程序，确定中止减让或其他义务的水平并获得相应的授权。这些规定进一步说明，其他成员也不得单方面确定被诉方是否在合理期限内履行裁决或建议、执行裁决或建议的措施是否与相关协议的要求相一致，不得单方面决定实施报复的水平。

执行程序的规定，对被诉方的利益是一种保护，被诉方也据此享有正当的程序性权利，诉诸这些规则和程序。甚至在某种意义上，被诉方享有合法的权利来穷尽这些程序。被诉方诉诸这些程序，不应被视为不善意履约、不善意行事，不应被视为故意拖延执行裁决或建议。

世界贸易组织争端解决机制所体现出的既往不咎的特点和价值取向，严格地说，更多地体现在执行程序中。被诉方的措施被裁定违反了相关义务时，如果被诉方迅速采取有力而充分的措施，执行争端解决机构的裁决和建议，则争端方间的争端得到圆满、彻底解决，世界贸易组织的运转得到了有效保障，成员间的权利和义务又实现了平衡，依世界贸易组织规则建立的贸易体制的可靠性和可预见性得到了维护。成员违反义务本身并不等于不善意行事，对违反义务措施的纠正自然更是善意履行义务的行为。但不可否认的是，DSU 的这一制度，从某种程度上说，在实际效果上，可能产生或促成了“屡犯屡改、屡改屡犯”的结果。

### （二）执行裁决的期限

在争端解决机构通过报告后，被裁定违反协议或义务的成员必须迅速地履行争端解决机构的各项建议或裁决，以确保有效解决各项争端。

在通过报告后 30 天内举行的争端解决机构会议上，有关成员应通报其履行建议或裁决的意向。如果立即履行实际不可行，应确定合理的履行期限，该期限应为争端解决机构许可的期限；若上述期限未经争端解决机构许可，争端各方在通过报告后 45 天内通过协议达成一致同意的期限；或在没有达成上述协议时，通过报告后 90 天内经有约束力的仲裁来决定期限，该期限不应超过报告通过后 15 个月（通常由上诉机构的一名成员进行这一仲裁）。

一般情况下，除专家组或上诉机构延长作出报告的时间外，从争端解决机构设立专家组到合理履行期限的时间，不应超过 15 个月（双方一致同意的除外）；若专家组或上诉机构延长作出报告的时间，其额外占用时间应加在 15 个月上，但除非各方一致同意，总的时间最长不得超过 18 个月。

争端解决机构应监督通过的报告的执行情况，任何一个成员在任何时候都可以在争端解决机构会议上就执行提出问题。执行问题应列入合理期限确定日起 6 个月后争端解决机构的议事日程，直至该问题解决。每次会议之前 10 天，任何一个成员都可以向争端解决机构提供书面的执行状况的报告。

### （三）执行措施

如果违反协议或义务的一方在合理期限内不履行建议或裁定，启动争端解决程序的一方可以要求对方进行补偿。但补偿以及下述的中止减让仅是第二位的选择方法，属于临时性措施。不能优先于全部实施建议或裁定、使某措施与有关协议一致的方法而使用。补偿应是自愿的，如果给予补偿，该补偿也需与有关协议的规定一致。特别需提醒的是：此处的补偿仅限于合理期限届满后被诉方仍维持违约措施造的损失。与下文所说的报复相同。

如果在上述确定的合理期限内，有关成员不能使某措施与有关协议的规定一致，或不能履行建议或裁定，则经请求，该成员应立即在合理的期限届满之前与启动争端解决程序的当事方开始谈判，以取得双方都能接受的补偿办法。

### （四）对执行措施的异议程序

DSU 第 21 条第 5 款规定：如果对于是否存在执行建议和裁决的措施或执行建议和裁决的措施是否满足相关协议的要求有分歧，该争端应诉诸这些争端解决程序决定，包括可能时求助原来的专家组。专家组应在此事项提交后的90天内发布报告。如果专家组认为在此时限内不能提交报告，应书面通知争端解决机构迟延的原因和提交报告的估计期限。

DSU第21条第5款规定了争端方对执行裁定或建议的异议处理程序，通常被称为21.5专家组程序，以区别于原来的专家组程序。该条款规定虽然简单，但却确立了一个独立的争端处理程序。同时，由于规定过于简单，在理解、适用该程序时，应参照原专家组程序的有关规定。这一问题在实践中逐步明朗化。例如，发布中期报告的问题，对专家组作出的报告可否上诉的问题，尽管在开始时不明确，但如今都遵从原专家组程序的有关规则和程序。对21.5专家组报告可以上诉，解决了争端方对专家组报告中的问题的关注，但却又延长了执行程序。

21.5专家组程序中专家组的权限范围，实践中通常适用DSU第7条规定的标准权限范围，和原争端解决程序一样，但是在实质内容上存在重大区别：原专家组程序中，对于构成争议事项的具体争议措施和申诉法律依据要求比较严格，必须指明争议的具体措施。但DSU第21条第5款规定专家组"对于是否存在执行措施或执行措施是否符合相关协议的要求"作出确定。这意味着专家组审查的执行措施可能存在，也可能不存在，在没有执行措施的情况下则无法指明具体措施；用于确定执行措施与相关协议一致性的，是相关协议，而不限于某一特定的条款。实践中，设立专家组的申请中根本没有提到的、专家组设立后的措施，也可以成为专家组的审查对象。因此，21.5专家组程序中的专家组的权限范围，与原专家组的权限范围，貌合神离，形似而实不似。

在职责方面，DSU第11条有关专家组职责的规定，适用于21.5专家组程序中的专家组。该专家组的职责与原专家组的职责没有不同，同样是协助争端解决机构解决争端，对提交事项进行客观评估。实践中争端方并无异议，专家组或上诉机构也无这方面的论述。

### （五）报复程度异议及授权报复程序

如果在合理的期限届满后20天内，有关各方仍未达成令人满意的补偿协议，启动争端解决程序的一方可以请求争端解决机构授权中止对各有关协议的减让或其他义务（即通常所说的报复）。被诉方对申诉方拟报复数额或程度有异议的，可以根据DSU第22条第6款的规定，请求仲裁。这就是22.6仲裁程序。可能时，仲裁员应由原解决争端的专家组担任。

中止减让或其他义务是临时措施：只有在执行合理期限届满，被认定与有关协议不一致的被诉方没有执行，或执行程度没有符合相关协议的要求，或在不能采取相关措施而被诉方又拒绝补偿的情况下，申诉方才可以中止减让或中止其他义务。中止减让或其他义务，只是将今后违反义务成员的产品、服务或知识产权享有的待遇，恢复到申诉方作出减让或承诺之前的状态（限制、禁止或不保护）。申诉方不能从报复中获得利益上的好处，不能恢复、补偿过去的损失。报复不是目的，而是促使被诉方执行建议或裁决的一种手段。严格意义上讲，报复不符合争端解决机制所追求的目标。也正是因为如此，申诉方拟采取报复措施时，应获得争端解决机构的授权，这一授权表现为22.6程序中仲裁员作出同意报复并确定报复额的报告。

中止减让或其他义务应遵循一定的原则和程序。总的原则是，中止减让的部门，应与利益受损或丧失的部门是相同部门；当申诉方认为相同部门中止减让或其他义务实际不可行或没有效时，可以寻求中止同一协议项下其他部门的减让或其他义务，即跨部门中止减让；如果申诉方认为同一协议项下其他部门的中止减让或其他义务不可行或无效，且情况严重，则可以寻求中止另一有关协议项下的减让或其他义务，即跨协议中止减让。跨部门或跨协议中止减让被称为交叉报复。部门，就货物而言，指所有货物；就服务而言，指确认此类服务部门的现行“服务部门分类目录”中的一个主要部门（共 11 个主要服务部门，包括职业服务、通信服务、建筑与相关的工程服务、经销服务、教育服务、环境服务、金融服务、与医疗相关的服务和社会服务、旅游和与旅游相关的服务、娱乐文化和体育服务、运输服务）；就与贸易有关的知识产权来说，指 TRIPS 规定的各项义务中包括的知识产权的每一个类别（包括版权及相关权利、商标、地理标记、工业设计、专利、集成电路设计、未公开信息）。协议，就货物而言，指货物多边协议中的各项协议以及争端各方为其成员的诸边贸易协议；就服务而言，指 GATS；就知识产权而言，指 TRIPS。在适用上述原则时，申诉方应考虑专家组或上诉机构认定违反规则、利益受损或丧失的有关协议的贸易或部门贸易，以及该贸易对该方的重要性；考虑与利益丧失或受损有关的更广泛的经济因素，以及中止减让或其他义务的更广泛的经济后果。

争端解决机构授权的中止减让或其他义务的程度应等于利益丧失或受损的程度。这一规定既是对争端解决机构的要求，也是对于拟采取中止减让或其他义务措施的申诉方的要求，同时也是对仲裁员的要求：仲裁员不得审查中止减让或其他义务的性质，而应确定此类中止的程度是否等于利益丧失或受损的程度。所谓中止减让或其他义务的性质，指中止减让或其他义务的具体类型，例如提高关税、限制数量等。仲裁员还应确定相关协议是否准许拟采取的中止减让。DSU 第 22 条第 5 款明确规定，如果有关协议禁止此类中止，则争端解决机构不应授权中止这些减让或义务。

仲裁员的主要职责是确定申诉方拟中止减让的程度，中止减让的程度需等于（be equivalent to）利益丧失或受损程度。这一要求和关税与贸易总协定制度下适用的“适当性”（appropriate）标准不同，现有规定比以前的更严格。但《反补贴协议》对禁止性补贴的报复额度仍然坚持了传统的适当性标准。

在中止减让程度和利益受损程度这两个程度中，利益受损程度是决定性因素，只有在确定了利益受损程度的前提下，才能确定中止减让程度。因而，确定中止减让程度就是确定利益受损程度，利益受损程度的确定是关键。此处的利益受损，是指被诉方在执行合理期限届满后既不采取执行措施或执行措施不合要求而又不提供补偿后对申诉方造成的损失，因而这一概念含有预期性。仲裁员需要确定的是被诉方没有充分执行裁决或建议对申诉方造成的利益丧失或受损。因而，利益丧失或受损程度，是一个预期数额。在具体数额的确定上，既无明确规则可循，也无准确公式可用。从某种程度上说，仲裁员对这一程度的裁决，是一种主观性、裁量性较强的确定。但在禁止性补贴案件中，报复额一般是禁止性补贴额。

仲裁员对中止减让或其他义务程度的裁决，是终局裁决，无上诉机会，对争端双方都有约束力。在仲裁员作出中止减让程度裁决后，争端解决机构通过反向一致方式授权报复。实践中，报复权对贸易量小的成员效果不大。

如果被报复方认为自己已经实施了争端解决机构的建议或裁决，而报复方仍维持报复措施，被报复方可申请争端解决机构裁决。

## 第四节　未违反协议或义务的争端解决

GATT1994 第 23 条对利益的丧失或损害规定了三种情况，可以提交总协定处理。第一种情况（第 1 款 a 项）就是上述的因有关协议或义务的违反而造成的利益丧失或损害。引起利益丧失或损害的情况还包括不违反协议的措施（b 项）或其他情况（c 项）。这三种情况代表了争端解决的三种类型，分别称为违约之诉、非违约之诉和其他情形之诉。就迄今为止的争端解决实践看，第一种类型是常态，第二种较少，第三种没有发生过。DSU 规定的规则与程序，主要是对第一种类型的规定，同时也对后两种情况作了进一步的规定。

第一种类型和第二种类型可以同时出现在同一申诉中。申诉方对被诉方的同一措施，既可以提出违约之诉，也可以提出非违约之诉，只不过申诉方在这两种情形中的举证责任是不同的：在违约之诉中，申诉方必须证明被诉方违反了有关协议的条款，在证明了这一点之后，无须证明该措施造成其利益的丧失或受损，这一点是推定存在的。如果争端解决机构裁定被诉方违反了有关协议的要求，被诉方应取消或修改有关措施。而在非违约之诉中，争端解决机构不审查被诉方是否违反了有关协议的要求，而是审查其措施是否使申诉方的利益丧失或受损。申诉方需要证明其根据有关协议享有合理的预期利益，该合理预期利益因为被诉方的措施受损或丧失。如果申诉方的诉求成立，被诉方没有取消有关措施的义务，只需要作出某种补偿。

DSU 第 26 条对第二种和第三种类型的争端作了进一步的规定。如 GATT1994 第 23 条第 1 款 b 项适用，争端一方认为由于一成员的措施，无论该措施是否违反该协议的规定，使得其据有关协议直接或间接地享有的利益受到损害或丧失，或取得该协议的目标受到阻碍，专家组或上诉机构才能就该措施作出裁决或建议。在申诉方认为且专家组或上诉机构裁定案件涉及与有关协议的规定并不冲突的措施时，在满足下述条件下，DSU 的程序适用：申诉方应提供详细的证据证明与该措施有关的申诉；在一项措施使利益丧失或受损或阻碍有关协议的目标取得时，实施措施的一方没有义务取消该措施，但专家组或上诉机构应提供相互满意的调整措施的建议；有关合理执行期限的仲裁，经申请，可以包括对利益受损或丧失的程度的裁定，也可建议达成相互满意的方法，但该建议对争端各方没有约束力；也可利用补偿作为最终的争端解决的部分调整措施。

《服务贸易总协定》和《与贸易有关的知识产权协定》特别对非违约之诉作出了规定，但二者的规定正好相反。《服务贸易总协定》第 23 条规定："如任何成员认为，其根据另一成员在本协定下的具体承诺所给予的、能够合理预见的利益，由于实施与本协定条款并不冲突的措施而丧失或受损，可以诉诸 DSU。如果该措施被争端解决机构确定为使利益丧失或受损，受影响的成员有权获得相互满意的调整，包括修改或撤销争议措施。"《与贸易有关的知识产权协定》规定，在《世界贸易组织协定》生效后的 5 年内，非违约之诉不适用于根据《与贸易有关的知识产权协定》所产生的争端。目前，非违约之诉仍然不适用于《与贸易有关的知识产权协定》。

对于其他情况造成的利益损害或丧失（第三种类型），专家组只能就上述存在的情况作出裁决或建议。如争端方认为且专家组裁定争端问题确属 c 项问题，DSU 规定的各项程序仅适用到专家组分发报告时止。关税与贸易总协定于 1989 年通过的争端解决规则和程序适用于考虑建议或裁决的通过、监督和执行。但申诉方应提供详细的证据证明与该措施有关的申诉，如果专家组的裁决涉及其他问题，则应向 DSB 提交这些问题的报告，并就 c 项问题单独向 DSB 提交报告。

## 一、问题与思考

1. 比较关税与贸易总协定和世界贸易组织的争端解决机制。
2. 如何实施争端解决机构通过的争端解决报告？
3. 如何向世界贸易组织提起争端解决程序？
4. 专家组审查事实的标准是什么？
5. 如何理解上诉机构的职责和权限？
6. 如何理解世界贸易组织争端解决机制中的报复措施？

## 二、练习题

### （一）判断正误

1. 如果中国与其他世界贸易组织成员产生贸易争端，解决的出发点首先应考虑两国的友好关系，诉诸争端解决程序易损害两国的友好关系。

【解析】错误。世界贸易组织成员间产生贸易争端诉诸争端解决程序，是 DSU 的要求，请求谅解和适用争端解决程序不应用作或被视为引起争端的行为。

2. 如果某一成员的措施被裁定违反了世界贸易组织的有关规则，该成员应对该措施给其他成员造成的损失赔偿。

【解析】错误。世界贸易组织争端解决制度遵循既往不咎的原则，如果被诉成员修改或撤销了被争端解决机构裁定为违法的措施，符合相关协议的要求，则该成员对于该措施对其他成员造成的损失不承担赔偿责任。

3. 对于其他成员采取的某一措施，是否要求磋商、是否根据争端解决程序提出申诉，需根据国家利益来考虑，因而并不是对于认为违反有关规则的所有措施都提出申诉。

【解析】正确。DSU 第 3 条第 7 款明确规定，“在提起案件前，成员应就根据这些程序采取的措施是否有效作出判断”。根据争端解决实践，是否提出申诉由相关成员根据相关因素自己决定。如果需要，才提出申诉。另外，某一成员的违法措施，并不因为没有其他成员的指控而合法化。

4. 如果中国对美国没有某种产品的出口，则对于美国对该产品采取的有关措施，中国没有权利提出申诉。

【解析】错误。只要是世界贸易组织的成员，只要该成员愿意，就可以对其他成员的有关措施提出申诉。就申诉来说，不存在单独的经济利益要求或法律利益要求。

5. 如果申诉方认为被诉方实施争端解决机构的建议或裁决的措施与世界贸易组织的有关规则仍然不符，申诉方就可以采取报复措施。

【解析】错误。多边性是世界贸易组织争端解决机制的一大特征和根本要求，任何成员都无权自己认定其他成员违反了相关规则而采取救济措施。只有经过世界贸易组织争端解决机构授权，相关成员才可以采取中止减让或其他义务的报复性措施。DSU 第 23 条是就多边性的专门规定。同时，第 22 条的执行程序规定了争端解决报告的实施要求。

6. 不是某一争端程序的当事方的成员，对于有关被诉方履行争端解决机构建议裁决的情况，无权过问。

【解析】错误。任何成员，在世界贸易组织争端解决机构会议上，都可以就相关争端的裁决或建议的实施情况表示关注，提出有关执行的问题。

7. 只有申诉方证明其遭受了实际损失时，才可以对有关成员的有关措施提出申诉。

【解析】错误。就其他成员的贸易措施提出申诉，是世界贸易组织成员的权利，该权利不受诸如经济利益或法律利益等因素的限制。

8. 修改有关法律或撤销有关措施，是被裁定违反了世界贸易组织规则的成员履行争端解决机构建议或裁决的首选方式。

【解析】正确。DSU 第 3 条第 7 款明确规定：争端各方均可接受且与适用协议相一致的解决办法无疑是首选办法。如不能达成双方同意的解决办法，则争端解决机制的首要目标通常是保证撤销被认为与任何适用协议的规定不一致的有关措施。提供补偿的办法只能在立即撤销措施不可行时采取，且应作为在撤销与适用协议不一致的措施前采取的临时措施。

9. 由于小国的货物进、出口额很小，其对贸易大国的报复毫无意义。

【解析】错误。中止减让或中止其他义务，中止的对象不仅包括关税减让，也包括其他义务，如知识产权保护、服务贸易方面作出的市场准入承诺等。必要时，报复措施可以跨部门、跨协议。

10. 如果中国不违反世界贸易组织的有关规则，就不可能成为申诉的对象。

【解析】错误。从贸易争端的类型上分，主要有两大类型，分别是违约之诉和非违约之诉，因而，不违反相关规则并不等于没有造成其他成员的利益的丧失或损害。另外，发起申诉的决定权在申诉方。申诉成功与否，则是另外一个问题。

11. 争端解决制度所体现出的一个特点是：犯了错误不要紧，改了就好。

【解析】正确。被裁定违反了相关协议的成员，如果与申诉方达成了相互满意的解决办法，或者撤销或修改了相关措施，与相关协议相符，则该争端得以彻底解决。

12. 如果中国某一公司向欧共体出口的产品受到了歧视性待遇，这是该公司自己的问题，应由其自己解决。

【解析】错误。根据世界贸易组织规则，欧共体应对于来自所有其他成员的同类产品提供最惠国待遇，否则即违反了最惠国待遇义务。中国政府可根据中国公司提供的情况，向欧共体提出解决争端的磋商要求，乃至发起专家组程序。

13. 世界贸易组织成员间的贸易争端是由专家组和上诉机构审理的，中国应尽快培养出符合专家组和上诉机构任职资格的人才。

【解析】正确。争端解决机构在解决成员间的贸易争端中发挥着重要的作用，特别是相关规则的澄清。中国对世界贸易组织的参与，不仅表现为相关规则的谈判上，还应表现为争端解决机构方面的作用。中国公民作为专家组成员或上诉机构成员，可以反映中国对相关规则的理解。当然，无论是专家组成员还是上诉机构成员，都是以个人身份行事的，不代表本国政府的意志，也不接受本国政府的指示。

14. 争端解决机构通过专家组报告和上诉机构报告的方式是反向一致，它表示除非所有成员都不反对，该报告即获得通过。

【解析】错误。根据 DSU 的相关规定，在争端解决机构会议上，除非争端解决机构（各成员）经协商一致决定不通过争端解决机构报告，该报告即获得通过。换句话说，只要会议上有一个成员明确表示同意通过报告，就没有构成协商一致不通过相关报告。这与一般的协商一致通过程序正相反，故称为反向协商一致。实质上是一票通过制。

15. 如果申诉方在设立专家组的申请中没有指明具体的协议条款，专家组就无法对该申诉进行审查。这不像中国法院那样自己确定案件适用的法律。

【解析】正确。专家组的权限由申诉方设立专家组的申请确定，该申请应指明争议措施、指控被违反的相关条款。

16. 专家组的权限是由申诉方设立专家组的申请确定的。

【解析】正确。设立专家组的申请是专家组权限的依据，是被诉方抗辩的依据。

17. 如果专家组作出的报告中，没有提供得出的裁定或结论的依据，则专家组违反了其职责。

【解析】正确。DSU 第 11 条规定了专家组的职责。专家组应对其审议的事项作出客观评估，并作出可协助争端解决机构提出建议或提出适用协议所规定的裁决的其他调查结果。

18. 专家组应该对申诉方提出的所有法律请求进行审查、作出裁定。

【解析】错误。专家组只需对于解决争端所必须解决的法律请求进行审查、作出裁定。这称为司法经济原则。

19. 由于违约之诉与非违约之诉是对立的，因而，在同一申诉中，尽管可以提出多项法律请求，但不可同时提出违约之诉和非违约之诉，因为在逻辑上这是不可能的。

【解析】错误。同一申诉中，可以同时提出违约之诉和非违约之诉。二者的性质是不同的，相互之间是选择性诉求。

20. 尽管世界贸易组织的争端解决制度统一适用于各相关协议，但如果相关协议中有特殊的或额外的规定，应遵循该特殊或额外的规定。

【解析】正确。DSU 第 1 条明确作出了这样的规定。但实践中，总是遵循一致性解释和适用的原则。

### （二）选择填空

1. 上诉机构对上诉案件的审查范围，包括________。

A. 案件的争议事实

B. 专家组作出的有关法律解释

C. 专家组报告涉及的法律问题

【解析】答案 BC。上诉机构不审查案件事实和上诉中提出的新证据，只进行法律审，只审查专家组作出的有关法律解释或专家组报告涉及的法律问题。

2. 上诉机构审理案件的特点之一是集体讨论。这一做法________。

A. 违反了独立审判原则

B. 保证了上诉机构审理案件标准的统一

C. 意味着今后很难改变某一上诉报告中所反映的上诉机构的观点

【解析】答案 BC。上诉机构审理案件发挥个人和集体智慧。《上诉审查工作程序》要求协商一致达成意见为最先目标。这样有助于维持法律适用的稳定性和可预期性。

3. 申诉方设立专家组的申请，决定________。

A. 专家组对争议案件进行审查的权限

B. 被诉方的答辩范围

C. 启动了多边争端解决程序

【解析】答案 AB。申诉方提出的设立专家组的申请是专家组程序的根源，决定着争端措施和诉求范围、专家组的审理权限范围、被诉方的答辩范围。

4. 专家组在履行职责时，须对有关事项进行客观评估，这包括对下述事项的客观评估________。

A. 有关的争议措施

B. 有关规则的适用性

C. 有关争议措施与有关规则的一致性

【解析】答案 ABC。DSU 第 11 条规定了专家组的客观审查的职责，包括对争议措施、有关规则的适用性及争议措施与有关规则一致性的客观评估。

5. 非违约之诉的申诉方需要证明的事项包括________。

A. 被诉方没有违反有关规则

B. 被诉方的某一措施违反了有关规则

C. 被诉方的某一措施造成了申诉方根据有关协议的利益的丧失或受损

【解析】答案 C。根据 DSU 第 26 条有关非违约之诉的规定，如果 GATT1994 第 23 条第 1 款 b 项的规定适用于某适用协议，则专家组和上诉机构只有在一争端方认为由于另一成员实施任何措施而造成其根据有关适用协议直接或间接获得的任何利益丧失或受损，或者此种措施妨碍该协议任何目标的实现时，方可作出裁决和建议，无论该措施是否与该协议的规定不符。现有争端解决实践也明确，在申诉方提起非违约之诉时，申诉方需要证明的不是有关协议的违反，而是有关利益的丧失或受损。

6. 专家组报告发布后，争端方如果提起上诉，应在________期限内提起。

A. 30 天 B. 60 天 C. 15 天

【解析】答案 B。DSU 第 16 条第 4 款明确规定为 60 天。

7. 磋商的重要性在于________。

A. 它是提起设立专家组申诉的前提

B. 它可以澄清有关的事实和争议

C. 没有磋商的事项不得在设立专家组申请中提出

【解析】答案 AB。磋商形式上是下一步专家组程序的前置程序，效果上可以澄清有关的事实和争议，解决争端。磋商事项与设立专家组申请中包括的事项没有必然关系。

8. 在成员采取报复措施时，采取的报复措施的次序应限于________。

A. 同一部门、同一协议、跨协议

B. 同一协议、同一部门、跨协议

C. 同一协议、跨协议、同一部门

【解析】答案 A。根据 DSU 第 22 条第 3 款，中止减让或其他义务的范围依次是同部门、同协议、跨协议，逐渐扩大。

9. 实施争端解决机构的建议和裁定的成员，采取的相关措施可包括________。

A. 撤销被裁定不符的措施

B. 修改被裁定不符的规则

C. 不能采取撤销或修改措施时自愿给予补偿

【解析】答案 ABC。DSU 第 3 条第 7 款规定，争端各方都满意的解决办法是首选办法。如不能达成这样的协议，首要目标是保证撤销被认为与任何适用协议的规定不符的措施。提供补偿只能在立即撤销措施不可行时采取，且是撤销不符措施前的临时措施。

10. 争端解决机构通过的争端解决报告，对下列成员有约束力：________。

A. 参加程序的第三方　B. 案件的申诉方和应诉方　C. 全体成员

【解析】答案B。争端解决报告只对案件的申诉方和被诉方有约束力。DSU第3条第2款规定，争端解决机构的建议和裁决不能增加或减少适用协议所规定的权利和义务。

第二部分

# 贸易制度分论

第三章

# 国际贸易待遇

本章摘要

国际贸易待遇是国家或地区之间进行贸易所要解决的根本问题。贸易待遇可以规定在国家或政府间的双边贸易协议中，也可以规定于多边贸易协议中。贸易待遇是协定待遇。取得什么样的贸易待遇直接影响到一国的贸易。最惠国待遇是一种正常的贸易待遇或正常的贸易关系。关税同盟和自由贸易区、特殊差别待遇和边境贸易是最惠国待遇义务的例外。国民待遇，在货物贸易方面，指外国产品进入进口国之后在进口国境内享有的不低于内国同类产品的待遇。随着关税的不断降低，特殊的优惠待遇得以弱化，国民待遇的作用更加突出。贸易待遇适用于国际货物贸易、服务贸易以及与贸易有关的知识产权，在不同领域其具体适用条件存在一定的差异。

关 键 词

最惠国待遇　最惠国待遇的同类性　无条件的最惠国待遇　关税同盟　自由贸易区　国民待遇　同类产品　直接竞争或替代产品　特殊差别待遇　普遍优惠待遇　授权条款　竞争需要限制

## 第一节　最惠国待遇

### 一、最惠国待遇条款

最惠国待遇原则被规定在 GATT1947 中，构成了多边贸易制度的基石。乌拉圭回合谈判中达成的 GATS 和 TRIPS 吸收了关税与贸易总协定中的最惠国待遇原则。本章主要阐述关税与贸易总协定中的最惠国待遇原则。

关税与贸易总协定第 1 条第 1 款即对最惠国待遇作了规定：在对进口或出口、有关进口或出口及进出口货物的国际支付转账所征收的关税和费用方面，在征收上述关税和费用的方法方面，在进口和出口的规章手续方面，以及在本协定第 3 条第 2 款（国内税或其他国内费用的征收）及第 4 款（国内销售、推销、购买、运输、分销或使用的法律、规章和规定）所述事项方面，一缔约方对原产自或运往其他国家的产品所给予的利益、优待、特权或豁免（优惠），应当立即无条件地给予原产自或运往所有其他缔约方境内的同类产品。简言之，一缔约方对产自或运往任何其他国家或地区的产品所给予的优惠，应当立即无条件地给予产自或运往所有其他缔约方的同类产品。

关税与贸易总协定的最惠国待遇被称为普遍的、无条件的最惠国待遇，它表明了该待遇的一般性与普遍性。最惠国待遇从给惠国方面讲就是最惠国义务。关税与贸易总协定第 1 条第 1 款关于最惠国待遇的规定是根本性规定，其第 3 条第 7 款、第 4 条（b）项、第 5 条第 2 款、第 9 条第 1 款、第 13 条第 1 款也是 GATT1994 中规定的最惠国义务，是特定方面的具体规定。

最惠国条款的作用是通过最惠国条款把不同时间、不同国家间的贸易协定、贸易待遇联系起来，开始时适用于特定国家的减让逐渐普遍适用于所有国家。就受惠国来讲，其作用是保证自己享有不差于其他国家享有的待遇。由于适用的普遍性，最惠国待遇成为一种实质上的平等待遇。最惠国待遇不是对一些国家赋予的特别优惠待遇，而是国际贸易中正常的一般待遇，或在关税方面体现为一般关税水平。相反，没有获得最惠国待遇不是没有获得特殊优惠待遇，而是得到事实上最不优惠国待遇，即歧视性待遇。对某一特定国家来说，它保证其他国家享有该国的待遇都是一样的，但这不表示一国享有高于其他国家的优惠的待遇。

在性质上，最惠国待遇仅仅是一种协定待遇，不是一般的或习惯的国际法的待遇。正因为如此，有些国家不能取得最惠国待遇。1978 年联合国国际法委员会完成了 30 条的最惠国条款的草案，向联合国大会推荐，建议成员国应就这些条款订立公约。这些条款明确规定了最惠国待遇的基础是协定。该草案将最惠国条款分为三种，分别称为不以补偿为条件的最惠国条款、以补偿为条件的最惠国条款、以互惠待遇为条件的最惠国条款。

## 二、最惠国待遇的特点

### 1. 最惠国待遇的普遍性或多边性

世界贸易组织的最惠国待遇是一种多边的、普遍的最惠国待遇，任何成员给予任何第三方（无论是否是世界贸易组织的成员）的最惠国待遇，其他成员都有权享有。它真正体现了利益共享原则。没有参加有关成员之间的关税减让或非关税壁垒的谈判、没有作出减让或者减让很小的成员，也有权享有其他成员谈判的结果。此即所谓的双边谈判、多边受益。这种利益共享为“搭便车”创造了条件。

双边的最惠国待遇尽管也能使一方享有另一方给予第三方的优惠，但前提是双方必须分别与不同的国家签有许多最惠国条款（协定）。另外，双边最惠国待遇可以根据不同的情况给予最惠国待遇，不具有普遍性。美国《1974 年贸易法》授权总统在他认为双边协定能更有效地促进美国的经济增长和充分就业时，可以在关税与贸易总协定之外签订双边贸易协定。美国参议院指出，美国的贸易协定计划从来不是全部多边性的或主要是多边性的。这说明了双边最惠国待遇具有自己的价值。但双边最惠国待遇的不利之处是多边最惠国待遇的例外。双边最惠国条款的一方如果同时是多边最惠国条款的一方，该方一般不将多边最惠国待遇给予双边条款中的另一方。有时，双边最惠国协定也可以不规定这种例外，1979 年中美之间签订的贸易协定就是这样的例子。

2. 最惠国待遇的无条件性

世界贸易组织中，最惠国待遇的无条件性，是指给予最惠国待遇不得以与产品产地相关的要求为条件，不得以产品产地不同为由给予歧视性待遇。“与产品产地相关的要求”可能直接规定产品的产地，例如不允许中国产品进口，也可能间接规定产品的产地，例如允许已在进口国进行投资的国家的产品进口。关税与贸易总协定框架下的案例表明，以出口国是否存在与进口国类似的家庭补助计划作为是否给予出口国产品优惠关税待遇的条件，违反了无条件最惠国待遇的要求。

另外，最惠国待遇的无条件性，并不意味着不可以对产品本身规定与产地无关的条件。例如，进口国可以规定进口产品必须达到某种质量标准，达到该标准的即允许进口，达不到的则禁止其进口。甲国产品没有达到进口标准，乙国产品达到标准而被允许进口，甲国不能指控进口国因为不允许其产品进口而违反了最惠国待遇义务。

按照传统理解，有条件和无条件最惠国待遇的区别，在于受惠方是否需要为该优惠提供补偿。按照有条件的最惠国待遇，尽管缔约方之间签订有最惠国条款，但其中一方给予第三方的更优惠的待遇，另一方不能自然取得，而必须根据第三方取得该优惠待遇的情况来确定：如果第三方是以付出某种代价换取的，另一方也应该付出同等的代价才能享有该优惠；如果第三方是无偿取得的，则另一方可直接据最惠国条款无偿享有该待遇。缔约另一方按照最惠国条款获得的不是直接享有最惠的权利，而是享有最惠的机会或资格，具备了这种机会或资格，才可以进一步落实享有第三方享有的待遇。根据无条件的最惠国待遇，只要与某一国签订有最惠国条款，则无论该国给予第三方任何优惠，都有权直接享有而不需进一步的谈判或减让。与有条件的最惠国待遇相比，无条件的最惠国待遇是一劳永逸的。

从上可以看出，传统意义上有条件或无条件的最惠国待遇的区别在于签订最惠国条款之后。如果一方签订最惠国条款时对另一方提出了某种要求，即一项最惠国条款的签订要满足一定的条件，这不是有条件的最惠国待遇，而是双方为签订这一最惠国条款在讨价还价，其中一方可能具有较强的缔约地位和缔约实力，并利用该地位和实力要求对方作更大的让步以换取最惠国待遇条款的签订。

3. 最惠国待遇的相互性

相互给予最惠国待遇是关税与贸易总协定下最惠国待遇的第三个特征。缔约方彼此都是给惠者和受惠者，同时兼有两种身份。历史上，许多最惠国待遇的规定往往是单方面的，只有一方享有最惠国待遇，而另一方并不享有。例如，中国清朝政府与西方列强之间签订的不平等条约规定，只有西方列强享有最惠国待遇，而清朝政府不享有。

如果缔约方实力相差悬殊，即使相互给予最惠国待遇也容易造成形式上而非实质上的平等待遇。即使发展水平相若的国家间的相互最惠国待遇也易流于形式上的平等，由此运行的结果可能是不平等的。正因为如此，才出现了对发展中国家的特殊差别待遇。

## 三、最惠国待遇的适用条件和范围

1. 最惠国待遇的适用条件

享有最惠国待遇必须满足两项条件，即依托性和同类性。

依托性。最惠国待遇至少涉及两份协定，依单独一份最惠国协定并不能真正享有最惠国待遇、创设最惠国待遇。两份协定要相互联系、相互依存。实际上这可以理解为最惠国协定权利和实际优惠相依托，协定权利因实际优惠、依托实际优惠而实现。最惠国协定可以称为基础协定，而另一协定可以称为依托协定。多边最惠国待遇，只需一份协定即可，如关税与贸易总协定。

同类性。最惠国待遇的获得除了最惠国协定要依托于与第三方的协定外，另一必不可少的重要前提是同类性，优惠、特权、好处等必须属于同一类别，如相同关税待遇必须属于同类产品即同一税目的产品。

根据世界贸易组织专家组的观点，违反关税与贸易总协定第 1 条的最惠国待遇义务，须证明三个条件：第一，存在利益；第二，该利益没有给予其他成员的同类产品；第三，以产地为条件。

2. 最惠国待遇的适用范围

最惠国待遇的适用范围，指对哪些事项享有最惠国待遇。最惠国待遇既适用于进口，也适用于出口，还包括国内待遇。关税与贸易总协定第 1 条第 1 款规定了四方面的最惠国待遇：（1）与进出口相关的关税和费用；（2）关税和费用的征收方法；（3）进口和出口的规章手续；（4）国内税费以及有关产品的国内销售、推销、购买、运输、分销或使用的法律、规章。依据最惠国条款，受惠国只能在该范围内享有该待遇，超出了这一范围，无论给惠国给予了第三国什么好处，受惠国都无权要求享有。但该范围内的具体优惠的享有以同类为基础。在联合国国际法委员会拟定的最惠国待遇条文草案中，使用了最惠国待遇的范围和依据最惠国条款享有的权利的范围两个不同的概念：最惠国待遇的范围“决定于给惠国给予第三国的人或事的待遇”。而权利的范围仅是“该条款的主题范围内的权利”。受惠国唯有在给惠国给予最惠国待遇的该条款主题范围内，才有取得最惠国待遇的权利。

## 四、最惠国待遇的例外

关税与贸易总协定规定了最惠国待遇义务的例外情形，如该协定第 14 条允许以收支平衡理由实施配额歧视，第 6 条允许对于低于公平价值的进口或补贴出口导致损害国内产业征收反倾销税或反补贴税，第 23 条第 2 款允许一国对另一国损害其总协定下的利益或使之丧失进行报复，第 20 条规定一般例外，第 21 条允许因国家安全理由偏离最惠国待遇，第 25 条规定可对最惠国义务给予豁免。这些例外也适用于该协定下的其他义务。

关税同盟和自由贸易区、特殊的差别待遇和边境贸易，是最惠国待遇义务的重要例外。

# 第二节　国民待遇

## 一、世界贸易组织对国民待遇的规定

国民待遇原则是世界贸易组织的重要原则，既是对最惠国待遇的补充，又独立于最惠国待遇，二者共同构成了非歧视待遇。世界贸易组织的三个主要协议中都确立了国民待遇原则，这就是 GATT1994 第 3 条、GATS 第 17 条以及 TRIPS 第 3 条。根据国民待遇原则，对于产品，一成员给予其他成员产品的待遇不低于其给予国内同类产品的待遇；对于服务/服务商，一成员给予外国服务/服务商的待遇不低于其给予本国的同类服务/服务商的待遇；对于知识产权，一国给予其他成员国民的待遇，不低于其给予本国国民的待遇。

国民待遇原则在上述三个协议中的具体适用有所不同：(1) 在 GATT 中，国民待遇是成员的普遍义务。(2) 在 GATS 中，国民待遇属于各成员的具体承诺的范围，即一成员只有作出具体承诺，承诺给予外国服务或服务提供者国民待遇后，才存在国民待遇义务，对于未作出承诺的服务部门，则不存在国民待遇义务。即使在已经作出承诺的部门，GATS 也允许对国民待遇采取某些限制。(3) 在 TRIPS 中，国民待遇的规定又有不同。该协定规定：在知识产权保护方面，在遵守《保护工业产权巴黎公约》、《保护文学艺术作品伯尔尼公约》、《保护表演者、录制者及广播组织罗马公约》或《集成电路知识产权公约》各自规定的例外的前提下，每个成员给其他成员国民的待遇不应低于它给本国国民的待遇。对表演者、录音制品制作者和广播组织而言，该项义务仅适用于该协定规定的权利。各成员可利用上述规定所允许的司法和行政程序方面的例外，但这些例外应为确保遵守不与该协定的规定抵触的法律和规章所需，且实施这种做法不对贸易构成变相限制。

关税与贸易总协定中的国民待遇义务是一般义务，内容复杂，由此产生的纠纷比较多，下面的内容主要是该协定中的国民待遇的介绍。关于 GATS 以及 TRIPS 中有关国民待遇的内容，另作介绍。

## 二、关税与贸易总协定对国民待遇的规定

### （一）概述

最惠国待遇适用于相对于内国的外国之间，禁止对来自不同出口国的产品歧视，一国

不应优惠某一外国而歧视另一外国。国民待遇则是适用于内国与外国之间，禁止对进口产品的歧视。当关税水平越来越低时，国民待遇的重要性愈益突出。

关税与贸易总协定中国民待遇的规定主要体现在该协定第 3 条及该协定附件对第 3 条的注释之中。关税与贸易总协定第 3 条中的国民待遇的根本目标是避免使用国内税和国内规章保护国内产业。更具体地说，是确保国内税及规章等措施不以对国内生产提供保护的方式适用于进口或国内产品。为此目的，该协定第 3 条要求世界贸易组织成员对于与国内产品有关系的进口产品提供平等的竞争条件、竞争机会和竞争机会预期。是否违反国民待遇不根据贸易效果来确定，第 3 条并不保护对特定贸易数量的期望，而是保护进口产品和国内产品间的平等竞争关系。只要不违反第 3 条或据该协定作出的承诺，世界贸易组织成员可以通过其国内税收和管理规章自由追求其国内目标。在没有进口的情况下，也可能存在违反国民待遇义务的情况，这是因为，虽然表面上不存在进口产品与国内同类产品的比较，但没有进口可能正是违反国民待遇义务、对其他国家的产品歧视的结果。

关税与贸易总协定第 3 条共有 10 款，其中：第 3 款、第 6 款是一些历史性安排，已失去实际意义，在关税与贸易总协定的实际适用中也没有产生什么问题。第 5 款和第 7 款是关于产品混合时国内含量及外国供应来源的关系问题。第 8 款规定国民待遇义务不适用于政府采购和政府支付补贴。第 9 款是进口国限价，第 10 款是对电影片的例外。重要的、引起争议的条款是该条第 1 款、第 2 款和第 4 款。该条第 1 款规定了国民待遇义务的目的，即国内税和国内规章不应用于对国内生产提供保护。第 2 款要求国内税费方面的国民待遇。第 4 款规定影响货物的销售、使用等的法律、规章和要求方面的国民待遇。这些规定构成了国民待遇规定的主要部分。

在适用国民待遇时要处理好促进国内经济发展的措施与对国内产业提供保护的关系。关税与贸易总协定第 3 条第 8 款规定，该条的规定不妨碍对国内生产者给予支付补贴，也不妨碍对所涉产品的政府采购。参见加拿大能源案（DS412、DS426）。

### （二）国民待遇的适用

1. 国内税费

根据进口产品与国内产品间的关系不同，国内税费方面的国民待遇义务可分为两种情形，即同类产品下的国民待遇义务和直接竞争或替代产品下的国民待遇义务，但都需首先确定是否是国内税费。一项税费是关税还是国内税，其确定标准是看纳税人的纳税（交费）义务何时产生。如果是在入关时产生，则为关税；如果是依赖于入关后的行为或事件，则为国内税。在中国汽车零部件案中，零部件的税负依赖于其是否被组装成整车或达到一定比例，故被定为国内税。

进口成员对于进入到其境内的产品，不得对其直接或间接征收超过对国内同类产品直接或间接征收的任何国内税或其他国内费用。简言之，对进口产品适用的相关税费不得超过对国内同类产品征收的税费。确定进口国是否违反这一义务时，只需确定进口产品与国内产品是否是同类产品、进口产品承担的税费是否高于国内产品承担的税费。如果对这两个问题的回答都是肯定的，则进口国违反了国民待遇义务。至于进口产品税费超过国内同类产品税费的数额有多大，该数额是否真正对进口产品造成了不利影响或损害，对于确定进口国是否违反义务没有影响。不同交易或不同产品的待遇不能相互平衡或抵消。

如果进口产品与国内产品不是同类产品，则对于进口国是否违反国民待遇义务的确定，需要考察三个方面：第一，进口产品和国内产品是否是直接竞争或替代产品；第二，对进口产品是否没有同等征收税费，即其税费是否超过国内产品税费；第三，没有同等征收税费是否是为了保护国内生产。如果对上述问题的答案都是肯定的，则进口国违反了国民待遇义务。进口产品承担的国内税费超过国内产品承担的国内税费本身，并不必然导致违反国民待遇义务，还需要继续审查第三个问题。对于第三个问题，可以从有关措施的设计、结构和形式方面进行审查。如果进口产品的税费高出国内产品的税费许多，通常被认为是为了保护国内产业。

同类产品、直接竞争或替代产品的确定，是国内税费方面的国民待遇义务中的重要问题。从关税与贸易总协定迄今，都没有形成第 3 条第 2 款中“同类产品”一词的一般定义。同类产品是一个相对性概念，同类性确定根本上是对产品间竞争关系的性质和程度的确定，通常都是在个案基础上考虑一系列相关因素作出认定，这些相关因素包括：产品是否相似(similar)；既定市场中的产品的最终用途；消费者的口味和习惯；产品特征（property）、性质（nature）和质量；关税分类。第 2 款第二句中“直接竞争或替代产品”的适当范围的确定也需据个案进行，不属于同类产品的产品可能落入直接竞争或替代产品范围，后者的范围比前者大。在确定是否为直接竞争或替代产品时，不仅要考虑上述因素，还可以考虑市场位置（market place)、推销手段、直接或潜在的竞争状况等。这些并非穷尽的所有相关因素，需要根据每个案件的具体情形来考察。

2. 国内规章

国民待遇的适用范围不仅包括国内税和其他国内费用，而且包括法律、规章和要求。凡是影响产品的国内销售、推销（许诺销售)、购买、运输、分销或使用的法律、规章和要求，无论是直接支配销售或购买条件还是对竞争条件产生不利影响，都属于国民待遇义务调整的范畴。法律、规章和要求，既包括实体法，又包括程序法；既可以是强制性的，也可以是非强制性的，企业为从政府得到某一利益而自愿接受的要求也属于法律、规章和要求的范围。

与第 2 款从国内税费方面考虑国民待遇义务不同，第 4 款从国内管理规章方面考虑，规定进口产品享有的待遇应不低于国内同类产品享有的待遇。“待遇”这一概念的含义非常广，远远超出了税费差别这一情况，表示“平等的竞争机会或竞争条件”。“不低于国内同类产品享有的待遇”既包括了量的要求，也包括质的要求，表示相关市场中不利于进口产品的竞争条件的改变。此处“同类产品”的范围大于第 2 款中的同类产品，小于“直接竞争或替代产品”。在分析“直接竞争或替代产品”时，专家组/上诉机构使用了反垄断法意义上的相关市场及竞争关系的分析方法。

乌拉圭回合达成的《与贸易有关的投资措施协议》含有类似的独立的规定。在不损害GATT1994项下的其他权利和义务的前提下，任何成员不得实施任何和关税与贸易总协定第3条或第11条（数量限制）的规定不相符的与货物贸易有关的投资措施。在该协议的解释清单中，和关税与贸易总协定第3条第4款的国民待遇不相符的与贸易有关的投资措施，包括那些根据国内法或行政裁决强制性的或必须执行的措施，或者为获取某种好处所必需的措施，这些措施要求：（1）企业购买或使用当地生产的或来自于当地的产品，不论这种要求是以规定特定的产品、产品数量或价值的形式提出的，还是以规定该企业在当地生产一定比例的产品数量或价值的形式提出的；或（2）限制企业购买或使用进口产品的数量，并把这一数量与该企业出口当地产品的数量或价值相联系。

# 第三节　关税同盟与自由贸易区

## 一、世界贸易组织规则与区域贸易协定

世界贸易组织虽然建立了多边的统一的贸易制度，但由于成员众多、成员发展水平不同、世界贸易组织的决策方式复杂，在某些方面，世界贸易组织难以满足促进贸易发展的要求。因而，在多边的世界贸易组织制度之外，以双边或多边关税同盟或自由贸易区为代表的区域经济一体化纷纷建立，成为与世界贸易组织制度并行、在一定程度上互动的贸易制度。造成关税同盟或自由贸易区发展的另外一个重要原因是，以关税同盟和自由贸易区为代表的区域自由贸易协定，可以构成世界贸易组织最惠国待遇义务的例外。欧共体和北美自由贸易区是最典型的关税同盟和自由贸易区。

根据关税与贸易总协定第24条，关税同盟应理解为以一个单独的关税领土代替两个或两个以上的关税领土，对于同盟的组成领土之间的贸易或至少对这些领土产品的实质上的所有贸易，实质上已取消关税和其他贸易限制，同盟的每个成员对于同盟以外领土的贸易，已实施实质上同样的关税或其他贸易规章。自由贸易区应理解为由两个或两个以上的关税领土所组成的，一个对这些组成领土的产品的贸易已实质上取消关税或其他贸易限制（必要时可以例外）的集团。

关税同盟与自由贸易区的区别在于：前者对内没有关税，对外有一个统一的关税制度和关税税境；后者各参加国仍保持自己的关税制度和关税税境，但对区内成员国的产品实行免税或减税，其待遇优于最惠国待遇。正因为如此，在自由贸易区的情况下，防止区外国家的产品借区内的一国向区内的另一国出口就成为很重要的问题。这也是自由贸易区的产地规则严于关税同盟的产地规则的原因。

关税与贸易总协定并不禁止或限制关税同盟或自由贸易区的建立，相反，它允许该类安排，只是不要损害盟外或区外的利益。关税与贸易总协定第24条规定，关税与贸易总协

定的各项规定不得阻止各成员在其领土之间建立关税同盟和自由贸易区，或为建立关税同盟和自由贸易区的需要采用某种临时协定；只要该关税同盟对于未参加的各成员的贸易所实施的关税或其他贸易规章，大体上不得高于或严于未建立时各组成领土所实施的关税和贸易规章的一般限制水平；只要该自由贸易区的每个组成领土维持的对于未参加的各成员的贸易所实施的关税或其他贸易规章，大体上不得高于或严于同一组成领土在未建立自由贸易区时所实施的相当关税和贸易规章。《关于解释 1994 年关税与贸易总协定第 24 条的谅解》指出，此类协议的成员之间经济的进一步一体化可以对于扩大世界贸易作出贡献，而如果组成领土之间税收和其他限制性商业规定的取消扩展到所有贸易，这样的贡献将会增加，但如果未扩展到主要部门的贸易，这类贡献就会减少。此类协议的目的应当是促进组成领土之间的贸易，并不得增加其他成员与这些领土之间的贸易壁垒，在组成或扩大其区域时，此类协议的成员应在最大限度上避免对其他成员的贸易造成不利的影响。

《服务贸易总协定》第 5 条亦允许成员参加或缔结促进参加方之间贸易自由化的协议。世界贸易组织成立后缔结的自由贸易协定，其调整范围已经超出了《世界贸易组织协定》的调整范围，类似世界贸易组织成员争议不下的投资、竞争问题，也被纳入了自由贸易协定的内容。

《世界贸易组织协定》催生了自由贸易协定。关税与贸易总协定第 24 条和《服务贸易总协定》第 5 条允许世界贸易组织成员建立促进贸易自由化的自由贸易区和经济一体化，并且这两条作为最惠国待遇义务例外，与最惠国待遇义务一起成为世贸组织多边贸易体制的重要组成部分。因此，性质上说，自由贸易协定数量的增多，不是削弱多边体制的结果，而是实施多边制度的结果。自由贸易协定产生的更优惠待遇，是世界贸易组织规则本身所允许的。涵盖领域广泛、构成了全球贸易制度框架的世界贸易组织规则，为世界贸易组织成员在现有世界贸易组织规则基础上进一步在双边、区域基础上实施贸易自由化奠定了基础。《世界贸易组织协定》生效后签署、实施的自由贸易协定，都明确遵守世界贸易组织规则、根据世界贸易组织规则享有权利并承担义务。

自由贸易协定实质性条款大致可以分成下述几类：第一，确认现有世界贸易组织权利义务条款；第二，处理多边规则双边适用的条款；第三，在现有世界贸易组织义务基础上承担更大义务的条款；第四，现有世界贸易组织规则没有调整的条款。世界贸易组织成员双边政府间的贸易合作与协调，属于第二类。原来承诺关税减让为 5%，现在进一步降到 2%或完全免税；或者原来承诺开放 5 个部门的服务贸易，现在开放 10 个部门的服务贸易，属于第三类。投资条款、竞争条款、劳工条款、环境保护条款等等，属于第四类。第三类和第四类分别被称为 WTO Plus 和 WTO Extra 条款。对于自由贸易协定削弱最惠国待遇的担心，主要集中在第三类。但制度上讲，自由贸易协定创造的贸易更加自由化，本是多边体制自身的安排，只是由于自由贸易协定数量大幅增长，这种担心随之强化了。

实践中的区域经济一体化是否是《世界贸易组织协定》意义上的关税同盟或自由贸易区，并没有最终的结论。区域经济一体化所涉及的法律问题常常被忽视或无结论地被搁置，或根据豁免条款被给予豁免。在关税与贸易总协定的实践中，虽有大量的关税同盟和自由贸易区协议被关税与贸易总协定审议，但由于关税与贸易总协定缔约方都不同程度地参与关税同盟或自由贸易区，因而这些审议极少获得缔约方全体大会的一致性意见或正式批准。

区域贸易协定在促进区域内贸易发展的同时，带来了贸易转移效应，损害了非协定方的贸易。妥善处理好区域贸易协定与世界贸易组织规则之间的关系，将是世界贸易组织发展所面临的不得不解决的问题。

## 二、欧洲共同体（欧盟）

欧洲联盟是在欧洲经济共同体、欧洲煤钢共同体和欧洲原子能共同体基础上建立发展起来的。1992 年签订了《欧洲联盟条约》(《马斯特里赫特条约》)，1993 年该条约生效，欧盟正式成立。该条约由两部分内容组成，一部分是关于建立经济与货币联盟的规定，一部分是关于建立政治联盟的规定。前者由修改后的《欧洲共同体条约》(原来的经济共同体)调整。2007 年欧盟通过《里斯本条约》，2009 年生效。欧盟（欧共体）现有 27 个成员国，另有一些国家正在申请加入。习惯上，政治方面称欧盟，在经济贸易方面一般称欧共体。

欧共体条约主要调整经济活动，致力于经济一体化，主要内容包括关税同盟，共同商业政策，货物、人员、服务和资本的自由流动，竞争政策，法律协调以及社会政策，经济与货币联盟。根据该条约，在共同体成员国之间，取消货物进出口关税和数量限制以及具有同等作用的措施。该目标在 20 世纪 60 年代即已实现。同时，建立一个内部市场，实现人员、服务和资本的自由流动。这一欧洲大市场于 1992 年基本实现。因此，对共同体内部来说，已不存在普通意义上的国际贸易。欧共体的国际贸易主要是指欧共体与非成员国（第三国）之间的贸易，在货物贸易方面主要表现为共同关税政策（关税同盟）和共同进出口政策。

共同体以关税同盟为基础，关税同盟延及货物的所有交易。在成员国之间取消关税，建立共同的海关税则。取消成员国之间的数量限制。上述规定适用于从第三国进入欧共体的产品。

产品的产地不同，其享有的欧共体的关税待遇也不同。同时，由于欧共体内部产品可以自由流通，第三国产品在交付共同体关税、进入欧共体之后，与共同体内部生产的产品享有同样的待遇，可以自由流通。故货物的原产地成为共同关税制度的重要内容。

共同体对区外国家或地区进出口采取共同进出口制度，包括共同进口制度和共同出口制度。所谓共同进口制度，指共同体在共同关税制度之外有关第三国向共同体输入产品的法律制度，是共同体以非关税措施调整第三国产品进口的基本制度。1994 年欧共体为了适应新的世界经济，颁布了新的共同进口制度条例——第 519/94 号和第 3285/94 号条例，分别适用于转型中国家和绝大多数国家，构成了共同体新的基本进口制度。新的进口制度取消了对国营贸易国家的进口数量限制，不再使用“国营贸易国”的称呼，而称之为“转型中的国家”，但仍然没有将其视为一般的市场经济国家，没有授予它们其他第三国获得的平等待遇。另外，随着共同体的进一步一体化，新制度取消了成员国国别进口限额。

第 3285/94号条例规定，进口对欧共体同类产品或直接竞争产品的生产商造成严重损害或严重损害威胁时，提供保障措施。该条例基本上是据世界贸易组织达成的《保障措施协议》制定的，增加了保障措施的限制水平，强化了非选择性保障措施，并对保障措施的实施期限作了规定。

1969 年的第 2603/69 号条例《建立共同出口规则》，确定了出口制度的基本框架。除了 3 项例外之外，原则上出口自由，没有数量限制。第一项例外主要是关税与贸易总协定允许的一般数量限制例外和一般例外，对共同体所必需的短缺产品或共同体参加的国际协定规定的产品进行出口限制。第二项例外是关税与贸易总协定规定的公共安全例外，包括现已解散的“巴统”制度。第三项例外是条例附录所列的产品不能自由出口。现在列入附录的产品数量越来越少。

## 三、北美自由贸易协定

### （一）概况

1988 年 1 月美国和加拿大签订自由贸易协定，该协定于 1989 年 1 月 1 日生效。美国、加拿大和墨西哥于 1992 年签订、1994 年生效的《北美自由贸易协定》（NAFTA）实际上取代或包括了美加协定。

《北美自由贸易协定》涉及面广，概括起来有下面几个特点：一是主要是关税的减让、取消；二是调整范围由原始的单纯的货物贸易向投资、知识产权及服务贸易过渡（可以说是乌拉圭回合谈判的先导）；三是自由贸易区待遇只给予区内产品，因而协定国原产地规则占重要地位，而且要求产品必须是由一成员国直接运往另一成员国；四是建立产生于自由贸易协定的争议解决机构及监督协定执行机构；五是自由贸易区的待遇不影响据各成员国国内法的国家安全、不公平贸易做法、进口救济等规定对区内产品的适用。

下面就货物贸易的原产地规则、服务贸易作一介绍。

### （二）协定国原产地规则

《北美自由贸易协定》规定，对于北美自由贸易区原产地货物不得增加现有关税，不得征收新的关税，并分阶段地逐步取消关税。北美三国依据该协定实行了不同的关税减让。为了防止非缔约国利用协定国加工、转口贸易，该协定规定了协定国产品的原产地规则。

确定原产地产品是为了实施协定所规定的关税待遇和数量限制。该协定规定了北美自由贸易协定国产品的确定标准。下面几种情况下的产品，可为北美自由贸易协定国产品：（1）产品全部在一个或多个协定国境内获得或生产，产品全部在一个或多个协定国境内用产地的原料生产；（2）由于全部于一个或多个协定国境内生产的结果，在产品的生产过程中使用的非原产地的原料在该协定附件规定的关税分类中经历了适用性的改变；或（3）产品全部在一个或多个协定国境内生产，但使用一种或多种非协定国原产地原料，根据关税表未经历关税分类的变化，但必须满足最低的产品增值要求。

确定原产地的方法可以通过地区价值含量计算和净成本计算进行。地区价值含量（regional value-content）应基于交易价值方法或净成本价值方法计算，由产品的出口商或生产商选择。

交易价值方法的计算方法为：

地区价值含量＝［（交易价值－非原产地原料价值）/交易价值］×100。

净成本价值方法的计算方法是：

地区价值含量＝［（净成本－非原产地原料价值）/净成本］×100。

这两种方法由出口商或生产商自由选择，但在某些情况下只能使用净成本价值方法来计算地区价值的含量，这几种情况是：（1）产品没有交易价值；（2）产品的交易价值根据海关估价守则不能接受；（3）产品由生产商出售给关联人，并且在该出售月份之前的 6 个月内出售给关联人的相同或相似产品（identical or similar）的数量超过了生产商在该期间内该产品总产量的 85%；（4）出口商或生产商选择累积计算地区价值含量；（5）产品旨在作为中间原料并符合当地价值含量要求。

原产地产品可以通过累积确定：如果生产中使用的所有的非原产地的原料经历了适用的关税分类的变化，产品满足适用的地区价值含量要求，也满足其他要求，则在一个或多个协定国境内由一个或多个生产商生产的产品视为在协定国生产。如果非原产地原料的价值不超过产品交易价值的 7%或不超过产品总成本的 7%，该产品可被视为原产地产品。

### （三）服务贸易

《北美自由贸易协定》的服务贸易部分由三个方面组成：一是过境服务贸易、电信和金融服务；二是服务业投资及商业人员的暂时入境；三是陆上运输、职业服务、保留及例外。

该协定规定的服务贸易包括：（1）服务的生产、分配、交易、出售和提供；（2）服务的购买、使用和支付；（3）与服务的提供相联系的输送系统和分配系统的进入和使用；（4）某一缔约国服务提供者在缔约国境内的商业存在以及作为提供服务条件的担保和其他形式的金融保障的提供。过境提供指自一缔约国境内进入另一缔约国境内，一缔约国人给予另一缔约国人。过境服务贸易规则不适用于金融、航空运输、一缔约国投资者在另一缔约国投资开办的分支机构或附属机构提供的服务，当然也不适用于政府采购、补贴、特许。

与世界贸易组织的《服务贸易总协定》相比，《北美自由贸易协定》对服务贸易待遇的规定更严。根据这一协定，服务贸易适用最惠国待遇原则和国民待遇原则，在市场准入方面，除该协定附件中列举的以外，都要受该协定规则的约束。

# 第四节 特殊差别待遇与普遍优惠待遇

## 一、普遍优惠待遇和特殊差别待遇的建立

特殊差别待遇和普遍优惠待遇，是两个不同性质的概念，尽管两类待遇的受益国都是发展中国家，都是对发展中国家的优惠待遇。特殊的差别待遇，是《世界贸易组织协定》中规定的对发展中国家特别是最不发达国家提供的待遇，是世界贸易组织中的概念或待遇，是一种法定待遇。普遍优惠待遇则是给惠国和受惠国双边关系中的一种贸易待遇，该待遇的授予取决于给惠国单方面的立法或规定，是一种酌情待遇。严格意义上讲，普遍优惠待遇不是世界贸易组织体系中的待遇。

特殊差别待遇和普遍优惠待遇，虽然性质不同，但目标是一样的，都是为了向发展中国家提供优惠待遇。普遍优惠待遇，建立在特殊差别待遇的基础之上，而且世界贸易组织在一定程度上和范围内对给惠国免除了最惠国待遇义务，这就使普遍优惠待遇构成了最惠国待遇的一种例外，又与《世界贸易组织协定》的义务联系在一起。

发展中国家与发达国家间的发展不平衡使得二者很难在同一起跑线上竞争，发展中国家似乎应该得到更特殊、更优惠的待遇，这在关税与贸易总协定第 18 条中得以体现。1964 年的联合国贸易与发展大会上，来自发展中国家的代表认为现在的贸易制度是偏向于发达国家的，主张对发展中国家提供特别的优惠以补救这一不平衡，激励发展中国家的发展。后来在关税与贸易总协定中增加了针对发展中国家的第四部分，该部分于 1965 年 2 月 8 日以《关于修订关税与贸易总协定增加第四部分贸易与发展的议定书》的形式通过，于 1966 年 6 月 27 日生效。但该部分对发达国家确立的更多的是道义责任，而不是法律责任。

在此之后的 1968 年，联合国秘书长召集了由各国政府代表组成的委员会来考虑对发展中国家的援助计划问题。会议一致同意建立一个相互接受的“普遍的、非互惠的和非歧视的优惠制度”，即普遍优惠待遇（GSP）。但该制度被认为违反了关税与贸易总协定的最惠国待遇条款，因而需要关税与贸易总协定的豁免，特别是最惠国待遇义务的豁免。1971 年关税与贸易总协定缔约方全体大会对于希望为发展中国家建立普遍优惠待遇的国家授予暂时性豁免，免除关税与贸易总协定第 1 条规定的无条件的立即的最惠国义务（称为 1971 年豁免决定）。该豁免旨在使 1968 年联合国贸易与发展大会达成的普遍优惠制度的实施成为可能，但它并没有具体规定受益国的确定，而是包括了给惠国在贸易与发展大会上提出的确定受益国的一般原则，根据该原则由给惠国自主决定。除关税与贸易总协定第 1 条外，该豁免并不损害关税与贸易总协定任何条款的规定，关税与贸易总协定第 23 条规定的权利得以全部保存。该豁免原计划于 1981 年期满，后来的东京回合又通过授权条款予以延长。1979 年 11 月 28 日，关税与贸易总协定缔约方全体大会通过“发展中国家的差别的和更优

惠的待遇，互惠和全面参与”，即所谓的授权条款，授权发达的缔约方根据普遍优惠制度对原产自发展中国家的产品给予优惠的关税待遇。该授权条款使联合国贸易与发展大会支持下创建的普遍优惠待遇制度的运作提供了一个永久的法律基础。根据 GATT1994 构成说明 1（b）（iv），该授权条款作为《世界贸易组织协定》生效前关税与贸易总协定缔约方全体的其他决定，成为 GATT1994 的组成部分。此外，根据世界贸易组织争端解决的实践，普遍优惠待遇构成最惠国待遇义务的例外。

1979 年的授权条款规定，“尽管有关税与贸易总协定第 1 条的规定，缔约方可以授予发展中国家差别的和更优惠的待遇，而不授予其他缔约方该待遇”。该规定适用于：（1）发达国家对于原产自发展中国家的产品根据普遍优惠制度授予的优惠的关税待遇；（2）关于关税与贸易总协定规定的由关税与贸易总协定主持的多边谈判协定调整的有关非关税措施的差别的和更优惠的待遇；（3）较不发达国家之间对彼此进口的产品达成的关税减让或取消的区域或全球性安排，以及根据缔约方大会可能规定的标准或条件达成的非关税措施的减让或取消；（4）发展中国家中根据有利于发展中国家的任何一般或具体的措施对最不发达国家的特殊待遇。上述四个方面同时也是对相关措施的要求。根据世界贸易组织上诉机构在欧共体授予发展中国家优惠关税条件案中的裁决，“授权条款”构成了关税与贸易总协定第 1 条第 1 款最惠国待遇义务的例外。授权条款的这一例外定性，不削弱成员提供或获得“差别的更优惠待遇”的权利。但根据授权条款提供差别的更优惠待遇的成员，应满足授权条款中规定的条件。

根据 1979 年授权条款的规定，对于发达国家成员在贸易谈判中对发展中国家作出的贸易减让或者取消关税或其他壁垒的义务，发达国家成员不期望获得互惠，即发达国家成员不期望发展中国家成员在贸易谈判过程中作出与它们各自的发展、金融和贸易需求不一致的贡献，因而发达国家成员不应寻求、较不发达国家成员不应被要求付出与后者的发展、金融和贸易需求不一致的减让。发达国家成员和较不发达国家成员依据关税与贸易总协定的规定作出的减让、贡献和承担的义务，应促进关税与贸易总协定的基本目标，包括该协定前言和第 36 条规定的目标。

但是，普遍优惠制度被认为是对最惠国原则的暂时偏离，并且是在最低限度地损害关税与贸易总协定的整体性的情况下取得的。对优惠待遇的使用应逐渐减少，应及时向全面参与关税与贸易总协定的权利和义务的框架过渡，即应从受益国毕业。该制度一直存续至今。

## 二、发展中国家的特殊差别待遇

《世界贸易组织协定》在其前言中承认，有必要作出努力，以确保发展中国家，特别是最不发达国家，在国际贸易增长中获得与其经济发展相应的份额。《服务贸易总协定》以及《与贸易有关的知识产权协定》前言都重申了对发展中国家的特别关注。在许多涉及具体权利、义务的协议中，对发展中国家的特殊差别待遇，表现为减轻发展中国家成员尤其是最不发达国家成员承担的义务，或者通过规定过渡期延长履行义务的期限。

在对发展中国家比较重要的农业领域，发展中国家对农业的国内支持水平高于发达国家，综合支持量的削减程度低于发达国家，削减的期限也比较长。在补贴领域，对发展中国家作出了特别的规定，延长其实施某些义务的期限，并允许一些发展中国家不履行进口替代补贴项下的义务。如果是与私有化有关的补贴，不属于可诉补贴。在知识产权领域，发展中国家可以延期5年实施一些重要义务。在反倾销、反补贴和保障措施的实施中，对来自发展中国家成员的产品规定了可以忽略的数额。在争端解决程序中，发展中国家有权利要求至少应有1名专家组成员来自发展中国家。

在许多协议中，都规定了对发展中国家的技术援助，如培训、提供法律帮助等。世界贸易组织成立至今，已经为发展中国家举办了数十次的法律培训。2001年10月5日，世界贸易组织成立了世界贸易组织法律咨询中心，“在国际法律制度中第一次建立了真正的法律援助机构，以解决国家间诉诸正义的机会的不平等”。由于发展中国家是主要的援助对象，可以说这一中心的建立，是上述对发展中国家援助政策的落实。

对于哪些国家是发展中国家，世界贸易组织并没有明确的规定，也没有一个确定的标准。关税与贸易总协定的传统做法是，由一个国家自己主张自己是发展中国家，如果其他国家不反对，就算是发展中国家。也有这样的情况，在有的成员的加入议定书中，明确规定以发展中国家的身份加入。世界贸易组织的发展中国家成员主要有三种情况：第一类是最不发达国家，这主要是指联合国所认定的最不发达国家和地区；第二类是世界贸易组织有关协议中明确列明的国家，如《反补贴协议》中列举了印度、印度尼西亚等15个国家；第三类是其他发展中国家，这一类无明确判断标准，如韩国和新加坡都认为自己是发展中国家。中国在加入世界贸易组织的谈判中，坚持以发展中国家成员的身份加入。但根据中国的加入议定书，中国所承担的义务在某些方面超出了发展中国家应承担的义务。

在多哈回合的谈判中，对发展中国家的特殊差别待遇仍然是重要议题之一。从总理事会2004年7月通过的“一揽子决定”对谈判指导思想及相对事项的规定可以看出，特殊差别待遇在许多方面都得到了体现。概括上述发展中国家和最不发达国家成员在世界贸易组织的“特殊差别待遇”，可包括五个方面：较低水平的义务；更灵活的实施时间表；发达国家“最大努力”的承诺；对最不发达国家成员更优惠的待遇；技术援助和培训。

但是，对于世界贸易组织规则中对发展中国家的特殊差别待遇，应清醒看到这一优惠待遇的局限性。首先，世界贸易组织在对发展中国家的优惠中，特别强调对最不发达国家成员的优惠待遇，这在一定程度上相对削弱了对其他发展中国家成员的优惠待遇。其次，在许多对发展中国家的特殊规定中，大多是抽象的规定，不具有可操作性，比如“给予特别关注”、“给予考虑”等。如何实现这些规定，并没有具体的渠道和方式，发展中国家享有所谓的特殊优惠待遇得不到切实的保障。再次，发展中国家履行某些义务的期限虽然获得延长，但延长期基本已经届满，而发展中国家的状况并没有得到多大的改善，这种所谓优惠只是为了让发展中国家承担更重的义务而设。最后，发达国家给予发展中国家的特殊优惠采取优惠税率时，在普遍的约束税率越来越低、最惠国税率与优惠税率越来越接近的情况下，其优惠程度有限。因此，发展中国家只能通过更多的参与、通过发表自己的意见、通过制订对发展中国家更为有利的规则并积极利用规则带来的机遇，来获取更大的利益。毕竟，世界贸易组织的多边贸易体制，是由各成员集体管理的、以规则为基础的多边贸易体制。

## 三、普遍优惠待遇

普遍优惠待遇制度不是一种统一的各发达国家作出同样的减让或优惠的制度，相反，它是一种基于共同的目标和原则由各个发达国家实施的制度，每一发达国家自由决定优惠待遇的具体情况。该待遇是单向的、不要求互惠的贸易待遇，主要表现在发达国家对来自发展中国家的产品降低关税，使得发展中国家的产品与发达国家的产品相比获得价格上的优势，以便与发达国家的产品、进口国产品进行竞争。

普遍优惠待遇对于没有资格享有这一待遇的国家来说是歧视的，偏离了最惠国待遇原则。同时，它具有自愿的性质，是一种由给惠国单方面给予优惠的制度，不要求受惠国给予回报或补偿。但其范围一般来说不超出 1979 年授权条款规定的范围，受惠国的指定、受惠产品（合格产品）的指定都是由给惠国单方面决定的，而该指定又是根据给惠国的经济、对外贸易关系来进行的。1979 年授权条款的主要规定是允许缔约方对发展中国家授予差别的更优惠的待遇而不将该待遇授予其他国家。1979 年授权条款没有规定发达国家负有向发展中国家提供差别待遇的义务，正如其名称所显示的，它只是授权缔约方给予发展中国家差别的更优惠的待遇。1979 年授权条款的效力实质上被其第 7 款毕业条款抵消。毕业条款重申了关税与贸易总协定第 36 条第 8 款的非互惠原则，但接着规定随着发展中国家经济状况的改善，发展中国家应尽更大的义务。它也规定，随着发展中国家的发展、金融和贸易需求，应对差别待遇进行修订。1979 年授权条款一方面规定了四方面的差别待遇，另一方面，又限制了差别待遇的范围在关税与贸易总协定结构中的进一步扩大，要求经过缔约方大会的批准。毕业条款在总协定制度中确立了一个法律上的先例，即要求发展中国家在经济状况改善时承担更大的义务。

普遍优惠待遇的受惠国不仅面临着毕业的问题，而且其受惠的范围要和关税与贸易总协定以及世界贸易组织的目的、宗旨一致。1994 年经欧共体和非加太（ACP）国家申请，关税与贸易总协定缔约方全体豁免欧共体就《洛美协定》的关税与贸易总协定的某些义务，允许欧共体在按照第四《洛美协定》的有关条款的要求，在向产自非加太国家的产品提供优惠待遇而不对其他缔约方的同类产品提供同样优惠所必要的限度内，免除关税与贸易总协定第 1 条第 1 款规定的义务。世界贸易组织理事会据《世界贸易组织协定》第 9 条第 3 款和第 4 款及《关于豁免 1994 年关税与贸易总协定义务的谅解》，于 1996 年 10 月 14 日将该豁免延长到 2000 年 2 月 19 日。在世界贸易组织争端解决机构受理的欧共体香蕉案中，争端解决机构第一次对《洛美协定》进行了实质审查，并对上述豁免进行了审查和解释，指出欧共体对非加太国家的待遇应在必要的限度内，欧共体的香蕉进口体制对所有的进口香蕉，无论产地如何，均应适用不歧视的政策和义务。这一裁决使得发展中国家的受惠受到了进一步的限制。经欧共体和非加太国家成员申请，2001 年 11 月世界贸易组织部长会议作出决议，在允许欧共体根据欧共体与非加太伙伴关系协议对产自非加太国家的产品给予优惠关税待遇所必要的限度内，在遵循相关程序和条件的前提下，豁免关税与贸易总协定第 1 条第 1 款规定的最惠国待遇义务，无须对其他成员的同类产品给予相同的优惠待遇，该豁免期限至 2007 年 12 月 31 日。对于实施这一优惠待遇产生的困难或事项，经任何有利害关系的成员要求，欧共体和非加太国家成员应与该成员立即进行磋商；当一成员认为其据关税与贸易总协定享有的利益因实施这一优惠待遇受到或可能受到不利损害时，该磋商应审查进行满意调整采取措施的可能性。如磋商没有成功，认为其利益受损的成员可以将事项提交总理事会，总理事会应立即进行审查，并作出他们判断为适当的建议。该豁免不排除受影响成员诉诸关税与贸易总协定第 22 条和第 23 条规定的权利。

## 一、问题与思考

1. 如何理解最惠国待遇原则？享有最惠国待遇应具备什么条件？
2. 货物方面的国民待遇是如何适用的？
3. 如何理解对发展中国家的特殊差别待遇？
4. 如何理解发达国家对发展中国家的普遍优惠待遇？
5. 关税同盟与自由贸易区对产品的原产地有什么要求？

## 二、练习题

### (一) 判断正误

1. 最惠国待遇是一种优惠待遇。

【解析】错误。最惠国待遇是一般待遇、平等待遇。

2. 最惠国待遇义务的无条件性使得其他成员也能享有双边谈判达成的利益。

【解析】正确。根据最惠国待遇义务的要求，给予任何国家的好处，在同样情况下，应当给予所有其他成员。双边谈判，多边受益。

3. 由于最惠国待遇义务的无条件性，中国给予印度的边境贸易的优惠，也必须给予其他成员。

【解析】错误。最惠国待遇存在许多例外，边境贸易是其中的一个例外。

4. 最惠国待遇义务涉及国民待遇义务的内容。

【解析】正确。GATT1994 第 1 条第 1 款在对最惠国待遇义务的规定中明确提及第 3 条中的国民待遇义务。知识产权保护和服务贸易方面也存在类似情形。

5. 根据关税与贸易总协定对最惠国待遇义务的定义，只有一成员给另一成员的任何利益，才能给予其他成员。

【解析】错误。一成员给予任何国家（不一定是世界贸易组织成员）的利益，都要给予其他成员，该利益并不仅局限于成员间的利益。

6. 一成员不得禁止另一成员的产品进口而允许其他成员的产品进口，是最惠国待遇义务的基本要求。

【解析】错误。最惠国待遇适用于相同的情形。货物方面，适用于同类产品。

7. 根据互惠原则，一个成员不作出关税减让，就不能享受其他成员减让的利益。

【解析】错误。关税与贸易总协定的关税减让谈判是双边谈判、多边受益的谈判，谈判的双方要求互惠，但不参与谈判的成员同样可以享有谈判的成果。

8. 中国对从蒙古进口的牛肉征收5%的关税，对从澳大利亚进口的肉牛征收6%的关税，中国违反了最惠国待遇义务。

【解析】错误。货物最惠国待遇义务限于同类产品。牛肉和肉牛不是同类产品。

9. 某成员对不限制移民的成员的产品进口征收低税，对限制移民成员的产品进口征收高税。这种做法很显然违反了最惠国待遇义务。

【解析】正确。这种歧视与产品的原产地或国籍间接挂钩。最惠国待遇义务，简单地说，就是不对产地不同的同类产品歧视的义务。

10. 由于香港特别行政区是中国的一部分，因而中国给予其他成员的利益，香港特别行政区不能根据最惠国待遇义务要求享有。

【解析】错误。香港特别行政区和中国是世界贸易组织的两个独立的成员。

11. 美国禁止向中国出口某种先进技术，但却将这种技术出口到许多成员。美国的这种行为是歧视性的，违反了最惠国待遇义务的要求。

【解析】错误。最惠国待遇义务的适用限于严格定义的方面，适用于相同的情形。另外，国家安全理由可以成为最惠国待遇义务的例外。

12. 中国和美国就中国加入世界贸易组织的双边谈判结果中，保存了美国现有的在反倾销程序中将中国视为非市场经济国家的做法。其他成员不可以对中国实施这样的歧视，否则就会使一国的歧视变成一百多个国家的歧视，违反了公平原则。

【解析】错误。世界贸易组织规则是谈判达成的规则，由于最惠国待遇的原因，双边谈判的结果适用于多边框架之下。中国在作出类似承诺时应预计到这种后果。中国作出这样的承诺，最后的结果无所谓公平问题。实质是谈判实力问题。

13. 日本对中国出口的新鲜苹果征收10%的关税，而对韩国出口的罐头苹果征收8%的关税。日本的这一措施违反了最惠国待遇义务。

【解析】错误。新鲜苹果与罐头苹果不是同类产品。

14. 中国规定，从日本进口的小汽车必须在中国青岛海关入关，从美国进口的小汽车可以在青岛或上海入关；但同时规定从日本进口的卡车可以从青岛或上海入关，而从美国进口的卡车必须从青岛入关。中国的这种做法与最惠国待遇是不符的。

【解析】正确。不同产地的同类产品遇到了征税手续等方面待遇上的不同。

15. 中国规定，凡是在中国正式成为世界贸易组织成员前已经在中国进行投资的外国公司，其国外产品进口到中国时，可以按56%的关税进口；在中国成为世界贸易成员前没有在中国投资的外国公司的产品，在进口到中国时，按65%的关税进口。这种规定符合公平原则和最惠国待遇原则。

【解析】错误。这对不同成员的产品实施了歧视性待遇，将产品与产品原产地间接挂钩。

16. 中国申请加入世界贸易组织时，与四十多个成员进行了双边谈判，相互作出了减让。某一成员没有与中国进行谈判，中国没有对其作出减让，所以中国不能享有该成员国给予其他成员的好处。

【解析】错误。与中国进行谈判是自愿的。无论是否进行谈判，都享有谈判达成的结果。这就是多边最惠国待遇的好处和缺点。

17. 美国为了保护海豚，对于使用某类捕捞方法捕捞与海豚通常生活在一起的金枪鱼的进口征收30%的关税，对于不使用这类捕捞方法捕捞的金枪鱼征收60%的关税。这种做法明显违反最惠国待遇义务。

【解析】正确。这是对不同来源的同类产品歧视。如以保护动植物生命或健康为由提出抗辩，应满足GATT1994第20条的要求。

18. 美国对中国某种产品征收反倾销税，却不对其他国家出口的同类产品征收此税，这是赤裸裸地对中国产品的歧视，违反最惠国待遇义务。

【解析】错误。反倾销税是关税与贸易总协定允许的措施，是针对进行倾销并造成进口国同类产品的生产商实质损害的进口产品采取的。情形不同。另外，反倾销税是约束关税的例外。

19. 由于中国学习英语的人比学习德语的人多，因而中国人比较容易看懂产品英文说明书。根据这一情况，中国政府要求在销售德国产品时必须有中文说明，而对美国产品没有这种要求。这种情况也构成了对最惠国待遇义务的违反。

【解析】正确。对不同产地的产品的不同要求造成产品利益的不同，是对最惠国待遇的违反。

20. 根据关税与贸易总协定中的规定，国民待遇义务表示，外国人在本国享有的待遇与本国人享有的待遇平等。

【解析】错误。关税与贸易总协定中的国民待遇义务适用于产品，而非适用于人。

21. 如果进口国对进口葡萄酒征收的国内税为14%，对国内白酒征收的国内税为13.9%，则进口国无疑违反了总协定中的国民待遇义务。

【解析】错误。葡萄酒与白酒不是同类产品，而是直接竞争或替代产品。有关国民待遇的义务应适用GATT1994第3条第2款第二句。没有同等征收国内税本身不违反国民待遇义务，还需要审查有无保护国内生产的目的。通常微量的税收差别不被认为是为了保护国内生产。

22. 国内某省规定，非本省产车辆需交纳2%购置费，本省所产车辆无须交纳此费。该省的这一规定违反了国民待遇义务。

【解析】正确。非本省产车辆包括了外国产车辆。这一规定造成了国内外同类产品的不同税费，违反了GATT1994第3条第2款第一句。

23. 中国法规对外商投资企业生产的产品规定按非外商投资企业生产的同类产品80%交纳城市建设费，这一规定是“超国民待遇”规定，违反了国民待遇义务。

【解析】错误。国民待遇义务要求给予外国产品的待遇不低于本国同类产品所享有的待遇，外国产品待遇优惠并不违反国民待遇义务。另外，本题也非进口产品与国内产品的比较。

24. 党中央号召全国人民以实际行动体现爱国精神，购买国产货、拒买进口货。中国的这种做法违反了国民待遇义务。

【解析】错误。党中央的号召不构成GATT1994第3条第4款意义上的法律、规章和要求。

25. 对于进口产品和国内产品来说，国民待遇义务要求对进口产品征收的税费绝对不能多于国内产品。

【解析】错误。如是直接竞争或替代产品，可以允许存在税费的差额，但该差额不能大到对国内生产提供保护的程度。

26. 某国对某一出口国的产品A征收国内税费为15%，低于国内同类产品的20%；对产品B征收国内税费25%，高于国内同类产品的20%。平均起来，都是20%。该国的做法违反了国民待遇义务。

【解析】正确。国民待遇义务限于同一时期同一批次的同一产品，不能对不同时期的待遇进行平均。优惠待遇不违反国民待遇义务，但任何歧视待遇均违反国民待遇。

27. 某进口国第一季度对进口产品A征收国内税费15%，低于国内同类产品的20%；第二季度对该进口产品征收25%的国内税费，高于国内同类产品的20%。前后两个季度平均，进口产品与国内产品都是20%。这种做法是关税与贸易总协定的国民待遇义务所允许的。

【解析】错误。国民待遇不能平均。

28. 某国法律规定，在总统认为必要的时候，可以对进口产品采取歧视性措施。这种规定本身不违反国民待遇义务的要求。

【解析】正确。属于裁量性立法。在采取实际措施前没有歧视性待遇。

29. 某国税法规定，修理国产车交纳5%的营业税，修理外国产的车交纳6%的营业税。这一规定和关税与贸易总协定中的国民待遇义务不符。

【解析】错误。关税与贸易总协定仅适用于货物方面的待遇。本题是服务方面的待遇。

30. 中国政府不要求但鼓励外商投资企业优先购买中国原料产品。对于这样的设立申请，审批部门的做法总是优先考虑。中国政府违反了国民待遇义务。

【解析】正确。这是与贸易有关的投资措施，属于进口替代措施。严格地说，违反了《与贸易有关的投资措施协议》项下的国民待遇义务。

31. 中国政府要求外商投资企业优先聘用中国人员，以解决越来越严重的就业压力。这种做法违反了关税与贸易总协定的国民待遇要求。

【解析】错误。关税与贸易总协定的国民待遇仅适用于货物。

32. 为了提高对产品的保护，防止品牌假冒，中国市场监督管理部门要求外国品牌专店专营。采取此措施后，外国品牌产品的销售不仅没有下降，还呈稳步增长趋势。实际上，中国市场监督管理部门的措施是违反了关税与贸易总协定的义务的。

【解析】正确。中国市场监督管理部门的措施影响了进口产品与国内产品间的竞争条件，造成了歧视性待遇。这种违反不以措施的实际后果为要件。

33. 关税与贸易总协定中的国民待遇要求，其基本原则是防止以对国内生产提供保护的方式管理进口产品和国内产品。

【解析】正确。GATT1994 第 3 条第 1 款明确规定了国民待遇义务的总要求，即不得对国内产品的生产提供保护。

34. 在关税与贸易总协定中，直接竞争或替代产品是同类产品中的一个类别，不属于直接竞争或替代产品的，却可能属于同类产品。

【解析】错误。同类产品的范围小于直接竞争或替代产品。

35. 国民待遇与最惠国待遇共同构成了非歧视待遇的两个方面，相辅相成，它们各有各的独立的调整范围，没有冲突或重叠。

【解析】错误。最惠国待遇和国民待遇是非歧视待遇的两个方面，但最惠国待遇义务中包括了有关国民待遇义务的方面。

36. 由于世界贸易组织的成员是国家政府，地方政府的措施，即便与国民待遇义务不符，中央政府也不用承担违反义务的责任。

【解析】错误。中央政府对地方政府的行为承担义务与责任。

37. 进口产品在入关时查明是侵权产品，由海关没收，而国内产品在查明侵权时，由法院拍卖。这种双重做法违反了国民待遇原则。

【解析】错误。措施不同，一个是边境措施，另一个是国内措施，因进口产品没有进入国内市场。

38. 在世界贸易组织的制度中确立了对发展中国家的优惠待遇的地位。

【解析】正确。对发展中国家成员的特殊差别待遇是世界贸易组织的一项基本原则，并体现在许多具体条款中。

39. 提供一定的过渡期，是发展中国家享有的优惠待遇之一。

【解析】正确。发展中国家享有的优惠待遇有多种表现方式，晚承担义务是其中之一。

40. 由于发展中国家享有一定的优惠待遇，因而，整个世界贸易组织制度对发展中国家更有利。

【解析】错误。发展中国家享有的优惠，抵不了整个制度对其造成的劣势。尽管成员平等，但由于实力不同，规则带来的利益也不同，知识产权保护就是一个明显的例子。

41. 发展中国家享有的普遍优惠待遇尽管是发展中国家自己争取来的，但其享有的待遇中有些带有恩赐的性质，缺乏法律的保障。

【解析】正确。普遍优惠待遇是由给惠方单方面给予的。

42. 就世界贸易组织现有协议授予发展中国家的优惠待遇来看，都具有一定的时间性，而发展中国家在世界贸易格局中的地位却不会得到根本的改变。

【解析】正确。发展中国家在过渡期内其条件没有发生根本性变化，本质上不公平的贸易体制依然约束着其发展。

43. 发展中国家的出口产品主要集中于技术含量低的初级产品，相互之间具有很大的替代性。

【解析】正确。纺织品贸易就是明显例子。

44. 世界贸易组织对发展中国家弱势地位的承认，给予发展中国家争取更大的利益提供了法律上的支持。

【解析】正确。发展中国家成员可以联合起来争取到更好的结果，但发展中国家成员产品间的替代性影响着其集体力量的发挥。

45. 从发展中国家中单独分离出最不发达国家一类，实质上是弱化了对一般发展中国家的优惠。

【解析】正确。更加强调给最不发达国家的优惠，忽视了一般发展中国家。

46. 中国即使以发展中国家的身份加入世界贸易组织，也不可能完全享有对发展中国家提供的优惠。

【解析】正确。中国的人口与贸易规模使中国具有很大的冲击潜力，为其他成员所担心。

47. 发展中国家在缺乏精通贸易法律人才方面的劣势，限制了发展中国家申诉和应诉的能力。

【解析】正确。发展中国家的发展水平、教育水平总体上较低。另外，贸易规则大多是主要发达国家成员牵头制定的，许多是其国内法的国际化。

### （二）选择填空

1. 关税与贸易总协定最惠国待遇义务的适用范围包括________。

A. 进出口关税及征收方法　B. 进出口手续　C. 国民待遇

【解析】答案 ABC。GATT1994 第 1 条第 1 款明确规定了最惠国待遇义务适用的四个方面，即本题中三个选项包括的内容。

2. 美国、加拿大和墨西哥三国是《北美自由贸易协定》的成员国，相互之间进口免税。美国对某产品的进口关税是 15%。中国的这一产品出口到墨西哥，墨西哥使用自己的商标出口到美国。你认为产品的关税是________。

A. 15%　B. 免税　C. 针对中国产品的税率

【解析】答案 A。适用最惠国税率 15%。

3. 欲指控一国违反了最惠国待遇义务，至少应证明下述因素：________。

A. 进口产品与国内产品是同类产品

B. 进口产品相互之间是同类产品

C. 用于比较的产品须产自同一国家

【解析】答案B。最惠国待遇义务仅适用于不同成员的同类产品间。

4. 英国和阿根廷马岛战争中，关税与贸易总协定的一些缔约方拒绝给予阿根廷最惠国待遇。这一做法________。

A. 违反了最惠国待遇义务

B. 可根据国家安全例外获得正当性

C. 是历史遗留问题

【解析】答案B。基于国家安全理由。

5. 俄罗斯迄今还不是世界贸易组织的成员。中国与俄罗斯邻国。中国与俄罗斯刚签订协定，给予在边境贸易的俄罗斯机器设备的关税是13%。中国对德国机器设备的关税是15%，而中国对该机器设备的未减让关税之前的税率是20%。现美国向中国出口这种机器设备，其进口税率应是________。

A. 13%　B. 15%　C. 20%

【解析】答案B。适用最惠国税率15%。

6. 欧共体允许巴基斯坦的水果以20%的税率进口，但对美国的同类水果征收30%的关税。印度尼西亚对欧共体出口的同类水果的税率，可能是________。

A. 20%　B. 30%　C. 高于30%

【解析】答案AB。普遍优惠待遇或最惠国待遇。

7. 为纪念中国抗日战争胜利60周年，中国决定对从日本进口的照相机征收50%的关税，而对从韩国进口的同类照相机征收25%的关税。中国的这一规定________。

A. 违反了最惠国待遇义务

B. 虽然违反了义务，但却可以因国家利益获得正当理由

C. 不属于最惠国待遇义务调整的范围

【解析】答案A。纪念抗日战争很难成为拒绝最惠国待遇的正当理由。

8. 中国在申诉加入世界贸易组织与不同国家进行谈判时，允许欧共体汽车进口的关税为50%，美国汽车进口的关税为55%，日本的为45%。现在韩国向中国出口汽车，其适用的进口税率应是________。

A. 50%　B. 55%　C. 45%

【解析】答案C。根据最惠国待遇原则，适用最低税率。

9. 中国为了加强外汇管制，防止外汇诈骗，要求中国进口商在以美元进口时，须交纳20%的保证金，以日元进口交纳15%的保证金，以欧元进口要求交纳10%保证金，对其他币种则没有要求。中国的这一规定________。

A. 违反了最惠国待遇义务

B. 不属于最惠国待遇义务调整的范围

C. 不违反最惠国待遇义务

【解析】答案 A。对不同产地的产品间接地造成了歧视。

10. 某一国家为了防止进口产品的倾销，对某种进口产品规定了最低销售价格，凡低于该价格进口的产品在入关时须交纳一定比例的保证金。这种做法________。

A. 违反了最惠国待遇义务

B. 没有违反最惠国待遇义务

C. 不好说

【解析】答案 B。措施统一适用，没有对不同产地的产品进行歧视。

11. 关税与贸易总协定中规定的国民待遇义务，要求进口国给予外国产品的待遇________________国内同类产品的待遇。

A. 等于　B. 高于　C. 不低于

【解析】答案 C。进口产品的待遇不低于国内同类产品的待遇。

12. 判断进口产品与国内产品是否是同类产品，可以参考的因素包括：________。

A. 产品的最终用途　B. 产品的物理特征　C. 消费者的感受

【解析】答案 ABC。何为同类产品无固定定义，但可参考产品的最终用途、物理特征和消费者的感受以及海关分类来判断。

13. 对于在税费方面违反国民待遇的指控，审查的事项有：________。

A. 进口产品与国内产品间的关系

B. 对进口产品销售量的影响

C. 税费的比较

【解析】答案 AC。需要考虑产品间的关系及税负差额。对进口产品销售量的实际影响不是考虑因素。

14. 在规章的实施方面，国民待遇的范围不仅包括产品的运输、销售，还包括________。

A. 产品的许诺销售　B. 产品的经销　C. 产品的使用

【解析】答案 ABC。GATT1994 第 3 条第 4 款规定，国民待遇适用于影响产品的运输、销售、许诺销售、经销、使用等的法律、规章和要求。

15. 有关国内税费方面的国民待遇义务，通常要求进行比较的是________。

A. 进口产品与国内产品

B. 国内服务与外国服务

C. 同类产品或直接竞争或替代产品

【解析】答案 AC。对进口产品与国内产品的关系比较。但注意的是，根据争端解决实践，在没有进口产品可供比较时，也可能违反了国民待遇义务。

16. 在世界贸易组织的相关协议中，进一步强化了有关影响产品销售等的国内规章方面的国民待遇要求，是________。

A.《农业协议》　B.《与贸易有关的投资措施协议》　C. GATT1994

【解析】答案 B。《与贸易有关的措施措施协议》进一步强化和细化了国民待遇义务和数量限制义务。

17. 在税费方面，国民待遇的调整范围包括________。

A. 关税

B. 在关境代收的国内税

C. 货物入关后征收的所有税费

【解析】答案 BC。国民待遇义务适用于国内税费，包括入关时海关代征的国内税费。

18. 第 3 条第 2 款中的同类产品的范围，与第 4 款中的同类产品的范围相比________。

A. 相同　B. 前者范围窄　C. 后者范围窄

【解析】答案 B。前者与直接竞争或替代产品相对应，其范围受到限制。

19. 在世界贸易协议中，含有国民待遇义务规定的，除关税与贸易总协定外，还有________。

A.《服务贸易总协定》

B.《与贸易有关的知识产权协定》

C.《与贸易有关的投资措施协议》

【解析】答案 ABC。国民待遇义务规定于许多协议中，包括《服务贸易总协定》、《与贸易有关的知识产权协定》以及《与贸易有关的投资措施协议》。

20. 为了促进国内产品的销售，下列措施中不违反国民待遇义务要求的有________。

A. 对国内产品的买主提供信贷

B. 对生产商提供补贴

C. 改善国内市场中的经销制度

【解析】答案 BC。国民待遇义务不调整补贴问题。改善国内市场中的经销制度没有歧视。

21. 中国对在国内销售的进口产品征收流转费，而对国内同类产品征收流通税。这种做法________。

A. 是最典型的违反国民待遇的情况

B. 在费率高于税率的情况下，违反了国民待遇

C. 不好说

【解析】答案 B。国民待遇义务统一适用于国内税和费。在同类产品的情况下，只要进口产品的负担重于国内同类产品的负担，即为违反了国民待遇义务。

22. 中国对在国内销售的进口产品征收从价税（按价格比例），对国内同类产品征收从量税（按货物单位）。这种做法________。

A. 无论从价税是否高于从量税，都违反了国民待遇

B. 在从价税高于从量税的范围内违反了国民待遇

C. 国民待遇只限于同一种税或费的比较，因而不属于国民待遇义务的范围

【解析】答案 B。同类产品的总税负比较。

# 第四章

# 关税法律制度

本章摘要

关税是最早用于保护国内产业的措施，俗称关税壁垒。随着关税水平的降低，关税在贸易管理中的作用有所下降，但仍是最基本的管理措施。约束关税并不断降低关税，是世界贸易组织的纪律。商品的完税价格决定着商品关税的税负，《海关估价协议》确立了海关估价的基本方法。在不同国家的产品仍然享有不同关税待遇的情况下，产品的原产地规则可能扭曲国际贸易。《原产地规则协议》没有确立用于确定产品原产地的肯定标准。

关 键 词

关境　约束关税　从价税　从量税　优惠税率　关税配额　商品实质改变　商品增值　交易价格　相同货物　非优惠原产地规则　优惠原产地规则

## 第一节　关税在国际贸易管理中的作用

### 一、关税的含义

关税（Customs Duties，Tariff）是一国海关根据其法律规定，代表国家对进出关境的货物征收的一种税。根据中国汽车零部件案（DS339、DS340、DS342）上诉机构解释，从纳税义务角度看，关税是货物进出关境时产生的应予支付的一种税。关境又称税境，指一个国家的海关法律、规章实施的领土范围。关境与国境是不同概念：关境指海关权力所及的范围，国境指领土范围。在签订关税同盟的情况下，关境大于国境；在一国设有自由港、自由贸易区、保税区或单独关税区时，关境小于国境。

根据货物进出关境的流向可以将关税分为进口税、出口税和过境税。许多国家不征收出口税、过境税，有的征收出口税的国家实施出口退税政策。各国（关税同盟作为一国）

都征收进口税，不是一国但作为一个单独关税区的地区也征收关税，如中国的香港特别行政区等。有时一正常进口关税之外增加某种税收，称为进口附加税，多为临时性限制进口措施，如反倾销税。

按一国确定关税的独立程度可将关税分为自主关税和协定关税。自主关税指一国关税法独立确定的关税。该关税构成了一国的法定固定关税，其税率通常较高，适用于与征税国没有贸易协定或没有取得征税国特殊优惠关税的国家出口的商品。协定关税是据与其他国家签订的贸易协定确定的关税，该税税率低于自主关税税率，最惠国待遇关税即是一种协定关税，是依据最惠国协定确定的。由于协定关税是通过与他国的贸易协定确定的关税，一国不能随便对其修改、提高，除非存在协定规定的例外，如保障措施下增加的关税。

从征收方法上区分，关税可分为从价税、从量税、混合税。从价税（Ad Valorem）是指按照进口商品的价值确定税额，一般是进口商品的评估价值的一定百分比，价值不同，税额也不同。从量税（Specific Duties）指按货物的单位或数量收取统一的数额，件与件之间的税额是一致的。混合税（Mixed or Compound Duties）是前两种税的结合，既征收从价税，又征收从量税。由于从量税容易造成税负的不同，在国际贸易中一般多使用从价税。

商品的产地不同、品种不同、价值不同，对商品征收的关税也不相同。对不同商品进行归类并确定相应的税率构成了各国或单独关税区关税表或关税税则（customs tariff）的内容。在使用从价税的情况下，商品的价格不同，征收的关税也不同。而进口商可能虚报商品价格，逃避关税。因此，海关征税就需要对商品的价值进行估价，按海关估价征收关税。海关估价制度成为关税制度的组成部分。同时，商品的原产地规则、商品归类共同组成关税制度。关税征收程度对贸易也有影响。

## 二、利用关税保护国内产业

关税一直被用做管理贸易尤其是限制货物进口的措施，由于高关税实质上阻止了外国商品的进口，所以关税措施被形象地称为关税壁垒。关税可以明确地表示出对货物征收的关税数额，因此，关税措施被关税与贸易总协定确定为管理贸易的主要手段和原则。

关税与贸易总协定是建立在自由贸易基础之上的，自由贸易也是其追求的目标与宗旨。但同时，关税与贸易总协定也认识到缔约国存在对国内产业进行保护的愿望，因而允许缔约国在一定条件下采取措施保护国内产业免于国外竞争，但该保护措施应通过关税手段来进行，禁止对进口商品使用数量限制。这是关税与贸易总协定的基本原则之一。世界贸易组织的一系列规则更加强了对使用数量限制的约束，对于在过去常使用数量限制的部门或产业，要求使用关税措施。《农业协议》要求用关税代替数量限制和其他各种税收，实现农业部门措施关税化，根据数量限制和其他措施对进口商品价格的影响程度，确定、换算成相应关税税率，加在现有的关税上，只能通过关税保护国内农业。在国际收支处于困难时，《关于1994年关税与贸易总协定国际收支平衡条款的谅解》强烈要求成员避免采取数量限制保障国内收支平衡地位，要求优先采用价格机制措施而不是数量限制措施；只有价格机制措施确实不能抑制国际收支的急剧恶化时，才可以求助数量限制措施。价格机制措施，如进口附加税、进口押金要求等，既透明，又可以衡量。对于进口造成的损害采取的救济措施也应主要为关税措施，如反倾销税、反补贴税、中止关税减让等。但随着关税不断降低甚至降为零，关税对保护国内产业的作用越来越小。

## 第二节　世界贸易组织的约束关税制度

### 一、约束并进一步削减关税

世界贸易组织允许各成员利用关税作为管理贸易的手段，但同时确立了相应的纪律。在临时适用的GATT1947中，有关关税减让表的第2条的规定，构成了该制度最核心的部分。从某种意义上说，其他规则都是为这一纪律服务、配套的。这种情形尽管在世界贸易组织成立后发生了变化，各规则具有同样的法律地位，共同适用，但约束关税制度仍然是一个基本的核心制度。从关税与贸易总协定到世界贸易组织，每一回合的谈判，降低关税都是重点。在关税与贸易总协定的前5次回合的谈判中，降低关税是唯一议题。

约束关税并分阶段削减原则是关税与贸易总协定的基本原则。各成员在降低关税谈判中作出的关税减少承诺，通常称为关税减让。各成员对其进口产品作出的关税减让，构成了该成员的关税减让表。各成员在关税减让表中公布的税率是受到约束的，是可以适用的税率的最高限，称为约束关税税率。一国在作出关税减让后不得再进一步提高，成员有义务不再实施超过减让表所列的关税水平或其他税费，也不得再采取诸如数量限制之类的措施，减损关税减让的价值。约束关税是作出减让的成员可以征收的关税的上限，关税与贸易总协定不禁止作出减让的国家实际适用比约束关税低的关税。另外，如果实际适用的关税的种类与减让表中列举的种类不同，只要转换的税率不超过减让表中的约束税率，不视为违反了约束关税义务。

根据关税与贸易总协定的规定，每一成员给予其他成员产品的关税待遇，不得低于减让表中规定的待遇。在外国产品进口时，除满足减让表规定的条件外，不得征收超过减让表中规定的普通关税的部分，也不得征收超过自协定生效日所实施的所有其他税费的部分。“待遇”这一概念，不仅包括了关税税率本身，也包括了构成待遇的其他方面，例如关税配额等。关税配额，是指在规定数量或价值内进口按正常关税征税、超出规定数量或价值按高税率征税的一种限制性管理方式。其他税费，包括进口附加费、进口保证金、海关使用费、外汇费等。成员只能按其减让表中的其他税费种类和水平征收其他税费。

成员减让表是关税与贸易总协定的组成部分，应根据客观标准进行解释，而不能根据出口成员单方的所谓合法预期来确定。不同回合谈判中达成的关税减让表，都是有效的，新的减让并不导致旧的减让的失效。《关于1994年关税与贸易总协定组成部分的说明》明确指出，该协定包括《世界贸易组织协定》生效之日前在GATT1947项下已实施的与关税减让相关的议定书和核准书，包括 GATT1994 年马拉喀什议定书。

在关税减让谈判时，采取的是互惠互利原则，但发达国家与发展中国家之间可以不要求完全互惠，而要求发展中国家承担与其出口相一致的义务。这主要表现为发达国家对发展中国家的特殊优惠关税待遇。但在作出减让承诺之后，在实施过程中，不能以互惠为借口，改变已经作出的减让。如果一国修改关税减让，必须与其他国家重新进行谈判，以达成新的平衡。

无论进口国对进口货物适用减让表中的约束关税税率还是适用比约束关税税率低的实际适用税率，都应该在最惠国待遇基础上实施。这是最惠国待遇的基本要求，是最惠国待遇在关税方面的体现。

### 二、约束关税义务的例外或修改、撤销

关税与贸易总协定禁止成员给予其他成员的货物的待遇低于减让表中的待遇，禁止高于减让表中的税率对进口货物征税，但该协定同时允许根据其他规则征收其他税费。

关税与贸易总协定第 2 条第 2 款规定：该条的任何规定，不得阻止任何成员对任何产品的进口随时征收下列关税或费用：(1) 对于国内同类产品或对于全部或部分用于制造或生产进口产品的产品所征收的、与第 3 条第 2 款的规定相一致的国内税费相当的费用；(2) 根据第 6 条的规定适用的任何反倾销税或反补贴税；(3) 与所提供的服务费用相当的规费或其他费用。

该第 2 条第 2 款规定了三种可以不受上述约束关税义务约束的情况：第一种，对国内产品生产的投入物征税，又称为边境调节税。如果进口产品含有该类物质，进口国可以对该产品按投入物的价值征税；如对国内同类产品征税，也可以对进口产品征税。当然，这类征税不能违反国民待遇义务。第二种，反倾销税和反补贴税不受约束关税义务的约束。应该说，保障措施所实施的中止关税减让或其他义务，也不受约束关税义务的制约。第三种，如果进口国对进口货物提供了服务，则可以按照提供服务的费用收取服务费。关税与贸易总协定第 8 条进一步对有关规费作了规定。

另外，根据关税与贸易总协定第 28 条和第 28 条之二，根据一定的程序，可以修改、撤销减让表，或发起新的关税谈判。

## 第三节 关税税则与商品归类

### 一、关税税则

一国采取的进口关税主要规定于关税表中或关税税则中，商品的具体归类和适用税率

都可以通过关税表或关税税则得知。关税表或关税税则，经常根据具体情况进行不断的修订。

关税税则是一国通过立法程序制定并公布实施的税率目录表。该表按进出口商品类别排列，是海关征收关税的重要法律依据，通常包括税则号、商品名称和税率三部分内容。税则可分为单一税则和多栏税则。单一税则指一个科税目只规定一种单一税率，对来自不同国家的相同产品统一适用；多栏税则指对来自不同国家的相同产品规定不同税率，如法定税率、最惠国税率、特殊优惠税率等。

关税是在关境对进口商品征收的，不对国内生产的商品征收。征收关税的结果是提高了进口商品的价格，客观上起到了排斥进口商品的作用，保护了同类商品的国内生产商。这可能引起两种结果：一方面，由于没有外国商品的竞争，国内生产的商品价格高挂，不利于消费者的利益；另一方面，外国出口商由于不能进入该国国内市场而对该国抱怨不已，从而导致外国政府对该国采取抵制进口的措施。因此，关税税率的高低一方面要考虑生产商和消费者的利益，另一方面也要考虑与其他外国的贸易关系，既要扩大本国的出口，同时又要许可外国对本国的出口（本国进口）。由于历史、文化、传统、政治、社会、经济制度、地缘等的不同，不同国家间的关系也不一样，反映在一国的关税上，表现为对某些国家采取低税率甚至免税，对某些国家采取高税率。大多数国家都实行多栏税则，对不同国家实施不同的贸易政策。下面主要介绍美国和欧共体的关税表或关税税则。

### （一）美国统一关税表

美国统一关税表主要包括商品归类号码、商品名称及特征、税率等几大栏。在税率一栏中，有两大类、三小类（三栏）。

第一类包括一般税率和特殊税率，一般税率指享有美国最惠国待遇的税率；特殊税率指享有美国特别优惠待遇的税率，其税率大大低于最惠国待遇税率甚至免税，适用于享有美国特惠税率的国家，包括加拿大、以色列、墨西哥（与美国签订自由贸易协议），大多数加勒比海和安第斯国家，以及享有美国普遍优惠待遇的国家。在特殊税率一栏中，通过标注不同的字母，对这些字母代表的国家适用不同的税率。A 表示所有普遍优惠待遇的受益国，A※表示某些普遍优惠待遇的受益国，CA 表示加拿大，E 表示加勒比海经济复兴法的受益国，E※表示某些加勒比海经济复兴法的受益国，IL 指以色列，J 指安第斯贸易优惠法的受益国，J※指某些安第斯贸易优惠法的受益国，MX 指墨西哥。

第二类是法定税率，是经不断修订的《1930 年关税法》实施的税率，是三栏中税率最高的一栏，适用于没有取得美国最惠国待遇或特殊待遇的国家，主要包括美国称为“非市场经济国家”的国家，以及美国认为对美国不友好的或采取恐怖主义的国家。

### （二）欧共体共同海关税则

欧共体的共同海关税则是统一适用于欧共体单一关税领土上的海关税则，统一适用于欧共体成员国与第三国的贸易关系、进口商品。它包括商品归类目录、相应税率及其他相关收费，还包括欧共体的特殊关税措施，如优惠关税措施、免税措施和中止关税措施。

欧共体共同海关税则的商品归类目录以海关合作理事会制定、于1988年1月1日生效的《商品名称及编码协调制度》为基础，并根据欧共体共同税则及统计需要制定，称为海关税则与海关统计的联合商品目录。该目录由两部分组成：第一部分是对联合目录的解释与适用规则；第二部分为关税表，包括四栏，第一栏为商品税号，由8位数字组成，前6位代表协商制度目录中商品项目与子目的税号，后2位是欧共体自己进行的再归类。

欧共体共同海关税则还包括统一税则，除包括一般的自主税率和协定税率外，还包括适用于来自某些第三国的进口商品的特殊关税措施，如关税配额、中止关税、优惠关税、反倾销税、反补贴税等。统一税则是在联合商品目录的基础上的再分类，税号在原来8位的基础上增加3位，代表统一税则税目。

共同海关税则中的税率包括一般税率和例外税率（优惠税率）。一般税率包括自主税率和协定税率。自主税率是在1957年实际适用于最初组成共同体的法国、意大利、德国、荷兰、比利时、卢森堡的关税表的算术平均数的基础上确定的，是欧共体与第三国关税减让的基础；协定税率产生于与第三国的关税减让谈判，实际上主要是适用于关税与贸易总协定缔约国的最惠国关税税率，但有时也适用于非缔约国。

优惠税率主要包括协定优惠税率和自主优惠税率。前者是通过协定确定的优惠税率，主要适用于欧共体与欧洲自由贸易联盟国家以及东欧变化后的某些国家，与非洲、加勒比海、太平洋地区发展中国家缔结《洛美协定》的国家，以及签有协定的与欧共体相连的地中海周边国家。自主优惠税率适用于普遍优惠制度，该制度是对发展中国家出口商品单方面的优惠，因而是自主的。

## 二、商品归类

不同的商品适用不同的税率，这就需要对商品进行归类。商品的归类是非常复杂的。在国际贸易活动中，主要根据商品的自然属性、组成结构、加工程度、使用用途等进行归类。但各国对商品的具体归类存在不同的做法，阻碍了国际贸易的发展。有时归类也可以起到非关税壁垒的作用。因此，统一商品的国际归类成为世界各国的普遍要求。第二次世界大战后欧洲国家在布鲁塞尔成立了欧洲海关联盟研究小组，制定了《布鲁塞尔海关税则商品归类目录》，但其适用范围主要限于欧洲，美国、加拿大没有采用。1953年海关合作理事会（1994年改为世界海关组织）成立，将其改为《海关合作理事会商品归类目录》。美国加入海关合作理事会后，经过美国的参与，海关合作理事会着手制订新的商品归类目录。1983年海关合作理事会通过了《商品名称及编码协调制度的国际公约》，确立了《商品名称及编码协调制度》（以下简称协调制度），该制度于1988年1月1日生效。协调制度是一部完整、系统、通用、准确的国际贸易商品归类体系，最新版本是2012年版。世界上大多数国家都采取了这一制度。中国于1992年正式实施《关于商品名称及编码协调制度的国际公约》，中国的《进出口关税条例》据以作了修订，《海关进出口税则》也以协调制度为基础，重新编排。

协调制度基本采用了法律文书的层次关系来安排商品目录的基本结构，由类、章和商品条目三个框架组成，在商品条目下还有几级子目结构。类是该制度的基本框架，基本上是按照社会生产的分工归类，共有 21 类。类以下是章，按类的范围分别列在 21 类下面，共 96 章，章基本上按商品的属性或用途安排。商品条目是该制度的最基本成分，每一条目中列有一组或一类商品；商品条目的编排比较复杂，较为明显的特点是原材料先于成品，加工程度低的产品先于加工程度高的产品，列名具体的品种先于列名一般的品种。

协调制度的编码采用结构性号列，编码的位数表示目录的等级，而不是简单的先后次序。协调制度中的编码分为四位数级、五位数级和六位数级，各国可以据本国需要和编排规则将其扩展到七位数以上。商品条目编码的基础结构是四位数字结构，前两位表示商品条目所在的章，后两位表示该商品条目在该章的先后位置。

关于商品归类的归类总规则共有 6 项，使用次序是规则一优于规则二、规则二优于规则三，依次类推。其中第五项是关于特殊商品的归类规则，其他 5 项规则是：

规则一：类、章和分章的标题仅为查找方便而设；具有法律效力的归类，应按税目条文及有关类注或章注确定，如税目（品目）、类注或章注没有另外要求，按下述规则确定。

规则二：（1）税目所列商品，应视为包括该商品的不完整品或未制成品，只要在进口或出口该项时不完整品或未制成品具有完整品或制成品的基本特征；税目中所列商品也包括该商品的完整品或制成品（或按本款可作为完整品或制成品分类商品）在进口或出口时的未组装件或拆散件。（2）税目所列材料或物质，应视为包括该种材料与其他材料或物质混合或组合的商品；税目所列某种材料或物质构成的商品，应视为包括全部或部分由该材料或物质构成的商品。由一种以上的材料或物质构成的商品，应按规则三归类。

规则三：当商品按规则二（2）或因其他原因，看起来可归为两个或更多的税目时，应据以下规则归类：（1）列名比较具体的税目优先于一般的税目。但当两个或更多的税目各自仅指混合或组合商品所含的一部分材料或物质时，或指零售的成套商品的一部分时，即使其中某个税目对该商品描述得更全面、详细，这些商品在有关税目的列名应视为同样具体。（2）混合物、不同材料构成或不同零部件组成的组合物以及零售的成套商品，如不能根据规则三（1）归类，在本款适用的情况下，应按构成商品的基本特征的材料或部件归类。（3）当商品不能按规则三（1）或规则三（2）归类时，应据号列顺序归入最末一个税目。

规则四：根据上述规则无法归类的商品，应归入与其最相类似的商品税目。

规则六：商品在某一税目项下各子目的法定归类，应按子目条文或有关的子目注释以及以上各条规则来确定，但子目的比较只能在同一数级上进行。除税则目录另有规定外，有关的类注、章注也适用。

上述商品归类规则，是最基本的归类规则。正如协调制度名称所显示的那样，该规则并不代表某一国家对产品的具体归类。因此，在实践中，商品归类仍然容易产生争议，特别是在归类不明而税负差别较大的情况下。有关某一特定商品据某一适当的关税规定归类的主要问题或最终问题，必然依赖于相关条款的含义，涉及法律的解释问题。另外，关税归类表本身也存在某种程度上的模糊性：先是一般的税目，接着是具体的税目，最后以“其他”结尾。此外，对于某些新商品，无论是商业界还是科学界，都还没有一个普遍接受的解释。这些都增加了商品归类的困难。制定新的版本的原因之一，就是对原先有争议的商品归类予以明确。

世界贸易组织规则本身并不具体调整商品归类，但要求同类产品适用相同关税待遇，且在最惠国待遇基础上实施。

# 第四节 海关估价

## 一、《海关估价协议》

一般情况下对进口商品征收从价税。如何确定进口商品的价值，即进口货物的完税价格，成为从价税的主要内容。进口货物的完税价格，指海关为征收进口货物的从价关税目的所使用的货物的价格。

不同的复杂的估价方法几乎演变成了一种非关税壁垒，统一估价准则的必要性日益突出。GATT1947 第 7 条规定了估价的一般原则：对进口商品的海关估价应根据进行关税估价的进口商品或同类商品的实际价格，不应根据国内产品的价格或任意的或虚构的价格。任何进口产品的完税价格，不应包括原产国或出口国国内适用的且进口产品已经免除的或者已经或将要通过退还方式予以免除的任何国内税额。但相对于海关估价的复杂性，这一规定过于简单和原则化，不能适应国际贸易发展的需要。

鉴于 GATT1947 第 7 条的重要性和不足，关税与贸易总协定东京回合谈判就海关估价达成了一致，形成了海关估价守则，作为选择性适用协议对某些国家适用。乌拉圭回合达成的《关于履行 1994 年关税与贸易总协定第 7 条的协议》（《海关估价协议》），作为《世界贸易组织协定》不可分割的一部分适用。《海关估价协议》对原守则作了修改，修改较大的部分主要是管理、协商和争端解决部分以及最后条款部分；估价规则的实质方面没有多大的变化，仅是某些技术上的修订。

制定《海关估价协议》的目的是进一步详述适用 GATT1994 第 7 条的规则，在执行中提供更大的统一性和确定性，建立一个公平、统一和中性的海关货物估价制度，防止使用任意的或虚构的完税价格。该协议要求海关对货物估价的依据在最大限度内应为被估价货物的成交价格，完税价格应依据商业惯例的简单和公正标准，估价程序应不分货物来源普遍适用。根据《海关估价协议》，估价程序不适用于反倾销。

《海关估价协议》由一般介绍性说明、正文和两个附件共同组成。协议正文包括了海关估价规则，管理、磋商和争端解决，特殊和差别待遇以及最后条款四部分。

## 二、海关估价规则

《海关估价协议》第1条至第7条规定了完税价格的6种海关估价方法。

海关估价的主要依据是成交价格。如果不能据此确定海关估价，如由于资料的原因，一般应由海关当局和进口商进行磋商以取得确定价格的依据。在不能按进口货物或者相同或类似货物的成交价格确定海关估价时，可以进口国一个独立买方进口的条件出售货物的价格为依据确定。进口商有权选择适用后两种方法的次序。具体来说，《海关估价协议》规定了6种估价方法，即：

1. 进口商品的成交价格

进口商品的成交价格指进口商品出口销售至进口国时经依法调整的实付或应付的价格。对实际发生的但没有在价格中体现出来的成本、收费、开支等（包括销售佣金、集装箱成本、包装费用、提成费和许可费）进行调整。

2. 相同货物的成交价格

如果进口货物的完税价格不能根据上述成交价格确定，则完税价格应为与被估价货物同时或大约同时出口销售至相同进口国的相同货物的成交价格。在使用该方法时，应依与被估价货物相同的商业水平销售的、数量实质相同的相同货物的成交价格确定完税价格。

3. 类似货物的成交价格

如果相同货物的交易价格也不能确定，则使用与被估价货物同时或大约同时出口销售至相同进口国的类似货物的成交价格。在使用该方法时，应依与被估价货物相同的商业水平销售的、数量实质相同的类似货物的成交价格确定完税价格。

4. 倒扣价格

如果不能通过进口货物的成交价格、相同货物的成交价格或类似货物的成交价格确定完税价格时，则应采用倒扣价格。如果进口商要求，也可以先使用第五种方法估算价格。

倒扣价格，简言之，是以进口货物在进口国的国内销售价格为依据，扣除相关的价格因素而得出的价格。如果进口商品、相同商品和类似商品在进口国按进口时的状态销售，进口货物的完税价格，应依据与被估价货物进口时或大致进口时，销售给与出售者无关联的买主的最大量的进口货物或相同或类似货物的单位价格，扣除佣金和利润、一般费用、运输和保险费、关税以及再销售而发生的其他费用、收费和开支等。

倒扣价格是依据货物在进口国国内销售的价格（转售价格）确定的，不依据进出口商之间的成交价格。

5. 估算价格

估算价格，通过计算出口国生产该商品的费用（原材料）、一般费用和利润（销售）、反映定价选择（如CIF价或CIP价）所必需的其他费用或开支（运输和保险费）等，来确定进口商品的价格。

估算价格既不是成交价格，也不是转售价格，而是以发生在生产国的生产成本为基础的价格。

6. 依据一般原则综合评估

如果不能按上述 5 种方法进行海关估价，可按与《海关估价协议》和关税与贸易总协定第 7 条相一致的原则和规则相一致的合理方法来确定，即合理确定法。但不得根据进口国生产的该种货物的销售价、货物在出口国国内市场上的价格、向进口国以外的国家出口的货物的价格以及任意的或虚构的价格来估价。

根据《海关估价协议》，“相同货物”是指在所有方面都一样的货物，包括相同的物理特征、质量和信誉，表面上的细小差别不妨碍被认定为相同货物。“类似货物”指在所有方面虽不完全相同，但在材料和特点方面与被估价货物极其相似，与被估价货物具有相同功能、在商业上可以互换的货物。在确定某一货物是否为类似货物时，应考虑的因素包括货物的品质、信誉及商标存在等。但无论是相同货物还是类似货物，该货物必须与被估价货物在同一国家生产。

成交价格应是买方和卖方没有关联关系的成交价格，或虽有关联关系但该关系本身并不构成该成交价格不能接受的理由的可以接受的成交价格。如果进口商表明该价格非常近似于在同一时间或大约在同一时间的下述价格，该成交价格可以被接受：向同一进口国无关系的买方出售的相同或类似货物的成交价格；按倒扣价格确定的相同或类似货物的海关估价；按估算价格确定的相同或类似货物的海关估价。关联关系人包括：在彼此的企业中互为管理人员或董事；合伙人；雇主和雇员；直接或间接拥有、控制两个企业 5%或以上的有表决权的发行在外的股票的人；一方直接或间接控制另一方；同受第三方直接或间接的控制；一起直接或间接控制第三方；同一家庭的成员。

中国海关于 2006 年发布了《海关审定进出口货物完税价格办法》(2013 年修订)，采用的估价方法依次是：成交价格估价法、相同货物成交价格估价法、类似货物成交价格估价法、倒扣价格估价法、计算价格估价法和合理估价法。

# 第五节　原产地规则

## 一、原产地规则的重要性

对来自不同国家的商品适用不同的税率、给予不同的待遇，突出了商品原产地的重要性。原产地规则实质上就是贸易待遇原则，或者说贸易待遇建立在原产地规则的基础上。贸易统计、国别贸易政策的制定和实施、最惠国待遇、配额、反倾销、反补贴、保障措施、政府采购等，都离不开原产地规则。

随着关税同盟和自由贸易区的发展及全球经济一体化的深入，随着全球经济竞争的加剧，不同产地的商品享有的待遇表现出了两种极端的方向。一方面，伴随着市场准入的不断扩大和全球贸易制度（特别是最惠国待遇和国民待遇）的逐渐确立，不同国家的商品越来越趋向平等待遇，产品产地的重要性似乎降低；跨国公司不断发展，生产过程在更多的不同国家进行，使得商品产地的确定越来越困难，加剧了前述趋势。另一方面，各国对于对其经济有重要影响的产品，对于敏感产品或影响就业的产品，强化原产地规则的应用，甚至到了针对某一国家的特定产品制订单独的原产地规则的程度，将原产地规则推向歧视性的极致。过分限制性的原产地规则，或不断改变原产地规则，都会扩大贸易限制的范围或提高关税的税额。与此相联系，原产地规则可分为优惠原产地规则和非优惠原产地规则。原产地规则成为各国政府执行贸易政策的一个工具，对贸易和投资的布局与流向产生很大的影响。

国际贸易，是不同关境之间的贸易。由于经济、政治、文化、宗教等原因，不同关境之间的贸易关系、贸易待遇仍然存在着差别。确定不同关境的，正是商品的原产地规则。在具体规则和技术上，商品名称不同，制造方法不同，用途不同，技术含量不同，即使是相同商品，对各国的重要性仍然可能不同，这些都可能导致原产地确定规则的不同与冲突。另外，适用原产地规则的具体目的，或促进贸易，或限制贸易，影响着主管机关的具体操作。国家的贸易政策对于行使司法审查功能的法院也会产生不可避免的影响，从而可能使法律的规定扩大或缩小地适用。

## 二、《原产地规则协议》

GATT1947 第 9 条规定了原产地标记方面的待遇：一缔约国在有关标记规定方面对其他缔约国领土上的产品所给予的待遇，应不低于给予任何第三国同类产品的待遇。该条还同时要求各国合作，防止使用商品名称假冒产品的真实原产地、损害国内立法保护的产品的独特地区或地理名称。1973 年海关合作理事会主持制定的《关于简化和协调关税制度的国际公约》（《京都公约》），涉及了原产地的一般原则。关税与贸易总协定乌拉圭回合谈判在东京回合的基础上达成了新的《原产地规则协议》。

原产地规则应中性、统一，成为国际社会努力追求的目标。《原产地规则协议》，旨在建立明确的可预知的原产地规则、促进国际贸易的发展，以公正的、透明的、可预知的、一致的和中性的方式制订并实施原产地规则；同时保证原产地规则不对贸易造成不必要的障碍，保证原产地规则不使各成员根据 GATT1994 的权利丧失或受损。《原产地规则协议》包括了定义和范围，实施原产地规则的纪律，通知、审议、磋商和争端解决的程序安排以及原产地规则的协调四个主体部分和两个附件。

根据该协议，原产地规则被定义为确定货物原产地而实施的普遍适用的法律、法规及行政决定，只要此类原产地规则与导致超出 GATT1994 第 1 条第 1 款适用范围的关税优惠的契约式或自主式贸易制度无关。简言之，该协议所包括的原产地规则，包括所有用于非优惠商业政策措施的原产地规则。该协议确立的纪律主要是对非优惠原产地规则确立的纪律。附件 2“关于优惠原产地规则的共同宣言”宣布了适用优惠原产地规则应遵循的原则。优惠原产地规则，指任何成员为确定货物是否有资格根据导致超出 GATT1994 第 1 条第 1 款适用范围的关税优惠的契约式或自主式贸易制度而实施的普遍适用的法律、法规和行政裁决。优惠原产地规则的例子有自由贸易区原产地规则或普遍优惠待遇原产地规则。鉴于区域贸易协定越来越多，对多边贸易制度产生了重要的影响，《原产地规则协议》在没有统一非优惠原产地规则的同时，排除了对优惠原产地规则的规范，不利于多边贸易制度和国际贸易的发展。

《原产地规则协议》在其第四部分“原产地规则的协调”中，提出了原产地规则协调的目标和原则以及工作计划。该协议提出的原产地规则协调的目标和原则是：(1) 原产地规则应平等适用于非优惠原产地目的；(2) 商品的原产国，应是完整生产该项商品的国家，或当该商品的生产过程涉及一个以上的国家时则对商品最后实现实质性改变的国家；(3) 规则应客观、可理解、可预知、有连贯性；(4) 不应对国际贸易产生限制、扭曲或扰乱性的影响；(5) 原产地规则应以一致、统一、公平和合理的方式进行管理；(6) 原产地规则应具有一致性；(7) 原产地规则应依据正面标准，负面标准可以用以澄清正面标准。在工作计划中，该协议责成技术委员会就下列事项提出解释和意见：完全获得和最小操作或工序；实质性改变——税则归类改变；实质性改变——补充标准。该协议原规定在该协议生效后 3 年内完成这一工作计划，但迄今为止，这一计划也没有完成。这说明了原产地规则协调的困难。

《原产地规则协议》确立的实施原产地规则的纪律，依据上述原产地规则协调计划的完成，分为过渡期内的纪律和过渡期后的纪律。尽管《原产地规则协议》要求各成员制定的原产地规则以正面标准为依据，该协议本身确立的过渡期内的纪律却没有使用确切的正面标准，相反，采用了负面标准。该协议要求原产地规则不得用做直接或间接实现贸易目标的工具，原产地规则本身不得对国际贸易产生限制、扭曲或破坏作用，适用于进出口货物的原产地规则不得严于用于确定货物是否属国产货物的原产地规则，且不得在其他成员之间造成歧视。世界贸易组织处理的印度就美国纺织品原产地规则提出的申诉案表明，这种否定性要求的约束效力不大，从而削弱了该纪律的效力。

过渡期内的纪律提供了几种确立原产地的标准：税则归类改变标准，从价百分比标准（商品增值）和制造或加工工序标准。过渡期后的纪律要求，确定为一特定货物原产地的国家，应为货物完全获得的国家，或如果该货物的生产涉及一个以上国家，则为进行最后实质性改变的国家；适用于进出口货物的原产地规则，不得严于用于确定一货物是否属国产货物的原产地规则，且不得在其他成员之间造成歧视，无论有关货物生产者的从属关系如何。

2004 年 9 月，国务院颁布了《中华人民共和国进出口货物原产地条例》(以下简称《原产地条例》)，取代了中国海关总署于 1986 年发布的《中华人民共和国海关关于进口货物原产地的暂行规定》、国务院于 1992 年 3 月发布的《中华人民共和国出口货物原产地规则》。《原产地条例》于 2005 年 1 月 1 日起施行。该条例适用于实施最惠国待遇、反倾销和反补贴、保障措施、原产地标记管理、国别数量限制、关税配额等非优惠性贸易措施，以及进行政府采购、贸易统计等活动对进出口货物原产地的确定。实施优惠性贸易措施对进出口货物原产地的确定，不适用该条例。

《原产地条例》规定根据 4 项原则来确定商品的原产地：完全在一个国家内生产或制造

的进口货物，其生产国或制造国即为该货物的原产国。经过几个国家加工、制造的进口货物，以最后一个对货物进行经济上实质性加工的国家作为有关货物的原产国。石油产品以购自国为原产国。机器、仪器、器材或车辆所有零件、部件、配件、备件及工具，如与证件同时进口，而且数量合理，其原产地按证件的原产地予以确定；如分别进口，应按其各自的原产地确定。

2006年中国海关总署颁布了《海关特别优惠关税待遇进口货物原产地管理办法》（已废止），适用于从特定受惠国进口的享有特别优惠关税待遇货物的原产地确定。2009年1月，中国海关总署颁布《海关进出口货物优惠原产地管理规定》，适用于海关对优惠贸易协定项下进出口货物原产地管理。

## 一、问题与思考

1. 关税在国际贸易管理中有什么作用？
2. 世界贸易组织确立的关税纪律是什么？
3. 确定商品原产地的主要原则是什么？
4. 海关估价有哪些方法？

## 二、练习题

### （一）判断正误

1. 中国在减让表中规定的进口汽车关税是60%，这表示中国对进口汽车的关税最多是60%，但不表示只能是60%。

【解析】正确。承诺的约束关税是征税上限，可以从低征税。

2. 中国减让表中规定的进口汽车关税是60%，但对韩国汽车征收45%的关税。中国对从美国进口的汽车也应按45%征税。

【解析】正确。按实际适用税率给予最惠国待遇。

3. 一成员减让表中的待遇构成了减让表所列产品的最低待遇。

【解析】正确。减让表列明的待遇构成了作出该减让的成员的承诺和义务。这是最低标准。成员当然可以给予更优惠的待遇。

4. 关税与贸易总协定中的关税是约束关税，除减让中规定的关税外，不得征收其他任何形式的关税。

【解析】错误。关税有多种，反倾销税也是关税类型之一。约束关税不影响征收反倾销税、反补贴税。

5. 一种产品即使在减让表中列明的关税是7%，也可以在入关时对其征收国内产品也适用的费用。

【解析】正确。两类不同的税、费：一种是关税，另一种是国内税费。

6. 某产品在某国减让表中的关税是9%，后该国改征每吨500美元，与原来的税负相等。该国的这一做法不违反关税减让义务。

【解析】正确。前后税负没有变化。

7. 虽说减让表中列明的产品的关税是约束关税，对所有的进口产品都适用，但实际上不同产地的产品，可能适用不同的税率。

【解析】正确。这是因为进口成员与其他成员可能存在不同的经贸关系，如自由贸易协定成员、关税同盟成员、边境相邻成员等。另外，还可能存在对发展中国家的普遍优惠待遇、特殊差别待遇等。

8. 中国对进口手机的约束关税是55%，一段时间内实际适用40%，后来中国统一适用55%。中国的这种做法违反了约束关税的义务。

【解析】错误。约束关税不能提高。适用税率只要没有超过约束关税，即没有违反约束关税。

9. 在对进口产品征收从价关税时，据以征税的价格是海关确定的价格。

【解析】正确。这正是海关估价的目的。

10. 一进口国在减让表中的关税之外，对进口产品按海关进行海关处理实际发生的费用收费，违反了关税减让的义务。

【解析】错误。根据GATT1994第2条第2款，进口成员可以对进口货物收取与所提供服务的成本相当的规费或其他费用。

11. 中美之间常对两国间的贸易差额产生争端。美国把中国出口到香港特别行政区、香港特别行政区又出口到美国的产品，都统计为中国产品。这种做法有一定的依据。

【解析】正确。问题的关键是在香港特别行政区是否对产品进行了一定程度的加工。如果只是转口，产品仍然是中国内地产品。另外，香港特别行政区尽管是一个单独的关税区，但它确实是中国的一个组成部分。

12. 中美之间常对两国间的贸易差额产生争端。1997年7月1日后，美国常常把香港特别行政区的出口统计为中国的出口。这种做法有一定的依据。

【解析】错误。从世界贸易组织成员看，香港特别行政区是一个独立的关税区。香港特别行政区与美国进行独立的经贸往来。如果是原产自香港特别行政区的产品对美国出口，不应计算为中国内地的出口。

13. 中国为加入世界贸易组织进行的双边谈判中，有关汽车进口与美国达成了45%的进口关税，与欧盟达成了42%的进口关税，加入世界贸易组织的减让表中是42%。中国后来对韩国汽车适用40%的进口关税。中国对欧盟和美国统一适用42%。

【解析】错误。应按最惠国待遇义务，统一适用最低关税。

14. 随着关税越降越低，对发展中国家的关税优惠待遇的价值也越来越小。

【解析】正确。绝对价值及相对价值都降低了。

15. 美国对中国某种彩电的进口关税是3%，但却征收高达23%的反倾销税。这明显违反了约束关税的义务。

【解析】错误。反倾销税是约束关税的例外。

16. 中国产品出口到欧盟的某一国后，再转售到其他欧盟国家，不用交纳关税。

【解析】正确。欧盟是一个关税同盟、一个独立关税区，第三国的产品无论经由哪一成员国入境后，在整个关税区内自由流通。

17. 中国产品出口到墨西哥后，又转售到美国，需要交纳关税。

【解析】正确。出口到墨西哥的是中国产品，按对中国产品的税率征税。

18. 中国在加入世界贸易组织的过程中，未经谈判主动作出某一承诺，并记录在中国加入世界贸易组织的议定书中。如果对这一承诺出现不同理解，中国提供的解释具有决定性。

【解析】错误。各成员作出的承诺构成了世界贸易组织规则的一部分。应按国际条约的习惯解释原则善意解释，确定共同理解的含义。

19. 顾名思义，最惠国待遇税率是比优惠税率、自由贸易协定税率更优惠的税率。

【解析】错误。最惠国待遇税率是保证不对某些成员产品歧视的一般税率。最惠国待遇例外的情况下税率更为优惠。

20. 税收主权是国家主权的一部分，因而，中国可以根据自己国内的情况，自主决定适用税率的种类和水平，不受外来的限制和约束。

【解析】错误。在中国加入世界贸易组织后，中国应按照自己的承诺征税。

21. 一国对进口征收关税的法定依据是其税率表。

【解析】正确。税率表是征税的法定依据。

22. 进口产品在进入中国保税区时，应按中国对该产品适用的进口关税征收关税。

【解析】错误。进入保税区不用缴纳关税。

23. 欧盟对某一种产品的进口关税是10%。中国向欧盟出口的这种产品的实际交易价格是100欧元，但欧盟海关按120欧元征税，这实质上是提高了这种产品的关税。

【解析】正确。在税率不变的情况下，提高海关估价就是提高关税。

### （二）选择填空

1. 中国对进口IBM电脑的适用关税为20%。现有一批IBM电脑没有交纳关税却公然销售，有关部门也没有过问。这批电脑可能是________。

A. 水货　B. 免征关税　C. 中国生产

【解析】答案C。可能是在中国生产的IBM品牌电脑。

2. 本国货币贬值，具有阻碍进口的作用。其原因可能包括________。

A. 货物价格上涨　B. 关税上涨　C. 中国境内的有关费用增加

【解析】答案A。需支付更多的本币购买同样数额外币的货物。

3. 一国对通讯设备和计算机适用的进口关税不同。一台具有上网、通话、电视、传真等功能的计算机，为征税目的，可能被分类为________。

A. 通讯设备　B. 计算机　C. 单独一类（其他）

【解析】答案ABC。新技术产品的分类落后于产品的更新，造成分类困难、分类不清。这也可以成为实施贸易政策的手段。

4. 美国、加拿大和墨西哥是北美自由贸易协定成员。美国对从加拿大进口的汽车适用的关税为13%，对从墨西哥进口的汽车的关税为10%。中国对美国出口的汽车适用的美国关税是________。

A. 13%　B. 10%　C. 高于13%

【解析】答案C。中国不是协定成员国，自然享受不到该协定给予的优惠。

5. 美国对汽车的法定税率为50%，在前一轮回合谈判中对汽车作出的关税减让为15%，最新一轮作出的关税减让为10%。如果美国中止关税减让，美国对汽车适用的进口关税应是________。

A. 50%　B. 15%　C. 10%

【解析】答案B。适用前一轮的关税减让。前一轮减让并不因为新一轮的减让而失效。

6. 在为新的一轮关税减让谈判作准备时，应注意下述问题________。

A. 特别注意中国最具出口能力或潜力的产品的出口市场

B. 对外国可能要求中国进一步开放市场的有关产品作好市场调研

C. 外国人不提的问题就不进行谈判

【解析】答案AB。出口市场开拓与国内市场开放。

7. 在进行关税减让谈判时，应注意的指导原则有________。

A. 最惠国待遇原则　B. 互惠原则　C. 国家利益至上原则

【解析】答案ABC。三项原则各有所指，都很重要。

8.《原产地规则协议》确立的过渡期内应采取的原产地确定标准有________。

A. 税则归类改变标准　B. 从价百分比标准　C. 制造或加工工序标准

【解析】答案ABC。《原产地规则协议》第2条规定了过渡期内的原产地规则纪律，规定了对这三类标准的要求。

9. 中国对某产品的约束关税税率是3%，这表示对该产品________。

A. 能征收3%的关税　B. 可征收2%的关税　C. 只可以适用从价税

【解析】答案AB。3%为可以适用的最高税率，可以低于该税率征税，可按转换后不高于3%从价税的从量税征税。

10. 中国对某产品的约束关税税率是3%，这表示对该产品________。

A. 只能征收3%的关税

B. 在3%关税之外可以征收其他特别关税或费用

C. 可以收取服务费

【解析】答案BC。反倾销税、服务费是约束关税的例外。

# 第五章

# 数量限制及其他非关税措施

本章摘要

世界贸易组织除了允许对进出口产品采取税费措施进行限制外，原则上禁止一切形式的进出口数量限制，包括直接数量限制、配额和进口许可。如果实施数量限制，应在非歧视的基础上实施；为了国际收支平衡原因而实施的数量限制除外。与进出口产品有关的其他技术性措施，如进口许可程序、技术性规章，都要符合有关协议的规定。与贸易有关的投资措施可能对贸易产生限制和扭曲作用。

关 键 词

普遍取消数量限制　国际收支困难　自动许可　非自动许可　技术性贸易壁垒　技术法规和标准　与贸易有关的投资措施　TRIMs

## 第一节　普遍取消数量限制

### 一、原则上取消一切数量限制

对进出口产品采取数量限制，是指对进出口产品采取除关税、国内税和其他费用之外的禁止或数量限制措施。数量限制可以采取配额的形式，也可以采取出口许可证形式或其他形式，例如，进口证书、最低进口价格、通过进口垄断生效的进口限制等。与税费措施相比，数量限制缺乏透明性，对贸易的影响不易在产品价格上直接反映出来，缺乏可预见性和公正性。

配额，是指一定期限内对特定产品的进出口进行数量或价值限制。配额可以对所有国家或若干国家适用，可按“先来先得”方式分配，也可分配给特定的进出口商；可以无偿分配，也可以有偿分配；根据具体情况配额权可以或不可以转让。关税配额，是针对一定限额内的进口征收低关税、对超出这一限额的进口征收较高的关税的配额制度。限额可以是数量限额，也可以是价值限额。

关税与贸易总协定第 11 条要求普遍取消数量限制：对任何其他成员领土上的产品的进口，或向任何其他成员领土出口或销售供出口的产品，任何成员不得设立或维持除关税、国内税或其他费用外的禁止或限制，无论该种禁止或限制是通过进出口配额实施的，还是通过进出口许可证或者其他措施实施的。普遍取消数量限制原则，既适用于进口，也适用于出口，实践中多作为进口管制手段使用。此处的“限制”包括允许进出口但数量受限的限制措施和完全不允许进出口的禁止措施。

关税与贸易总协定确立的普遍取消数量限制的义务，是一项极为严格的义务。这一纪律被土耳其纺织品案（DS34）专家组认为是关税与贸易总协定的基石之一。从关税与贸易总协定临时适用到世界贸易组织成立以来的争端解决实践中，几乎所有实施数量限制的缔约方或成员都被裁决违反了这一义务。除非属于关税与贸易总协定中明确规定的例外，数量限制本身即违反了这一义务。至于数量限制是否阻碍了限制对象产品的增长，被分配配额的国家是否用完这一配额，对于认定违反这一义务没有影响。关税与贸易总协定框架下处理日本皮革进口案的专家组指出，进口限制就是为了限制。数量限制的存在，不仅仅因对贸易数量的影响而被推定为造成利益的丧失或受损，而且导致交易成本的增加，产生影响投资计划的不确定性。

## 二、普遍取消数量限制的例外

尽管因为数量限制缺乏透明性、公正性，世界贸易组织规则确立了普遍取消数量限制的义务和纪律，但完全取消对进出口的数量限制，实际上是做不到的；而且，在特殊的情况下，数量限制仍然有其存在的价值和优势。因而，世界贸易组织规则在规定了普遍取消数量限制这一一般原则的同时，还明确列举了可以实施数量限制的几种例外情况。由于普遍取消数量限制这一义务的根本性和明确性，可以说任何数量限制都违反了这一义务，所以，有关数量限制争端、争议的主要问题，是有关国家所实施的数量限制措施是否符合世界贸易组织规则规定的这些例外。在对例外条款的解释上，遵循从严解释的原则。

除关税与贸易总协定第 20 条“一般例外”和第 21 条“安全例外”之外，确立数量限制纪律的第 11 条列举了普遍取消数量限制义务的例外情形，这一义务不适用于下列措施：(1) 为防止或缓解出口成员的粮食或其他必需品的严重短缺而临时实施的出口禁止或限制；(2) 为实施国际贸易中的商品归类、分级和销售标准或法规而必须实施的进出口禁止或限制；(3) 为了限制国内产品数量或消除国内产品的过剩而对农产品或渔产品进口实施的限制。

关税与贸易总协定对农渔产品进口限制，规定了严格的多重累积条件：对进口产品的限制必须是为了实施对国内产品的限制。依适用措施目的分，共存在三种类型：第一种，限制允许生产或销售的国内同类产品的数量。如果不存在国内同类产品的大量生产，则限制可直接替代进口产品的可生产或销售的国内产品的数量。第二种，消除国内同类产品的暂时过剩。如果不存在国内同类产品的大量生产，则消除可直接替代进口产品的国内同类产品的暂时过剩，使国内消费者的某些群体免费或以低于现行市场水平的价格获得这种过剩产品。第三种，限制允许生产的任何动物产品的数量，此种产品的生产全部或主要直接依赖进口商品。从总的要求看，对进口采取的措施必须是进口限制（而不是进口禁止），进口限制必须对农产品或渔产品实施；国内措施必须是政府措施，进口措施必须是实施国内措施所必要的；适用进口限制的缔约方，必须公开通知具体期限内允许进口的产品的整个数量或价值；与没有限制时合理预期的比例相比，适用限制不应降低与整个国内生产相比的全部进口的比例。实践中，这样的条件是很难全部满足的，无论是发展中国家还是发达国家。

关税与贸易总协定第 12 条允许为保障国际收支而实施限制。据此规定，任何成员为保障其对外金融地位和国际收支，在遵守该条所规定的条件的前提下，可限制允许进口的商品的数量或价值。关税与贸易总协定第 18 条 B 节，专门针对发展中国家在发展中遇到的国际收支困难作出了规定，允许发展中国家为解决国际收支问题采取进口限制措施。这样，该协定第 12 条的规定专门适用于发达国家，第 18 条 B 节则适用于发展中国家，二者的主要区别在于对国际收支困难的程度要求不同。不过，发达国家基本不援用该协定第 12 条。

发展中国家因收支平衡原因而采取限制措施，受到一系列条件的限制。关税与贸易总协定第 18 条 B 节第 9 款规定，发展中国家成员在符合第 10 款至第 12 款的条件下可以限制进口数量或价值；第 9 款本身也规定了进口限制的条件，即为了预防货币储备严重下降的威胁或制止货币储备下降，或者因货币储备不足而使货币储备合理增长到必需的程度。第 10 款规定，可以对不同产品采取不同的限制方式，保证急需产品优先进口，但不能对其他成员的贸易利益造成不必要的损害，不能干脆不进口。第 11 款要求在收支平衡情况好转时，采取进口限制的成员应逐步放宽限制，没有必要采取限制时应立即取消，但其他成员不得要求实施限制的进口成员改变可能使其限制不必要的发展政策而要求该成员取消或修改这种限制。对于第 11 款第二句中的“逐步放宽或撤销限制”，关税与贸易总协定中有一注释，即该放宽或撤销如果导致可以采取进口限制的条件产生，则不必放宽或撤销限制。这些条件都是累积适用的。从争端解决的实践来看，发展中国家因国际收支平衡困难采取数量限制措施的，即使在适用初期没有反对意见，时间稍长即面临异议，在争端解决中因不能满足上述所有条件而败诉。

乌拉圭回合谈判中达成的《关于 1994 年关税与贸易总协定国际收支平衡条款的谅解》，构成了 GATT1994 的组成部分，和关税与贸易总协定第 12 条和第 18 条 B 款共同调整国际收支原因的数量限制问题。该谅解要求：成员应尽快公布取消为国际收支目的采取的限制性进口措施的时间表。在采取限制措施时，优先选择那些对贸易干扰作用最小的措施（价格机制措施），包括进口附加税、进口押金要求或对国际货物价格有影响的其他等效贸易措施。除非由于严重的国际收支状况，价格机制措施不能阻止国际支付地位的变化，应避免为国际收支目的而实施新的数量限制。为国际收支目的采取的限制性进口措施，只能用于控制进口的总体水平，而不能超过处理国际收支状况所必需的程度。该谅解还规定了国际收支磋商的程序、通知要求等。

## 三、实施数量限制应遵循的原则

1. 实施数量限制应遵循非歧视原则

数量限制措施，即使根据上述例外条款获得维持或实施的正当理由，其实施方式也应遵循最惠国待遇的非歧视原则。关税与贸易总协定第 13 条规定，任何成员不得禁止或限制来自任何其他成员领域的任何产品的进口，或向任何其他成员领域的出口，除非来自所有第三国的同类产品的进口，或向所有第三国的同类产品的出口，同样受到禁止或限制。这一规则是关税与贸易总协定第 1 条第 1 款规定的普遍的、无条件的最惠国待遇的实际应用。此处承担义务的对象是任何成员，但用做比较标准的是所有第三国，不限于成员国。

数量限制可以采取配额或进口许可证的方式。在实施进口限制时，根据非歧视原则对限制产品贸易的分配，应尽可能接近无此类限制时各成员预期获得的份额，且应首先使用配额方式，在配额方式不可靠时方可使用进口许可证方式。如果使用配额方式，实施限制的成员应公布未来进口的总量，并确定代表允许进口总量的配额。在供应国之间分配配额时，实施限制的成员应寻求与其他有关成员达成协议。达成分配协议不合理、不可行时，应根据前一时期有关成员的供应量占进口总量或总值的比例，适当考虑可能影响该产品贸易的特殊因素，分配配额。在分配期内使用份额的前提下，成员不得设立任何条件或手续，妨碍任何成员充分利用分配的份额。除非在分配配额的情况下，成员不得要求进口许可证用于特定成员或来源的进口。

在欧共体家禽制品进口限制案中，巴西指控欧共体没有把与巴西达成的家禽制品配额全部给巴西，而是给予了包括非成员国在内的所有供应国。专家组和上诉机构都裁定欧共体的做法是对的，因为欧共体的配额是全球配额，数量限制应在最惠国待遇基础上实施。

上述纪律适用于成员维持或实施的关税配额，而且可行时适用于出口限制。

2. 非歧视原则的例外

依据国际收支平衡理由采取数量限制措施时，关税与贸易总协定第 14 条允许以效果上等同于《国际货币基金组织协定》相关条款允许的国际收支限制的方式，偏离关税与贸易总协定第 13 条要求的非歧视原则：经总理事会同意，实施进口限制的成员可以对其小部分的对外贸易暂时偏离第 13 条的非歧视要求，如果对该成员或其他相关成员的利益远远大于对其他成员贸易的损害。

在国际货币基金组织中拥有共同配额的一组成员，可以对来自其他国家的进口实施限制，而不在它们之间实施，但需满足关税与贸易总协定第 13 条规定的其他条件。另外，实施限制的成员可以采取引导出口、增加外汇收入的措施，而不偏离第 13 条的规定。任何成员可以实施与《国际货币基金组织协定》第 7 条第 3 款（b）项允许实施的外汇限制有相同作用的数量限制。

鉴于发达国家极少引用国际收支平衡理由来采取数量限制措施，这些例外实际上仅对发展中国家适用。

# 第二节　进口许可程序

## 一、基本要求

进口许可，按照世界贸易组织《进口许可程序协议》的定义，是指用于实施进口许可制度的行政程序。该制度要求向有关行政机关提交申请或其他文件（报关所需文件除外），作为货物进入进口成员关税领土的先决条件。

作为货物进口的先决条件，进口许可如被不适当使用，可能阻碍国际贸易的流动；同时，进口许可又是一种在某种程度上不可替代的管理手段。因此，世界贸易组织《进口许可程序协议》一方面认可进口许可的效用，另一方面期望进口许可以透明和可预测的方式实施，期望简化国际贸易中使用的行政程序和做法，使之具有透明度，并保证公平、公正地实施和管理此类程序与做法。

根据《进口许可程序协议》，进口许可程序规则的实施，应保持中性，并以公平、公正的方式进行管理。与提交申请的程序有关的规则和信息，应提前公布（最迟不迟于要求生效日），以使其他成员政府和贸易商知晓。规则或产品清单的任何例外、变更，也应公布。

根据《进口许可程序协议》，进口许可程序应尽可能简单；申请表格应简单明了；任何申请不得由于文件中出现的未造成基本数据改变的微小失误而被拒绝；得到许可的产品不得因为运输途中产品的差异或与正常贸易做法一致的微小差异而导致货物与许可证有微小差异而被拒绝。

制定许可程序或更改这些程序的成员，应向世界贸易组织进口许可程序委员会通知。该通知应包括下列信息：许可程序管理的产品清单；有关资格信息的联络点；向其提交申请书的行政机关；已公布的许可程序的公布日期和出版物名称；表明是自动许可程序还是非自动许可程序；自动许可程序的管理目的；通过非自动许可程序实施的措施；许可程序的预计期限。

《进口许可程序协议》和关税与贸易总协定第 10 条第 3 款的透明度要求，在性质上是一致的，但前者比后者更具体。在解决与进口许可程序相关的争端时，为了有效地解决争端，应优先适用前者，但前者并不替代后者。

## 二、进口许可的种类

进口许可分为自动许可和非自动许可两种。

自动许可，是指在所有情况下申请均获批准，其管理方式对进口产品不产生限制作用的许可。自动许可程序如不能满足下述条件，则被认为对贸易具有限制作用：任何个人、公司或机构，只要满足进口成员有关从事受自动许可管理的产品的进口经营的法律要求，均有同等资格进行申请，并获得进口许可证；许可证申请可在货物结关前任何一工作日提交；适当和完整提交的申请，在收到后应立即获得批准，最多不超过 10 个工作日。

如果不能获得其他适当程序，自动许可即具有存在的必要性。只要导致采用自动许可的情况存在，且只要其管理目的无法以更适当的方式实现，自动许可即可予以维持。要求交纳对进口产品无限制作用的保证金的进口许可程序，属于自动许可的范围。

非自动许可是不能自动获得许可的许可，凡不属自动许可的许可皆为非自动许可。与自动许可不同，非自动许可是实施贸易限制的手段。但是，除了进行限制本身造成的贸易限制或扭曲作用外，非自动许可本身不得另外产生此类的贸易限制或扭曲作用。

非自动许可的发放，可以采取先来先得的方式（on a first-come first-served basis），在 30 天内处理申请；也可以同时考虑所有的申请，在申请期限截止后的 60 天内予以处理。在分配许可证时，应考虑申请人的进口实绩（import performance），还应考虑许可证对新进口商的合理分配。许可证的有效期不应过短而妨碍进口；进口成员不得阻止使用已经发放的许可证进口产品，也不得阻碍对配额的充分使用。在对供应国分配配额的情况下，许可证应明确规定国别；在不对供应国分配配额的情况下，许可证持有者有权选择进口产品的来源。

尽管并非所有的非自动许可申请都能获得批准，但在申请资格上不能存在歧视，任何满足进口成员的法律和管理要求的个人、公司或机构，均有同等资格申请许可证，并有同等资格获得考虑。在许可证申请未获批准，申请人提出要求时，应被告知拒绝的原因，且申请人有权对该拒绝提起上诉或要求审查。

根据 2013 年第九次部长会议的决定，关税配额的管理视为非自动许可，按《进口许可程序协议》进行。

# 第三节　技术性贸易壁垒

## 一、《技术性贸易壁垒协议》

为了保护人类和动植物的生命与健康，规定产品的技术标准是必要的，不符合标准的产品应受到限制或禁止。然而，技术标准复杂多样，可能产生限制贸易的效果。另外，进口国也可能制定一些技术规章以限制进口，从而构成技术性贸易壁垒。因而，国际社会有必要统一有关技术标准制定的规范。国际标准和合格评定体系，可以提高效率，便利国际贸易，促进关税与贸易总协定目标的实现。世界贸易组织《技术性贸易壁垒协议》（TBT 协议）的签订，即是期望鼓励制定此类国际标准和合格评定体系，期望保证技术法规和标准以及对技术法规和标准的合格评定程序不给国际贸易造成不必要的障碍。但该协议同时认识到，任何国家不应被阻止在其认为适当的限度内采取必要措施，保证其出口产品的质量，或保护人类、动植物的生命或健康以及保护环境，或防止欺诈行为；不过，这些措施的实施方式不得构成在情形相同的国家之间进行任意或不合理歧视的手段，或构成对国际贸易的变相限制，在其他方面应符合协议的要求。该协议还认为不应阻止任何国家采取必要措施以保护其基本安全利益。

从《技术性贸易壁垒协议》的前言中可以看出，该协议实质上是GATT1994第20条“一般例外”中相关内容的进一步阐释。尽管世界贸易组织的规则体系中，《技术性贸易壁垒协议》与GATT1994是平行的、相互独立的协议，但在内容上，前者比后者对相关事项的规定更详细，因而在审查有关措施是否违反这两个协议时，通常先审查是否违反规定更为详细的协议。在这一点上，与《卫生协议》不同，后者含有与GATT1994第20条相符的推定。

根据《技术性贸易壁垒协议》，所有产品，包括工业品和农业品，均应遵循该协议的规定。该协议与《实施动植物卫生检疫措施的协议》都是有关产品标准的协议，但二者的具体适用范围不同，前者不适用于卫生检疫措施，标准也不同。举例来说，就一瓶矿泉水而言，对容纳矿泉水的瓶子适用《技术性贸易壁垒协议》，对矿泉水则适用《实施动植物卫生检疫措施的协议》；前者关注非歧视，后者关注风险评估。另外，《技术性贸易壁垒协议》不适用于政府机构为其生产或消费要求所制定的采购规格。

《技术性贸易壁垒协议》除了规定信息与技术援助、机构、磋商和争端解决以及最后条款这几个部分之外，重点对技术法规和标准、技术法规和标准的遵守作出了规定，这些是该协议的调整对象。根据该协议附件所提供的定义，“技术法规”是指规定强制执行的产品特性或其相关工艺和生产方法的文件，包括适用的管理规定。根据世界贸易组织上诉机构在欧共体沙丁鱼案（DS231）中的解释，一项措施，如果影响一种或多种特定产品，该措施具体规定了该产品在采取该措施的成员境内销售的技术特性，而且遵循这一要求是强制性的，则该措施构成了《技术性贸易壁垒协议》定义的技术法规。“技术标准”，是指经公认机构批准的非强制性的产品或相关工艺和生产方法的规则、指南或特性的文件，供通用或重复使用。该文件还可包括或专门规定适用于产品、工艺或生产方法的专门术语、符号、包装、标志或标签要求。上诉机构在美国第二金枪鱼案（DS381）中指出，使用“文件”这一术语，表示其很广的范围或适用于多种措施。“合格评定程序”指任何直接或间接用以确定是否满足技术法规或技术标准中的相关要求的程序。

《技术性贸易壁垒协议》附有三个附件：附件1是关于“本协议中的术语及其定义”的规定，附件2是对“技术专家小组”的规定，附件3规定了“关于制定、采用和实施标准的良好行为规范”。其中，附件1对于理解该协议的适用范围非常有帮助。

## 二、对技术法规的要求

1. 非歧视

各成员应保证在技术法规方面，给予源自任何成员领土的进口产品不低于其给予本国同类产品或来自任何其他国家同类产品的待遇。这一要求体现了国民待遇原则和最惠国待遇原则，是这两项原则在技术法规方面的具体化。具体说，在技术法规方面，进口成员给予来自其他成员的进口产品的待遇不应低于给予国内同类产品的待遇（国民待遇），给予来自其他成员的进口产品的待遇不应低于给予任何第三国同类产品的待遇（最惠国待遇）。技术法规、同类产品、较差待遇是三个核心要素。

2. 不得对国际贸易造成不必要的障碍

各成员应保证技术法规的制定、采用或实施，在目的或效果上，均不得对国际贸易造成不必要的障碍。为此目的，技术法规对贸易的限制，考虑到不能实现合法目标可能带来的风险，不得超过实现合法目标所必需的限度。此类合法目标尤其包括：国家安全要求、防止欺诈行为、保护人类健康或安全、保护动植物的生命或健康以及保护环境。在评估此类风险时，应特别需要考虑的相关因素有：可以获得的科学和技术信息，有关的加工技术或产品的预期最终用途。

如果与技术法规的采用有关的情况或目标已不复存在，或对于改变的情况或目标可采用对贸易限制较少的方式处理，则不得维持此类技术法规。

3. 遵循国际标准

制定技术法规时，如存在国际标准或国际标准即将完成，各成员应使用这些国际标准或其中的相关部分作为其技术法规的基础，除非这些国际标准或其中的相关部分对于达到成员所追求的合法目标无效或不适当，例如，由于基本气候因素或地理因素，或基本技术问题。如果出于上述合法目标，并依照有关国际标准制定、采用和实施技术法规，则初步推定对国际贸易没有造成不必要的障碍。

4. 透明度

如不存在有关国际标准，或拟定的技术法规的技术内容与相关国际标准的技术内容不一致，并且如果该技术法规对其他成员的国际贸易可能产生重大影响，相关成员应在早期的适当阶段公布技术法规，对技术法规的目的和理由作出简要说明，向所有成员提供评议的合理机会。

5. 等效性

各成员应积极考虑将其他成员的技术法规作为等效法规予以接受，即使这些法规不同于自己的法规，只要它们确信这些法规足以实现与自己的法规的目标相同的目标。

6. 中央政府对地方政府和非政府机构行为的责任

《技术性贸易壁垒协议》对于成员制定、采用和实施技术法规提出了要求，既包括了对中央政府的直接要求，也包括通过规定成员义务对地方政府和非政府机构的间接要求。各成员应采取其所能采取的合理措施，保证地方政府和非政府机构遵循该协议对中央政府的要求。各成员不得要求或鼓励其领土内的地方政府或非政府机构以与上述要求不一致的方式行事。各成员对于遵守上述要求负有全责。

## 三、技术法规和标准的遵守

1. 非歧视

《技术性贸易壁垒协议》除了对技术法规和标准本身的要求外，还对这些法规和标准的遵守提出了要求，其中包括合格评定程序、对合格评定的承认等。在具体事项上，类似于对技术法规或标准的要求。

合格评定程序的制定、采用和实施，提供给源自其他成员领土的产品的供应商的准入条件，在可比的情况下，应不低于给予本国同类产品的供应商或源自任何其他国家的同类产品的供应商的准入条件。合格评定程序尽可能迅速地进行和完成，在顺序上给予源自其他成员的产品的待遇不低于给予本国同类产品的待遇。由此类合格评定程序产生或提供的与其有关的源自其他成员的产品的保密信息，应获得国内同类产品的待遇，保护合法的商业利益。对源自其他成员的产品进行合格评定所征收的费用，与对本国同类产品或源自任何其他国家的同类产品所征收的费用相比，考虑到申请人与评定机构所在地不同而产生的通信、运输及其他费用，是相当的。

2. 不应对国际贸易造成不必要的障碍

合格评定程序的制定、采用或实施，在目的和效果上，不应对国际贸易造成不必要的障碍。尤其是，考虑到不符合技术法规或标准可能带来的风险，合格评定程序或其实施方式，不应比充分确信进口成员的产品符合适用的技术法规或标准所必要的程度更严格。对信息的要求应限于合格评定和确定费用所必需的限度内。合格评定程序所用设备的设置地点及样品的提取，不应对申请人或其代理人造成不必要的不便。如果在确定产品符合适用的技术法规或标准后，产品的规格发生了变化，对变化后的产品的合格评定程序，应限于确定是否存在对该产品仍然符合相关技术法规或标准的信任所必要的限度。

3. 使用国际标准化机构的指南或建议

如需切实保证产品符合技术法规或标准，存在或即将完成国际标准化机构发布的相关指南或建议，则各成员应保证中央政府机构使用这些指南或建议，或其中的相关部分，作为其合格评定程序的基础，除非由于下述原因而不适合：国家安全要求；防止欺诈行为；保护人类健康或安全，保护动植物生命或健康以及保护环境；基本气候因素或其他地理因素；基本技术问题或基础设施问题。

4. 透明度

如果不存在国际标准机构发布的相关指南或建议，或拟定的合格评定程序的技术内容与国际标准化机构发布的指南或建议不一致，并且该合格评定程序可能对其他成员的贸易产生重大影响，相关成员应在早期适当阶段公布拟采用的合格评定程序，对该程序的目的和理由作出简要说明，并给其他成员提供评议、讨论的机会。

5. 认可其他成员合格评定程序的结果

各成员应就达成相互承认合格评定程序结果的协议进行谈判。鼓励成员允许其他成员的合格评定机构，以不低于给予自己或其他任何国家合格评定机构的条件，参与其合格评定程序。

只要可能，各成员应保证接受其他成员合格评定程序的结果，即使这些程序不同于它们自己的程序，只要确信这些程序与其自己的程序相比，同样可以保证产品符合有关技术法规或标准。

6. 中央政府对地方政府和非政府机构的合格评定程序的责任

各成员应采取其所能采取的合理措施，保证地方政府和非政府机构的合格评定程序遵循上述要求。各成员对上述要求负有全责。各成员不得采取具有直接或间接要求或鼓励非政府机构以与上述要求不一致的方式行事的效果的措施。

## 第四节　与贸易有关的投资措施

### 一、《与贸易有关的投资措施协议》的性质与适用范围

乌拉圭回合达成了《与贸易有关的投资措施协议》(以下简称《投资措施协议》)。根据《世界贸易组织协定》及其附件的规定，《投资措施协议》是多边货物贸易协议中的一项协议，因而，在本质上该协议仍然是货物贸易规则。除该协议中的实体义务直接引用了关税与贸易总协定第 3 条和第 11 条外，关税与贸易总协定项下的所有例外，适当时均适用于《投资措施协议》的规定；货物贸易理事会应对《投资措施协议》的运作情况进行审议；根据《投资措施协议》设立的与贸易有关的投资措施委员会履行货物贸易理事会所指定的职责，并向货物贸易理事会报告协议的运作及执行情况。这些都突出体现了《投资措施协议》的货物贸易规则的性质。

《投资措施协议》“仅适用于与货物贸易有关的投资措施”，但何为“与货物贸易有关的投资措施”，协议并没有作出规定。在该协议的谈判过程中，谈判方对协议的调整范围存在分歧，该协议的现有规定可以说是谈判各方妥协的结果，将投资措施限于和关税与贸易总协定相关的范围。关税与贸易总协定框架下的加拿大外国投资审查法一案，正是根据关税与贸易总协定审查的，这一案件也为乌拉圭回合谈判中纳入“与贸易有关的投资措施”这一议题提供了契机。

《投资措施协议》在附件中提供了与货物贸易有关的投资措施的示例清单，该清单并没有穷尽可能属于《投资措施协议》调整的范围。至于实践中产生争议的具体措施是否属于该协议的范围，由争端解决机构根据案件的具体事实来判定。根据争端解决机构在印度尼西亚汽车案中的观点，《投资措施协议》既包括对外国企业的措施，也包括对国内企业的措施；既包括现有投资，也包括新投资。

《投资措施协议》引用了关税与贸易总协定第 3 条和第 11 条的内容，但《投资措施协议》和关税与贸易总协定是两个相互独立、并行适用的协议，世界贸易组织成员根据这两个协议承担的义务是相互独立的义务，违反某一协议并不意味着没有违反另一协议。从《世界贸易组织协定》附件 1A“多边货物贸易协议”的框架结构中，也可以发现这一特点。可以这样理解，关税与贸易总协定是有关产品的要求，而《投资措施协议》涉及对企业的要求。

《投资措施协议》共 9 个条款和 1 个附件。规定实质义务的条款主要是前 3 条，即第 1 条“范围”、第 2 条“国民待遇和数量限制”以及第 3 条“例外”。其他几条分别是对发展中国家、通知和过渡性安排、透明度、与贸易有关的投资措施委员会、磋商和争端解决、货物贸易理事会的审议的规定。附件则是与贸易有关的投资措施的示例清单。

《投资措施协议》对国际投资无疑具有重要的影响，与国际投资具有重要的关系。中国的外商投资立法的修订，正是根据《投资措施协议》的要求以及中国作出的类似承诺进行的。该协议在前言部分开宗明义指出，“认识到某些投资措施可能产生贸易限制作用和扭曲作用”，同意“在审查与投资措施的贸易限制作用和扭曲作用有关的关税与贸易总协定条款的运用情况后，谈判应酌情进一步阐述避免这种对贸易的不利影响所必要的规定”。此外，《投资措施协议》对发展中国家的投资政策也会产生影响，这从协议前言和实质条款对发展中国家的特别规定中可以看出。从某种程度上说，《投资措施协议》限制了发展中国家对外国投资能够采取的政策性措施。

## 二、与贸易有关的投资措施

《投资措施协议》第 2 条第 1 款规定：“在不损害 1994 年关税与贸易总协定项下的其他权利和义务的前提下，各成员不得实施任何和关税与贸易总协定第 3 条或第 11 条的规定不相符的与货物贸易有关的投资措施。”第 2 款接着规定，“和关税与贸易总协定第 3 条第 4 款规定的国民待遇义务和第 11 条第 1 款规定的普遍取消数量限制义务不符的、与贸易有关的投资措施示例清单，列于本协议附件”。第 3 条“例外”规定，“关税与贸易总协定项下的所有例外适当时均应适用于本协议的规定”。

“不损害 1994 年关税与贸易总协定项下的其他权利和义务”这一规定，表明了《投资措施协议》和关税与贸易总协定之间的相互独立关系，表明了世界贸易组织成员根据不同协议享有权利、承担义务的相互独立性。“不得实施任何和关税与贸易总协定第 3 条或第 11 条的规定不相符的与货物贸易有关的投资措施”则要求，在与货物贸易有关的投资措施方面，不得违反关税与贸易总协定第 3 条所阐释的国民待遇要求或第 11 条所规定的普遍取消数量限制的要求。似乎可以这样理解，《投资措施协议》是关税与贸易总协定第 3 条国民待遇义务和第 11 条普遍取消数量限制义务在与货物贸易有关的投资措施方面的明确化、具体化，扩大了国民待遇义务或普遍取消数量限制义务的适用范围。但是，根据世界贸易组织争端解决机构的观点，关税与贸易总协定第 3 条对争议措施的不适用，不影响《投资措施协议》的适用；根据二者提出的诉求是不同的独立诉求，应分别处理。

在《投资措施协议》的示例清单中，和关税与贸易总协定第 3 条第 4 款的国民待遇不相符的与贸易有关的投资措施，包括那些根据国内法或行政裁决强制性的或必须执行的措施，或为获取某种好处所必需的措施，这些措施要求：（1）企业购买或使用当地生产的或来自于当地的产品，不论这种要求是以规定特定的产品、产品数量或价值的形式提出的，还是以规定该企业在当地生产的一定比例的产品数量或价值的形式提出的；（2）限制企业购买或使用进口产品的数量，并把这一数量与该企业出口当地产品的数量或价值相联系。

《投资措施协议》附件的示例清单列举了和关税与贸易总协定第 11 条第 1 款的普遍取消数量限制义务不符的与贸易有关的投资措施。该类措施除了具备根据国内法律或行政裁决属于强制性或必须执行的措施或者为获得一项利益而必须遵守的措施这一总要求外，还具有以下要求：（1）普遍限制企业进口用于当地生产或与当地生产相关的产品，或将进口限制在与其出口的当地产品数量或价值相关的水平上；（2）通过将企业使用外汇限制在该企业的外汇收入水平上，限制企业进口用于当地生产或与当地生产相关的产品；（3）限制企业出口产品或供出口的产品销售，无论该限制按照特定产品确定，还是按照产品的数量或价值确定，或按照当地生产在数量或价值上所占比例确定。

列入示例清单的措施，须满足两方面的要求：性质要求和内容要求。性质上，相关措施必须是可强制执行的或为获取某种好处所必需的。内容上，相关措施必须属于具体列举的事项要求。

概括上述示例清单所列举的与贸易有关的投资措施，在具体形态上包括下述几类：当地含量要求、当地生产要求、贸易平衡要求、外汇平衡要求、外汇限制、国内销售要求。可以看出，类似当地含量要求和当地生产要求，对发展中国家的政策将会产生重要的影响，例如在扩大当地就业问题上的影响。

根据加拿大能源产品案（DS412、DS426）上诉机构的解释，示例清单中的违反关税与贸易总协定第 3 条第 4 款的措施，并不必然违反该协定第 3 条，从而不一定违反《投资措施协议》，因为第 3 条第 8 款存在适用例外。

## 一、问题与思考

1. 如何理解普遍取消数量限制义务？
2. 如何认识技术性贸易壁垒？世界贸易组织为其确立的规则有哪些？
3. 实施非自动许可应遵循什么要求？
4. 《投资措施协议》对国际投资、对发展中国家利用外资的政策可能产生什么影响？

## 二、练习题

### （一）判断正误

1. 良好的气候条件使中国的小麦获得了前所未有的大丰收，无处可以储存。于是中国决定限制小麦进口，不仅降低主要供应国的数额，还取消从其他较小来源的进口。中国的这种做法是关税与贸易总协定所允许的。

【解析】错误。限制进口必须与国内限产措施一同适用，且不得对其他成员歧视。

2. 在中国进口的小麦中，美国占 20%，法国占 15%，澳大利亚占 10%。后由于国内产量提高，中国降低了进口的数额，规定美国占15%，法国占10%，澳大利亚不变。中国的做法符合数量限制的例外规定。

【解析】错误。数量限制如果采取配额的方式分配，其分配数额应与无配额时各出口国的份额成比例。

3. 中国负责进出口管理的部门发布规定，凡实施许可管理的产品，在提出许可申请后1个月内没有得到答复的，视为拒绝了申请。这种做法不符合关税与贸易总协定的规定。

【解析】正确。自动许可，先来先得。非自动许可，应提供拒绝的理由。

4. 香港特别行政区从世界贸易组织中的50个成员中进口面粉。在实施配额管理后，只对这50个成员分配了总配额的90%。这种做法，有一定的合理性。

【解析】正确。应适当考虑新出口国的利益。

5. 世界贸易组织的成员虽然不可以进行一般性数量限制，但却可以通过关税配额限制产品的进口。

【解析】正确。数量限制有例外，关税配额有纪律。

6. 泰国一直采取进出自由的贸易政策。东南亚危机爆发后，泰国实施限制进口的政策。这一做法可以得到关税与贸易总协定的许可。

【解析】正确。这是GATT1994所允许的因国际收支平衡原因而采取的限制性措施。

7. 为了保持国家外汇平衡，中国法律要求企业自行解决进出口中的外汇平衡。这一要求限制了对进口产品的需求，违反了中国的有关义务。

【解析】正确。GATT1994虽然允许成员基于国际收支平衡和外汇储备原因限制进口，但有一定的严格的要求。另外，外汇平衡要求是《投资措施协议》所明确禁止的。

8. 普遍取消产品进出口的数量限制，是关税与贸易总协定的一项重要义务。

【解析】正确。这是GATT1994第11条确立的严格纪律。

9. 关税配额，就是确定适用某一关税的数量额度，超额即高征税。

【解析】正确。关税配额的定义。

10. 实施数量限制，是普遍取消数量限制义务的例外，必须严格遵循非歧视原则，任何歧视都是违反纪律。

【解析】错误。GATT1994第13条允许偏离最惠国待遇义务。

11. 一项措施，如果没有违反关税与贸易总协定第3条或第11条，就没有违反《投资措施协议》。

【解析】错误。GATT1994和《投资措施协议》是两个相互独立的法律文件，规定了不同的独立的法律义务，某一措施违反某一协议不以违反另一协议为条件。

12. 东道国可以要求外国投资者使用本地生产的零部件，作为允许该投资的条件。

【解析】错误。这是《投资措施协议》禁止的进口替代措施。

### （二）选择填空

1. 中国减让表规定的大米进口关税为20%。实践中对美国的大米适用的关税为18%。

由于进口大米增多，供过于求，中国决定禁止从韩国进口大米。中国的做法违反了________。

A. 最惠国待遇义务　B. 关税减让义务　C. 禁止数量限制义务

【解析】答案C。GATT1994 第 11 条第 2 款虽然允许数量限制义务的例外，但需要符合严格的条件。现有的数量限制争端解决的实践表明，几乎所有的数量限制措施都违反了数量限制义务，且不存在正当理由。

2. 世界贸易组织规则中，强化关税与贸易总协定中的取消数量限制义务的协议是________。

A.《贸易政策审查机制（协定）》

B.《投资措施协议》

C.《农业协议》

【解析】答案 B，即《投资措施协议》。

3. 数量限制的实施方式较多，通常包括：________。

A. 配额　B. 最低进口价格　C. 关税配额

【解析】答案 ABC。配额、最低进口价格、关税配额，都是不同形式的数量限制措施，其目的都是限制进口数量。

4. 普遍取消数量限制中的"数量限制"，其含义指________。

A. 对进口的数量限制　B. 对出口的数量限制　C. 禁止进出口

【解析】答案 ABC。包括了进口与出口的数量限制和禁止。

5.《技术性贸易壁垒协议》对技术法规的要求，包括________。

A. 合理性　B. 非歧视　C. 遵循国际标准

【解析】答案 BC。《技术性贸易壁垒协议》第 2 条第 1 款要求在技术法规方面，各成员给予源自任何成员领土进口的产品不低于其给予本国同类产品或来自任何其他国家同类产品的待遇；第 2 条第 4 款要求遵循国际标准。

6. 合格评定程序的制定、采用或实施，不应对国际贸易造成不必要的障碍。该句的意思是指________。

A. 目的上不得造成障碍

B. 效果上不得造成障碍

C. 形式上不得造成障碍

【解析】答案 AB。《技术性贸易壁垒协议》第 2 条第 2 款要求各成员应保证技术法规的制定、采用或实施在目的或效果上均不对国际贸易造成不必要的障碍。

7.《技术性贸易壁垒协议》对于成员制定、采用和实施技术法规提出了要求，该要求________。

A. 仅是对中央政府机构的直接要求

B. 也包括通过规定成员义务对地方政府机构和非政府机构的间接要求

C. 也包括对成员公民的要求

【解析】答案 AB。《技术性贸易壁垒协议》确立的是成员政府的义务，成员对领土内的地方政府和非政府机构的行为负责。

8. 下列协议中适用于农产品的是________。

A.《技术性贸易壁垒协议》

B.《卫生协议》

C.《进口许可程序协议》

【解析】答案 ABC。这三个协议从不同角度影响农产品贸易，对农产品都适用。

9. 在采取临时限制措施时，应优先选择的措施有：________。

A. 进口附加税　B. 进口押金　C. 配额

【解析】答案 AB。优先采取可预见的价值上可量化的措施。

10. 下列属于违反数量限制义务的措施有________________。

A. 外汇平衡要求　B. 当地含量要求　C. 最低价格要求

【解析】答案 ABC。这三种措施都是数量限制的不同表现形式，影响到货物进出口，特别是影响货物进口。

# 第六章

# 反倾销措施

本章摘要

世界贸易组织反倾销规则允许进口国对于造成产业损害的进口产品倾销采取反倾销措施。进口产品倾销、进口国国内产业受到损害以及二者之间的因果关系，是采取反倾销措施的必备条件。采取反倾销措施应遵循严格的反倾销调查程序，基于该调查得出的肯定确定。除非日落审查得出撤销反倾销措施可能导致倾销或损害继续或再度发生的结论，反倾销措施应予以终止。

关 键 词

倾销　正常价值　出口价格　推定正常价值　推定出口价格　替代国　倾销幅度　国内产业　区域产业　关联企业　同类产品　实质损害　反倾销税　价格承诺　临时措施　日落复议　追溯征收　下游产品的监督　反吸收　反规避

## 第一节　反倾销规则概述

### 一、反倾销规则

国际贸易中的倾销，是指以低于同类产品国内消费的正常价值的价格，在国外市场销售。倾销进口可能造成对进口国生产同类产品的国内产业的损害。对此，早在 20 世纪初，一些国家就制定反倾销法，对于满足一定条件的倾销进口采取反倾销措施。反倾销措施成为保护进口国国内产业的一种手段。

GATT1947 认可进口国对倾销进口产品采取反倾销措施的权利。该协定第 2 条确立了约束关税制度，缔约方对其他缔约方的贸易所给予的待遇不得低于减让表中所规定的待遇。这一制度构成了 GATT1947 的核心，但该协定同时明确规定，征收反倾销税是这一纪律的例外：第 2 条的规定不得阻止任何缔约方对任何产品的进口，按照第 6 条规定的方式征收反倾销税。第 6 条确认对于造成国内产业损害的倾销应予以谴责。同时，为防止缔约方滥用反倾销措施，限制国际贸易，GATT1947 第 6 条确立了征收反倾销税的规则，向实施反倾销税措施的缔约方施加了义务。因而 GATT1947 第 6 条既是对征收反倾销税的授权，也是对征收反倾销税的约束。

但 GATT1947 确立的反倾销税规则过于简单，不能有效地约束反倾销税的滥用。反倾销税逐渐成为一种非关税壁垒，这在关税不断降低的情况下更为明显。为了解决这一问题，在关税与贸易总协定肯尼迪回合谈判中，缔约方签订了实施 GATT1947 第 6 条的反倾销守则，但由于美国的原因，该协议没有生效。东京回合谈判再次达成了反倾销守则，只是该守则仅对接受它的缔约方生效，并没有成为对所有缔约方具有普遍约束力的规则。乌拉圭回合谈判对该守则进行了修订，形成了《关于实施 1994 年关税与贸易总协定第 6 条的协议》（以下简称《反倾销协议》）。该协议作为《世界贸易组织协定》附件 1 的组成部分，成为世界贸易组织货物贸易的重要规则，对所有的世界贸易组织成员有约束力。

从《反倾销协议》的名称可以看出，该协议是 GATT1994 第 6 条的实施协议，是对第 6 条规则的阐释和细化，而不是替代第 6 条。《反倾销协议》第 1 条“原则”明确：“只有在关税与贸易总协定第 6 条规定的情形下，并根据本协议的规定发起和进行调查，才可以适用反倾销措施。在根据反倾销立法或规章采取措施的范围内，本协议规范关税与贸易总协定第 6 条的适用。”这一原则性规定，除了表明实施反倾销税的实体条件和程序条件外，还表明，GATT1994 第 6 条和《反倾销协议》，共同构成了世界贸易组织的反倾销规则，共同、累积适用。

## 二、反倾销措施的性质

倾销是企业行为，而世界贸易组织规则的规范对象是成员政府的行为，因此，世界贸易组织反倾销规则的调整对象不是倾销本身，而是成员的反倾销措施。世界贸易组织成员只有在遵循反倾销规则的实体和程序要求的前提下，才可以采取反倾销措施；也只有在倾销进口造成国内产业损害的前提下，才可以采取反倾销措施。

因此，抽象地说，反倾销措施是针对不公平贸易采取的救济措施，是误导的。反倾销措施是世界贸易组织规则允许的国内产业救济措施。

# 第二节　采取反倾销措施的实体条件

## 一、概述

世界贸易组织规则中的反倾销措施，是指针对造成进口国国内产业损害的倾销进口产品采取的，旨在消除损害后果的措施。反倾销措施通过消除倾销，或者说消除倾销幅度，实现消除损害后果的目的。

反倾销措施包括临时措施、价格承诺和反倾销税三种形式，除此之外的其他针对倾销所采取的措施，都不是反倾销规则所允许的措施，都违反了反倾销规则。在美国1916年《反倾销法》案中，美国1916年《反倾销法》因对倾销采取了罚款和监禁等制裁措施，被世界贸易组织争端解决机构裁定违反了反倾销规则。在美国伯德修正案中，美国立法要求美国政府将收取的反倾销税分配给美国的生产商，被世界贸易组织争端解决机构裁定违反规则。

虽然世界贸易组织规则允许对于倾销进口产品征收反倾销税，但其前提必须是倾销进口产品对于生产同类产品的进口国的国内产业造成了实质损害。不产生国内产业损害的产品倾销本身，不能成为采取反倾销措施的依据。对倾销进口产品征收反倾销税，以消除对国内产业的损害为限，征税数额不得超过倾销幅度。

根据GATT1994第6条和《反倾销协议》确定的基本原则，成员国不得征收反倾销税，除非其根据《反倾销协议》的规定进行的调查确定存在倾销进口、国内产业受到实质损害（包括实质损害威胁和实质阻碍产业的建立）、倾销进口与损害之间有因果关系。

## 二、倾销

如果一产品从一国出口到另一国，该产品的出口价格低于正常贸易过程中在出口国供消费的同类产品的可比价格，即低于其正常价值，进入另一国的商业领域，该产品即被认为是倾销。倾销是建立在进口产品在出口国或原产地国正常贸易过程中的正常价值与出口价格的公平比较之上的，正常价值与出口价格的差额即是倾销幅度。

### （一）正常价值

正常价值不是一种具体的价格，而是一种确定进口产品是否倾销的标准。正常价值有下述几种计算方法，可以基于不同的市场确定。通常使用的是出口国国内市场销售的同类产品的销售价格，如果没有这种价格，可以使用向第三国销售的同类产品的价格或推定价格作为确定正常价值的基础。有时，转口的中间国价格也可以作为确定正常价值的依据。

1. 出口国国内市场价格和向第三国出口价格

《反倾销协议》并没有对出口国国内市场价格作出规定。从对倾销的定义看，出口国国内市场价格应理解为同类产品在出口国市场正常贸易过程中用于消费的可比价格。该市场应有足够的同类产品的销售。出口国国内市场消费的同类产品的销售，占受调查产品销往进口国的数量的5%或以上，通常被视为可以用于确定正常价值的足够数量。如果有证据表明较低比例的国内销售仍属进行适当比较的足够数量，也可以接受该较低比例。关于同类产品，《反倾销协议》将其定义为在所有方面都相同的产品，或在没有这种产品时，虽然在所有方面不尽相同，但与该倾销产品有非常类似特征的产品。

在出口国国内市场正常贸易过程中不存在同类产品的销售时，或者由于该市场的特定情况，或在出口国国内市场的销售量太少，该销售量不能用于适当比较时，倾销幅度可以通过与向第三国出口同类产品的可比价格比较确定。这即为向第三国出口价格。

无论是在出口国国内市场还是向第三国销售，其价格低于每单位生产成本加上行政管理费、销售费和一般费用的，不应认为是在正常贸易过程进行销售。如果低于生产成本销售占销售的大部分，且该销售在连续的期限内（正常是1年，但不少于6个月，与确定正常价值所审议的销售相一致的期限）大量地进行，在合理期限内不能回收成本，可在确定正常价值时忽略该项销售，在确定正常价值时不予考虑。但《反倾销协议》没有明确这种情况下应采取的确定正常价值的方法。

2. 推定价格

如果有关主管机关确定正常价值不能通过消费价格确定，则正常价值可以是基于该产品的生产成本、一般销售和管理费用、利润的推定价格。

下列情况下使用推定价格作为确定正常价值的基础：出口国国内市场或第三国市场不可靠；不予考虑的低于生产成本的销售；不予考虑的正常贸易过程外的销售或不具代表性价格的销售；不予考虑的用于建立虚假市场的销售；不具备可比产品的同时销售；有关主管机关确定国内市场价格或第三国价格不适当时。

3. 中间国价格或原产国价格

在产品不是直接由原产国出口，而是从中间国出口至进口国时，该产品自出口国向进口国销售的价格通常应与出口国中的可比价格比较。但是，如产品仅通过出口国转运，或此类产品在出口国无生产，或在出口国中不存在此类产品的可比价格，则也可以与原产国的价格进行比较。

4. 非市场经济国家产品的正常价值确定

关税与贸易总协定是建立在自由经济基础之上的，对于非市场经济制度并没有作出规定，只是在附件9关于第6条的注释中提到，从国家垄断贸易并由国家规定价格的国家进口产品，在决定可比价格时可能遇到困难。欧美一些国家在其反倾销立法中对非市场经济国家产品的价格确定作了特别规定。

据美国《反倾销法》，所谓非市场经济国家，是指由有关主管机关确定的不根据成本或定价结构的市场原则运行，从而该国产品的销售不反映产品的公平价值的任何外国。在确定某一外国为非市场经济国家时，应考虑如下因素：（1）外国货币转换成其他国家货币的程度；（2）劳资双方自由谈判决定工资的程度；（3）该外国允许其他外国厂商合资或其他投资的程度；（4）政府拥有或控制生产方法的程度；（5）政府控制资源分配、价格和企业的产出决定的程度；（6）有关主管机关视为适当的其他因素。一旦一国被有关主管机关确定为非市场经济国家，该确定将一直有效，直到被撤销，且该确定不受司法审查。

对于来自非市场经济国家的倾销进口产品，如果有关主管机关发现现有资料不允许根据出口国国内消费价格或第三国价格确定对象产品的正常价值，可以采取两种方法确定其正常价值：一种是使用替代国产品来确定正常价值。有关主管机关基于下述价格确定正常价值：与非市场经济国家经济发展水平可比的一个或多个市场经济国家生产的与对象产品可比的产品在其他国家的销售价格。另一种是推定正常价值。有关主管机关应在生产该产品的生产要素的价值的基础上，增加一般费用、利润和包装箱、覆盖物与其他费用的数额，确定对象产品的正常价值。生产要素的估价应基于市场经济国家或有关主管机关视为合适的国家的这些要素的价值的现有最佳资料。

应该看到，无论是否采用替代国，在确定生产要素的价值时，实际上都是使用市场经济国家的价值，只不过一种按产品的生产要素确定，一种按生产确定。尽管在确定生产要素的价值时，要求该市场经济国与非市场经济国具有经济上的可比性，但可比性本身并无标准。实践中，武断性较强。

中国“入世”议定书第 15 条规定，在中国“入世”后的 15 年内，其他成员对中国出口的产品进行反倾销调查时，如中国企业不能证明符合市场标准，可以采取非市场经济标准，使用替代国确定正常价值。

### （二）出口价格和推定出口价格

出口价格一般指进口商的实际已付或应付的购买价格。据美国《反倾销法》，出口价格是指在进口日之前美国之外的调查产品的生产商或出口商首次卖给美国的没有关联关系的买主的价格，或卖给没有关联关系的买主用于出口到美国的、进行适当调整的价格。美国以前称该价格为购买价格。

根据《反倾销协议》的规定，如果不存在出口价格，或者由于出口商与进口商或第三者之间有关联或补偿安排使得出口价格不可靠，可以采用推定出口价格（constructed export price），即根据出口产品首次转售给独立买主的价格推定的价格，或者在该产品不转售给独立买主或没有以进口的条件转售的情况下，在合理基础上确定的价格。

### （三）倾销幅度

在确定是否存在倾销时，应在出口价格或推定出口价格与正常价值之间进行公平的比较，其差额就是倾销幅度。倾销幅度指调查产品的正常价值超过出口价格或推定出口价格的数额，常用百分比表示。有时使用加权平均倾销幅度，指通过把某一具体出口商或生产商的总的倾销幅度除以该出口商或生产商总的出口价格或推定出口价格而确定的百分比。出口价格与正常价值的比较应遵循一定的要求。

1. 公平比较。《反倾销协议》要求公平比较出口价格和正常价值，该比较应在同一贸易水平上——通常应在出厂价的水平上——进行，并尽可能接近于同一时间的销售。根据每一案件的具体情况，对于影响价格比较的不同因素作出适当的调整，这些因素包括销售条件、税收、贸易水平、数量、物理特征以及影响价格可比性的其他差异。在采用推定出口价格时，应进行成本、费用的调整，包括进口与转售之间产生的关税、税收以及利润。

2. 比较方法。倾销幅度通常应在加权平均正常价值与全部可比的出口交易的加权平均价格比较的基础上确定，即平均对平均比较法；或者在每项交易的正常价值与出口价格进行比较的基础上确定，即个别对个别比较法。如果出口价格在不同的购买人、地区或时间差别很大，可以将在加权平均基础上确定的正常价值与单独出口交易的价格进行比较，即平均对个别比较法。根据世界贸易组织争端解决实践，在将全部调查产品分组确定其倾销幅度时，将某些组别中出口价格高于正常价值的部分归零（zeroing），违反了反倾销规则。

3. 货币转换。由于汇率变动极大地影响倾销幅度，为货币转换之目的，应使用销售当日的外汇汇率。但如果销售是在期货合同确定的外汇汇率基础上进行，应使用该汇率。

4. 微量忽略。据《反倾销协议》，当倾销幅度小于出口价格的 2%时，该倾销幅度可忽略不计，调查应终止。另外，如来自某一特定国家的倾销进口产品的数量低于进口成员同类产品进口数量的 3%，该数量通常应忽略不计，除非占进口成员中同类产品进口数量不足 3%的国家的进口产品合计超过该成员中同类产品进口的 7%。

## 三、产业损害

在征收反倾销税以前，进口国必须确定倾销进口对进口国的生产同类产品的国内产业造成了实质损害或实质损害威胁，或实质阻碍产业的建立。损害的确定应基于确切的证据，并通过对倾销进口的数量、对国内同类产品价格的影响以及倾销进口对国内产业的影响进行客观审查来确定。损害可以累积评估不同国家的进口来确定。倾销进口与产业损害必须存在因果关系。鉴于损害的滞后效应，审查损害的期限与审查倾销的期限并不必然相同。

### （一）国内产业

确定损害和因果关系必须首先确定国内产业。国内产业范围的大小直接影响到损害和因果关系的确定。国内产业的确定以同类产品为基础。

同类产品（like products），是指与被调查产品相同，或不相同时在特征和用途方面最相似的产品。国内产业，一般是指国内同类产品的生产商全体，或其国内同类产品总产量占该产品的同类产品国内总产量主要部分的生产商。构成国内产业的生产商，既可以是全国生产商，也可以是主要生产商。

关联企业不包括在国内产业的范围之内。如果国内同类产品的生产商和出口商或进口商是关联方，或如果国内同类产品的生产商也是进口产品的进口商，在适当的情况下，该生产商可从产业中排除，而不作为国内产业的一部分来计算，国内产业由除此之外的其他生产商构成。一生产商是否是关联方，主要以生产商同出口商或进口商间是否存在控制关系来确定，如果一方在法律上或经营中处于对另一方控制或指示的位置，即被视为直接或间接控制另一方。生产商被视为出口商或进口商的关联方的情况主要有以下几种：（1）它们中的任何一方直接或间接控制另一方，包括生产商直接或间接控制出口商或进口商、出口商或进口商直接或间接控制生产商；（2）第三方直接或间接控制生产商和出口商或进口商；（3）生产商和出口商或进口商直接或间接共同控制第三方，并且有理由相信该关系使生产商的行为与没有关系的生产商的行为不同。美国《反倾销法》进一步规定，一国内生产商即使本身不进口调查产品，与进口商也没有公司附属关系，但如果其控制大量的进口，仍可视为关联方。

区域产业一定情况下可以被视为国内产业，即某一地区的生产商作为国内产业对待。反倾销规则允许基于区域产业来评估进口产品对国内产业的影响。如果一国市场内存在两个或两个以上的竞争市场，每一市场内的生产商在该市场中销售其生产的同类国内产品的全部或几乎全部产品，并且该市场中的需求在很大程度上不是由位于其他地方的该产品的生产商供应的，则每一个市场内的生产商可被视为一个独立的产业，这种情况下称为区域产业。在这样的情况下，如果倾销进口产品集中于一单独的市场，并且如果该市场内的所有产品或几乎所有产品的生产商正受到实质损害或实质损害威胁，或一产业的建立正受到实质阻碍，即使作为总体的国内产业或其国内同类产品的总产量构成主要部分的生产商没有受到损害，也可能确定实质损害、实质损害威胁，或产业建立的实质阻碍对某一产业存在，反倾销税只能对供该地区最终消费的产品征收。

由几个国家组成的具有单一统一市场特征的一体化水平高的地区中的产业，可以视为国内产业，最明显的例子是欧盟统一市场。

同类产品和国内产业的界定，直接关系到倾销进口产品对国内产业的损害确定，实践中出现过国内调查机关扩大同类产品范围，从而扩大产业范围的情况，以便将经营不善的、严格意义上不属于同类产品的产品生产商包括进来，增加损害效果。这种情况是违反反倾销纪律的。

### （二）实质损害的确定

实质损害（material injury）这一概念在GATT1994第6条和《反倾销协议》中并没有明确地规定或界定。是否存在损害需要根据调查的结果来确定，依据确切证据作出裁定。据《反倾销协议》，损害应指对某一国内产业的实质损害、对国内产业的实质损害威胁，或对某一产业的建立造成实质阻碍。实质损害的确定包括下述几方面的审查：倾销进口产品的数量；倾销进口产品对国内同类产品市场价格的影响；倾销进口产品对国内同类产品生产商的影响。

1. 倾销进口产品的数量

这是要确定倾销进口产品的绝对数量，或相对于进口国生产或消费的相对数量，是否存在大幅度增加。由于采取的是绝对和相对两种计算方法，所以即使某种倾销产品的绝对数量或其增加并不明显，也有可能用相对的计算方法得出数量大幅度增加的结论。

2. 倾销进口产品对价格的影响

这主要考虑三个方面：与国内同类产品的价格相比，倾销进口产品是否一直存在大幅度的降价；该产品进口的结果是否严重抑制了价格，或是否在很大程度上阻止了本应发生的价格增长。上述单独一个或其中几个因素存在与否，并不必然地起决定性作用。

3. 倾销进口产品对国内产业的影响

这是在适当界定国内产业的前提下，审查、评估影响国内产业状况的所有相关经济因素和指标，包括但不限于：(1) 销售、利润、产量、市场份额、生产力、投资收益以及生产能力利用率实际和潜在的下降；(2) 影响国内价格的因素；(3) 倾销幅度的大小；(4) 对现金流量、库存、就业、工资、增长率、筹集资本及投资能力的实际和潜在的消极影响。上述因素中没有一个因素是决定性的。但根据世界贸易组织的争端解决实践，上述列举的因素是反倾销调查中的必查因素。如果没有提供充分的理由，缺少对任何一个因素的调查，都将导致对国内产业影响的结论缺乏法律依据。

### （三）实质损害威胁

可以征收反倾销税的另一种情形是倾销进口产品对国内产业的实质损害威胁。该损害威胁必须是明确可预见到的、迫近的，而不仅仅是依据指控、推测或极小的可能性。确定国内产业是否受到实质损害威胁时，除其他经济因素外，应特别考虑下列因素；(1) 倾销进口产品大幅度进入进口国市场，表明进口将大量增加的可能性；(2) 考虑到其他出口市场吸收额外出口的程度，出口商自由充分使用的能力，或即将实质增加的能力，表明倾销进口产品大幅度进入进口国市场的可能性；(3) 进口产品是否正以可能对国内价格有明显的抑制或压低影响的价格进口，增加进一步进口的需求；(4) 被调查产品的库存。这些因素中的任何一个因素都不必然具有决定性作用。

前述确定实质损害所必查的因素，同样是确定实质损害威胁所必查的因素。

根据美国法律，确定实质损害威胁时，在第三国市场倾销也是要考虑的因素。如果存在外国市场倾销（对于接受调查的同一方出口或生产的同类产品，其他世界贸易组织成员国市场有倾销裁定或反倾销补救的证据），应考虑该倾销是否表明对国内产业有实质损害威胁。外国制造商、出口商或涉及该问题的美国进口商应提供资料。

### （四）累积确定实质损害和实质损害威胁

这是世界贸易组织《反倾销协议》新规定的内容。如果来自一个以上的国家的某一产品的进口同时接受反倾销调查，调查机关确定下列内容后，方可对此类进口产品的影响进行累积评估：(1) 每一国家进口产品的倾销幅度按出口价格的百分比表示超过了可以忽略不计的微量倾销幅度（2%），且自每一国家的进口量并非可忽略不计，即从每一国家进口的倾销产品的数量占进口国国内市场同类产品进口的3%以上，或不足3%的每个国家的倾销产品数量的总和超过了进口国国内市场同类产品进口的7%；(2) 依据倾销进口产品之间的竞争条件以及倾销进口产品与国内同类产品之间的竞争条件，对来自不同国家的倾销产品进口累积评估是适当的。

允许累积确定不同国家的进口，使占极小市场份额的一国生产商，可能由于和来自其他国家的更大、更多的出口商合在一起计算，被裁定为造成实质损害的一个原因。

## 四、因果关系

采取反倾销措施的目的是消除倾销进口产品对国内产业所造成的损害。如果倾销进口产品与国内产业损害之间没有因果关系，或者说损害不是由于倾销进口的原因造成的，则不得采取反倾销措施。因此，《反倾销协议》要求必须证明通过上述所列的影响，倾销进口产品正在造成该协议所指的损害。这一因果关系要求包括正反两个方面：倾销进口产品的归因和非倾销进口因素的不归因。

确定倾销进口产品和对国内产业造成损害之间的因果关系，应以主管机关掌握的全部相关证据为依据。有关主管机关除审查倾销进口外，还应审查同时正在对产业造成损害的其他已知因素，这些其他因素造成的损害不得归因于倾销进口产品。《反倾销协议》特别列举了一些相关因素：(1) 未以倾销价格销售的进口数量和价格；(2) 需求减少或消费模式的变化；(3) 外国与国内生产商的限制性贸易做法，以及它们之间的竞争；(4) 技术发展；(5) 国内产业的出口实绩和生产率。尽管除倾销进口外可能同时存在其他损害因素，但如果主管机关不知，反倾销调查的利害关系方也没有向主管机关提出，主管机关只需满足正面要求即可。

《反倾销协议》对因果关系的大小、衡量没有规定。但经过专家组特别是上诉机构的解释，倾销进口产品不必是造成国内产业损害的唯一原因，倾销进口产品本身也不必造成国内产业损害。这从上述不归因要求中可以看出。如果倾销进口损害与其他损害因素一起，共同造成国内产业的损害，就满足了正面归因要求。

国内主管机关在确定因果关系时，必须将倾销进口的损害影响与其他因素的损害影响区分开来（separate and distinguish），不能将倾销进口产品造成的损害与其他因素造成的损害混为一谈。这是反面的不归因要求。但《反倾销协议》没有规定不归因的方法。只要调查当局没有将其他因素造成的损害归因于倾销进口产品，其就可以自由选择审查因果关系所使用的方法。调查当局没有义务量化两类因素造成的损害。

上述对倾销进口产品与国内产业损害之间的因果关系的要求，同样适用于反补贴税调查和保障措施调查。

# 第三节　反倾销调查与反倾销税征收

## 一、反倾销调查申请及其审查

除满足实体要件外，实施反倾销措施还必须满足程序性要件。根据《反倾销协议》第1条的规定，反倾销措施只能根据遵循《反倾销协议》发起和进行的反倾销调查的结果实施。

反倾销调查程序包括发起调查、初步裁决和终局裁决三个阶段。只有终局裁决对倾销、损害和因果关系三个方面都作出肯定确定时，才可以对受调查的产品征收反倾销税。在初步裁决作出肯定确定时，可以采取临时反倾销措施或接受价格承诺。反倾销调查程序不得妨碍进口产品的通关程序。

反倾销税调查的发起可以有两种方式：一是国内产业或其代表提起，二是有关主管机关自主发起。一般情况下由国内产业或其代表提出申请而开始调查。根据《反倾销协议》，只有在特殊的情况下，才由有关主管机关自主决定发起调查，即有充分的证据证明倾销、损害及因果关系存在，发起调查有正当性。

发起反倾销调查的申请应提供倾销、损害及倾销与损害间有因果关系的证据，仅是断言而没有确实的证据，不符合要求。如果有关主管机关确定申请没有充分的证据证明倾销或损害，应驳回申请，终止调查。但对于申请中的证据充分性的要求，低于终局裁决中对证据充分性的要求。

发起反倾销调查的申请应有足够的产业支持，即产业代表性要求：如果支持申请的国内生产商的产量超过了国内同类产品的总产量的25%，并且支持申请的国内生产商的产量超过了表示支持或反对的国内同类产品生产商的国内同类产品总产量的50%，该申请即被认为是由产业或产业代表提起。如果申请基于区域产业，则在区域产业的基础上确定申请是否由产业或产业代表提出。

鉴于反倾销调查申请的提交本身容易造成贸易的不稳定，《反倾销协议》要求调查主管机关避免公布申请，但在作出发起调查的决定之后，有关主管机关有义务将发起调查的决定通知公众。

当倾销幅度或产品数量被确定为可忽略不计的最小值（微量）时，应终止调查。一般情况下小于正常价格2%的倾销幅度，或来自某一特定国家的倾销进口产品占进口国同类产品市场进口的3%以下，被视为微量，可忽略不计。但占进口成员中同类产品进口不足3%的国家的进口产品合计超过该进口成员同类产品进口的7%时，不能忽略不计。

根据《反倾销协议》的规定，进口国可以代表第三国发起反倾销行动。第三国的主管机关需向进口国提出采取这种行动的申请。该申请应当提供证明进口产品正在倾销、倾销正在对该第三国的国内产业造成损害的详细信息。在考虑这种申请时，进口国的主管机关应考虑被控倾销产品对第三国国内产业的影响，即损害评估不应仅基于倾销产品对该第三国产业向进口国的出口的影响或对该产业整个出口的影响。对于这类申请，由进口国决定是否采取行动，该行动应获得世界贸易组织货物理事会的批准。

## 二、反倾销调查中的正当程序要求

反倾销调查的利害关系方具有举证的义务，利害关系方包括：被调查产品的出口商或外国生产者或进口商，或大多数成员为该产品的生产者、出口商或进口商的同业公会或商会；出口成员政府；进口成员中同类产品的生产者，或大多数成员在进口成员领土内生产同类产品的同业公会和商会。但不排除各成员允许国内或国外其他各方被列为利害关系方。

申请人在提出申请时应提供支持申请的有关证据。在调查开始之后，被指控倾销的出口商或进口商、出口国主管机关及其他利害关系方，应有充分的机会提供证据、进行答辩、反驳指控。发起反倾销调查的申请应全文提供给已知的出口商和出口方国家主管机关；一方提供的证据，应立即提供给参加调查的其他各方，各方有权查阅调查主管机关在调查过程中使用的全部信息，保密性信息除外。对于保密性信息，提交方应提交非保密的概要，否则，调查主管机关可以不理会该信息。

任何利害关系方均无必须出席调查会议的义务，未能出席调查会议也不得对该方的案件产生不利。但如果任何利害关系方拒绝提供或未在合理时间内提供必要的信息，或严重妨碍调查，则调查主管机关可在其掌握的现有事实基础上作出肯定或否定的初步或终局裁定。因此，利害关系方出席调查会议、提供证据、进行主张或抗辩，对反倾销调查的结果具有重大影响。

依据《反倾销协议》，主管机关对于发起调查的决定以及在整个调查期间，都要充分考虑有关倾销、损害及因果关系的证据的充分性与准确性。在作出最终裁定前，主管机关应将考虑中的、是否作为适用最终措施的依据的事实通知所有利害关系方。必要时，调查主管机关可以进行现场调查，但该调查只能在出口商或生产商、出口国政府同意的情况下进行。现场调查应提前通知，以便出口商、生产商准备提供信息。

在确定倾销幅度时，主管机关应对每一个已知出口商或生产商确定单独的倾销幅度；在涉及太多的出口商或生产商、产品种类以致不可能确定单独倾销幅度时，应使用有效的抽样统计方法，对合理数目的利害关系方进行审查，或对占出口产品数量最大百分比的产品进行审查。

主管机关作出的任何初步或终局裁定，无论是肯定的还是否定的，无论是接受价格承诺的决定、终止价格承诺的决定还是终止征收最终反倾销税的决定，都应公告。公告应详细列出调查主管机关就其认为重要的所有事实和法律问题所得出的调查结果和结论。这表明，主管机关应就其裁定结果提供充分的合理的解释，证明基于裁定中查明的事实，能够得出其得出的结论。如果不能证明，其裁定即失去了法律依据。这一要求可以称为调查主管机关的证明责任。

## 三、调查过程中的临时措施和价格承诺

### （一）临时措施

从发起调查开始算起，调查过程分为初步裁定和终局裁定两个阶段。调查过程中，如果已公告进行调查并给予利害关系方提供信息和意见的充分机会，并已作出存在倾销并因此造成国内产业损害的初步裁定，主管机关判定有必要采取措施以防止在调查进行期间对产业造成损害时，主管机关可以裁定采取临时措施。在作出肯定的初步裁定前，不得采取

临时措施。

临时措施可以采取征收临时税的方式，但《反倾销协议》建议最好采取支付现金或保函的保证方式，其数额等于临时估计的反倾销税，但不得超过估计的倾销幅度。临时措施的适用期限一般不超过 4 个月，特殊情况下可为 6 个月或 9 个月。临时措施应从发起调查之日起 60 天后采取，即发起调查后 60 天内不得采取临时措施。

### （二）价格承诺

在调查期间，出口商可以承诺提高它们的出口价格或停止以倾销价格出口，避免反倾销税。此为价格承诺（price undertaking）。但该承诺应由出口商自愿作出，而不应被迫作出。出口商是否作出价格承诺，不影响有关主管机关的调查和裁定。另外，在有关主管机关作出存在倾销和损害的初步裁定之前，有关主管机关不得要求或接受出口商的价格承诺，以防止出口商在其产品没有造成国内产业损害的情况下被要求作出该承诺。是否接受价格承诺由有关主管机关决定。承诺的价格提高不得高于需抵消的倾销幅度，如果提价幅度小于倾销幅度即可消除对国内产业的损害，则可采取较低的提价幅度。

如果有关主管机关对出口商的承诺、对倾销有害影响的消除感到满意，可暂时中止或终止调查程序而不采取临时措施或征收反倾销税。

在接受价格承诺后，如果出口商希望或有关主管机关决定，应完成对有关倾销和损害的调查。如果就倾销或损害作出了否定裁定，承诺应自动终止，除非该裁定是基于价格承诺而作出的，在这种情况下可要求价格承诺维持一段合理的时间。如果出口商违反价格承诺，有关主管机关可基于现有最佳信息，立即采取临时措施。在此类情况下，对于在采取临时措施前 90 天内进入消费的产品征收最终反倾销税，但该追溯征税不适用于违反承诺之前就已进口的产品。

价格承诺一直有效，直至能抵消倾销造成的损害。如果行政复议的结果认为价格承诺不再合理，则应予以终止。

## 四、反倾销税的征收

### （一）征税原则

如果终局裁决对倾销或损害作出了否定的确定，则反倾销调查应终止，对进口产品不得采取反倾销措施。如果终局裁决对倾销、损害和二者之间的因果关系都作出了肯定的终局裁定，则对倾销进口产品可以征收反倾销税。反倾销税针对倾销进口产品的进口商征收。

征税原则包括自主性、适当征税和非歧视性。在征税条件已经满足的情况下，由有关主管机关决定是否征收反倾销税，并决定征税的税额。如果较少征税即足以消除对国内产业造成的损害，则应少征税，征收税额不得超过倾销幅度，税额的具体评估可以在追溯基础上或预期基础上确定。征收反倾销税时，应针对构成倾销、造成损害的所有来源的进口产品，根据具体情况，在非歧视的基础上，按适当数额征税，但已接受价格承诺的产品除外。

一些国家（包括中国）的反倾销法中，有征收反倾销税应符合公共利益的规定。

### （二）单独税率和新出口商

征收反倾销税的决定，应列出有关产品的所有供应商的名称。如涉及来自同一国家的多个供应商，不能列出所有供应商的名称，可列出有关供应国的名称。如涉及多个国家的多个供应商，在不能具体列出所有供应商时，可列出供应国名称。

反倾销税应当根据不同出口商或生产商的倾销幅度，分别确定。对于未包括在审查范围内的出口商或生产商的倾销进口产品，反倾销税不得超过被选定受调查的出口商或生产商的加权平均倾销幅度，或者如果反倾销税税责在预期正常价值基础上计算，则反倾销税不得超过被选定出口商或生产商的加权平均正常价值与未经单独审查的出口商或生产商的出口价格之间的差额。

在调查期内未向进口国出口调查产品的新出口商或生产商，能够证明其与被征收反倾销税的出口商或生产商无关联的，可以向调查机关提出申请，单独确定其倾销幅度。调查机关应快速进行审查并作出终裁决定。审查期间对该产品可以征收临时反倾销税，但不得征收反倾销税。

### （三）追溯征收

一般情况下，只有针对肯定终局裁定生效后进入消费的倾销进口产品才能征收反倾销税，对该裁定生效前进入消费的倾销进口产品不适用，但在规定的特殊情况下反倾销税可以追溯征收。追溯征收的反倾销税不得重于临时措施，或高于采取临时措施所导致的数额。追溯征收包括三种情况，前述出口商违反价格承诺的情况是其一。

其二是一定条件下对适用临时措施的期限追溯征收。如果主管机关作出实质损害（不是实质损害威胁或实质阻碍产业的建立）终局裁定，且在此之前已经采取临时措施，或者在采取临时措施情形下的损害威胁终局裁定（如不采取临时措施，本可导致实质损害产生），则可以从临时措施开始适用时追溯征收反倾销税。追溯征税根据临时税与最终反倾销税的差额，遵循“多退少不补”原则，即如果最终反倾销税税额低于已支付或应支付的临时税或保证数额，其差额应予退还或重新计算税额；如果高于已支付或应支付的临时税或保证数额，其差额不再征收。对于一般的损害威胁裁定或实质阻碍产业建立的裁定，最终反倾销税只能从损害威胁或阻碍裁定作出之日起计征，临时措施适用期间交付的押金应予退还，保证应立即解除。

其三是对临时措施适用前的期限追溯征收。对于满足下列两个条件的，最终反倾销税的追溯征收还可以延及临时措施适用前 90 天内进入消费的倾销进口产品：（1）如果该产品存在造成损害的倾销史，或进口商知道或应知出口商在进行倾销，该倾销会造成损害；（2）损害是由于相当短的时间内的大量进口造成的，并考虑到倾销进口的时间和数量及其他因素（如进口产品库存的迅速增加），该倾销进口产品可能严重削弱最终反倾销税的救济效果，且给予了进口商发表意见的机会。但不得对调查开始前进入消费的产品追溯征税。

**（四）征税期限、审议和终止**

反倾销税应在抵消造成损害的倾销所必需的时间和限度内实施，为此应对继续征税的必要性进行周期性复议。

主管机关在有正当理由的情况下，可以自行复议。在征收反倾销税的情况下，反倾销税的利害关系方可以要求有关主管机关对于征收反倾销税的必要性进行复议，包括是否继续征收反倾销税以抵消倾销，如果取消或改变反倾销税损害是否继续或再度发生，或同时包括此二者。如果行政复议的结果使有关主管机关认为征收反倾销税已无正当理由，则应予以终止。如果倾销幅度小于征税水平，则应按新计算的结果征税。

尽管有上述规定，征收反倾销税不应超过5年的期限（日落条款），起算时间从最终反倾销税征税之日或倾销和损害复议之日或者日落复议（审查）之日起。如果在该日期前主管机关自行进行的复议中，或利害关系方提起的复议中，主管机关裁定终止反倾销税可能导致倾销和损害的继续或再度发生，应该继续征收反倾销税。在产生这种复议结果前，可以继续征税。从这一规定可以看出，反倾销税5年的实施期限只是一个理论期限，其实际实施期限可能是无限期的，只不过首次征税的期限为5年而已。（上述规定对价格承诺类推适用。）

与原来的反倾销调查不同的是，日落审查是一种预期性调查，是对将来情况的一种判断，是对将来可能性的判断。而原来的反倾销调查是一种追溯性调查，是对于发起反倾销调查前已经发生的情况进行调查。因此，二者对证据的要求也存在区别。世界贸易组织专家组裁定，《反倾销协议》第3条有关损害确定的规定，不适用于日落审查。

上述规定比照适用于价格承诺。

## 第四节　反倾销措施的救济

### 一、反倾销措施救济的含义

此处所说的反倾销措施的救济，是指被采取反倾销措施的倾销进口产品的出口商或生产商、进口商，通过法律程序可以享有的救济手段，旨在解决反倾销措施的合法性、必要性或适当性。这类救济包括：通过进口国国内程序向反倾销调查机关提出复议，向进口国国内法院提出诉讼，通过世界贸易组织的多边程序提出审查。

国内程序救济和多边程序救济在性质上是两种根本不同的救济，其区别主要在于下述方面：（1）当事人不同。在国内程序中，当事人是原反倾销调查的利害关系方，而在多边程序中当事人是出口国政府和进口国政府。(2) 申诉对象不同。在国内程序中，申诉对象是主管机关作出的决定；在多边程序中，申诉对象既可以是主管机关作出的决定或采取的措施，也可以是复审法院作出的裁决，甚至还可以是立法本身（统称进口成员国措施）。(3) 实体规则或审查标准不同。国内程序中，据以判断主管机关的决定是否合法的依据是进口国国内法，而在多边程序中审查成员国措施的依据是世界贸易组织的反倾销规则。尽管世界贸易组织要求成员的国内法与世界贸易组织规则相一致，但二者在一些具体问题和解释、适用方法上仍然存在一定的区别，成员国法律违反世界贸易组织规则时更是如此。(4) 处理争议的程序不同。在国内程序中遵循的是进口国的行政复议法或诉讼程序法，而在多边程序中遵循的是 DSU 规定的争端解决规则和程序以及《反倾销协议》规定的特殊或额外的规则与程序。(5) 审判机构不同。在国内程序中，审判机构或者是原反倾销调查机构，或者是具有管辖权的法院；在多边程序中，审判机构是争端解决机构，具体说是专家组和上诉机构。(6) 救济结果不同。在国内程序中如果主管机关的裁定被裁决违反了国内法的相关规定，可以直接撤销或修改相关措施，而在多边程序中，争端解决机构只能建议进口成员政府使其措施与世界贸易组织规则相一致，而不能直接撤销或修改相关措施。

上述反倾销措施的救济的不同，对反补贴措施和保障措施也是适用的。

## 二、国内程序

### (一) 行政复议

根据《反倾销协议》，针对反倾销税和价格承诺，经任何利害关系方要求，或主管机关认为有必要时，主管机关应对反倾销税和价格承诺的继续必要性进行复议。此即前文所说的行政复议。有关证据和程序的规定，同样适用于行政复议。

### (二) 司法审查

国内立法包含反倾销措施的国家，应确立司法、仲裁或行政法庭程序对行政机构的终局裁定进行审查，以及对行政复议进行审查，该法庭或程序应独立于作出裁定或行政复议的主管机关。但《反倾销协议》并没有作出进一步的指导。这一问题实质上是国内法问题。

下面以美国法为例，介绍反倾销税的司法审查。美国有关司法审查的条款规定于《美国关税法》516A（美国法典第 19 编第 1516a 节）。

有两种裁定可以接受司法审查：第一种是不发起程序的即决裁定，包括商业部不发起调查的裁定，国际贸易委员会作出的没有合理迹象表明实质损害、实质损害威胁或实质阻碍产业建立的裁定，国际贸易委员会不基于变化情形审查裁定的裁定，日落审查中商业部或国际贸易委员会对于发起日落审查通知的答复所作出的终局裁定。第二种是记录在案的终局裁定（final determination on the record），包括：商业部或国际贸易委员会的否定或肯定的终局裁定，商业部或国际贸易委员会在行政审查中的裁定（不包括不发起的裁定），商业部中止调查的裁定，国际贸易委员会的损害效果裁定，商业部作出的产品属于反倾销税令所述的同类产品的裁定，商业部或国际贸易委员会据世界贸易组织专家组报告所作的有关反倾销税的裁定，过渡审查中国际贸易委员会所作出的取消税令是否可能造成实质损害的裁定。商业部就一国是否是非市场经济国家所作出的决定不受司法审查。

任何利害关系方，在上述裁定在《联邦公报》上公布后30天内，都可以向美国国际贸易法院提起诉讼。诉讼程序适用初审程序，如果对国际贸易法院的判决不服，可向联邦区法院上诉。对于第一类案件，法院如果发现武断、反复无常、滥用权力或不符合法律；对于第二类案件，如果发现与法律不符，应裁定为非法。

另外，在《北美自由贸易协定》中，对于涉及自由贸易区国的产品的反倾销或反补贴税裁定的审查，成立两国专家组进行审查。该审查为排他性审查，不得据《美国关税法》516A进行审查，美国法院无权在对执行令性质的诉讼中对法律或事实的裁定进行审查。但是，如果请求据516A审查的裁定，美国或其他自由贸易区国没有要求专家组对其审查，或不属于专家组审查的裁定，以及涉及宪法性问题，则专家组不能审查。

在据561A审查作出裁定时，美国法院不受《北美自由贸易协定》专家组决定的约束，但可予以考虑。

## 三、多边解决程序

### （一）成员国反倾销措施的多边行政监督

《反倾销协议》建立反倾销措施委员会。该协议要求各成员对反倾销调查中采取的临时性和终局性措施应不迟延地通知该委员会，并且每半年向该委员会通知在该期限内采取的所有措施。

各成员应向反倾销措施委员会通知其反倾销立法、规章，没有反倾销立法、规章的成员也要通知这一事实。通知应包括立法、规章的全文，并提供世界贸易组织语言文本（英语、法语和西班牙语）。各成员有关立法的通知应受该委员会的审查。

各成员应每年两次就其采取的反倾销措施向该委员会作出报告，并且向该委员会提交有效的反倾销措施清单。对于其临时措施和终局措施，各成员应立即向该委员会通知。各成员应向该委员会通知其发起和进行反倾销调查的调查主管机关。

### （二）诉诸争端解决机构

《反倾销协议》规定，如果某一成员认为其他成员正在使其丧失从该协议中直接或间接地获得的利益或使其利益受到损害，或者正在妨碍该协议目标的实现，为就该事项取得相互满意的结果，该成员可书面提出与其他成员进行协商的要求。如果提出协商的成员认为没有达成相互满意的解决办法，进口成员行政主管机关已经采取最终措施，征收反倾销税或接受价格承诺，则该成员可将此事项提交争端解决机构处理。如果某一临时措施具有重大影响，要求协商的成员认为该临时措施违背了《反倾销协议》规定的采取临时措施的条件，该成员也可以将此事项提交争端解决机构解决。

根据世界贸易组织上诉机构的解释，与反倾销调查相关的、可以提交专家组审查的，至少必须是最终反倾销税、价格承诺和临时措施这三种措施中的一种。如果设立专家组的申请中没有包括其中的措施，例如仅仅是发起反倾销调查的决定，则申诉方没有适当提交事项、发起程序。反倾销法本身也可以成为专家组审查的对象。美国 1916 年《反倾销法》案、美国伯德修正案，都是对反倾销法本身进行审查的案件。

《反倾销协议》第 17 条第 4 款至第 6 款规定了适用于反倾销案件的特殊或额外的程序。专家组对争议事项审查所依据的事实，是国内主管机关根据适当的国内程序所获得的事实。在评估事实时，专家组应确定主管机关对事实的确定是否适当，以及它们对事实的评估是否公正、客观。如果事实确定适当，且评估公正、客观，则即使专家组可能得出不同的结论，也不得推翻该评估。另外，专家组应依照解释国际公法的习惯规则，解释《反倾销协议》的有关规定。在专家组认为《反倾销协议》的有关规定可以作出一种以上的可允许的解释时，如主管机关的措施符合其中的一种解释，则专家组应认定该措施符合《反倾销协议》。

《反倾销协议》规定的对反倾销案件中的事实认定和协议解释的特殊审查标准，对国家主管机关的事实认定和法律解释给予了适当的尊重，旨在避免专家组作出纯基于其观点的决定。争端解决机构认为，《反倾销协议》规定的审查标准，与 DSU 规定的专家组的客观审查标准是一致的。

## 第五节 反倾销税的规避及其防止

反规避，是指针对被采取反倾销措施的产品的出口商采取的规避反倾销措施的措施，进口国主管机关采取的相关措施。反规避最早由欧共体提出并实施，随后美国在其立法中包括了反规避的内容，在乌拉圭回合谈判中，1991 年的邓克尔文本（乌拉圭回合谈判文件草案）包括了反规避的内容，但终因谈判各方意见有分歧，最终的《反倾销协议》没有包括反规避的内容。部长会议决定将该问题交由反倾销措施委员会解决。目前已成立反规避小组，各成员都可以参与，负责部长会议决定交付的任务。但迄今没有就此达成协议。

鉴于在乌拉圭回合谈判中欧美曾力主将这一部分的内容包括在《反倾销协议》中，以下就欧美的规定作一简单介绍。

### 一、美国的做法

规避与反规避，主要涉及上下游产品或成品与半成品。产品的生产、制造一般都经历不同的加工、组装阶段。完成品和相对于完成品的半成品都可能在市场上销售、出口。如果对半成品或完成品征收反倾销税，很可能会产生出口产品的相互转换。如果部件或半成品被征收反倾销税，则出口商出口成品或下游产品；如成品或下游产品被征收反倾销税，则出口商出口部件或半成品，有的甚至将零部件出口到第三国，在第三国组装，改变产品的原产地，然后向征收反倾销税的国家出口。这些措施削弱了反倾销税令的救济效果或规避反倾销税令。美国反倾销法中有关下游产品的监督和规避税令的防止的规定即用以解决这方面的问题。不同的是，在监督下游产品的情况下，零部件是征税对象，而在防止规避税令的情况下，完成品是征税对象。但两者实质是一致的。

### （一）监督下游产品

对下游产品的监督首次出现于 1988 年《贸易法》，1994 年作了修订，旨在解决被征收反倾销税的产品作为其他下游产品的部件向美国增加出口的问题。“部件”，是指在提起监督申请时止的 5 年期限内，受反倾销税令约束并要求交纳至少 15％从价税的进口物品，或受商业部作出初步肯定裁定、估算倾销幅度至少 15％的价格税后签订的价格承诺约束的进口物品，由于其内在特征的原因通常被视为下游产品的主要部件。“下游产品”则指由部件组成的进口到美国的任何制造品。

部件或下游产品的同类产品的国内生产商，可向商业部申请对指定下游产品进行监督。商业部就此作出裁定，具体监督由国际贸易委员会实施。国内生产商提出的申请应具体规定下游产品、组成下游产品的部件和征收反倾销税导致部件出口转移、下游产品向美国出口增加的怀疑理由；该申请还应包括下游产品及部件生产国名称和从中进口的中间国的名称，在相关国家中部件和下游产品的已知生产商的名称和地址以及生产商之间关系的详细说明。

收到申请后，商业部应当作出是否对指定产品进行监督的裁定。商业部在作出裁定时可考虑下列因素：与下游产品相关的部件的价值、组装成下游产品的部件实质改变的程度以及部件生产商和下游产品生产商的关系。

对下游产品的监督由国际贸易委员会进行。如果商业部对上述事项的裁定都是肯定的，国际贸易委员会应立即开始对下游产品贸易进行监督。如果国际贸易委员会发现下游产品的进口比上一年度增加 5％，应据产品部门的整个经济情况进行分析，并向商业部作出季度报告。商业部对报告中的信息进行审查，并考虑是否对下游产品发起反倾销税调查。如果信息表明进口没有增加、部件转移没有合理的可能，商业部应要求国际贸易委员会停止监督。

### （二）防止规避反倾销税

该规定旨在防止成品被征收反倾销税后，零部件出口到美国，在美国组装产品，或者防止在第三国组装产品后出口到美国。利用细微改变或后期开发产品规避反倾销税，也是反规避的内容。

根据美国法的规定，如果在美国销售的产品与被征收反倾销税的产品是同一种类，该在美国销售的产品由反倾销税令适用的外国产零部件在美国组装或完成，美国的组装或完成工序不大或不重要，且用于组装或完成在美国销售的产品的外国产零部件占整个产品价值的相当大部分，则在反倾销税令有效期内的任何时间，商业部在考虑了国际贸易委员会的有关建议后，可将该零部件包括在反倾销税令的适用范围中。

同样，如果在美国销售的某外国产品与在另一外国生产的反倾销税令适用的产品是同一种类，该在美国销售的产品是用征税产品在外国组装或完成，外国的组装或完成工序不大或不重要，用于组装或完成在美国销售的产品的被征税产品占整个产品价值的相当大部分，且商业部确定防止规避反倾销税令的措施是适当的，则在反倾销税令有效期内的任何时间，商业部在考虑了国际贸易委员会的有关建议后，可将该在美国销售的外国产品包括在反倾销税令的适用范围中。

无论是在美国组装、完成产品，还是在其他外国组装、完成产品，在确定组装或完成工序时，商业部应考虑下面几个因素：组装或完成工序所在国的投资水平、研究开发水平、生产工序的性质、生产设施的程度以及加工价值占产品价值的部分。

一般情况下细微改变的产品应包括在上述产品范围之中。对于在反倾销调查之后开发的产品（后开发产品），商业部应对该后开发产品与被征税产品（先前产品）进行比较，看二者：(1) 是否具有同样的一般物理特征；(2) 最终购买者对二者的期望是否相同；(3) 二者的最终用途是否一致；(4) 后开发产品是否通过与先前产品相同的渠道销售；(5) 二者是否以类似的方式宣传和展示。商业部不能仅仅因为后开发产品据关税分类表的分类不是反倾销税申请中或商业部在反倾销税程序通知中指明的产品，或该产品允许购买者利用其他的功能，而把后开发产品排除在反倾销税令的适用范围之外，除非在利用该产品的其他功能的情况下，该其他功能构成产品的主要使用，且该功能的费用占产品生产总成本的相当大的比例。

## 二、欧盟的做法

### （一）反吸收审查

欧盟防止规避反倾销税的做法主要有反吸收和反规避两种具体形式。2004 年 3 月欧盟对此作了最新修订。

反倾销税一般是从价税，纳税人是位于进口国境内的进口商。对进口商征税，提高了进口产品的价格，从而消除倾销。但如果征税后进口产品的出口价格没有发生多大变化或者反而下降，则表明征收反倾销税没有起到消除倾销的作用。征收反倾销税对进口商没有产生影响，进口商仍然可以像原来一样继续进口倾销产品。进口商承担的反倾销税实际上被低出口价格吸收，很显然，削弱了反倾销税的效果。

反吸收审查程序（anti-absorption reviews）是一种中期审查程序，通过比较调查期内的出口价格和征税后的出口价格，确定征税后出口价格是否增加。如果征税后出口价格没有增加，就需要重新评估出口价格，重新计算倾销幅度，如果倾销幅度提高，需要确定新的反倾销税，但新反倾销税不得超过原反倾销税的两倍。

反吸收审查程序，通常由欧共体产业或任何其他利害关系方提出申请，并提供充分证据，表明调查期之后征税措施之前或之后，出口价格下降，或进口产品在欧共体内的转售价格或随后销售价格没有变化或没有明显变化，调查机关可以重新开始调查，以确定征税措施是否对上述价格有影响。经欧盟委员会或任何成员要求，在满足上述条件下，也可以重新调查。

举例来说，调查期间平均出口价格为100欧元，征税税率为30%，征税后价格应提高到130欧元。但经过审查发现，征税后的平均出口价格为90欧元（不包括反倾销税），比原来的价格还低10欧元，倾销幅度变为40%，则新的反倾销税为44.44%（40/90）。

根据欧盟的做法，反吸收审查程序不适用于反补贴税。

### （二）反规避调查

2004年3月，欧共体对反规避调查作出了重大修订，扩大了反规避调查的适用范围。根据欧盟《反倾销条例》第13条第1款的规定，如果发生了规避，反倾销税可以扩大到来自第三国的进口，无论是否存在细微改变；可以扩大到原出口国的有细微改变的同类产品进口，或者扩大到原征税产品的零部件；可以扩大到来自享有单独税率利益的企业的进口。后面两项是新增加的内容。

规避，是指第三国和欧盟之间、反倾销税对其适用的国家的企业与欧盟之间的贸易方式发生了变化，（1）产生这一变化的行为，除征收反倾销税外，没有充分的正当理由或经济合理性，（2）存在损害的证据，或证据表明，根据同类产品的价格、数量，反倾销税的救济效果正在被削弱，并且（3）有必要确定倾销时，证据表明相对于以前对同类产品确定的正常价值存在倾销。导致规避产生的行为，特别包括：相关产品的细微改变，使之归入通常反倾销税对其不适用的海关分类号码，但该改变没有改变产品的基本特征；通过第三国运输被征收反倾销税的产品；为使其产品通过适用较低单独税率的生产商最终出口到欧盟，出口国的出口商或生产商在出口国重组其销售模式和渠道；在第三国或欧盟进行零部件组装。在这三类规避行为中，前两类是新增加的内容。

修改后的反规避调查，既可以由欧盟委员会发起，也可以根据成员的要求或任何利害关系方的申请而发起。发起调查后，欧盟委员会可以指示海关对进口进行登记或要求提交保证金。根据欧盟反倾销法的规定，反规避调查必须基于申请。在调查期间对被调查的进口产品进行登记。如调查确认规避存在，欧盟理事会根据欧盟委员会的建议，决定反倾销税的适用范围，则该扩大适用自登记日或要求提交保证金之日起生效。

欧盟反倾销法有关反规避的规定也适用于对反补贴税的规避。

## 一、问题与思考

1. 简述《反倾销协议》中规定的征收反倾销税的条件。

2. 简述《反倾销协议》规定的主要救济措施及其实施原则。

3. 如何确定国内产业的损害?

4. 简述反倾销税追溯适用的条件。

## 二、练习题

### (一) 判断正误

1. 如果中国出口到美国的某一产品存在倾销，美国当局有权对该产品征收反倾销税。

【解析】错误。征收反倾销税需满足实体要件和程序要件，倾销只是实体要件之一，其本身还不足以决定反倾销税的征收。

2. 反倾销税，必须对来自所有国家的倾销产品实施。

【解析】错误。对于微量倾销的产品、作出价格承诺的产品、特定国家倾销进口量低于微量水平的产品，不征收反倾销税。

3. 中国加入世界贸易组织后的一段时间内，原先没有把中国作为非市场经济对待的国家也可以这样对待。

【解析】正确。在中国"入世"以前，只有极少数国家对中国产品反倾销时按非市场经济对待。中国"入世"议定书规定了一定条件下可以按照非市场经济地位对中国产品反倾销。该议定书是世界贸易组织规则的一部分，对所有成员都适用，其他成员可以享有该议定书规定的权利。

4. 如果倾销进口产品对生产同类产品或直接竞争或替代产品的国内产业造成了实质损害，进口国可以征收反倾销税。

【解析】错误。倾销进口产品造成损害的对象是生产国内同类产品的国内产业。

5. 倾销进口必须是造成国内产业实质损害的主要原因时，才能征收反倾销税。

【解析】错误。倾销进口只需是国内产业实质损害的一个原因即满足要求。

6. 实质损害指的是对国内产业的整体损害，对某一区域内的产业损害不能视为对国内产业的损害。

【解析】错误。区域产业也构成一个独立存在的产业。如果对某区域产业造成损害，即符合对国内产业损害的要求。

7. 征收反倾销税的目的是抵消倾销幅度，因而反倾销税的税额必须与倾销额相等。

【解析】错误。征收反倾销税的目的是抵消倾销幅度或由此造成的损害，如果较低的反倾销税可以实现这一目的，应从低征税。倾销幅度是征收反倾销税的最高额，并非必须按此征税。

8. 一出口产品被进口国征收反倾销税后，该产品的出口商可以要求进口国法院进行审查，也可以要求行政当局进行复审。

【解析】正确。要求行政当局复审属于行政复议的范畴，要求法院审查属于司法审查的范畴，二者都是产品出口商可以利用的救济渠道。

9. 在倾销进口产品对进口国国内产业造成实质损害的情况下，进口国可以对进口商或出口商征收反倾销税。

【解析】错误。反倾销税只对倾销产品的进口商征收，不对出口商征收。

10. 简单地理解，倾销就是产品的出口价格低于国内的消费价格。

【解析】正确。通俗地说，在国外卖比在国内卖得便宜。所以，对出口商来说，低价策略并非畅通无阻。

11. 如果一种产品全部出口，不在国内市场销售，这种产品不可能倾销，或者不能确定为倾销。

【解析】错误。确定产品正常价值的方法有多种，出口国销售价格只是其中之一。其他标准还有向第三国出口价格、推定价格等。

12. 如果除倾销进口外，还有其他因素对国内产业造成了损害，应当对这些因素造成的损害与倾销进口造成的损害区别开来。

【解析】正确。区别其他原因造成的损害是因果关系要求的第二个方面。这也说明，倾销进口不需要是国内产业损害的主要原因或唯一原因。

13. 在裁定倾销进口对国内产业造成损害时，除要求进口商缴纳保证金外，还可以对进口商罚款。

【解析】错误。根据《反倾销协议》的规定和争端解决实践，反倾销措施只包括三种，即临时措施、价格承诺和最终反倾销税。除此之外，皆属非法。

14. 发展中国家在反倾销程序中享有一定的特殊利益，如一定倾销幅度下的倾销，可以免征反倾销税。

【解析】正确。这是对发展中国家特殊差别待遇的体现，但这一特殊对待也需要满足《反倾销协议》中规定的条件。

15. 在反倾销调查中，可以同时裁定倾销进口对国内产业造成了实质损害、实质损害威胁、实质阻碍国内产业的建立。

【解析】错误。实质损害、实质损害威胁、实质阻碍国内产业的建立，这三种损害形式是不可能同时存在的，尽管前两种可能同时存在，例如，因采取了临时措施避免了实际损害的产生。

16. 反倾销税可以追溯征收，有可能一直追溯到发起反倾销调查时。

【解析】正确。原则上不允许追溯征收反倾销税，但如果之前采取了临时措施，则可以追溯征收。可以追溯征收的最长期限是追溯到发起反倾销调查时的倾销进口产品。

17. 价格承诺通常由出口商主动提出，但进口国当局可以主动要求出口商接受价格承诺。

【解析】错误。价格承诺由出口商主动提出，进口国当局可自主决定是否接受价格承诺，但进口国当局不得要求出口商提供价格承诺。

18. 出口商不参加反倾销调查程序，为自己进行辩护，可能导致对自己不利的裁定，但这不表示调查当局只可以根据申诉方提供的资料进行裁定。

【解析】正确。调查当局可以根据自己掌握的事实，在现有事实基础上作出裁定。调查当局有义务证明其裁定存在理由和依据。

19. 与 GATT1994 国民待遇中的同类产品相比，反倾销调查中的同类产品的范围要窄。

【解析】正确。根据《反倾销协议》第 2 条第 6 款的规定，“同类产品”一词应解释为相同产品（identical product），即审查产品在各方面都相同的产品，或者如无此种产品，为尽管各方面并非都相同但具有与审查产品极为相似（closely resembling）特点的另一种产品。反倾销实践中多指海关分类税则号相同的产品。GATT1994 的国民待遇条款中没有对同类产品下定义，但根据争端解决实践，该同类产品包括了相同产品、类似（similar）产品，且根据产品的最终用途、物理特征、消费者感受来判定，税则号只是其中一个标准。

20. 反倾销调查程序一旦发起，对受调查的产品就产生不利影响，对于进口国滥用反倾销调查程序，出口商可以向世界贸易组织提出申诉。

【解析】错误。GATT1994 及《反倾销协议》要求根据实体要件和程序要件采取反倾销措施，发起反倾销调查本身并非在禁止之列。也有可能发起调查后发现没有满足采取反倾销措施的条件而终止调查。另外，可以向世界贸易组织申诉的只能是出口商所在国的政府。

21. 反倾销措施中的因果关系要求表示，如果没有倾销进口，就不可能有国内产业的损害。

【解析】错误。如果倾销进口和其他因素共同造成了国内产业的损害，倾销进口与国内产业损害之间即存在因果关系。可能存在倾销进口是造成国内产业损害的唯一原因的情况，但这并不是所有的情况。《反倾销协议》也无这样的法律要求。

### （二）选择填空

1. 提起反倾销调查程序申请的，可以是________。

A. 国内产业本身 B. 国内产业协会 C. 区域产业

【解析】答案 ABC。国内产业可以解释为仅限于区域产业的情况。在国内产业由一个或少数几个企业构成时，该企业提出反倾销调查的申请，即构成了整个产业提出申请。申请人也可以代表国内产业提出反倾销调查的申请，如产业协会提出申请，或该申请人提出申诉而有一定比例的国内企业支持该申请。

2. 用于比较出口价格与正常价值的方法，通常包括________。

A. 个别对个别 B. 平均对平均 C. 个别对平均

【解析】答案 ABC。调查当局在确定倾销幅度时需要对出口价格和正常价值进行公平比较。根据《反倾销协议》第 2 条第 4 款第 2 项，倾销幅度的存在通常应对加权平均正常价值与全部可比出口交易的加权平均价格进行比较确定，或在逐笔交易基础上对正常价值与出口价格进行比较确定。如出口价格在不同购买者、地区或时间之间差异很大，且不能通过前两种方法进行适当比较，可以在加权平均基础上确定的正常价值与单笔出口交易的价格进行比较。

3. 征收反倾销税的条件，包括________。

A. 倾销意图　B. 倾销史　C. 正在倾销

【解析】答案C。征收反倾销税必须根据倾销进口产品对国内产业造成的损害进行。倾销意图和过去倾销的历史，不是征收反倾销税的条件。有倾销史或明知倾销而倾销，是追溯征收反倾销税所应包括的条件。

4. 提出价格承诺的，可以是________。

A. 进口国调查当局　B. 出口商　C. 进口商

【解析】答案B。提出价格承诺的只能是出口商。

5. 除了出口国的国内市场价格外，用于确定正常价值的，还可包括________。

A. 向第三国出口价格　B. 推定价格　C. 替代国价格

【解析】答案ABC。《反倾销协议》第2条第2款规定了向第三国的出口价格和推定价格。GATT1994附件9关于第6条的注释提到了对国家垄断贸易的产品出口决定可比价格时可能的困难。中国"入世"议定书规定了对中国出口产品确定反倾销幅度时可以使用替代国价格。

6. 出口国可以向世界贸易组织提出申诉的进口国的与反倾销有关的措施，包括________。

A. 反倾销调查　B. 反倾销立法　C. 反倾销税措施

【解析】答案BC。出口国政府可以向世界贸易组织提出申诉的包括进口国的反倾销立法及其适用。

7. 对实质损害的确定，必须对下列事项进行审查：________。

A. 倾销产品进口数量的增加

B. 倾销产品对国内产业的影响

C. 倾销产品的库存

【解析】答案AB。倾销产品进口数量增加和对国内产业的影响是确定实质损害时要调查的因素。倾销产品的库存对于确定实质损害威胁有作用，是其中一个确定因素。

8. 反倾销调查程序中，选用替代国，是因为________。

A. 被调查产品不在出口国销售

B. 被调查产品在出口国的资料不充分

C. 被调查产品的出口国被认为非市场经济国，其生产因素成本不可信

【解析】答案C。非市场经济国家被认为产品的价格不是按照市场因素确定的，其成本不可信。

9. 反倾销措施，可以采取的形式有：________。

A. 交纳保证金　B. 价格承诺　C. 反倾销税

【解析】答案ABC。反倾销措施只有三种形式，分别是临时措施、价格承诺和反倾销税，而交纳保证金是临时措施的一种形式。

10. 反倾销调查中的不归因原则，是指________。

A. 不能把倾销进口造成的损害归于其他因素

B. 不能把其他因素造成的损害归于倾销进口

C. 不能把其他国家的倾销产品归于某一国家的倾销产品

【解析】答案B。如果倾销进口产品和其他因素共同造成了国内产业的损害，调查当局应区分倾销进口产品与其他因素造成的损害，不能把不是倾销进口产品造成的损害归因于倾销进口产品。

11. 在确定有无实质损害威胁时，应特别注意________。

A. 以前的倾销历史 B. 在其他国家的倾销情况 C. 库存情况

【解析】答案BC。所谓实质损害威胁是指实质损害没有发生但即将发生，必须是能够明显预见且迫近的。在其他国家的倾销情况和产品的库存情况直接影响着实质损害威胁的确定。

# 第七章

# 补贴与反补贴措施

本章摘要

补贴既是政府正常的、合法的财政支持手段，又具有扭曲贸易的效果。补贴降低产品的价格，有利于一般消费者及工业用户；同时，补贴扭曲了资源分配，不根据市场原则进行生产和销售产品。对补贴的处理，涉及政府与企业的关系、政府的作用、政府对企业的干预程度等问题。从国际贸易角度讲，对国内产品的补贴会对外国产品的进口起排外作用；对出口产品的补贴使得出口产品的价格低于在国内销售的价格，对商品进口国的国内产品造成了不正当的竞争。世界贸易组织的《补贴与反补贴措施协议》既规范补贴，又约束反补贴措施。

关 键 词

补贴　禁止性补贴　出口补贴　进口替代补贴　可诉补贴　专向补贴　财政资助　补贴利益　补贴额　国内产业损害　对其他成员利益的不利影响　承诺　利害关系方

## 第一节　补贴与反补贴规则

### 一、补贴的性质

补贴具有双重性。补贴降低产品的价格，有利于消费者，同时又扭曲资源分配，扭曲市场竞争。从国内角度看，补贴是一国政府促进经济发展的一种手段；从国际贸易角度讲，对国内产品的补贴会对外国产品的进口起排斥作用，对出口产品的补贴使得出口产品的价格低于在国内销售的价格。前一种的作用类似关税，只不过关税提高进口产品的价格，而补贴则是降低国内产品的价格；后一种的作用类似倾销，对进口国的国内产品造成了不正当的竞争。与倾销不同的是，补贴是政府政策或政府措施，而倾销是企业决策或企业措施。

由于补贴具有的二重性，各国政府对补贴采取了既允许又限制的政策。如何明确界定、区分政府正常的合法财政支持与扭曲贸易的违法补贴，是一个非常关键的难题。这涉及政府与企业的关系、政府的作用、政府对企业的干预程度等问题。这也曾是主张反补贴法不适用于非市场经济国家的一个原因。

这一政策同样体现在世界贸易组织的《补贴与反补贴措施协议》（以下简称《反补贴协议》）中。从该协议的名称中就可以看出，该协议对补贴本身作了规定，明确了该协议调整的补贴范围，规范补贴的使用，管制反补贴措施的使用，并对不同类型的补贴采取不同的救济措施。

从某种意义上说，补贴无所谓公平与否。

## 二、补贴与反补贴规则

关税与贸易总协定允许进口国对某些外国补贴征收相当于补贴数额的反补贴税，以抵消对贸易的扭曲效果。关税与贸易总协定第 6 条、第 16 条规定了对补贴的限制以及征收反补贴税的条件。东京回合谈判中达成的反补贴守则在上述规定的基础上对补贴与反补贴措施作了进一步的规定。但该守则仅对少数缔约方适用。

世界贸易组织《反补贴协议》是在东京回合反补贴守则基础上制定的新协议。它与 GATT1994 第 6 条和第 16 条共同构成了有关补贴的规范和纪律。该协议对两个既相互独立又相互联系的问题进行了规定：确立调整提供补贴的多边纪律，规范反补贴措施的使用。

《反补贴协议》共包括 11 部分。第一部分规定了该协议的适用范围及补贴和专向性的概念；第二、三、四部分确立了禁止性补贴、可诉补贴和不可诉补贴的相关规则；第五部分规定了采取反补贴措施应遵循的实体和程序性规则；第六、七部分规定了实施《反补贴协议》的制度、通知以及监督要求；第八部分规定了对不同发展中成员的差别待遇；第九部分规定了发达成员以及前中央计划经济国家的过渡规则；第十、十一部分规定了争议解决和最终条款。

《反补贴协议》是针对补贴的专门性协议，是补贴与反补贴措施的一般性规则。《反补贴协议》既适用于农业产品，也适用于工业产品。《农业协议》中对农产品补贴问题确立了特殊的纪律和要求。《农业协议》将补贴主要分为两类：绿色补贴和黄色补贴。前者指许可使用、不必承担削减义务的补贴，后者包括必须承担削减义务的补贴。《农业协议》并不禁止与该协议的减让义务一致的出口补贴，尽管该补贴仍是可抵消的。与减让义务一致的国内支持，在多边纪律方面是不可诉的，但可以被征收反补贴税。

《农业协议》和《反补贴协议》是两个并存的平行的货物协议，二者之间并不存在替代关系。《反补贴协议》对补贴的定义，同样适用于《农业协议》中的补贴。除非《农业协议》另有特殊的、例外的或授权性规定，《反补贴协议》适用于农产品补贴。《反补贴协议》可诉补贴部分中有关《农业协议》第 13 条（和平条款）不适用的规定，从 2004 年起已终止适用。

《反倾销协议》和《反补贴协议》是两个独立的、平行的协议，各自规定了不同的纪律，规定了采取反倾销措施和反补贴措施的不同条件。因此，从法律上说，对同一进口产品同时采取反倾销措施和反补贴措施是可能的。美国对中国出口产品双反案（DS379）确认了这一点。

# 第二节　补贴的概念和种类

## 一、补贴的概念

1. 补贴的构成要素

根据《反补贴协议》，下列情况下被视为存在补贴：某一成员政府或某一成员境内公共机构向某一人提供财政资助或 GATT1994 第 16 条意义上的任何形式的收入支持或价格支持，并由此给予某种利益。简言之，补贴的存在应具有两个构成要素：第一，存在来自政府或公共机构的财政资助；第二，该财政资助使接受者获得利益。也有人认为构成补贴有三要素，将前述第一要素再分为两个要素，即财政资助、由政府或公共机构提供。

《反补贴协议》列举了 4 类财政资助的形式：（1）资金的直接转让（如赠款、贷款和股本投入），或资金或债务潜在的直接转让（如贷款担保）；（2）放弃或未征收在其他情况下应收取的政府收入（如税收抵免，但对出口产品免征关税或其同类产品国内消费时的国内税，退还不超过实际征收数额的关税或国内税，不视为补贴）；（3）提供除一般基础设施外的货物或服务，或购买货物；（4）向筹资机构付款，或委托或指示私营机构履行前述（1）至（3）项列举的通常属于政府的一种或多种职能，且这种做法与政府通常采取的做法并无实质不同。如（2）所示，作为补贴构成要素的财政资助的存在与否，不以政府实际产生支出或成本为条件。

该财政资助必须是由政府或公共机构提供或指示提供，包括成员中央政府的措施、次级政府的措施和行使政府职能的公共机构的措施，也包括私营机构接受政府或公共机构委托提供的。但政府委托或指示私营机构履行上述有关职能，必须存在积极的行为（affirmative action）。国有企业是否属于公共机构，根据上诉机构在双反案中的观点，需要根据国有企业是否行使政府职能来确定。

财政资助本身并不构成《反补贴协议》意义上的补贴，除非财政资助对接受者产生利益。在很多情况下，财政资助对接受者产生利益，是非常明确的。以赠款为例，接受赠款者的利益显而易见。在另外一些情况中，财政资助是否对接受者产生利益，其确定比较复杂。至于判定利益存在的标准，上诉机构将利益解释为受补贴者实际接受或享有的相对于未受补贴者的某种优势，判定这一优势的标准是市场标准，这一市场可以是补贴国之外的市场，即外部基准。另外，财政资助产生的利益，只有存在具体的受益者时才存在。以国有企业股份化为例。相对于其他私营企业，国有企业很显然获得了国家以股本形式提供的财政资助。但该国有企业股份化后，如果购买该企业的新公司的股东按市场价格购买，则并没有获得原国家财政资助的好处，从而不存在《反补贴协议》意义上的补贴。其他诸如对上游企业的财政资助是否构成对下游企业的补贴，也需要根据具体情况来分析。在美国对加拿大松木补贴案中，政府对伐木者的补贴是否转移给了木材生产商，由于实际情况不同，产生了不同的结果。

另外，构成受益人利益的政府措施，并不一定属于财政资助。在美国将出口限制视为补贴案中，美国认为出口限制导致生产商将产品出售给本地消费者，使得本地供应增加、价格下降，因而形成政府要求生产商如此行为的结果，构成了财政资助；又由于存在利益，从而形成补贴。但实际上，生产商如此行为，并不是政府指示的，也非政府给予的。

2. 专向补贴

扭曲一经济体内的资源分配的补贴应受到约束。但当某一补贴在某一经济体内广泛存在时，一般认为不产生资源分配的扭曲。因此，即使某一补贴属于《反补贴协议》定义的补贴，但如果不是专向提供给某一企业或产业、某一组企业或产业（以下统称某些企业），则该补贴不受《反补贴协议》的调整。因此，属于《反补贴协议》调整范围的补贴仅是专向补贴(specific subsidy)。《反补贴协议》第二部分、第三部分和第五部分，分别是对属于专向补贴的禁止性补贴、可诉补贴和反补贴措施的规范（第四部分“不可诉补贴”已经终止适用）。

禁止性补贴是专向补贴。除此之外，根据下列原则确定某一补贴是否是专向补贴：

（1）如果授予机关或其据以运行的立法，明确将补贴的获得限于某些企业，则该补贴在法律上是专向的。

（2）如果授予机关或其据以运行的立法，制定了确定补贴资格和数量的客观标准或条件（中性的，不对某一企业或产业偏向），该资格是自动的，该项标准或条件得到严格遵循，则不存在专向性。相关标准或条件须明确规定在法律、法规或其他官方文件中，以便能够证实。

（3）如果根据上述两项原则表现为非专向性补贴，但有理由相信补贴可能事实上是专向性的，则可以考虑其他因素来确定。这些因素包括：数量有限的某些企业使用补贴计划，某些企业是补贴的主要使用者，或给予某些企业不成比例的大量补贴，以及授予机关作出补贴决定时行使决定权的方式。在考虑这些因素时，还应考虑经济活动多样性的程度和已经实施的补贴计划的期限。

（4）如果补贴限于指定地理区域的企业或产业，该补贴是专向的。

上述前两项明确规定在法律文件中，属于法律上的专向补贴（法定专向补贴）。第三项为事实上的专向补贴。第四项针对特定区域而言，相信也包括了法律上的和事实上的补贴两种情形。法律上的和事实上的专向补贴的区别在于法律是否明文规定。从《反补贴协议》规定的内容以及有关补贴的争端解决的实践看，不允许通过事实上的补贴来规避有关补贴的多边纪律。中国“入世”议定书第10条第2款规定，对国有企业提供的补贴，视为专向性补贴。

## 二、补贴的种类

### （一）概况

《反补贴协议》原来将补贴分为三种：禁止性补贴（prohibited subsidies）、可诉补贴（actionable subsidies）和不可诉补贴（non-actionable subsidies）。这三类补贴被形象地称为红色补贴、黄色补贴和绿色补贴。但有关不可诉补贴的规定，即协定四部分，已经于 1999 年年底终止适用。因此，现在只存在禁止性补贴与可诉补贴两种。

补贴类型不同，对其实施的纪律不同，救济方式也不同。禁止性补贴，由于其直接扭曲国际贸易，其本身就是被禁止的，任何成员都不得给予或维持禁止性补贴（《农业协议》有特别规定的除外）。如果一成员认为另一成员提供了禁止性补贴，该成员可直接向世界贸易组织争端解决机构申诉，无须证明该补贴产生的不利影响；在申诉成功后由争端解决机构授权采取反措施。这一程序不排除进口成员通过国内反补贴调查程序，采取不违反《反补贴协议》的措施。可诉补贴，正如交通灯的黄色信号可能导致红绿两种可能性一样，需要判断是否满足了对其采取措施的条件。只有对其他成员的利益造成不利影响的补贴才是不能使用的。对其他成员利益的不利影响，是指补贴损害另一成员的国内产业，使其他成员根据 GATT 1994 直接或间接获得的利益（特别是受第 2 条约束的减让利益）丧失或受损，或者严重侵害另一成员的利益。

### （二）禁止性补贴

禁止性补贴包括出口补贴和进口替代补贴两种。

出口补贴，是指法律上或事实上以出口实绩（export performance）作为授予补贴的唯一条件或其中一个条件的补贴。进口替代补贴（import substitution subsidies），是指以使用国产货物而非进口货物为授予补贴的唯一条件或其中一个条件的补贴。发达成员早在东京回合就已接受对出口补贴的禁止。进口替代补贴（当地成分补贴）在 GATT 1947 中不受规范，其第 3 条第 8 款（b）项排除了对进口替代补贴的适用。在乌拉圭回合谈判达成的协议中，《与贸易有关的投资措施协议》禁止当地成分要求，《反补贴协议》加入了禁止进口替代补贴的规定。

根据《反补贴协议》，出口补贴包括法律上的出口补贴和事实上的出口补贴。《反补贴协议》虽没有明示规定进口替代补贴也包括了事实上的补贴，但在争端实践中上诉机构认为进口替代补贴也包括事实上的补贴。

《反补贴协议》附件 1 列出了出口补贴示例清单，包括：

（1）政府根据出口实绩对企业或产业提供直接补贴。

（2）外汇留成计划或类似的出口奖励做法。

（3）对出口货物运输，政府提供或授权提供优于国内运输的运输条件和运费。

（4）政府或其机构，直接或间接地通过政府要求的计划，提供出口货物生产所需要的进口或国内产品或服务，其条件优于国内消费货物生产所使用的同类或直接竞争产品或服务的提供，该条件优于出口商在国际市场上可以获得的商业条件。

（5）对工商企业出口品已缴或应缴的直接税或社会福利费实行全部或部分免税、退税或递延，直接税指对工资、利润、利息、租金、专利权使用费和其他形式的收入所征收的税，以及对不动产所有权征收的税。

（6）在计算直接税的征税基础（应税额）时，对直接与出口或出口实绩有关的特别减让优于对国内消费、生产提供的减让。

（7）对出口产品的生产和分销免除或退还的间接税，超过对供国内消费的同类产品的生产和分销免除或退还的间接税。间接税指销售税、消费税、营业税、增值税、特许税、印花税、转让税、存货税、设备税、边境税以及除直接税和进口费以外的所有其他税。

（8）对用于出口产品生产的货物或服务所征收的前阶段累计间接税的免除、减免或递延，超过对用于生产国内消费的同类产品实行的免除、减免或递延征收，但如果前阶段的累计间接税是对出口产品生产中的消耗投入征收的（扣除正常损耗），则可以免除、减免或递延征收，即使国内销售的同类产品没有被免除、减免或递延征收（该规定不适用于增值税制度和边境税调整）。

（9）对进口费用的减免或退还超过了对出口产品生产中消耗的进口投入所收取的进口费用，但在特定情况下，企业可以使用等于进口投入的国内市场投入（品质与特征相同）进行替代，以从中受益，但进口与相应的出口应限于合理的时间内，最长不超过两年。

（10）政府或政府控制的特殊机构提供出口信贷保证或保险计划，对出口成本增加或汇率风险增加提供保险或保证计划，其保险费用不足以弥补长期经营成本和计划的损失。

（11）政府、政府控制或代表政府的特殊机构，以低于实际应付的利率或从国际市场上获得相同条件的资金的利率，提供出口信用，或由其全部或部分支付出口商或金融机构在获得信贷过程中的费用，取得出口信贷条件的实质优势。

（12）构成 GATT1994 第 16 条意义上的出口补贴的、官方账户收取的任何其他费用。

### （三）可诉补贴

可诉补贴是一种非禁止性补贴，但如果它们对另一成员的利益造成不利影响，即损害另一成员的国内产业，使其他成员据 GATT1994 享有的利益丧失或受到损害，特别是据 GATT1994 第 2 条享有的约束性减让的利益丧失或受损，或严重侵害其他成员的利益，则可以通过多边纪律或者反补贴措施来解决。因此，不利影响是对可诉补贴采取反补贴措施的内在要素和前提条件。

1. 损害国内产业

受到补贴的货物进口对进口成员的国内产业造成损害，应据反补贴措施调查程序确定（《反补贴协议》第五部分）。只有在补贴进口确实造成损害、二者之间有因果关系的情况下，申诉成员才可以采取反补贴措施。

2. 约束关税减让产生的利益受损

作为不利影响的第二个方面的关税与贸易总协定项下利益的丧失或损害，应据关税与贸易总协定的有关条款确定。典型的情况是，补贴削弱了实施补贴的成员原承诺的约束性关税减让带来的市场准入的改善，简言之，是对补贴成员的市场准入机会的丧失。

3. 严重侵害其他成员利益

此处“严重侵害其他成员的利益”，与GATT1994第16条第1款“补贴”中所指的含义相同，包括严重侵害威胁。与损害进口成员的国内产业不同，对另一成员利益的严重侵害的不利影响通常发生在提供补贴的成员市场或第三国成员的市场，影响到受侵害成员的出口利益。《反补贴协议》第6条第1款规定了推定存在严重侵害的情形，但该款规定已于1999年年底停止适用。因此，是否存在严重侵害其他成员利益的补贴，需要根据该第6条的其他条款提供的原则确定。

在下列一种或多种情况下认为可能存在严重侵害：（1）补贴的影响在于取代或阻碍另一成员的同类产品进入提供补贴成员的市场；（2）补贴的影响在于取代或阻碍另一成员的同类产品向第三成员出口；（3）在同一市场上，与另一成员的同类产品的价格相比，受补贴产品存在明显的降价，或大幅价格抑制、压价，或销售损失；（4）与前3年的平均市场份额相比，补贴的影响造成了受补贴的特定初级产品或商品在世界市场上的份额增加，该增加在实施补贴后呈一贯趋势。分析时要注意补贴与严重侵害间的因果关系。

如果在相关时期内存在下述情况，则不存在上述第一种和第二种情况所述的产品取代或阻碍：禁止或限制来自申诉成员的同类产品的出口，或禁止或限制来自申诉成员的同类产品进口至第三成员市场；对有关产品实施垄断贸易或国营贸易的进口成员政府，出于非商业上的原因，决定将从申诉成员的进口转向从其他成员进口；自然灾害、罢工、运输中断或其他不可抗力严重影响申诉成员领土内供出口的产品的生产、质量、数量或价格；存在限制申诉成员出口的安排；申诉成员自愿降低产品的出口（包括出口商自愿重新确定新的市场）；未能符合进口成员的标准或其他管理要求。

4. 对发展中国家的特殊规定

对于发展中国家给予或维持的可诉补贴，除非认定该补贴使GATT1994项下的关税减让或其他义务的利益丧失或受损，从而替代或阻碍了另一成员的同类产品进入补贴成员国市场，或者除非损害了进口国成员市场的国内产业，不得通过世界贸易组织争端解决程序授权或采取措施。

## 第三节　补贴监督和救济措施

### 一、补贴通知

为了加强对补贴的监督，加强与补贴有关的多边纪律，提高各成员管理的透明度，《反补贴协议》对各成员有关补贴的措施及立法提出了通知的要求：除非通知成员另有要求，所有通知都应公开。

《反补贴协议》第25条规定，各成员应向补贴与反补贴措施委员会通知所有的专向补贴，该通知应受该委员会的审查和讨论。每3年都应向该委员会通知新的和全部的专向补贴。该通知义务涉及所有货物、任何部门以及任何级别的政府。认为没有提供专向补贴的成员也应通知。措施的通知并不妨碍措施据GATT1994和《反补贴协议》的法律地位、《反补贴协议》项下的影响或措施本身的性质。

《反补贴协议》第32条要求所有成员应将反补贴税立法和规章通知补贴与反补贴措施委员会，没有反补贴法的成员也要通知。成员应每半年向该委员会通知其采取的反补贴措施，并在采取初步的和终局的反补贴税措施时通知。应将其发起和进行反补贴调查的主管当局通知该委员会。

## 二、诉诸争端解决机构

对于禁止性补贴和可诉补贴，《反补贴协议》规定了两种救济措施：一种是通过世界贸易组织的争端解决程序经授权采取反措施（countermeasure），另一种是进口成员根据反补贴调查征收反补贴税。进口国可以同时将争议补贴诉诸争端解决机构并进行反补贴调查。但是，对于特定补贴在进口成员国内市场的影响，只能采取其中一种救济措施，或者是反措施，或者是反补贴措施，这两种措施在实施形式上和性质上都是不同的。

世界贸易组织争端解决程序对补贴争端适用的程序，与一般争端程序不同。第一，争端解决的期限不同。它实施快速程序，补贴争端解决的期限短于其他争端的解决期限。第二，专家组或上诉机构作出的建议不同。它们可以直接要求被诉方采取适当措施取消补贴，或消除补贴影响；对于禁止性补贴，可以规定立即撤销补贴，并直接规定撤销的期限。如被诉方没有执行裁决，争端解决机构可以授权申诉方采取反措施。对于可诉补贴，如果在争端解决报告通过后的规定期限内被诉方没有撤销补贴或消除影响，并且双方没有达成补偿性协议，争端解决机构可授权申诉方采取反措施。第三，世界贸易组织补贴与反补贴措施委员会设立常设专家小组，解决争端的专家组可请求常设专家小组提供协助。常设专家小组关于涉及措施是否属于禁止性补贴的结论，专家组只有接受，不得修改。

任何成员不应给予或维持禁止性补贴。如果一成员认为其他成员给予或维持禁止性补贴，可以要求与对方进行磋商，达成相互同意的解决办法。如在提请磋商后的30天内不能达成相互同意的解决办法，参与磋商的任何一方可以将争端提交世界贸易组织争端解决机构解决。争端解决机构应采取快速程序解决争端，专家组应在90天内、上诉机构应在30天内作出报告。如果涉及措施被认定为禁止性补贴，实施补贴的成员应取消该项补贴，否则，争端解决机构应允许申诉成员采取适当的反措施。如争端方对反措施有异议，可根据DSU第22条第6款申请仲裁，仲裁员应确定反措施是否适当（appropriate）。

如一成员有理由认为其他成员的可诉补贴对其国内产业造成了损害、使其利益丧失或造成严重侵害，可以要求与补贴实施成员进行磋商，达成相互同意的解决办法。如在提请磋商后的60天内不能达成相互同意的解决办法，参与磋商的任何一方可以将争端提交世界贸易组织争端解决机构解决。争端解决机构应通过快速程序解决争端，专家组应在120天内、上诉机构应在60天内作出报告。当专家组或上诉机构的报告判定对其他成员的利益构成不利影响的补贴存在，该报告被争端解决机构通过后，提供或维持该补贴的成员应采取适当的步骤消除不利影响或取消补贴。如果通过报告后6个月内受指控成员没有采取适当的步骤消除不利影响或取消补贴，且没有能够达成给予补偿的协议，争端解决机构可授权申诉成员采取与裁定存在的不利影响的性质及程度相当（commensurate with）的反措施。如果争端一方持有异议，可以据DSU第22条第6款申请仲裁，仲裁员应确定反措施是否与被确定存在的不利影响的程度和性质相当。

反措施可以采取中止关税减让或其他义务的形式，或者采取从价税的形式。如果争端方对反措施存在异议而诉诸DSU第22条第6款的仲裁程序，其程度由仲裁员来确定。针对禁止性补贴的反措施，与针对可诉补贴的反措施，其实施标准是不同的。前者要求反措施适当，该标准并不意味着根据禁止性补贴这一事实允许不成比例的反措施；后者要求反措施与被确定存在的不利影响的程度和性质相当。从争端解决的实践来看，后者的要求严于前者。在其他类型争端中，反措施需与利益丧失或受损的水平相等（equivalent to）。针对补贴的反措施的程度的要求，是《反补贴协议》规定的特殊或额外的争端解决规则与程序，因此，对补贴案件应遵循相应的适当或相当标准。

一成员提供禁止性补贴本身，即违反了不得授予或维持禁止性补贴的义务，申诉方无须证明该禁止性补贴对其产生了不利影响，但在确定反措施的适当性时，可能需要根据补贴额或贸易影响来进行。补贴额可以作为确定适当的反措施的出发点。在加拿大飞机补贴案中，由于加拿大拒绝撤销禁止性补贴，仲裁员将补贴数额提高了20%，作为反措施的数额。在巴西飞机补贴案中，相当于补贴额的反措施数额被认为是适当的。禁止性补贴的不利贸易影响，可以作为确定反措施的一个相关因素，可以针对不利的贸易影响确定反措施的数额。

至于可诉补贴，只有对其他成员的利益产生不利影响时才被禁止，因此，反措施应与不利影响的性质和程度相当。对其他成员利益的不利影响的性质和程度，成为确定反措施是否相当的标准。

对于有些补贴措施不适宜采取反补贴措施，例如严重侵害其他成员利益的补贴，欧美相互起诉的飞机补贴案即是如此。

## 三、反补贴措施

### （一）反补贴措施的适用对象

《反补贴协议》第五部分“反补贴措施”确立了进口成员对补贴进口产品采取反补贴措施的要求。该部分既包括实体要求，又包括程序要求。《反补贴协议》第10条规定：“各成员应采取所有步骤，保证对任何成员领土的任何产品进口至另一成员领土征收反补贴税，符合1994年关税与贸易总协定和本协议的规定。反补贴税仅可根据依照本协定和《农业协议》发起和进行的调查征收。”如果进口成员采取的反补贴措施不能满足这些要求，出口成员可以将其诉诸世界贸易组织争端解决程序。

由于进口成员采取的反补贴措施针对的是补贴进口产品，所以，该措施只适用于出口补贴和损害国内产业的可诉补贴。进口替代补贴、造成GATT1994项下利益丧失或受损的可诉补贴以及严重侵害成员利益的补贴，由于皆发生于进口成员市场之外（出口国或第三国），应理解为不适用反补贴措施。

## （二）反补贴调查与反补贴措施

进口成员除非确定存在补贴进口、该进口对生产同类产品的国内产业造成损害、进口与损害之间有因果关系，不得采取反补贴措施。一补贴是否为专向补贴，需据《反补贴协议》第一部分“补贴和专向补贴的定义”确定，而损害和因果关系需据第五部分规定的标准确定。《反补贴协议》第五部分规定了确定利益存在及数额的规则，明确规定可以累积确定来自于不同成员的补贴进口的影响，并详细规定了反补贴措施的程序要求，包括反补贴调查的发起和进行、临时措施及终局措施、价格承诺、措施期限等。

1. 反补贴调查的申请及发起

确定任何被指控的补贴的存在、程度和影响的调查，应在收到国内产业提供的或代表国内产业提出的书面申请后发起。特殊情况下，有关调查当局在未收到书面调查申请的情况下，当存在充分证据证明发起调查正当时，也可以自主发起反补贴调查。调查不得妨碍通关程序。

在申请发起调查的情形下，只有足够数量的国内生产商支持反补贴调查申请时，才可以发起调查。提起申请的国内产业生产商生产产品的产量应占支持或反对该申请的国内产业生产总量的50％以上，同时明确支持申请的国内生产商的产量应达到整个国内产业生产的同类产品总产量的25％，如不足25％，则不得发起调查。

该申请应是书面的，应包括充足的证据，说明存在补贴及存在的补贴数额、存在损害以及补贴和损害间的因果关系。缺乏有关证据的简单断言，不满足该要求。调查当局应对申请方提出的申请及提供的证据的准确性和充分性进行审查，以决定是否发起调查。如调查当局相信没有足够证据证明发起调查程序的正当性，应立即拒绝申请，并终止调查。如补贴金额属微量（补贴不足从价金额的1％），或者补贴进口产品的实际或潜在数量或损害可忽略不计，应立即终止调查。

如果产品自中间国进口，而不是自原产国直接进口，该项交易或该类交易应视为发生在原产国与进口国之间，适用《反补贴协议》的规定。

2. 利害关系成员对反补贴调查的参与及磋商

反补贴调查的任何利害关系成员及所有利害关系方，都应获得调查机关要求的信息，并有充分的机会以书面形式提供其认为相关的所有证据。利害关系成员和利害关系方在说明正当理由后，也有权口头提供信息。调查机关可按需要在其他成员领土内进行调查，只要它们已经及时通知有关成员，除非该成员反对该调查。如利害关系成员或利害关系方拒绝提供或未在合理时间内提供必要信息，或严重妨碍调查，则调查机关可在现有事实基础上作出初步裁定或终局裁定。

上述规定表明，与反倾销调查不同，具有利害关系的世界贸易组织成员，例如被控提供补贴的成员，是反补贴调查的参与方。另外，调查机关一旦接受反调查申请，在发起调查之前，应邀请其产品受到调查的成员进行磋商，以期澄清情况，达成双方同意的解决办法。此外，在整个调查期间，其产品被调查的成员仍应获得合理的机会继续磋商。但在不损害提供合理机会进行磋商义务的情况下，有关磋商的规定不阻止成员发起调查。

上述有关利害关系成员参与调查的规定以及磋商的规定，是《反补贴协议》所特有的。它再次表明了补贴的政府性质，突出了补贴所具有的政府提供或指示提供的特征。

3. 补贴的认定和补贴额的计算

补贴的认定与补贴额的计算是两个不同的概念或要求。专项补贴的认定是计算补贴额的前提条件。该认定是对补贴计划或项目的认定，看它是否符合《反补贴协议》定义的补贴。但该补贴项目产生多少补贴额，有多少数额分配到受调查的补贴出口产品，则是另外一个问题。

《反补贴协议》采取了以接受者所获利益为标准来计算补贴额的方法。该协议没有使用政府成本这一计算方法。如果没有授予利益，补贴额属微量补贴的，则应终止调查。

调查机关计算接受者利益的任何方法，应在成员国内立法或实施细则中作出规定。这些规定对每一具体案件的适用，应是透明的，并有充分的说明。

任何计算方法的使用应符合下述准则：

第一，政府提供的股本，除非其投资决定被认为与该成员境内的私营投资者的惯常投资做法（包括提供风险资金）不一致，不应被视为授予利益。在国有企业私有化的过程中，政府提供的股本是否对私有化后的企业提供了补贴，应根据是否按照独立交易的市场价格，视具体情形而定。简单采用转移法或同一主体法，将原提供的股本视为对私有化后的企业的补贴，违反《反补贴协议》。

第二，政府提供的贷款，除非接受贷款的企业对政府贷款支付的数额与能够从市场上实际获得的可比商业贷款支付的数额之间存在差异，不应视为利益的授予。存在差异时，利益为两者之间的差额。

第三，政府提供的贷款担保，除非获得该担保的企业为政府担保支付的担保费与无政府担保的可比商业贷款所支付的担保费之间存在差别，不应视为利益的给予。存在这种差别时，利益为费用差别调整后的二者差额。

第四，政府提供货物或服务，或购买货物，除非提供所得低于适当的补偿，或购买所付多于适当的补偿，不应视为利益的给予。补偿是否适当，应按有关货物或服务在提供国或购买国的现行市场条件来确定，包括价格、质量、充足度、适销性、运输条件和其他购销条件。上诉机构在加拿大松木反补贴案中指出，调查当局可以使用提供国私营价格外的标准，如果已经确定提供国私营价格由于补贴而扭曲。

4. 实质损害或实质损害威胁的确定

《反补贴协议》中规定的反补贴调查中的损害，是指对国内产业的实质损害，对国内产业的实质损害威胁，或对此类产业建立的实质阻碍。

损害应在确切的证据和客观调查的基础上，根据补贴产品进口量、其对国内市场上同类产品的价格影响、其对国内同类产品生产者的影响这三个方面来确定。

补贴产品进口量是否大幅度增加，应从绝对量或与进口成员的生产或消费比较的相对量考虑。也就是说，补贴进口量的增加，包括绝对量的增加和相对量的增加两种情形。在补贴进口绝对量不变，但进口成员生产下降的情况下，补贴进口量相对增加。

对补贴进口产品的价格影响，应考虑与进口成员同类产品的价格相比，补贴进口产品是否存在大幅度削价，补贴进口产品是否大幅度地压低了价格，或是否阻止了本应发生的价格大幅度上涨。

当涉及多个国家的进口产品时，调查机关应考虑是否可累积计算进口产品的影响。只有满足了下述两个条件时，才可以累积计算：来自每一国的进口产品的补贴金额大于从价金额的1%（微量水平），且每一国家的进口量不可忽略不计；根据进口产品之间的竞争条件和进口产品与国内同类产品的竞争条件，对进口产品的影响进行累积计算适当。

对国内产业的影响，首先界定国内产业的范围。和反倾销中的国内产业一样，反补贴中的国内产业指国内同类产品的全部生产商或主要生产商；一定条件下存在以独立市场或区域市场形式存在的国内产业。

补贴进口产品对国内产业的影响的审查确定，应包括影响产业状况的所有有关经济因素和指数的评估，包括产量、销售量、市场份额、利润、生产能力、投资收益、设备利用率的实际和潜在的下降；影响国内价格的因素；对资金流动、库存、就业、工资、增长、筹措资金或投资能力的实际和潜在的不利影响。在涉及农业的情况下，还要考虑是否加重了政府支持计划的负担。这些因素不是穷尽的，其中的一项或多项未必具有决定性的指导作用。

至于因果关系：根据上述几个方面的调查，进口成员调查机关必须确定补贴进口产品是否对生产同类产品的国内产业造成损害。这是对因果关系的要求。证明补贴进口产品与对国内产业的损害之间存在因果关系，应以调查机关获得的所有证据为基础；也应考虑补贴进口产品之外的同时影响国内产业的任何已知因素，这些因素造成的后果不应归于补贴进口产品，这些因素特别包括：涉及产品的非补贴进口的数量和价格、需求的萎缩、消费模式的变化、外国和国内生产商之间的贸易限制做法和竞争、技术发展和国内产业出口实绩及生产率。《反补贴协议》的因果关系要求，实际上存在正反两方面的要求：正面归因和反面的不归因。这和同反倾销、保障措施的要求一样。

对实质损害威胁的确定，调查当局应根据事实而非推断、推测或极小的可能性进行。实质损害威胁必须是明显的、迫近的。除实质损害应考虑的因素外，调查当局应特别考虑下述因素：（1）补贴的性质和可能产生的贸易影响；（2）补贴进口产品进入国内市场的高增长率，表明进口大量增加的可能性；（3）考虑其他出口市场吸收额外出口产品的现实能力，出口商充分、自由掌握的能力或即将实质增加的能力，表明存在补贴进口产品进入进口国市场大量增加的可能性；（4）进口产品是否以压低或抑制国内市场价格的价格进入，并可能引发对更多进口产品的需求；（5）被调查产品的库存情况。上述因素中任何一项因素都不是决定性的。

根据争端解决机构上诉机构和专家组的观点，上述列举的实质损害威胁的审查要素，是额外的审查因素。在审查是否存在实质损害威胁时，同样要审查前文中介绍的已经发生的情况，包括进口增长、价格影响和对国内产业的影响这三大方面。

5. 反补贴措施

反补贴措施包括临时措施、承诺和反补贴税。

（1）临时措施。在调查机关作出了补贴存在和补贴进口产品对国内产业造成损害存在的初步肯定裁定后，调查机关认为有必要采取临时措施防止在调查期间内造成损害的，调查机关可以采取临时措施。临时措施不得在发起调查后的60天内实施，其实施期限最长不得超过4个月。临时措施应采取临时反补贴税的形式，根据临时计算的补贴额，以现金或保函作担保。如果最终裁定是否定的，则应迅速退还交纳的保证金或解除保函。

（2）承诺。《反补贴协议》对于采用承诺解决反补贴调查作了限制，避免自愿限制协议或假冒承诺的类似措施。与反倾销调查中的承诺仅由出口商提供不同，反补贴调查中的承诺可以是出口成员提供的，也可以是出口商提供的。只有在进口成员的调查机关就补贴和补贴造成的损害作出初步肯定裁定后，才可以寻求或接受承诺。在出口商承诺的情况下，应获得出口成员的同意。无论是出口商提供承诺还是进口成员接受承诺，都是自愿的。在接受承诺的情况下，仍可继续进行调查。如果得出否定裁定，承诺自动取消，除非否定裁定的得出是因为存在承诺造成的。如果违反承诺，进口成员可采取临时措施。

在下述情况下可以采取承诺：1）出口成员同意取消和限制补贴，或采取其他与其影响有关的措施，或者2）出口商同意修改价格，使调查机关确信补贴造成的损害影响已经消除。承诺提价幅度不应超过消除补贴额所必需限度，如较小提价即可消除对国内产业的损害，应采取较小提价。

（3）征收反补贴税。反补贴税是指为抵消对任何产品的制造、生产或出口给予的直接或间接补贴而征收的一种特别税。在进行磋商没有取得效果的情况下，如果征收反补贴税的条件满足后，进口成员调查机关可以决定征收反补贴税，除非补贴被撤销。是否征收反补贴税、反补贴税是按补贴全额征收还是低于全额征收，由进口成员调查机关决定。反补贴税应无歧视地征收，但对撤销补贴或作出承诺的进口除外。反补贴税不得超过认定存在的补贴额，该数额以补贴出口产品的单位补贴计算。

反补贴税可以追溯适用。一般情况下，只有对于初步肯定裁定或终局肯定裁定生效后进入消费的产品，才可以适用临时措施或征收反补贴税，但有例外。如果作出终局损害裁定（而不是损害威胁或阻碍产业建立的裁定），或作出终局损害威胁裁定（如无临时措施本可导致终局损害裁定），如果已采取了临时措施，则可对临时措施的适用期限追溯适用反补贴税。临时措施与反补贴税间的差额，采取多退少不补原则。如果作出实质损害威胁或阻止产业建立的裁定，则只能从终局裁定日征收反补贴税，以前适用临时措施时交纳的现金押金或保函应立即退回或解除。在紧急情况下，如果调查机关认为存在难以补救的损害，并且存在追溯适用反补贴税的必要，则对临时措施适用前 90 天进入消费的产品可以追溯适用反补贴税。

《反补贴协议》也规定了日落审查和司法审查。反补贴措施应在实施之日起 5 年后终止，除非经日落审查裁定有必要继续该措施，以避免补贴和损害的继续或再度发生。反补贴措施的实施日期为征收反倾销税日、最近一次复审日或日落审查日。各成员设立独立的法庭，审查调查机关的裁定是否与国内法一致。这些与《反倾销协议》的规定基本相同。

## 一、问题与思考

1. 如何理解、掌握补贴的概念和种类?
2. 对每一类补贴有什么相应的救济措施? 适用条件和程序有什么不同?
3. 如何确定补贴进口产品的补贴额?

## 二、练习题

### (一) 判断正误

1. 与《反倾销协议》不调整倾销本身不同，《反补贴协议》除规范反补贴措施外，还含有约束补贴的规定。

【解析】正确。补贴是政府措施，反补贴措施也是政府措施。这两项政府措施都是《反补贴协议》的规范对象，而倾销是企业行为。

2. 一项补贴，如果不是针对某一具体产业、企业或企业集团实施，一般不会受到世界贸易组织的补贴纪律的约束。

【解析】正确。《反补贴协议》调整的是具有专向性的补贴。非专向补贴被认为不会扭曲贸易或贸易扭曲作用很小。针对某一具体产业、企业或企业集团实施的补贴，被认为是专向补贴。

3. 确定补贴是否存在，是否以比市场提供的更优惠条件获得某种利益，是其中的条件之一。

【解析】正确。构成补贴有两大要素：一是财政资助，二是利益。

4. 如果某一措施并不涉及政府支出，该项措施就不能被认定为补贴。

【解析】错误。财政资助有多种形式，政府支出只是其中一种。政府放弃应得的收入也是财政资助。

5. 为扩大出口量而提供的补贴，是禁止性补贴。

【解析】正确。禁止性补贴包括两类，分别是出口补贴和进口替代补贴。法律上或事实上将补贴与出口业绩挂钩，以出口业绩作为授予补贴的唯一或其中一个条件，构成了出口补贴。

6. 某一出口公司因出口成绩明显而受到了政府的奖励，这实质上构成了一种补贴。

【解析】正确。这属于事实上的出口补贴，尽管可能法律上没有明文规定。

7. 中国许多地方政府为鼓励本地区企业扩大出口，提供了一系列的优惠融资措施，这种做法可能受到其他国家的指控。

【解析】正确。如果存在财政资助，且对该资助的接受者产生了利益，即构成了补贴。如与出口业绩挂钩，则构成了出口补贴。

8. 对于出口补贴，进口国可以直接采取反补贴措施，而无须进行补贴进口对国内产业损害的调查。

【解析】错误。对于出口补贴，其他成员可以直接诉诸世界贸易组织争端解决机构，但如果进口国采取反补贴措施，则必须根据反补贴调查得出的补贴与损害的肯定结果。

9. 无限期地延长出口企业交纳所得税的期限，可能构成出口补贴。

【解析】正确。本应收取的税收不收，构成了财政资助。如果该措施仅对出口企业实施，可能对出口企业产生了其他企业所不享有的利益，并且与出口相联系。

10. 中国进出口银行主要是对出口提供信贷的银行，根据《反补贴协议》，其做法应受到一定的约束。

【解析】正确。出口信贷本身并不是被禁止的补贴，但受到《反补贴协议》的规范。在信贷利率低于市场上同类信贷利率时，可能构成出口补贴。

11. 成员可以提供可诉补贴，但在补贴进口造成国内产业损害的情况下，进口成员可以采取反补贴措施。

【解析】正确。只有在补贴进口对进口成员国内产业造成损害的情况下，进口成员才可以采取反补贴措施。

12. 反补贴调查中的国内产业，指生产与补贴进口产品同类产品的产业，包括生产这种产品的所有生产商。

【解析】错误。国内产业可以是国内同类产品全部生产商或主要生产商，一定条件下也可以是区域产业。

13. 即使法律规则没有明确规定按出口实绩提供补贴，如果出口企业从政府获得了国内其他企业所没有获得的优势，也可能构成出口补贴。

【解析】正确。出口补贴可以分为法律上的出口补贴和事实上的出口补贴。前者是法律明文规定，后者是实际上存在的。

14. 中国政府在国有企业改革中采取的“抓大放小”政策，包括了对国有大型企业的一系列扶持政策，这些政府措施可能有与《反补贴协议》相冲突的地方。

【解析】正确。国有企业的债务减免，可能构成补贴，这些企业的产品出口可能构成补贴产品出口。

15. 国有企业经过改制成为上市公司后，原国家提供的补贴不再存在。

【解析】错误。问题的关键是上市公司是否以非关联交易的市场公平价格获得了原国有企业中国家补贴所形成的财产。如果国家直接划拨，则补贴继续存在。

16. 由于补贴可能扭曲资源配置，使产品的价格不能反映实际的成本，任何补贴都是违反世界贸易组织反补贴规则的。

【解析】错误。《反补贴协议》规范可诉补贴，且只有可诉补贴在对其他成员造成不利影响时，其他成员才可以采取相应的措施。

17. 在反补贴调查期间，不能进行货物的通关。

【解析】错误。反补贴调查不能影响货物的通关。在采取临时措施时，通关可能需要缴纳保证金。

18. 追溯征收反补贴税，如原保证金金额低于反补贴税税额，应予补交。

【解析】错误。原则上只有在征收反补贴税的税令生效后才可以征收反补贴税。只有在已经采取了临时措施（例如缴纳保证金）的情况下才可追溯征收。如果缴纳的保证金多于征收的反补贴税，多的部分应予退还；如果少于反补贴税，则少的部分不再补缴。

19. 反补贴税的纳税人为补贴进口产品的进口商或出口商。

【解析】错误。补贴进口产品的进口商是反补贴税的纳税人。

20. 和反倾销调查中的价格承诺一样，在反补贴调查程序中出口国政府不能提出承诺。

【解析】错误。由于补贴是政府提供的，因而与反倾销调查不同：在反补贴调查中，出口国政府是调查程序中的一个当事人，出口国政府可以提出承诺，例如取消或减少补贴。

21. 由于《农业协议》对农产品的出口补贴作了规定，因此《反补贴协议》不适用于对农产品的出口补贴。

【解析】错误。可以这样理解，针对农产品出口补贴来说，《农业协议》是《反补贴协议》的特别法，但只有真正存在冲突时，才可以不适用《反补贴协议》。

**（二）选择填空**

1. 出口退税政策是国际通行的做法。中国规定的13%的出口退税，与国际做法是一致的，符合世界贸易组织规则。以上说法________。

A. 正确　B. 错误　C. 视情形而定

【解析】答案C。需要比较纳税率与退税率之间的关系。退税多于纳税，则明显出现了出口补贴。

2. 反补贴措施可以采取下述几种形式：________。

A. 临时措施　B. 承诺　C. 最终反补贴税

【解析】答案ABC。反补贴措施只有三种方式，即临时措施、承诺、最终反补贴税。

3. 构成补贴的要素包括________。

A. 政府的财政资助　B. 存在受益者　C. 与市场条件相比具有优势

【解析】答案ABC。政府的财政资助和由此对接受者产生的利益是构成补贴的两大要素。

4. 对可诉补贴征收反补贴税，需要下述条件：________。

A. 补贴存在

B. 国内产业受到损害

C. 受补贴的进口与国内产业的损害间有因果关系

【解析】答案 ABC。补贴进口产品对生产同类产品的国内产业造成了实质损害，是征收反补贴税的条件。

5. 在下列情况下反补贴税可以追溯征收：________。

A. 终局裁决作出了肯定的损害威胁确定

B. 提供补贴的国家历史上对调查产品提供过补贴

C. 终局裁决作出了肯定的损害确定且实施过临时措施

【解析】答案 C。只有征收反补贴税的税令生效后才可以征收反补贴税，只有在采取过临时措施的情况下才可以追溯征收反补贴税。

6. 下列属于政府财政资助的有________。

A. 政府提供的一般基础设施

B. 政府延期收缴相关税款

C. 私营机构接受政府委托向某一私营机构提供贷款

【解析】答案 BC。财政资助是资金或物质的转移。政府提供一般基础设施，如修建公路，不属于财政资助。

7. 补贴进口产品的价格影响，包括________________。

A. 补贴进口产品的削价

B. 补贴进口产品对国内同类产品的抑价

C. 补贴进口产品对国内同类产品的压价

【解析】答案 ABC。补贴进口产品的自己削价，或抑制进口国同类产品的价格上涨，或压低进口国同类产品的价格，是补贴进口产品的价格影响的三种表现。

8. 政府规定国内汽车产业只有使用国产的发动机作为汽车发动机时，才允许汽车上市销售。这一措施违反了世界贸易组织的________。

A. 国民待遇规则　B. 反补贴规则　C. 数量限制规则

【解析】答案 AC。内外产品歧视及进口替代。由于不涉及财政资助问题，因而没有违反反补贴规则。

9. 补贴受益者在获得补贴时，需要提交消费国产货物的证明，该类补贴是________。

A. 出口补贴　B. 可诉补贴　C. 进口替代补贴

【解析】答案 C。补贴的授予以使用国内产品为条件。

10. 对于禁止性补贴，受该补贴影响的成员可以采取反措施，该反措施的程度应________。

A. 适当

B. 与不利影响的性质或程度相当

C. 经过争端解决机构的批准

【解析】答案 AC。《反补贴协议》第 4 条第 11 款要求申诉方拟采取反措施时，仲裁人应确定反措施是否适当。“适当性”是针对禁止性补贴的反措施的要求。采取反措施无疑需争端解决机构的批准。

# 第八章
# 保障措施

本章摘要

与反倾销税、反补贴税一样，保障措施是约束关税义务的例外，同时也是国内产业的救济或保护措施。保障措施是针对非倾销和补贴的产品进口造成国内产业严重损害而采取的紧急救济措施。只有进口增加对国内同类产品或直接竞争产品的生产商造成严重损害时，才可以采取保障措施。保障措施旨在保障国内产业自己，为国内产业提供调整的机会。原则上进口国对于其采取保障措施而给产品出口国造成的损害应予以补偿。

关 键 词

保障措施　保障措施中的国内产业　严重损害　实质原因　“灰色区域”措施　日落条款　对受保障措施影响的成员的补偿　市场扰乱

## 第一节　规范保障措施的多边纪律

### 一、保障措施的性质

保障措施，是进口国针对造成国内产业严重损害的进口产品增加采取的临时性的紧急救济措施。保障措施的目的，是消除进口量增加对国内产业的损害，因而性质上它是一种国内产业保护措施。但国内产业保护措施本质上与市场经济、自由竞争、市场开放的原则相违背，允许这种措施自由使用，必将破坏、阻碍国际贸易的发展，有必要对其作出约束；此外，保护失去竞争力的国内产业，不利于一国经济的发展。因此，保障措施是一种临时救济措施，其直接目的是给予受到损害的国内产业一定的调整机会和时间。

保障措施旨在给国内产业调整机会，因而性质上、在制度设计上它与反倾销税、反补贴税不同，表现在实施条件上，保障措施的实施条件比反倾销措施或反补贴措施的实施条件严格。保障措施下国内产业的范围比反倾销措施或反补贴措施下的国内产业范围广，损害程度要求高。保障措施的适用应在最惠国待遇基础上实施，实施的期限受到限制，且措施应逐渐放松。进口成员对于其采取保障措施给产品出口成员造成的损害应予以补偿。

保障措施实质上是对承担义务的例外，因而保障措施条款又称为例外条款。例外条款（escape clause）是 1942 年以来美国与其他国家签订的贸易协定包含的一个条款：如果从这些国家进口的产品的数量迅速增加以致对美国的同类产品的生产商造成了严重损害或严重损害威胁，该条款允许美国撤回其向其他国家作出的关税减让。在美国推动达成的 GATT1947 中即包含了这一例外条款，这就是关税与贸易总协定第 19 条。其最初目的是防止由于关税减让导致的急剧增加的进口对国内经济造成混乱，后来逐渐演变为对急剧增加的进口对国内产业造成的损害的临时救济，是否与关税的减让有关已经变得不重要了。

关税与贸易总协定第 19 条名为“对某些产品进口的紧急措施”，这一名称准确反映、界定了保障措施的性质。关税与贸易总协定的缔约方意识到，关税减让后进口产品会出现重大增长，从而使国内产业受到巨大冲击。即使关税减让分阶段实施，某些产业在短期内同样会遇到适应新的竞争环境的困难，不能调整产业结构使其合理化或者未能采用技术创新来提高生产率。为使受影响产业获得适应竞争、进行调整的时间，关税与贸易总协定第 19 条规定了对某些产品进口的紧急措施。

## 二、保障措施多边纪律的强化

关税与贸易总协定第 19 条规定了进口成员采取保障措施的权利。当一成员发现由于关税减让等原因造成某一产品进口大量增加，以致对其国内同类产品或直接竞争产品的生产商造成严重损害或严重损害威胁时，该成员可以对该进口实施临时性的保障措施。另外，该第 19 条也规定了进口成员在采取这一措施时的义务，采取这一措施时应满足相关的条件和要求。

鉴于关税与贸易总协定要求最惠国贸易待遇，以关税作为限制进口的措施，有些发达成员为了规避关税与贸易总协定的规则，与出口增长的出口成员达成协议，通过所谓自愿出口限制、有序销售安排以及类似的措施，要求出口成员将其出口限于协议好的配额内。这些措施不是根据关税与贸易总协定第 19 条实施的，因而不受关税与贸易总协定纪律的约束。但由于它影响了国际贸易的发展，其合法性受到了怀疑，因而被称为“灰色区域”措施。实践表明，关税与贸易总协定第 19 条确立的纪律，不足以有效地控制保障措施的实施。

在乌拉圭回合谈判中，谈判方达成了《保障措施协议》，旨在澄清和加强关税与贸易总协定的纪律，尤其是其第 19 条的规定，重建对保障措施的多边控制，消除规避此类控制的措施，鼓励对受到增加进口不利影响的产业进行结构性调整，促进国际竞争。《保障措施协议》明确禁止“灰色区域”措施，并要求成员承诺不对出口或进口采用、维持任何自愿出口限制、有序销售安排或其他任何类似措施，各成员政府不得支持或鼓励企业使用或维持上述措施的非政府安排，应严格按关税与贸易总协定第 19 条的规定采取紧急措施。

《保障措施协议》确立了关税与贸易总协定第 19 条规定的保障措施的适用规则，澄清了该第 19 条确立的规则。该第 19 条包括的任何措施（中止减让或其他义务），必须根据《保障措施协议》采取。任何成员不得对某些产品的进口采取或寻求该第 19 条所列出的紧急措施，除非该措施符合《保障措施协议》的要求。因此，关税与贸易总协定第 19 条与《保障措施协议》一起构成了规范保障措施的整个纪律和规则。

《保障措施协议》明确，该协议不适用于根据下列条款或协议采取或维持的措施：除第 19 条之外的 GATT1994 其他条款，多边贸易协议附件 1A 的其他贸易协议，或者 GATT1994 框架内达成的议定书、协议或安排。

### 三、保障措施的多边监督

对保障措施的多边监督主要是通过通知要求进行的，世界贸易组织保障措施委员会负责对通知进行审查。

调查决定、对严重损害或严重损害威胁的认定以及适用或延长保障措施的决定，都要向保障措施委员会通知。在采取或延长保障措施前，成员应提供充分的机会，与作为产品出口商拥有重大利益的成员进行磋商。磋商的目的包括有关信息的审查，拟采取措施的观点交流，对保持同等水平的减让所达成的谅解。在适用临时措施前，必须通知保障措施委员会。在适用临时措施后相关成员应立即进行磋商。磋商的结果、采取措施的中期审查、补偿以及减让的中止，都应立即通过保障措施委员会向货物贸易理事会通知。如果通知的时间重大迟延，通知的内容不完整，有关成员即违反了《保障措施协议》规定的义务。

保障措施委员会的作用是监督（并向货物贸易理事会报告）《保障措施协议》的实施和运行，审查成员的通知，并就成员是否符合该协议规定的采取保障措施的程序性规定作出裁定。此外，保障措施委员会还为磋商提供帮助，并审查拟议的报复。

成员之间就适用保障措施产生的争端，应按照争端解决程序解决。就现有的保障措施争端解决实践来看，经由专家组、上诉机构处理的案件，都以申诉方胜诉、被诉方败诉告终。这一方面说明保障措施存在着滥用的可能，另一方面也说明保障措施的纪律得到加强。但如果争端解决机构解释的保障措施的实施条件严格到通常不能满足的地步，也会引起对保障措施价值的疑问。

## 第二节　保障措施的实施条件

### 一、实施条件概述

关税与贸易总协定第 19 条第 1 款（a）项规定：“如因未预见的发展和一成员承担在本

协定项下义务（包括关税减让在内）的后果，进口到该成员境内的产品数量增加和相应情形，造成了该境内同类产品或直接竞争产品的国内生产商的严重损害或严重损害威胁，则该成员在防止或救济该损害所必要的限度和时间内，可对该产品中止全部或部分义务，或撤销或修改减让。”该条款既规定了保障措施的实施条件，也规定了保障措施的种类及实施程度。

《保障措施协议》第 2 条重述了保障措施的实施条件：“一成员只有在根据下列规定确定正在进口至其境内的产品数量绝对增加，或与国内生产相比相对增加，且对生产同类产品或直接竞争产品的国内产业造成严重损害或严重损害威胁，方可对该产品实施保障措施。”

比较关税与贸易总协定第 19 条第 1 款（a）项与《保障措施协议》第 2 条的规定，该第 2 条并没有全部重复前者的规定。在其他条件都照搬的情况下，前者中存在的“未预见的发展”这一条件没有出现在后者之中。这是否意味着这不再是实施保障措施的要件？

对于这一问题，世界贸易组织成员之间、处理保障措施案件的世界贸易组织专家组和上诉机构之间，都有不同的看法。一种看法认为，“未预见的发展”不再是实施保障措施的条件，《保障措施协议》在重述了其他条件的同时，唯独没有重述这一条件，表明是对这一条件的有意省略，新的保障措施协议的条件中已没有这一条件。另一种看法则认为，“未预见的发展”这一条件依然有效。后一种意见以上诉机构为代表，上诉机构认为：GATT1994 和《保障措施协议》都是《世界贸易组织协定》附件 1A 所包含的货物贸易多边协议，都是《世界贸易组织协定》不可分割的组成部分，都约束所有成员。因此，该第 19 条的规定和《保障措施协议》的规定，是《世界贸易组织协定》这同一条约的规定，作为该条约的一部分同时生效。它们平等适用并平等约束所有成员，应累积地发挥作用。认为保障措施的实施条件不包括该第 19 条规定的“未预见的发展”是错误的。保障措施本身即具有例外性，是一种紧急措施，就应该是没有预见的发展的结果。在数个涉及该问题的争端解决案件中，上诉机构一再坚持其观点。由于上诉机构所具有的地位，目前这一问题已经按照上诉机构的理解而得到解决。尽管还有案件涉及这一问题，但争议的焦点已经不再是该要求是否有效的问题，而是是否满足这一要求的问题。

上诉机构对两处不同规定的处理表现出了高超的技术。一方面肯定“未预见的发展”仍然是适用保障措施的要求，另一方面指出“未预见的发展”不是实施保障措施的法律条件。“未预见的发展”描述了必须作为事实证明的、按照关税与贸易总协定第 19 条适用保障措施的某些情形。实施保障措施的进口成员，需要作为一个事实因素证明“未预见的发展”如何导致进口增加，需要对“未预见的发展”导致进口增加提供合乎逻辑的结论。如果进口成员没有作为一个事实问题证明“未预见的发展”的存在，则和关税与贸易总协定第 19 条第 1 款（a）项不符。

上述问题的解决明确了实施保障措施的法律条件：（1）进口产品绝对或相对增加；（2）生产同类产品或直接竞争产品的国内产业受到严重损害或严重损害威胁；（3）进口产品增加与国内产业的严重损害或严重损害威胁有因果关系。

## 二、进口产品增加

进口产品的增加包括绝对增加和相对增加两种情况。绝对增加是指与前期相比进口产品本身的数量增加；相对增加，则指与进口国的国内生产相比，进口产品数量增加。即使进口产品在前后两个时期内进口数量不变，但后一时期内进口国的国内生产萎缩，也可导致进口产品增加。

进口产品增加这一条件的关键是增加的确定。国内主管机关应对进口产品增加提供合理的充分说明。由于存在相对增加这一情况，增加并不仅仅是一个量的概念：不仅要求证明数量的任何增加，还要证明以造成严重损害或严重损害威胁的数量和条件进口，这就要求必须评估以绝对和相对条件进口增加的比率和数量。用于比较的时间点、调查期间内的增长趋势，都是考虑因素。调查期限内进口数量的暂时下降，对进口产品增加的确定不起决定作用。

上诉机构在阿根廷鞋类保障措施案中，强调进口增加的重点应是进口“正在”增加。无论数量上还是性质上，该进口增加应该是最近的、最突然的、最急剧的、最明显的，足以造成对产业的严重损害或严重损害威胁。

## 三、严重损害或严重损害威胁的确定

严重损害被定义为对国内产业状况总体的重大损害（或称为全面重大减损），严重损害威胁是对国内产业总体的明显迫近的严重损害。对严重损害威胁的确定必须基于事实，而非仅凭指控、推测或极小的可能性作出。如果主管机关的调查报告和裁定中仅是对某个企业或某几个企业的论述，而不是对整个产业的总的损害的裁定，则其得出的严重损害或严重损害威胁的结论缺乏依据。

### （一）国内产业的确定

国内产业应理解为在一成员领土内经营的同类产品或直接竞争产品的所有生产商，或者占同类产品或直接竞争产品国内生产总量主要部分的生产商。和反倾销与反补贴措施中的国内产业不同，保障措施中的国内产业不仅包括同类产品的生产商，还包括直接竞争产品的生产商。

同类产品和直接竞争产品的确定，直接关系到国内产业范围的大小。理论上，产业范围广，损害可能小或没有损害；产业范围窄，损害可能大。但实践中，主管机关有时通过扩大同类产品和直接竞争产品的范围来扩大国内产业的范围，将经营状况不佳的企业纳入国内产业范围中，造成国内产业范围越广、损害越大的状况。常见的情况是混淆上下游产品。这种做法违反了《保障措施协议》。

确定国内产业范围的，是进口产品的同类产品或直接竞争产品的国内生产商。因而，在确定主管机关界定的国内产业范围是否适当时，需要看该产业生产商生产的产品是否与进口产品为同类产品或直接竞争。例如，在美国对进口牛肉采取保障措施案中，美国的国内产业包括了活牛养殖者。很显然，牛肉与活牛不是同类产品或直接竞争产品。同样，葡萄和葡萄酒也不是同类产品或直接竞争产品，不能包括在同一产业中。纵向一体化、共同所有权、连续生产线、经济依赖性或经济利益的重大一致性，都不是确定国内产业范围的正确方法。同类产品或直接竞争产品的生产商的国内产业，重心集中于产品的认定及产品间的同类或直接竞争关系。

《保障措施协议》没有规定一国境内的区域产业。这表明不可以根据某一区域的生产商的状况作出产业损害的确定。但《保障措施协议》规定了关税同盟作为一个整体采取保障措施的情况。整个关税同盟内的同类产品或直接竞争产品的生产商，按国内产业对待。《保障措施协议》所规定的确定严重损害或严重损害威胁的所有要求，以整个关税同盟中存在的条件为基础。

### （二）确定产业损害时应考虑的因素

主管机关应考虑与产业状况有关的所有客观的和可量化的相关因素，尤其应考虑按绝对值和相对值计算的相关产品进口增加的比例和数量，进口增加占国内市场的份额，销售、生产、生产率、设备利用率、利润与损失以及就业的变化。

根据世界贸易组织争端解决机构通过的报告，主管机关应考虑上述列举因素之外的其他因素，即“与产业状况有关的客观的和可量化的所有相关因素”，但不得漏掉上述列举的任何考虑因素，如果缺少了其中一个因素，主管机关的裁定与结论即失去依据，得不到争端解决机构的支持。但上述任何一个因素并不一定起决定性作用，作出损害确定时也不要求所有的相关因素都表明损害。损害的确定，基于对所有相关因素的总体评估。

《保障措施协议》对损害确定的规定，没有区分严重损害和严重损害威胁，没有像《反倾销协议》那样规定确定严重损害威胁应特别考虑的因素。但由于主管机关应考虑“与产业状况有关的客观的和可量化的所有相关因素”，《反倾销协议》中列举的其他因素与保障措施调查中的损害确定也有一定的关系。

## 四、因果关系

除非进行的调查根据客观证据证明有关产品的进口增加与严重损害或严重损害威胁之间存在因果关系，否则，主管机关不得作出进口增加对国内产业造成损害的确定。如进口增加之外的因素正在同时对国内产业造成损害，此类损害不得归因于进口。

进口增加不必是损害的唯一原因或主要原因。和反倾销措施和反补贴措施中的因果关系要求一样，保障措施的因果关系要求也包括了正反两个方面，即调查产品进口增加的正面归因和其他损害因素的反面不归因。这几个协议中的因果关系要求，是可以互用的。

上诉机构在美国对小麦面精进口采取保障措施案中指出：《保障措施协议》的因果关系要求，并不意味着进口增加本身造成对国内产业的严重损害，也不意味着其他因素造成的损害从严重损害的确定中排除。这表明，即使其他因素同时对国内产业的状况有影响，也可能存在进口增加与严重损害之间的因果关系，进口增加与其他因素共同造成严重损害也可能符合因果关系的要求。不过，在这种情况下，须遵循三个步骤：需要区别进口增加对国内产业造成的损害结果和其他因素造成的损害结果；对这些不同因素造成的损害适当归因，一方面归因于进口增加，另一方面归因于其他因素；确定进口增加与严重损害间是否存在因果关系，是否存在真正的重大的因果关系。在美国对韩国碳管采取保障措施案中，上诉机构指出：进口国当局必须通过充分的、合理的解释，明确确立其他因素对国内产业造成的损害没有归因于增加的进口。该解释必须是明确清楚的、直接的、无歧义的，用明示的用语直接表达出来。默示的或暗示的解释不符合要求。

根据世界贸易组织争端解决机构通过的报告，对因果关系的证明必须存在逻辑上的联系和推理，简单地将所谓的损害因素和损害结果排列，不能证明它们之间存在因果关系。在分析因果关系时，进口变动和损害因素变动间的关系是因果分析和裁定的中心。如果因果关系的裁定和结论没有充分分析、没有证据支持，这一裁定和结论即不符合要求。

# 第三节　保障措施的调查与实施

## 一、保障措施的调查

相对于《反倾销协议》和《反补贴协议》规定的调查程序，《保障措施协议》对保障措施调查程序的规定比较简单，但它规定了保障措施调查与实施的基本原则。

主管机关按程序进行调查，是实施保障措施的前提条件。该程序包括主管机关确立的程序和关税与贸易总协定第 10 条规定的贸易条例公布和实施程序（透明度）。主管调查机关应给予所有利害关系方合理的调查通知，并应给予进口商、出口商和其他利害关系方机会发表意见，陈述证据和看法，包括举行公开听证会或以其他适当的方式作出反应，特别是就保障措施是否符合公共利益提供意见。主管机关应公布调查报告，列明对所有相关事实和法律问题的调查结果和理由充分的结论。在调查中，应对保密信息予以保密。

根据各国国内法的规定，保障措施调查一般遵循下列程序：国内产业提出保障措施的调查申请，必要时国内主管机关也可自行发起保障措施调查；主管机关根据申请发起调查；举行多种形式的调查，听取各方面的意见；主管机关作出调查报告，向其他机关提出实施或不实施保障措施的建议。

## 二、保障措施的实施

1. *实施原则*

保障措施是对于造成进口成员国内产业严重损害或严重损害威胁的某产品的增加进口

采取的临时紧急救济措施，因此，其适用遵循下述原则：必要性原则，即保障措施的适用应限于防止或补救严重损害并便利调整所必需的限度和期限；非选择性原则，即保障措施应在最惠国基础上实施，对于正在进口的所有产品实施，不考虑其来源；逐步放宽原则，即采取的保障措施在有效期内应逐渐放宽；补偿原则，即实施保障措施的成员必须对贸易受其措施影响的成员作出补偿；对发展中国家优惠原则。

2. 保障措施的实施主体和实施对象

如果主管机关的保障措施调查确定实施保障措施的条件已经具备，则进口国可以根据国内程序决定是否实施保障措施。

一个关税同盟可以作为一个整体实施保障措施。此时确定严重损害或严重损害威胁的所有要求以整个关税同盟中存在的条件为基础。另外，一个关税同盟也可以代表某一成员国实施保障措施。在这种情况下，确定严重损害或严重损害威胁的所有要求，应以该成员国中存在的条件为基础，且保障措施应仅限于该成员国内。

无论是进口国实施保障措施还是关税同盟实施保障措施，保障措施的实施对象应与保障措施的调查对象保持一致（parallelism）。如果保障措施调查得出的损害结论建立在对所有来源的进口调查的基础上，则保障措施应对所有来源的进口实施。这既是最惠国待遇义务的要求，也是一般逻辑的要求。如果在调查时排除后来适用时被排除的进口，则调查的损害结论可能失去依据。《保障措施协议》要求主管机关的报告应包括对所有相关事实和法律问题的调查结果与理由充分的结论。根据上诉机构的观点，如果保障措施对某些进口不适用，主管机关应确保被排除的进口造成的损害后果没有归因于没有被排除的进口。这表明在特殊的情况下，不排除对调查中包括的进口产品不适用保障措施的可能性。但这种情况必须给予明确的、充分的解释和理由。

对于来自发展中国家成员的产品，只要其有关产品的进口份额在进口成员中不超过3%，即不得对该产品实施保障措施，但进口份额不超过3%的发展中国家成员份额总计超过有关产品总进口的9%除外。从性质上讲，这一规定不是上述一致性要求的例外，而是对发展中国家的特殊或差别待遇。

3. 保障措施的实施方式和期限

保障措施可以采取对调查产品全部或部分中止义务或撤销、修改减让的方式，但不限于关税措施。如果采取数量限制措施，限制水平不能低于最近3个代表年份的实际平均进口水平，除非有明确的正当理由，表明为防止或补救损害而有必要采用不同的水平。

在供应国之间分配配额的情况下，实施限制的成员可就配额分配问题寻求与其他具有实质利益的成员达成协议。如不可行，应根据前一时期的供应量占该产品进口总量或总值的比例，同时考虑可能已经或正在影响该产品贸易的特殊因素，对配额进行分配。在严重损害的情形下，经过世界贸易组织保障措施委员会主持下的磋商，确定存在偏离上述方案的正当理由，也可以偏离上述配额分配方法。

在紧急情况下，即延迟采取措施可能造成难于补救的损害的情况下，进口成员可依据存在明确证据表明增加进口已经或正在威胁造成国内产业损害的初步裁定，采取临时保障措施。该措施应采取提高关税的形式，期限不超过 200 天。如随后的调查未能确定增加进口对国内产业造成严重损害或威胁，则应迅速退还提高的关税。

保障措施应在防止或补救严重损害和便利调整所必需的期限内实施。保障措施的实施期限不超过 4 年。在遵循调查程序和损害条件的情况下，发现有必要继续采取保障措施，以防止或补救严重损害时，可以延长保障措施。但保障措施的全部实施期限，包括任何临时措施的实施期、最初实施期及任何延长，不超过 8 年（日落条款）。同时，实施期限超过 1 年的保障措施，应逐渐放宽。延长的措施不得比延长前的措施更严，并应继续放宽。实施超过 3 年的措施应进行中期审查。

《保障措施协议》没有规定保障措施的追溯适用。

4. 对受保障措施影响的成员的补救

实施保障措施的成员，对于贸易受该措施影响的出口成员，应保持与现有水平实质相当的减让或其他义务水平。为实现此目标，双方可以磋商适当的补偿方式。如不能达成协议，受影响成员在给予世界贸易组织货物贸易理事会书面通知 30 天期满时，可以中止关税减让或其他义务，但在进口绝对增加的情况下，在保障措施实施的头 3 年，不得行使该中止权利。这一规定，既是对进口成员权益的一种保护，又是对受影响的出口成员的权利和利益的一定限制，进口成员与出口成员的利益实现了某种平衡。

# 第四节　美国贸易法中的调整援助与市场扰乱

## 一、概述

美国的保障措施是例外条款下的措施。1947 年 7 月，美国国际贸易委员会根据总统的行政令制定例外条款的程序和实质要求，但国会不满意由总统行政令建立的程序，1951 年的《贸易协议延长法》修订了调查的标准，尤其是调查程序方面，要求国际贸易委员会在 1 年内结束调查，并对总统采取的措施作了规定：如果总统不据国际贸易委员会的建议采取行动，应向众议院筹款委员会和参议院财政委员会提交报告，说明原因。这使得例外条款的程序趋于标准，并对公众公开。1953 年、1955 年和 1958 年的《贸易协议延长法》又对例外条款的规定作了进一步的修订，缩短了调查的时间。1962 年的《贸易扩大法》增加了进口损害的救济——对生产商和工人提供调整援助。在此之前，只有撤回关税减让这样一个救济手段，而且主要是两国政府间的运作。1974 年《贸易法》对例外条款的修订使得该种救济更易得到。而 1988 年《综合贸易与竞争法》使救济选择权扩大了，救济豁免的使用限于一定的范围。1994 年据乌拉圭回合协定中的《保障措施协议》又进行了修订。

美国贸易法对保障措施的规定，除含有《保障措施协议》规定的内容外，还包括了对工人等的调整援助和市场扰乱条款，构成了比较独特的规定。其中，有关市场扰乱的规定对世界贸易组织（包括关税与贸易总协定）产生了影响，有关内容直接反映在中国“入世”议定书的规定中。因此，在此有介绍的必要。

## 二、调整援助

调整援助包括对工人、厂商和社区的援助。美国1962年《贸易扩大法》在对例外条款进行修订时第一次规定了对厂商的调整援助，成为例外条款下保障措施外的另一措施。过去美国的政策是通过例外条款撤销关税减让。但在1962年国会认识到在损害产生时不可能重建关税，因为这将会使总统谈判达成的贸易协定被废除。因而1962年《贸易扩大法》规定，只有在整个产业遭到严重损害的非正常的情况下才可以撤销减让、重建关税，在通常的情况下，对贸易协定减让造成的损害，通过对涉及的厂商和工人提供援助的方法来帮助他们对进口增加的竞争进行调整。1974年《贸易法》增加了对社区的调整援助。

如果厂商或工人生产的产品的同类产品或直接竞争产品的进口正在增加，增加的进口主要是贸易协定减让的结果；如果厂商受到严重损害或严重损害威胁，或工人失业或受到失业威胁，增加的进口是引起严重损害或失业的主要因素，则厂商或工人有资格得到援助。1974年《贸易法》规定，劳工部代替国际贸易委员会确定工人申请调整援助的资格，由商务部代替国际贸易委员会确定厂商的申请援助的资格。

工人可通过工人集团或他们注册的或公认的工会或其他被正当授权的代表，向劳工部提出申请，请求调整援助资格证明。获得申请调整援助资格的工人可以得到相当于失业补助的再调整补助。如果工人从适当的培训中受益，培训对工人适合并可以合理的费用获得，则工人可获得由劳工部代付的培训费用。工人还可就其寻找工作所付出的费用向劳工部寻求求职补助。长期失业工人可寻求重新安置补助。

厂商或其代表向商务部提出申请调整援助资格证明的申请。获得申请调整援助资格的工厂可得到技术援助和财政援助。技术援助包括准备申请资格证明的援助、制定经济调整建议的援助、实施建议的援助。财政援助包括直接贷款和贷款保证。只有在工厂自身资源不能解决所需资金、贷款还款有合理保障时才可提供财政援助。

社区集团或代表该社区的州长可向商务部提出调整援助资格证明的申请。对社区的调整援助可包括各种形式的援助。

在2008年全面爆发的全球金融危机中，一些国家采取了类似美国法上的调整援助措施，以恢复和促进就业。

## 三、美国法中的市场扰乱

1. 适用对象

20世纪50年代以后，美国对来自社会主义国家的产品取消了最惠国待遇，而1974年《贸易法》又恢复了对非市场经济国家的产品的最惠国待遇，同时对来自非市场经济国家的产品对美国国内产业造成的市场扰乱（market disruption，又称市场破坏）作了规定。社会主义国家被认为通过控制分配程序和销售价格，破坏其贸易伙伴的市场，损害这些国家的生产商。与市场条件下发生的情况相比，从社会主义国家出口的产品能够在较短的时间内大量地涌入国内市场。在这种进口面前，传统的不公平贸易救济（如反倾销法），由于其对非市场经济国家的产品的适用困难，证明是不适当的或没有效的。而非市场经济国家的产品的市场价格不能可靠地确定（后来反倾销法中采用了替代国的方法来解决来自非市场经济国家的倾销）。正是基于这种担心，在1974年《贸易法》中规定了市场扰乱的内容，其目的是为确定获得非歧视待遇的国家的产品是否对国内产业造成损害提供更易满足的标准，对来自社会主义国家的产品对国内产业造成的威胁或损害，提供额外的方法以采取有效的措施保护国内的产业。1988年的《综合贸易与竞争法》进行了修订，明确了市场扰乱的标准以及所应考虑的因素。

2. 实体要求

作为国内产业代表的任何实体，包括商业协会、厂商、注册或公认的工会或工人组织，都可以向国际贸易委员会提出申请。经总统或美国贸易代表要求，或参议院财政委员会或众议院筹款委员会决议，或国际贸易委员会自主决定，国际贸易委员会应立即进行调查，以确定社会主义国家的产品的进口是否对国内产业生产的产品造成了市场扰乱。当国内产业生产的产品的同类产品或直接竞争产品的进口绝对或相对地迅速增加，成为对该国内产业造成实质损害或实质损害威胁的一个重要原因时，即可认定国内产业存在市场扰乱。

在确定是否存在市场扰乱时，除其他因素外，国际贸易委员会应考虑以下因素：产品的进口数量；产品进口对美国同类产品或直接竞争产品的价格的影响；该产品进口对国内同类产品或直接竞争产品的生产商的影响；破坏性定价做法或其他不公平的经营贸易方式的证据。可以发现，与例外条款、调整援助一样，适用市场扰乱条款，需具备几个条件：进口产品的增长，生产同类产品或直接竞争产品的国内产业，国内产业受到损害，进口的增长与国内产业受到损害间存在因果关系。

产品进口的迅速增加，是指该产品进口在一个时期内大量增加（实际增加或相对于国内生产增加）。实践中国际贸易委员会将增加解释成为进口的非正常的增加，但却没有对非正常作出解释。在调查时，应基于历史水平检查进口最近是否出现剧增，应平衡增加的数量和涉及的期限。

关于国内产业生产的与进口产品同类产品或直接竞争的产品，国际贸易委员会认为"同类"与产品本身的物理特征有关，而"直接竞争"更多地与产品商业上的相互替代性有关。法律中包括"与……直接竞争"的概念是为了扩大法律的适用范围，并为商业上可互换的但却不是同类产品的美国生产商提供申请的权利。国内产业可以是全体生产商、主要生产商或区域产业的生产商。

重要原因，指重要地促成对国内产业的实质损害，但不必等于或大于其他任何原因。国际贸易委员会将"重要原因"解释为比保障条款中的实质原因容易满足的标准。国会要求重要原因介于保障措施与反倾销措施要求的因果关系中间，认为这一因果关系的分析不能像算术计算那样精确，具体应由国际贸易委员会作出合理的判断。实践中由于反倾销、反补贴、保障措施等的损害调查都由国际贸易委员会进行，不同措施要求的因果关系的微妙差别也由他们掌握。

3. 程序与措施

有关市场扰乱的调查程序与采取措施适用例外条款的规定。

国际贸易委员会作出的肯定裁定，被视为该委员会据例外条款作出的肯定裁定，对该肯定裁定总统可以采取例外条款下可以采取的保障措施。但总统仅可对肯定裁定所针对的从相关国家进口的产品采取措施，且如果该措施包括有序销售协议，则该协议必须在进口救济裁定日后60天内签订。

对来自社会主义国家的进口产品，即使没有国际贸易委员会的肯定裁定，总统也可以采取措施。在任何时候，如果总统有合理的理由相信来自社会主义国家的产品进口对国内产业生产的产品存在市场扰乱，总统可要求国际贸易委员会进行上述调查。如果总统进一步发现有必要采取紧急措施，他可以据例外条款采取保障措施，如同国际贸易委员会作出肯定裁定。但是总统在这种情况下采取的措施，在国际贸易委员会作出否定的裁定向总统提交报告之日，或国际贸易委员会作出肯定性裁定、总统据以采取的措施生效之日，该项紧急措施即应停止适用。

## 一、问题与思考

1.《保障措施协议》对保障措施建立了什么样的多边纪律？

2. 保障措施的实施条件和实施原则是什么？

3. 美国法中的保障措施的实施有什么特点？

4. 如何理解美国法中的“市场扰乱”？

## 二、练习题

### （一）判断正误

1. 中国政府对某一类产品的进口采取保障措施，但该措施不对从中国台湾地区、香港特别行政区和澳门特别行政区进口的同类产品适用。除非存在充分的理由，这种做法违反了《保障措施协议》的有关规定。

【解析】正确。根据《保障措施协议》的规定及争端解决实践，进口国政府对其采取保障措施的产品范围，应当与保障措施调查的产品范围一致，除非存在其他正当理由背离保障措施调查的产品范围，例如来自某一成员的进口数量很少，对损害结果的确定没有实质性影响。

2. 保障措施与反倾销措施和反补贴措施的最大不同，是进口产品是按照正常的条件进入的，没有不正当的行为发生。

【解析】正确。保障措施是对于进口剧增造成国内产业严重损害所采取的紧急救济措施，进口产品不存在类似倾销或补贴等扭曲国际贸易的行为。

3. 保障措施实质上是关税与贸易总协定义务的一项例外，其适用标准比较严格。

【解析】正确。GATT1994 第 19 条第 1 款规定了保障措施的例外性。进口产品造成国内产业严重损害时，进口成员可以中止义务、撤销或修改减让。由于是一种紧急救济措施，是对关税减让等义务的例外，其适用标准较反倾销措施、反补贴措施严格。例如，损害需达到严重的程度，受损害的国内产业范围较广，包括了同类产业或直接竞争产品，这些都是严格的表现。

4. 根据保障措施中的因果关系要求，如果没有受到调查的进口产品，就没有对国内产业的损害。

【解析】错误。进口产品与国内产业损害间的因果关系，在进口产品是国内产业损害的一个原因的情况下，即得以满足。这也是要求区别造成损害的调查进口产品与其他因素的原因。在一些情况下，损害可能是多种因素造成的。

5. 出口产品受到保障措施影响的出口国有权要求实施该措施的进口国给予补偿。

【解析】正确。性质上，保障措施是进口国为了保障受到进口影响的国内产业而采取的紧急救济措施。其目的是给予国内产业一定的调整机会。出口产品的生产商和出口国本身不存在不正当行为。保障措施影响了出口产品的出口，因而采取保障措施的进口国应给予一定的补偿。实践中提供补偿的情况很少见。

6. 对其采取保障措施的进口产品的数量，可以是绝对增长，也可以是相对增长。该相对增长主要是相对于较长的时间而言的。

【解析】错误。相对增长，是指进口增加相对于进口国的生产或消费的增长。如果进口绝对量没有增长，但进口国的生产或消费下降了，则进口出现相对增长。

7. 美国对所有进口钢材进行了保障措施调查，但采取的保障措施却不对从加拿大进口的钢材适用，其依据是最惠国待遇规定中的自由贸易协定成员例外。

【解析】错误。保障措施应在非歧视的基础上对所有来源的进口产品实施。同时除非存在正当理由，保障措施实施的产品范围应当与保障措施调查的产品范围一致。如果调查中排除了来自加拿大的进口，产业损害的结论并不一定成立。

8. 保障措施是一种紧急救济措施，因而它没有反倾销措施中的调查程序。

【解析】错误。根据 GATT1994 第 19 条和《保障措施协议》，采取保障措施应满足一定的程序要件和实体要件。由于保障措施构成关税与贸易总协定关税减让义务的例外，其适用条件更应严格，包括发起和进行保障措施调查。

9. 保障措施实质上是对自由竞争做法的一定限制。

【解析】正确。这也是保障措施例外性的原因。因而，《保障措施协议》对保障措施的适用规定了许多限制。从实施期限上看，反倾销措施和反补贴措施可能无限期适用，而保障措施最长只能适用 8 年。从实施程度上看，在适用期限内，保障措施应越来越松。

10. 如果进口产品对一定区域内的产业造成了损害，也可以裁定为对国内产业造成了损害。

【解析】错误。《保障措施协议》中无区域产业的概念。只有在进口产品对生产同类或直接竞争产品的整个国内产业造成了严重损害时，才可以采取保障措施。

11. 在较难确定倾销或补贴存在的情况下，保障措施不失为一个较好的保护国内产业的措施。

【解析】正确。保障措施的实施条件虽严，但在进口产品增加、国内产业不景气的情况下，进口国往往采取保障措施保护国内产业，有时甚至将非国内产业范围内的损害也包括在内，以得出国内产业受损的结论。

12. 在保障措施调查中，必须对所有的同类进口产品进行调查，但在实施保障措施时，可以有选择性地实施。

【解析】错误。保障措施的实施必须在非歧视的基础上对所有来源的进口产品适用。《保障措施协议》第 2 条第 2 款规定，“保障措施应针对正在进口的产品实施，而不考虑其来源”。

13. 采取保障措施的条件必须是进口产品自己对国内产业造成了损害。

【解析】错误。造成国内产业损害的原因可能是多种多样的，只要有进口产品的因素，进口产品与产业损害间的因果关系即成立。

14. 保障措施调查中的国内产业，是指进口产品的国内同类产品、直接竞争产品和替代产品。

【解析】错误。根据《保障措施协议》第 4 条，“国内产业”应指一成员领土内进行经营的同类产品或直接竞争产品的生产者，或同类产品或直接竞争产品的总产量占这些产品全部国内产量主要部分的生产者。

15. 对进口产品的增加，进口成员不采取保障措施，而要求出口国采取措施限制产品对进口国的出口，该做法违反了《保障措施协议》。

【解析】正确。自愿出口限制为《保障措施协议》所禁止。

16. 关税同盟可以对进口产品采取保障措施，此时的国内产业是该关税同盟内的整个国内产业，而非某一或某几个成员的国内产业。

【解析】正确。根据《保障措施协议》注释 1，关税同盟可以作为一个单独整体实施保障措施，或代表其某一成员国实施保障措施。在作为一个整体实施保障措施的情况下，确定严重损害或严重损害威胁的所有要求应以整个关税同盟中存在的条件为基础。如代表某一成员国实施保障措施，则确定严重损害或严重损害威胁的所有要求应以该成员国中的条件为基础。

17. 在采取临时保障措施的情况下，保障措施可以对采取临时保障措施期限的进口产品追溯适用。

【解析】错误。临时保障措施的实施期限包括在整个保障措施的期限之内。与反倾销、反补贴的追溯适用不同。

18. 一项保障措施的全部实施期限，包括任何临时措施的实施期、最初实施期及任何延长，总共不得超过 8 年。

【解析】正确。根据《保障措施协议》第7条第3款，一保障措施的全部适用期限，包括任何临时措施的实施期、最初实施期及任何延长，不得超过8年。

19. 尽管有实施保障措施的成员应与受其措施影响的成员议定补偿的规定，但在未达成协议的情况下，受影响的出口成员有权在保障措施实施后90天内对实施保障措施的成员中止减让。

【解析】错误。根据《保障措施协议》第8条第2款，在未达成补偿协议的情况下，受影响的成员有权在不迟于该保障措施实施后90天，并在货物贸易理事会收到此中止的书面通知之日起30天期满，对实施保障措施成员的贸易中止实施GATT1994项下实质相等的减让或其他义务，只要货物贸易理事会对此中止不持异议。

20. 临时保障措施应采取数量限制的方式实施。

【解析】错误。临时措施应采取提高关税的形式。

### （二）选择填空

1.《保障措施协议》下的保障措施，与纺织品过渡性保障措施的最大区别在于________。

A. 措施的临时性　B. 措施的非歧视性　C. 措施的表现形式

【解析】答案B。纺织品的过渡性保障措施是歧视性的，而一般保障措施是在非歧视性基础上实施的。

2. 保障措施中的国内产业，包括________。

A. 与进口产品同类的产品

B. 与进口产品直接竞争的产品

C. 与进口产品替代的产品

【解析】答案AB。保障措施意义上的国内产业包括进口产品的同类产品或直接竞争产品的国内生产商。

3. 在受到保障措施的进口产品绝对增长的情况下，出口国下述期限内不得对采取保障措施的进口国采取中止关税减让的措施：________。

A. 措施实施起3个月　B. 措施实施起3年　C. 发起调查起5年

【解析】答案B。根据《保障措施协议》第8条，中止的权利不得在保障措施实施起3年内行使，只要该保障措施是由于进口的绝对增长而采取的，且该措施符合《保障措施协议》的规定。

4. 保障措施的特点是________。

A. 紧急性　B. 例外性　C. 暂时性

【解析】答案ABC。保障措施是进口产品对进口国国内产业造成损害的紧急救济措施，是对国内产业提供的一个调整机会，是关税与贸易总协定关税减让义务的例外。

5. 中国加入世界贸易组织后，中国的出口产品可能会遇到较多的保障措施调查，原因在于________。

A. 中国的出口量会显著增加

B. 中国是一个经济转型国家

C. 短时间内中国的出口产品仍相对集中

【解析】答案 AC。出口环境一定程度上变好，中国出口产品的结构短时间内变化不大。

6. 与反倾销和反补贴措施相比，保障措施的困难在于________。

A. 国内产业的范围广，损害效果可能不太明显

B. 进口量必须增加

C. 证明进口与损害间的因果关系

【解析】答案 A。国内产业的范围较广，在进口产品一定量的情况下，产业范围越广，损害就越不突出。

7. 保障措施的实施方式包括________。

A. 数量限制　B. 配额　C. 提高关税

【解析】答案 ABC。提高关税是保障措施的主要方式，但数量限制和配额在一定的条件下也为《保障措施协议》第 5 条所允许。

8. 与保障措施的要求相比，美国法中的市场扰乱的规定________。

A. 损害要求程度低　B. 因果关系要求低　C. 具有歧视性

【解析】答案 ABC。这也正是美国法确立市场扰乱制度的目的。

9. 对于来自发展中国家成员的产品，下述条件下可以采取保障措施：________。

A. 进口份额不超过进口成员 3％的发展中国家成员份额总计超过进口成员有关产品总进口的 9％

B. 进口份额不超过进口成员 2％的发展中国家成员份额总计超过进口成员有关产品总进口的 9％

C. 进口份额不超过进口成员 3％的发展中国家成员份额总计超过进口成员有关产品总进口的 7％

【解析】答案 A。对发展中国家成员提供了特殊优惠待遇。

# 第九章

# 农产品贸易制度

本章摘要

在关税与贸易总协定框架下，农产品贸易一直没有受到严格的约束。配额和补贴的大量使用，扭曲了农产品贸易。世界贸易组织将农产品纳入了新的多边贸易制度，并通过一定的过渡期安排，使农产品贸易彻底融入多边体制中。而动植物卫生检疫制度，是与农产品贸易紧密相关的制度。

关 键 词

市场准入　农产品的国内支持　农产品出口补贴　特别保障措施　SSG　卫生措施科学依据　风险评估　触发水平　触发价格

## 第一节　农产品贸易的新纪律

### 一、农产品贸易规则概述

在关税与贸易总协定框架下，农产品的贸易虽受到调整，但对其的约束力度较轻。关税与贸易总协定本身含有对农产品网开一面的条款，例如，第 11 条第 2 款对农渔产品数量限制的例外、第 16 条补贴对初级产品和非初级产品的区别，以及第 20 条一般例外条款对原料产品的例外。关税与贸易总协定临时适用后不久，美国即向关税与贸易总协定申请农业豁免并取得了缔约方大会的批准。这一做法为不少缔约方所效仿，极大地削弱了关税与贸易总协定在农产品方面的约束力。由于农产品乃生活必需品，就业人口众多，与其他普通产品相比，农产品贸易更多地受到其他因素的影响。

农产品贸易是乌拉圭回合谈判的议题之一。农产品贸易谈判的目标，在于实现农产品贸易更大的自由化，建立一个公平的、以市场为导向的农产品贸易体制，并通过对支持和保护承诺的谈判，通过强化关税与贸易总协定的规则和纪律并使其更加有效，进行改革。持续对农业支持和保护逐步进行实质性的削减，纠正和防止世界农产品市场的限制和扭曲，期望在市场准入、国内支持、出口竞争方面达成具体的约束性的承诺，并就卫生与植物卫生措施问题达成协议。经过艰苦的谈判，终于达成了《农业协议》（又称为《农产品协议》），以此加强对农产品贸易的约束。

《农业协议》与GATT1994是两个相互独立又相互联系的协议，前者是对农产品贸易规则的特殊规定。同样，《农业协议》与《卫生协议》尽管非常密切，《农业协议》在其条文中规定了各成员实施《卫生协议》的义务，但两个协议的具体内容不同，后者适用于可能直接或间接影响国际贸易的卫生与植物卫生措施。可以说，《卫生协议》调整的内容只是农产品贸易所涉问题的一部分。

《农业协议》对某些事项确立的义务和纪律，如出口补贴、保障措施，不同于其他协议中的规定，如《反补贴协议》和《保障措施协议》，在适用时，应遵循《农业协议》的规定。例如，《农业协议》第5条第8款规定，如特别保障措施符合该条规定，不得对此类措施援用关税与贸易总协定第19条第1款（a）项和第3款的规定，或《保障措施协议》第8条第2款的规定。因此，弄清《农业协议》与其他相关协议之间的关系，非常重要。《农业协议》的适用不表示其他协议不适用。另外，《农业协议》本身也比较复杂，是不同发展水平成员利益的折中，充满了许多制衡机制。

《农业协议》所适用的农产品，包括《商品名称及编码协调制度》第1章至第24章所包括的产品，鱼及鱼制品除外，另加属于其他章的一些产品，如生皮、生丝、羊毛等。上述产品不限制《卫生协议》的产品范围。

## 二、农产品贸易的新纪律

### （一）承诺列入减让表

《农业协议》确立的农产品新纪律，主要由市场准入承诺、国内支持承诺和出口补贴承诺三部分组成。每一成员减让表中的国内支持承诺和出口补贴承诺，构成了限制补贴的承诺，构成GATT1994的组成部分。提供没有列入减让表的国内支持或出口补贴，或者超过减让表规定的水平提供支持或补贴，都违反了《农业协议》的要求。

1. 市场准入关税化

市场准入主要指通过降低进口关税和放松各种进口限制所体现的市场开放。《农业协议》中的市场准入承诺，是指关税的约束和削减以及减让表中列明的其他市场准入承诺，通过统一适用关税来取代以前存在的各类非关税措施，通过关税配额来实现各类限制，使得对农产品贸易的限制量化、透明，减少扭曲贸易的可能性。各种非关税措施转换成关税后，列入关税减让表中，该关税税率是约束性关税，代表了最高的关税水平。

除下文所述的特别保障措施外，各成员不得维持、采取或重新使用已经转换成普通关税的任何措施，包括进口数量限制、进口差价税、最低进口价格、任意性的进口许可、通过国家专营企业维持的非关税措施、自动出口限制及除普通关税外的类似边境措施等。

2. 国内支持量化、弱化

国内支持，是指对国内农业生产者的支持措施，包括对农业生产者的国内补贴。国内支持可以是市场价格支持，也可以是政府直接付款。《农业协议》根据国内支持措施的影响不同分为黄箱措施、蓝箱措施和绿箱措施，黄箱措施是应作出削减的国内支持措施。

《农业协议》允许提高或保证农产品价格和农民收入的各类补贴与支持，但应当逐步减少这类补贴和支持。发达国家减少的速度和幅度大于发展中国家减少的速度和幅度。各成员提供的国内支持，列入减让表中；除另有规定外，任何成员不得超过减让表列明的承诺水平提供有利于国内生产者的支持。

国内支持通过综合支持量（AMS）来量化。综合支持量指以货币形式表示的、对某一基本农产品的生产商提供的年度支持水平，或对总体农业生产者提供的年度支持水平，不包括《农业协议》附件 2 允许的计划所提供的支持。有利于农业生产者的所有国内支持的总和，构成了对农业的综合支持总量（Total AMS），包括基本农产品的综合支持量、非特定产品的综合支持量以及对农产品的所有类似支持量的总和。这些数量代表了成员可以提供国内支持的最大量。在某一特定年度内，成员可以在综合支持总量的范围内，对不同产品的综合支持量进行平衡。

如果国内支持措施对生产没有或有非常小的扭曲作用，可以不用作出减让承诺，即所谓绿箱措施。这具体规定在《农业协议》附件 2，成员亦需满足附件 2 所规定的标准。这些不用作出减让承诺的国内支持措施，应通过政府公共资金计划提供，并且不能具有对生产者提供价格支持的作用。这样的措施包括：政府提供的一般性服务，如病虫害研究和控制、培训服务、推广和咨询服务、检验服务、营销和促销服务、基础设施服务等；用于粮食安全目的的公共储备；国内粮食援助，如为贫困人口提供粮食；自然灾害救济而对生产者提供的直接支付；结构调整援助；环境保护计划援助；贫困地区援助计划等。但用于粮食安全目的的公共储备，在采购时所给予的价格补贴，应计入计算国内支持的综合支持量。换句话说，要在其他方面减少补贴额。2013 年世界贸易组织第九次部长会议决定，粮食安全目的的公共储备，在达成最终方案前，不受指控。同时，该次部长会议还将土地改革和农村生活保障列入政府提供的一般服务。

绿箱措施，是《反补贴协议》意义上的不可诉补贴，不得据可诉补贴采取措施，不得提起非违约之诉。

蓝箱措施是限产计划下给予的直接支付，不在削减承诺之列，但需满足下列条件：此类支付按固定面积和产量给予；此类支付按基期生产水平的 85％或 85％以下给予；牲畜支付按固定头数给予。

如果对特定农产品的支持不超过基本农产品年度生产总值的 5％。或对非特定农产品的支持不超过农业总产值的 5％，称为微量支持，也不在削减承诺之列。

3. 出口补贴列明化、约束化

《农业协议》第 8 条规定："每一成员承诺不提供不符合该协议且不符合减让表中的承诺的出口补贴。"

根据《农业协议》，对于减让表列明的农产品或产品组成，不得提供该协议第 9 条第 1 款列举的超过所列预算支出和数量承诺水平的出口补贴，不得对减让表中未列明的任何农产品提供此类补贴。这表明，除非对农产品的出口补贴已列入成员的减让表（有关减让和承诺的一览表），不得对未列明的农产品实施出口补贴；对列明的农产品出口补贴，不得超出所列的最高水平。

《农业协议》第 9 条第 1 款规定下列对农产品的出口补贴受到约束：政府依赖出口实绩而提供的直接补贴（包括实物支付）；政府为出口以低于国内市场上同类产品的可比价格，销售或处理农产品的非商业性库存；通过政府措施资助对农产品出口的付款；为减少农产品出口成本而提供的补贴；对出口货物提供优惠的国内运费；对出口产品中含有的农产品提供补贴。

为了防止规避出口补贴承诺，《农业协议》第 10 条第 1 款规定，不得以产生规避出口补贴承诺或威胁导致这种规避的方式，适用未列入第 9 条第 1 款的出口补贴；也不得使用非商业性交易来规避此类承诺。任何声称未超过削减承诺水平的任何出口数量提供补贴的成员，须证实未对所涉出口数量提供补贴，无论此种补贴是否列入第 9 条。第 10 条第 2 款规定，各成员承诺努力制定国际纪律，调整出口信贷、出口信贷保证或出口信贷保险计划；承诺在达成这一纪律后，提供符合这一纪律的出口信贷、出口信贷保证或出口信贷保险计划。

《农业协议》规定的农产品出口补贴纪律与《反补贴协议》完全禁止出口补贴不同。《农业协议》允许对农产品提供已经列明的出口补贴，但补贴要逐渐减少，既要减少补贴资金数额，又要减少接受补贴的产品数量；各成员不得提供没有列明的出口补贴。

4. 和平条款的适用

《农业协议》第 13 条"适当的克制"（又称和平条款）规定：在该协议生效后 9 年内的实施期内，对于符合条件的国内支持采取适当的克制，不得征收反补贴税或向世界贸易组织申诉，不得提起非违约之诉。对于符合减让表规定条件的出口补贴，进口成员只有按照《反补贴协议》作出损害或损害威胁裁定后，才可征收反补贴税，不得采取其他措施。该条所适用的实施期已于 2003 年年底届满。

### （二）特别保障措施

对于进口产品对国内农产品造成的损害，进口成员可以根据关税与贸易总协定第 19 条和《保障措施协议》采取一般保障措施。除此之外，《农业协议》规定了针对具体农产品的特别保障措施（special safeguard，SSG)。该特别保障措施仅适用于已经将其他限制措施转换成普通关税且在减让表中标明 SSG 符号的农产品。

特别保障措施的实施条件与一般保障措施不同。它不依赖于进口农产品对国内同类或直接竞争产品产业的严重损害，而是依据一定的进口量或进口价格。

只要满足下述任何一个条件，作出关税减让的进口成员就可以对进口农产品采取特别保障措施，征收附加关税。存在两种情况，这就是进口量超过触发水平和进口价格低于触发价格。

1. 进口量超过触发水平

该产品在任何年度内的进口量，超过了现有市场准入机会的触发水平。该触发水平根据进口占进口成员最近 3 年相应国内消费量的一定百分比确定。触发水平根据以市场准入机会为基础的公式确定。市场准入机会指进口相当于可获数据的最近 3 年相应国内消费量的百分比。

如果一产品的市场准入机会低于或等于 10%，则基准触发水平应等于 125%；如一产品的市场准入机会高于 10%但低于或等于 30%，则基准触发水平应等于 110%；如一产品的市场准入机会高于 30%，则基准触发水平应等于 105%。

如果绝对进口量超过基础触发水平与最近 3 年平均进口量的乘积和最近一年产品的国内消费量与前一年相比的绝对变化量之和，则可征收附加关税，但触发水平不得低于平均进口量的 105%。

2. 进口价格低于触发价格

这是指进口农产品的到岸价，低于称为触发价格的价格。该触发价格相当于该产品在 1986 年到 1988 年的平均参考价格。

征收的附加关税额，受到一定标准的限制：(1) 如果进口到岸价与触发价格之间的差额低于或等于触发价格的 10%，则不得征收附加关税。(2) 如果上述差额高于触发价格的 10%，但低于或等于触发价格的 40%，则附加关税应等于该差额超过 10%部分的 30%。(3) 如果差额高于触发价格的 40%，但低于或等于触发价格的 60%，则附加关税应等于该差额超过 40%部分的 50%，加上前面第二项允许的附加关税。(4) 如差额高于触发价格的 60%，但低于或等于触发价格的 75%，则附加关税应等于该差额超过触发价格 60%部分的 70%，加上前面第二项和第三项允许的附加关税。(5) 如差额高于触发价格的 75%，则附加关税应等于该差额超过 75%部分的 90%，加上前述第二项、第三项和第 4 项允许的附加关税。

### (三) 和关税与贸易总协定第 11 条的关系

关税与贸易总协定第 11 条确立了普遍取消数量限制的义务，同时又明确规定了这一义务的例外情形，其中第 11 条第 2 款 (a) 项规定，普遍取消数量限制的义务不适用于为防止或缓解出口成员的粮食或其他必需品的严重短缺而临时采取的出口禁止或限制。

针对上述规定，《农业协议》第 12 条“对禁止或限制出口的纪律”作出了补充性规定：如任何成员依照关税与贸易总协定第 11 条第 2 款 (a) 项对粮食实行新的出口禁止或限制，该成员应适当考虑此类出口禁止或限制对进口成员粮食安全的影响。该成员在采取出口禁止或限制前，应尽可能通知世界贸易组织农业委员会，包括该措施的性质和实施期限等信息，并应请求与作为进口商拥有实质利益的进口成员就相关事项进行磋商。但该补充性规定不适用于任何发展中国家成员，除非粮食出口禁止或限制措施是由属于有关特定粮食净出口国的发展中国家采取的。

# 第二节　动植物卫生检疫措施

## 一、《卫生与植物卫生措施协议》概述

进口的农产品是否安全、是否影响到人类动植物的健康和安全，需要一定的检疫标准和措施。检疫标准的不统一和实施措施的任意性，可能成为限制或禁止进口的借口。制定统一的卫生检疫措施标准，对于促进国际贸易的发展是必要的。

世界贸易组织《卫生协议》明确承认各成员有权采取为保护人类、动植物生命或健康所必需的卫生与植物卫生措施（以下简称卫生措施），但同时要求该类措施不应违反该协议的要求；期望建立规则和纪律的多边框架，指导卫生措施的制定、采用和实施，将其对贸易的消极影响减少到最低限度；承认国际标准、指南和建议（以下简称国际标准）在这方面作出重要贡献；期望进一步推动各成员使用协调的、以有关国际组织制定的国际标准为基础的卫生措施，但不要求各成员改变其对人类、动植物的生命或健康的适当保护水平；对发展中国家在这方面的困难给予帮助；同时期望澄清关税与贸易总协定第20条（b）项的适用规则。

《卫生协议》适用于所有可能直接或间接影响国际贸易的卫生措施。此类措施应按照该协议的规定制定和适用。对于不属该协议范围的措施，该协议的任何规定，不得影响各成员根据《技术性贸易壁垒协议》所享有的权利。

卫生措施是指用于下列目的的任何措施：（1）保护成员领土内的动物或植物的生命或健康免受虫害、病害、带病有机体或致病有机体的传入、定居或传播所产生的风险；（2）保护成员领土内的人类或动物的生命或健康免受食品、饮料或饲料中的添加剂、污染物、毒素或致病有机体所产生的风险；（3）保护成员领土内的人类的生命或健康免受动物、植物或动植物产品携带的病害产生的风险，或虫害传入、定居或传播所产生的风险；（4）防止或控制成员领土内因虫害的传入、定居或传播所产生的其他损害。

卫生措施，是根据措施的意图或目的基于客观因素确定的措施。形式和内容上，卫生措施，包括所有相关法律、法令、法规、要求和程序，特别包括：最终产品标准；工序和生产方法；检验、检查、认证和批准程序；检疫处理，包括与动物或植物运输有关的或与在运输过程中为维持动植物生存所需物质有关的要求；有关统计方法、抽样程序和风险评估方法的规定；与粮食安全直接相关的包装和标签要求。

《卫生协议》由协议本文和3个附件共同组成。《卫生协议》主要规定了各成员在卫生

措施方面的基本权利和义务、相关标准的协调、相关措施的等效、风险评估和适当的卫生保护水平的确定、适应地区条件、透明度、技术援助、管理和实施等。附件A给出了有关定义；附件B是有关卫生与植物卫生法规透明度的规定，包括法规的公布、咨询点、通知程序、一般保留；附件C是对控制、检查和批准程序的规定。

从内容上说，《卫生协议》是关税与贸易总协定第20条“一般例外”中有关保护人类、动植物生命或健康内容的细化，但从规则形式看，《卫生协议》和关税与贸易总协定是相互平行的独立协议。某一措施可能同时受到这两个协议及相关条款的调整，但由于《卫生协议》规定得比较具体、详细，实践中通常适用《卫生协议》判断某一卫生措施是否违反了该协议。在根据关税与贸易总协定的其他条款指控时，第20条的相关规定常被作为一个抗辩理由提出。

就《卫生协议》与《技术性贸易壁垒协议》的关系而言，这两个协议是相互独立的协议，《技术性贸易壁垒协议》虽适用于工业品和农产品，但不适用于《卫生协议》附件A定义的卫生措施。《技术性贸易壁垒协议》所适用的技术法规，指规定强制执行的产品特性或其相关工艺和生产方法、包括适用的管理规定在内的文件。包括适用于产品、工艺或生产方法的专门术语、符号、包装、标志或标签要求的文件，或这样的专门文件，都属于技术法规的范围。

## 二、成员维持人类动植物生命与健康的基本权利和义务

根据《卫生协议》第2条第1款，各成员有权采取为保护人类、动植物的生命或健康所必需的卫生措施，只要此类措施不违背《卫生协议》的规定。

《卫生协议》第2条第2款要求，各成员应确保，任何卫生措施的实施不得超过为保护人类、动植物的生命或健康所必需的程度，并以科学原理作依据，如果没有充分的科学依据，则不得维持，但《卫生协议》另有规定的例外。该协议第5条第7款规定了上述规则的例外性限制。在有关科学根据不充分的情况下，一成员可根据现有的相关信息，包括来自有关国际组织以及其他成员实施的卫生措施的信息，临时采取某种卫生措施。这种情况下，各成员应寻求更客观地评估风险所必要的补充信息，并在合理的期限内对卫生措施相应地进行审查。第5条第7款的规定，被认为与预防原则相关。

各成员应确保，其卫生措施不得对情况相同或相似的成员领土间，包括在成员自己境内和其他成员领土之间，构成任意的或不合理的歧视；卫生措施的使用方式不得构成对国际贸易的变相限制。

符合《卫生协议》的卫生措施，视为符合根据关税与贸易总协定有关使用卫生措施的规定所承担的义务，特别是第20条（b）项的义务。

各成员对于遵守《卫生协议》项下的所有义务负全部责任，应制定和实施积极的措施和机制，支持中央政府机构以外的机构遵守该协议的规定。各成员应采取能够采取的合理措施，保证其领土内的非政府实体以及其领土内的相关实体为其成员的区域机构，符合该

协议的相关规定。此外，各成员不得采取其效果为直接或间接要求或鼓励此类区域或非政府实体、地方政府机构以违反该协议的方式行事的措施。各成员应保证只有在非政府实体遵守该协议的前提下，方可依靠这些实体提供的服务实施卫生措施。

## 三、风险评估与适当保护水平的确定

《卫生协议》允许成员采取比国际标准保护水平高的动植物卫生保护水平，制定卫生措施，但这种措施应建立在风险评估的基础上。

《卫生协议》第5条第1款要求：各成员应保证其卫生措施的制定，以对人类、动植物的生命或健康所进行的、适合有关情况的风险评估为基础，同时考虑有关国际组织制定的评估技术。在进行风险评估时，应考虑可获得的科学证据：有关工序和生产方法，有关检查、抽样和检验方法；特定病害或虫害的流行；病虫害非疫区的存在；有关生态和环境条件；检疫或其他处理方法。在评估风险并确立适当的保护水平时，应考虑下列有关经济因素：由于虫害或病害的传入、定居或传播造成生产或销售损失的潜在损害，在进口成员领土内控制或根除病虫害的费用，以及采用替代方法控制风险的相对成本效益。

在确定适当的卫生与植物卫生保护水平时，成员应考虑将对贸易的消极影响减少到最低限度的目标。每一成员应避免其认为适当的保护水平在不同情形下的任意的或不合理的差别，如果这种差别对国际贸易构成歧视或变相限制，以实现为防止对人类、动植物的风险而适用适当的卫生或植物卫生保护水平这一概念的一致性。各成员为此应在卫生与动植物卫生措施委员会下合作。各成员应保证其采取的卫生措施，对贸易的限制不超过为达到适当的保护水平所要求的程度，同时考虑其技术和经济的可行性。如果一成员有理由认为另一成员采用或维持的某一卫生措施正在限制或可能限制其产品出口，且该措施不是根据有关国际标准制定的，或不存在此类标准，则可请求说明此类卫生措施的理由；维持该措施的成员应提供此种说明。

《卫生协议》还要求，各成员应保证其卫生措施适应产品的产地和目的地的卫生与植物卫生特点，无论该地区是一国的全部或部分地区，或几个国家的全部或部分地区。

## 四、卫生措施的协调与等效

为了在尽可能广的基础上协调卫生措施，各成员的卫生措施应根据现有的国际标准制定。符合国际标准的卫生措施，视为为保护人类、动植物的生命或健康所必需的措施，并视为和关税与贸易总协定的有关规定相一致。但如果存在科学理由，或成员根据风险评估的有关要求确定对动植物的保护水平是适当的，成员可以采用或维持其达到的水平比根据国际标准制定的措施所能达到的保护水平更高的卫生措施。这类措施不应违反《卫生协议》的其他规定。如成员根据该协议的有关规定，对现有科学信息进行审查和评估，确定有关国际标准不足以实现适当的动植物卫生保护水平，则为存在科学理由。

如出口成员向进口成员客观地证明其卫生措施达到进口成员的卫生与植物卫生的适当保护水平，则进口成员应将出口成员的措施作为等效措施予以接受，即使这些措施不同于进口成员自己的措施，或不同于从事相同产品贸易的其他成员使用的措施。为此，应请求，其他成员应给予进口成员进行检查、检验及其他相关程序的合理机会。此外，应请求，各成员应进行磋商，以就承认具体卫生措施的等效性问题达成双边或多边协议。

## 一、问题与思考

1. 《农业协议》建立的农产品贸易的新纪律有哪些？
2. 农产品特别保障措施的实施条件是什么？
3. 世界贸易组织成员在保护人类、动植物生命和健康方面享有哪些基本权利？
4. 世界贸易组织成员在采用比国际标准保护水平高的卫生措施时，应遵循什么义务？

## 二、练习题

### （一）判断正误

1. 出口补贴是《反补贴协议》明确禁止的补贴，因而不得对农产品的出口提供补贴。

【解析】错误。《农业协议》允许明确列出的出口补贴。

2. 如果进口农产品对国内农业造成损害，就可以实施特别保障措施。

【解析】错误。对农产品的特别保障措施的实施条件不以对国内农业造成损害为条件，而以进口的触发价格或触发水平为实施条件。

3. 对于农业来说，有两种保障措施可以采取：一种是一般保障措施，另一种是特别保障措施。

【解析】正确。这两种保障措施的实施条件是不同的，必须满足各自的相应要求。

4. 检疫措施必须遵循国际标准，否则就是违反了世界贸易组织的有关规定。

【解析】错误。成员可以采取高于国际标准的检疫措施，但必须有科学依据，并建立在风险评估之上。

5. 检疫措施，是一种限制国际贸易的非关税壁垒。

【解析】正确。检疫措施影响国际贸易，又不是关税措施。非关税壁垒无统一定义，范围广泛。一般说来，不属于关税壁垒的，都归于非关税壁垒。

6. 针对农产品适用的特别保障措施，与一般保障措施一样，都要求以对农业的损害为条件，只是适用的对象不同。

【解析】错误。尽管《农业协议》下的特别保障措施仅适用于农产品，但《保障措施协议》下的一般保障措施也包括农产品。二者的主要区别在于适用条件不同：一种以损害为条件，另一种以进口量或进口价格为条件。

7. 在关税与贸易总协定框架下，没有调整农产品贸易的规则，《农业协议》的签订是乌拉圭回合谈判的一大成果，它使得世界贸易组织的调整范围扩大到了农产品贸易。

【解析】错误。关税与贸易总协定调整农产品贸易，只是纪律为一系列的豁免所削弱。《农业协议》可以理解为农产品贸易向关税与贸易总协定回归的一个协议。

8. 检疫措施的实施标准在有科学依据的情况下，可以不进行风险评估。

【解析】错误。科学依据和风险评估是检疫措施实施标准的两个条件。

9. 中国加入世界贸易组织后，仍然可以对农产品提供价格支持，保护农民的一定收入水平。

【解析】正确。《农业协议》并非完全禁止国内支持，而是要求各国在减让表中列出国内支持额，在该额度内提供国内支持。

10. 由于《农业协议》不禁止政府提供一般性的服务，因而，完善中国农业的服务体系，应是中国各级政府的重要任务。

【解析】正确。这也是推动中国政府转变职能的动力之一。政府提供的一般性服务内容广泛，有助于提高中国农业的发展水平，提高农产品的竞争力。

11. 中国为防止美国小麦黑病传入境内，可以禁止用该小麦制造的面包进口。

【解析】错误。检疫性措施必须存在科学依据和风险评估。经过加工、烘烤的面包与小麦没有传播途径。禁止进口措施是一种非常严厉的措施，不能轻易实施。

12. 中国加入世界贸易组织，需要在贫困地区援助方面作出承诺，逐步减少这方面的援助。

【解析】错误。贫困地区援助是《农业协议》允许的，不产生贸易的扭曲作用，无须作出承诺。

13. 除非列入减让表，否则不得对农产品提供出口补贴。

【解析】正确。尽管《农业协议》允许提供出口补贴，但出口补贴必须是在减让表中列明的，必须限于这一范围内。出口补贴列明化、约束化，是该协议确立的纪律之一。提供没有列明的出口补贴，或者超出列明的幅度提供出口补贴，违反了《农业协议》。

14. 判断某一检疫措施是否超出了必要限度的标准是，是否存在合理的替代措施。

【解析】正确。除科学原理和风险评估外，合理的替代措施是否存在，是评估某一检疫措施是否必要的重要条件。

15.《农业协议》允许对农产品提供出口补贴，这表示对该农产品提供的出口补贴不受《反补贴协议》的调整。

【解析】错误。《农业协议》允许提供列入减让表的出口补贴。但补贴、出口补贴等的认定，在《农业协议》中没有规定，需要适用《反补贴协议》的规则。除特别规定外，这两个协议是并存的，而非排斥的。

16. 只要某农产品的进口量超过规定的触发水平，或进口价格超过规定的触发价格，进口成员就可以对该农产品采取特别保障措施。

【解析】错误。除触发水平或触发价格的条件外，该农产品必须是在减让表中标明 SSG

符号的农产品。

**（二）选择填空**

1. 对农产品的特别保障措施，其适用________。

A. 以对国内产业的损害为条件

B. 以进口量或进口价格为条件

C. 可以针对具体国家适用

【解析】答案B。进口量或进口价格是农产品特别保障措施的适用条件之一。农产品的特别保障措施不以对国内产业的损害为条件。

2. 政府对农产品可以提供的国内支持的形式，包括________。

A. 价格支持　B. 政府贷款　C. 出口补贴

【解析】答案AB。国内支持指对国内农业生产者的支持措施。《农业协议》允许提高或保证农产品价格和农民收入的各类补贴和支持。国内支持可以是市场价格支持，也可以是政府直接贷款。

3. 根据《农业协议》，对农产品的出口补贴________。

A. 一律禁止

B. 对列明的农产品提供补贴不得超出列明的水平

C. 对没有列明的农产品提供补贴不受约束

【解析】答案B。根据《农业协议》，出口补贴应在减让表中列明，并不得超出列明的水平提供。

4. 检疫措施的实施，应________。

A. 具有合理性

B. 不超出必要的限度

C. 不对不同成员的产品实施歧视

【解析】答案ABC。科学依据、风险评估、必要限度、非歧视、合理性，是对检疫措施的主要要求。

5. 成员对农业提供的国内支持，可以包括________。

A. 结构调整援助　B. 自然灾害救济　C. 环境保护计划援助

【解析】答案ABC。这些属于对生产没有扭曲作用或有非常小的扭曲作用的国内支持措施，可以不作出减让承诺，可以通过政府公共资金计划提供。

6. 世界贸易组织规则对农产品补贴和工业品补贴的区别在于________。

A. 允许对农产品提供出口补贴，而不允许对工业品提供出口补贴

B. 允许对农产品提供出口补贴，而限制对工业品提供出口补贴

C. 对超额的农产品出口补贴、对任何工业品出口补贴都可以直接诉诸争端解决机制

【解析】答案AC。《反补贴协议》禁止（工业品）出口补贴，《农业协议》允许一定条件下的农产品出口补贴，列入减让表且有数量限制。超额的农产品出口补贴和工业品出口

补贴都是被禁止的，都可以直接诉诸争端解决机制。

7. 农产品出口补贴受到下述条件的限制：________。

A. 必须列入减让表　B. 不得超过规定的水平　C. 补贴应逐步减少

【解析】答案ABC。《农业协议》确立了农产品出口补贴的纪律，这就是农产品的出口补贴列入减让表，没有列入的产品不得提供出口补贴，不得超出列明的额度提供出口补贴，而且出口补贴应逐步减少。

8. 世界贸易组织的一个成员将某产品列入其出口补贴承诺的减让表中。这表示________。

A. 该成员可以对该产品提供出口补贴

B. 该成员可以对该产品提供任何数额的出口补贴

C. 该成员可以对该产品不提供出口补贴

【解析】答案AC。将某农产品列入出口补贴承诺的减让表中，表示该成员可以对该农产品提供不超出所列最高水平的出口补贴，它确立了该成员按减让表提供出口补贴的权利。当然，该成员可以不行使此权利。

9. 对农产品采取特别保障措施的条件包括________。

A. 减让表中标明SSG符号

B. 进口量超过触发水平

C. 对国内产业造成损害

【解析】答案AB。只有对在减让标明SSG符号的农产品，在进口量超过触发水平或进口价格超过触发价格时，才可以采取特别保障措施。

# 第十章
# 国际服务贸易

本章摘要

国际上对服务、服务贸易也没有统一的定义，相应地，对服务贸易的调整缺少比较具体的统一规则。《服务贸易总协定》确立了服务贸易管理的法律框架。跨境提供、境外消费、商业存在和自然人存在，是服务贸易的 4 种方式。由于无形服务不同于有形货物，货物贸易的管理规则，如关税措施，不适用于服务贸易。即使是作为贸易一般性原则的不歧视原则（最惠国待遇与国民待遇），在服务贸易中的适用发生了变化。市场准入和国民待遇属于世界贸易组织成员的具体承诺范围。

关 键 词

《服务贸易总协定》　服务　服务贸易　跨境提供　境外消费　商业存在　自然人存在　服务贸易中的国民待遇　具体承诺　市场准入　同类服务和服务提供者

## 第一节　国际服务贸易概述

### 一、服务及服务贸易

对于何为服务，国际上并没有统一的定义，人们一般将服务理解为不能够独立确定所有权的独立实体，不能脱离生产而单独地进行交易，一般是由生产者按照消费者的需要进行的活动。但同时，有一组产业部门一般划入服务业，其生产的产出具有货物的许多特征，可以确定所有权，经常储存在有形物体之中，像普通货物一样交易。服务与货物既不相同，又有某种程度的关联。

各国的发展程度不同，服务的相对重要性不同，对服务的认定也不同。在乌拉圭回合谈判中，发达国家将服务定义为除工农业之外的一切商品化，而发展中国家仅把服务定义为除工农业外的一切可供交易的活动，即涉及国际贸易的那一部分。《服务贸易总协定》(GATS) 并没有对服务下一定义。有人试图将服务定义为非货物供应，但货物与服务并非在任何情况下都可以分清。另一种服务界定方法是列出具体产业，凡是列出的产业，属于大家已经达成一致的服务产业，没有列出的则不属于或现在不认为是服务产业。GATS 采取的即是这种方法。

尽管服务多种多样，没有一个普遍的定义，但与货物相比，服务是一种经济活动，是一种过程。对于绝大多数服务，可以总结出下列共同特征：(1) 无形性。与存在具体形态的货物不同，服务最主要的特点是无形性，看不见，摸不着。(2) 不能储存性。供应方和消费方的关系具有直接性。服务的提供与消费一般同时进行，提供者和消费者彼此贴近，除非包括在货物中，常表现为同时、同地的特点。(3) 依赖性。服务供应不像货物供应那样确定，依赖于服务供应商或其技能。(4) 政府管理方式不同。政府对服务贸易的管理不是据产出进行管制，更多的是投入管制（如资格限定)。

服务贸易和服务一样没有统一的定义，但一般可理解为服务的提供。"服务的提供"包括服务的生产、分配、营销、销售和交付。而国际服务贸易，可理解为服务的国际或跨境提供。但由于服务本身的特点，其国际性并不像国际货物贸易那样明确。货物的国际贸易涉及货物从一国到另一国的物理流动，而国际服务贸易并不一定需要服务产品越过不同国家的实际边境。跨越国境的活动有：资本形式的生产要素的越境流动，如金融、劳工、建筑；消费者的越境流动，如旅游；在供应国开发的服务的越境供应，如通过电话提供信息。有时则需要在进口国建立商业存在或运营，如设立分支机构、附属公司等。这种情况下，在设立机构时涉及跨国，而提供服务时是在当地进行。总之，国际服务贸易比国际货物贸易更复杂，更难确定。

## 二、国际服务贸易规则

国际服务贸易自由化，对国际服务贸易进行规范管理，是国际服务贸易发展的新现象，服务贸易国际化的迅速发展，成为当今世界关注的重要问题。制定相应的国际法规范，成为国际服务贸易发展的必然趋势和必然要求。目前国际服务贸易管理的目标是服务贸易自由化。由于服务贸易不同于货物贸易的特点，国际服务贸易法律规范的产生和发展相对困难和缓慢。服务贸易与关境没有内在联系，适用于货物贸易管理的措施，如关税和边境措施，对国际服务贸易不适用；作为关税与贸易总协定基本原则的关税保护原则、关税约束原则也不适用。对国际服务贸易的管理，主要依靠有关外国直接投资和外国服务提供者参与国内服务业的国内立法和规定，如禁止外国服务提供者在提供服务方面投资，或者禁止建立提供服务所必需的分支机构，限制当地所有权、设立权、服务商和消费者的自由流动、外汇管制等。同时，与货物贸易越来越自由化相比，服务贸易受到较强的国内管制。管制的原因是多样的，如金融安全、文化完整、国家安全、专业能力、垄断、隐私等。管制机构和方式也具有不同的特点，有些管制是国家实施的，有些管制是由服务商自己进行的。

尽管新技术改变了服务提供的方法，例如通过互联网传播信息或诊断疾病，使得服务提供在某种程度上像产品制造一样，可以在不同国家分开进行，但服务贸易的规则与货物贸易规则仍然具有根本的不同。货物贸易以货物为载体，而服务贸易是通过服务提供商提供的，对服务供应商或其技能有极大的依赖性。

国际上调整服务贸易的商业规则出现较早。例如，调整国际货物运输的国际公约，规范国际服务贸易的国际惯例。但这些都是调整平等主体权利和义务的规范。国际服务贸易的管理规范出现较晚。1951年，经济合作与发展组织（OECD）国家制定了《无形经营自由化守则》。欧洲一体化的进程包括了服务贸易的内容，但最初进展不大。美国1974年《贸易法》"301条款"，含有管制国际服务贸易的内容。欧洲一体化的法律建设中含有服务贸易的内容，《北美自由贸易协定》中也有规范服务贸易的条款，但都局限于地区范围。在世界贸易组织《服务贸易总协定》之前，国际上不存在统一的规范性文件。世界贸易组织《服务贸易总协定》的签订和实施，标志着国际服务贸易及国际服务贸易规范进入了一个新的发展阶段。

## 第二节　《服务贸易总协定》概况

### 一、签订背景

世界性服务贸易协定的诞生出于经济发展水平的进一步提高和美国的大力倡议和积极推动。1974年关税与贸易总协定东京回合谈判时，美国就提出了服务协议的建议。1982年关税与贸易总协定部长会议上，美国又提出服务贸易问题。这次部长会议通过了一个折中方案，鼓励对服务贸易有兴趣的缔约方就这一问题进行研究，将研究成果提交下次缔约方全体大会审议。美国1984年《贸易与关税法》将服务贸易与货物贸易并列，授权总统对服务贸易领域的不公平贸易做法适用"301条款"；1988年《综合贸易与竞争法》制定"超级301条款"。同时，发达国家服务贸易的发展和逐步自由化，科学技术的发展，使它们极力推动服务贸易的跨国界提供，推动制定服务贸易自由化的全球性规则。国际服务贸易规则，是伴随着服务贸易的自由化发展起来的。在自由贸易区的建立中，已经进行了服务贸易的自由化。含有服务贸易内容的《北美自由贸易协定》，对乌拉圭回合服务贸易协议的谈判和签订，产生了重要影响。

1986年9月发起乌拉圭回合谈判的埃斯特角部长宣言，将服务贸易纳入乌拉圭回合谈判程序，作为与货物谈判不同的谈判议题。经过了三个阶段的艰苦谈判，从服务贸易的定义、范围，到服务贸易多边框架原则与规则的提出，最后到提交具体承诺，《服务贸易总协定》终于在1993年12月15日作为整个一揽子的谈判结果获得草签，并于1994年4月15日正式签署，于1995年1月1日生效。

## 二、《服务贸易总协定》的基本框架

《服务贸易总协定》是第一个调整国际服务贸易的多边性、具有法律强制力的规则。其目标是建立一个国际服务贸易原则和规则的多边框架，在透明和逐步自由化的条件下扩大服务贸易，促进所有贸易伙伴的经济增长和发展中国家的发展；在适当尊重国家政策目标的同时，通过连续回合的谈判，在互利基础上促进所有参加方的利益，并保证权利和义务的总体平衡，以便早日实现服务贸易自由化水平的逐步提高。该协定承认各成员有权对其领土内的服务提供进行管理，并制定新的规章，以实现其国家政策目标；同时认识到不同国家服务法规发展程度存在不平衡，发展中国家更加需要对服务贸易进行管理的权利。该协定期望便利发展中国家，通过加强其国内服务能力、效率和竞争力，使其更多地参与服务贸易和扩大服务出口。

《服务贸易总协定》是一个框架性协议。它包括协定本文和附件两大部分，另外还包括各成员作出的承诺表。它包括三个层次的规则：主要条文部分包括一般性的原则和义务，附件处理具体部门的规则，各国的具体承诺提供了各自的市场准入情况。这些承诺如同关税减让表，成为《服务贸易总协定》的一部分。由于谈判中存在的分歧，该协定对空运服务、海运服务、金融服务、电信服务没有达成实质性规定，而仅仅规定进一步谈判的指导原则。1997 年世界贸易组织达成《基础电信协议》、《金融服务协议》。

《服务贸易总协定》本文包括六个部分，分别是范围和定义、一般义务和纪律、具体承诺、逐步自由化、机构条款以及最后条款。就确立的义务来说，前三部分构成了该协定的主要内容。《服务贸易总协定》是一个框架性协议，各成员根据该协定承担的义务需要通过不断的谈判来具体化。

## 三、适用范围

《服务贸易总协定》适用于各成员影响服务贸易的措施。该协定不适用于行使政府职能而提供的服务，即既不在商业基础上提供又不与任何服务提供者竞争的服务。《服务贸易总协定》中的最惠国待遇义务、市场准入义务和国民待遇义务，不适用于规范政府机构为政府目的而购买服务（政府采购）的法律、法规或要求。这类购买不是为进行商业转售或为供商业销售而在提供服务过程中使用的。

“成员影响服务贸易的措施”，包括下列方面的措施：服务的购买、支付和使用；与服务提供有关的、成员要求向公众普通提供的服务的准入和使用；一成员的人为提供服务在另一成员的存在（包括商业存在）。《服务贸易总协定》意义上的“措施”，指成员的任何措施，不论采取法律、法规、规章、程序、决定、行政行为的形式或任何其他形式。“成员措施”包括成员的中央、地区或地方政府和主管机关采取的措施，以及由中央、地区或地方政府和主管机关授权行使权力的非政府机构采取的措施。《服务贸易总协定》的纪律超越了所有政府一级，包括了行使所授权力的非政府机构。根据世界贸易组织上诉机构的解释，对“影响服务贸易的措施”应给予广义的解释：“《服务贸易总协定》的范围，包括了影响服务提供的成员的任何措施，无论该措施是否直接规范服务的提供，或该措施规范其他事项但影响服务贸易。”一措施属于《服务贸易总协定》的调整范围，与该措施是否违反《服务贸易总协定》的相关条款，是两个不同的问题，需要单独进行审查。而只有得出某一措施属于《服务贸易总协定》范围的影响服务的措施结论后，才可以进行实体性审查。

根据《服务贸易总协定》给出的定义，“服务”包括任何部门的任何服务，但在行使政府职权时提供的服务除外。“服务提供”包括服务的生产、分销、营销、销售和交付。“商业存在”指任何类型的商业或专业机构，包括为提供服务在成员境内组建、收购或维持法人，或者设立或维持分支机构或代表处。

《服务贸易总协定》从提供服务的方式界定服务贸易。服务贸易是指通过下述 4 种方式提供的服务：

第一种方式，跨境提供（cross-border supply）：服务从一国境内向其他国境内提供，不需要提供者和消费者的实际流动（服务产品的流动），如通过电话、因特网提供法律意见。这一方式类似于传统的货物贸易。最常见的实例是国际货物运输服务。其他如远程教育、远距离诊断，都是跨境服务的例子。根据墨西哥电讯案中专家组的解释，服务商自己经营或存在的地点，与对跨境提供的界定没有直接关系。

第二种方式，境外消费（consumption abroad）：服务者在本国境内向来自其他国家的服务消费者提供服务，消费者移动到服务提供者国家接受服务（消费者的流动），如境外旅游、治病，境外语言学习。境外船舶修理也属于境外消费，因为只有消费者的资产迁往或位于境外，才可以获得这样的服务。

第三种方式，商业存在（commercial presence）：外国实体在内国境内设立附属公司或分支机构，向在内国的消费者提供服务，即外国服务提供者在其他国境内提供商业服务（在进口国设立机构）。境外商业存在的设立，作为确保在生产和交付的各个阶段以及交付之后与处于其本土的消费者保持密切联系的一种方法，经常是必要的。如外国银行的国外分支机构或附属机构提供金融服务，外资医院提供医疗服务，外资学校提供课程，都是通过商业存在这种方式提供的。

第四种方式，自然人存在（presence of natural persons）：通过自然人的短期移动来提供的服务，一国的服务提供者在其他国境内以自然人的存在提供服务（自然人流动），如国际工程承包、出国讲学。自然人存在涉及两种不同的自然人类型：自营人员和雇员。自然人存在只涉及在消费者国家中的非长期就业（一般为 2～5 年）。《服务贸易总协定》关于自然人流动的附件规定：该协定不适用于影响自然人进入某一成员国就业市场寻找就业机会的措施，也不适用于有关永久性居民、居所和就业的措施。

通过上述 4 种方式界定服务贸易，是《服务贸易总协定》的一大特点。凡是通过其中任何一种方式提供服务的，都构成了《服务贸易总协定》意义上的服务贸易，都属于《服务贸易总协定》的调整范围。

## 四、外国服务与外国服务提供者

《服务贸易总协定》界定的上述 4 种国际服务贸易方式，或者涉及服务产品的跨境流动，或者涉及服务提供者或消费者的跨境流动。无论哪种方式，都涉及某种因素的跨境流动。由此，我们可以确定外国服务及其来源。

根据《服务贸易总协定》，“另一成员的服务”包括两种情况：第一种，指从该成员境内提供的或在该成员境内提供的服务。对于海运服务这一特定服务来说，指根据该成员法律注册的船只提供的服务，或者该成员的人通过船舶经营、全部或部分使用船舶提供的服务。第二种，在通过商业存在或自然人存在提供服务的情况下，指该成员的服务提供者提供的服务。

与“另一成员的服务”的概念相适应，《服务贸易总协定》对“另一成员的自然人”、“另一成员的法人”予以定义。“另一成员的自然人”指居住在该其他成员境内或任何其他成员境内的自然人，并且根据该其他成员的法律，是该成员的国民，或者在该成员境内享有永久居住权。“另一成员的法人”，指（1）根据该国法律设立或以其他方式组成，在该国或任何其他外国境内从事实质性业务活动的法人；（2）在通过商业存在提供服务时，由该国的自然人拥有或控制的法人，或由前述（1）项定义的法人拥有或控制的法人。一个法人，如果某一成员的人（自然人或人）实际拥有该法人股权利益的50%以上，则该法人即为该国人“拥有”；如果某一成员的人（自然人或法人）有权任命该法人的大多数董事或以其他方式合法地指示其活动，则该法人为该国人“控制”；如果一法人控制另一人或被另一人控制，或它与另一人共同被同一人控制时，该法人即与另一人有“关联关系”。“法人”（juridical person）指根据适用法律正当设立或组建有任何法律实体（legal entity），包括公司、信托（基金）、合伙、合营、独资或联合体；该法律实体是否以营利为目的、是否为政府或私人所有，在所不计。因而，《服务贸易总协定》意义上的法人，其范围远远超出我们通常理解的法人的范围。根据上述定义，依据中国法律设立的提供服务的外商独资企业，属于外国法人。

《服务贸易总协定》第 27 条“拒绝利益”规定了一成员可以拒绝《服务贸易总协定》项下利益的情形。该规定，既规定了成员的权利，又为判断外国服务或外国服务提供者提供了帮助。根据该条的规定，下列情况下一成员可以拒绝给予《服务贸易总协定》项下的利益：对于服务，该服务从非成员境内或在非成员境内提供；对于海运服务，根据非成员的法律注册的船只提供，提供者经营或使用船舶，但属于非成员的人；对于作为法人的服务提供者，该提供者不是另一成员的服务提供者。

服务的国际（跨境）提供，是根据服务提供者或消费者的国籍或永久住所来确定的，在涉及法人的情况下同时使用了控制标准。这对于我们认定外国服务、外国服务提供者具有非常重要的意义，在通过商业存在提供服务的情况下，更是如此。举例来说：外国银行在中国设立的分支机构或代表处，无疑属于外国法人，其在中国提供的服务属于外国服务；

但是外国银行在中国设立的外商独资银行，或者与中国合资者进行合资但却由外国投资者控制的合资银行，均属于《服务贸易总协定》意义上的外国银行，它们提供的服务属于外国服务，它们是外国服务提供者。严格意义上说，它们并不属于中国银行业的一部分，它们在中国境内的经营额不能算作中国银行业的经营额，而被统计为外国服务贸易的数额，为外国服务的输出（出口额）。这与外资生产性企业属于中国国内产业的一部分截然不同。这决定了国际服务贸易的管理方式与难度。《服务贸易总协定》尽管规定了服务贸易的补贴与保障措施内容，要求尽快谈判达成这方面的具体纪律，但迟至今日，也没有取得实质性进展。这充分说明了服务贸易问题的复杂性。

## 五、服务贸易的种类

由于服务的多样性与复杂性，《服务贸易总协定》条文本身没有对服务贸易进行分类。国际上并不存在世界海关组织对货物分类的《商品名称及编码协调制度》那样的对服务的商品分类制度。但很显然，服务部门分类，是成员进行谈判、作出承诺、履行义务的基础条件和前提。1991年，关税与贸易总协定秘书处编写了一份有关服务部门分类的说明，称为“GNS/W/120服务部门分类”目录。该分类是根据联合国产品总分类（CPC）暂行本，由各成员国磋商的结果。该目录明确了国内服务规章所涉及的相关部门和分部门，作为具体谈判和承诺的基础。因此，该分类目录可以被视为一个谈判目录。关税与贸易总协定秘书处还起草了“1993年减让指南”，以此指导、方便谈判方作出服务贸易的具体承诺。这两个文件构成了解释具体承诺的《维也纳条约法公约》第32条意义上的准备资料。

《服务贸易总协定》列出了12个部门种类、155个分类。这12个部门种类为：商业服务（包括专业与计算机），通信服务，建筑与相关工程服务，分销服务，教育服务，环境服务，金融（保险与银行）服务，保健和社会（医疗）服务，旅游及相关服务，娱乐、文化和体育服务，运输服务以及其他服务。需要说明的是，这12个部门种类及其小的分类，与服务贸易的4种方式，是不同性质的分类，相互之间是交叉的，每一部门都可能存在4种贸易方式，每种贸易方式都可能涉及每一部门。正是这种复杂的关系，造成了《服务贸易总协定》减让表的复杂性。对于任何成员就任何部门或分部门作出的减让，都需要根据4种不同的贸易方式去理解、分析。

对服务部门或服务种类的分类，仍然处于不断的完善中。上述《服务贸易总协定》的分类，其详细程度不足以适应服务贸易的需要；与此相联系，某些具体分类存在着不确定性，游离于不同分类之间。这对于履行《服务贸易总协定》项下的义务（如国民待遇义务），对于服务贸易的进一步谈判（如是否作出承诺）是不利的。国际社会正在为此作进一步的努力。2002年，联合国、欧洲共同体委员会、国际货币基金组织、经济合作与发展组织、联合国贸易和发展会议、世界贸易组织联合制定并颁布了《国际服务贸易统计手册》。该手册主要用于统计目的，提供一个统一的概念框架，但也有助于世界贸易组织对服务贸易的进一步分类。世界贸易组织服务贸易理事会下设的具体承诺委员会，正在负责有关服务部门和分部门调整的技术性工作。

# 第三节 《服务贸易总协定》的一般义务

## 一、最惠国待遇

1. 最惠国待遇义务的适用对象和范围

最惠国待遇原则是《服务贸易总协定》的一般原则和义务。《服务贸易总协定》第 2 条“最惠国待遇”第 1 款明确规定：“对于《服务贸易总协定》所包括的任何措施，各成员应立即和无条件地给予任何其他成员的服务和服务提供者不低于其给予任何其他国家同类服务和服务提供者的待遇。”

《服务贸易总协定》的最惠国待遇原则，和关税与贸易总协定第 1 条第 1 款的最惠国待遇原则是一致的。在服务贸易方面，某一成员给予任何国家（不一定是世界贸易组织成员）任何优惠，其他成员都有权利无条件地立即享有。但二者的适用对象不同：《服务贸易总协定》的最惠国待遇原则既适用于服务，也适用于服务提供者，而关税与贸易总协定的最惠国待遇原则仅适用于货物。在具体的适用范围上，《服务贸易总协定》的最惠国待遇原则在适用上几乎没有任何限制，它适用于《服务贸易总协定》所包括的任何措施，适用于任何其他成员的服务和服务提供者，而关税与贸易总协定的最惠国待遇义务仅适用于明确列出的 4 种情形，且适用于原产自或出口至其他成员的货物。从这一角度看，《服务贸易总协定》的最惠国待遇义务，比关税与贸易总协定的最惠国待遇义务范围更广、更严格。

《服务贸易总协定》中的最惠国待遇的适用，以服务和服务提供者的同类性为条件。和关税与贸易总协定最惠国待遇义务适用的产品同类性这一条件相比，服务和服务提供者的同类性比较难以确定，从服务部门的分类遇到的困难中可以看出这一点。在争端解决的实践中，曾经出现对于违反《服务贸易总协定》最惠国待遇义务的指控，但申诉方由于未能证明服务提供者的同类性而未获得支持。但根据现有争端实践，同类性基于竞争关系或竞争条件来确定。

2. 最惠国待遇义务的例外

鉴于服务贸易的发展水平和法律制度的现状，在服务贸易中，赋予完全的最惠国待遇是不现实的，因而，《服务贸易总协定》允许在一定条件下豁免最惠国待遇义务。除一般义务例外等适用于最惠国待遇义务外，《服务贸易总协定》还特别规定了其他豁免。

一种是该协定生效时的一次性豁免。根据该协定第 2 条“最惠国待遇”第 2 款，“一成员可维持与第 1 款不一致的措施，只要该措施已列入《关于第 2 款豁免的附件》，并符合该附件中的条件”。针对最惠国待遇义务的普遍性，该例外是通过“否定清单式”（negative list）来确立的：凡是列明的事项，均不承担最惠国待遇义务。在谈判时，成员列出最惠国待遇义务例外清单。豁免清单包括下述几个方面：对适用的部门或分部门的说明；对与第 2 条不一致的措施的说明；例外适用的国家；拟存在的期限；产生豁免必要性的条件。在协定生效时成员可以被豁免列入最惠国待遇豁免附件项下的最惠国待遇义务。上述例外只能给予一次，成员不得在清单上增加新的内容。这类例外 5 年审查一次，服务贸易理事会在审查中应审查产生该豁免的条件是否仍然存在，并确定任何进一步审查的日期。原则上这类豁免不应超过 10 年。无论如何，此类豁免在以后的贸易自由化回合谈判中应重新谈判。在豁免期限终止时该成员应通知服务贸易理事会，与《服务贸易总协定》第 2 条第 1 款（最惠国待遇要求）不一致的措施已与该款一致。在多哈回合谈判中，此类豁免成为服务贸易谈判的重要内容之一。

另一种是其他情况下的一般豁免。根据《世界贸易组织协定》第 9 条豁免最惠国待遇义务，即在例外的情况下，部长会议可以决定豁免某成员承担的义务，这种决定应经 3/4 成员的批准。对于给予的豁免，每年审议一次，审查是否仍存在豁免的必要性以及下一次审议的时间。部长会议在年度审议的基础上可以决定延长、修改或终止该豁免。此外，《服务贸易总协定》为发展中国家履行最惠国待遇义务提供了一定期限的过渡期。

根据《服务贸易总协定》第 2 条第 3 款，最惠国待遇义务的规定不妨碍毗邻国家给予优惠。“《服务贸易总协定》的规定，不得解释为阻止任何成员对相邻国家授予或给予优惠，以便利毗连边境地区的当地生产和消费的服务的交换。”

《服务贸易总协定》义务的一般例外、安全例外，对最惠国待遇义务都适用。此外，最惠国待遇义务不适用于调整政府服务采购的法律、法规等，此种采购是为政府目的进行的，不是为了商业转售或不是为了供商业销售而在提供服务时使用。

## 二、透明度

服务贸易比货物贸易受到更强的国内管理，这也是保护国内服务免于外国竞争或给予外国竞争歧视待遇的手段。出于公平竞争、贸易自由之目的，《服务贸易总协定》提出了透明度要求，将之作为一般义务。

除紧急情况外，每一成员应迅速公布有关影响《服务贸易总协定》运作的所有普遍适用的措施，最迟应在此类措施生效时公布。作为有关服务贸易国际协定一方的成员，应公布该协定。如公布不可行，应通过其他方式供成员获得这些信息。各成员应向世界贸易组织通知《服务贸易总协定》所覆盖的影响服务贸易的所有法律、法规和行政管理措施的具体信息，包括任何修改。对于任何其他成员就普遍适用的任何措施或国际协定所提出的具体信息的所有要求，各成员应给予迅速答复。各成员还应设立咨询点（inquiry points），向其他成员提供有关信息。但对于公开将妨碍法律实施、违背公众利益或损害特定公私企业合法利益的机密资料，不要求公开。

## 三、相互承认标准

一般情况下，提供服务的公司和个人需要取得允许其从事业务的证书、许可或其他授权，此类资格要求往往限制了外国服务提供者。为解决这一冲突或障碍，《服务贸易总协定》引进了资格等的相互承认制度。

为使服务提供者获得授权、许可或证明的标准或准则得以全部或部分实施，成员可承认在特定国家已经获得的教育或经历、已满足的要求以及给予的许可或证明。这种通过协调或其他办法实现的承认，可基于有关国家签订的协议或安排，也可自动给予。承认方式不得成为国家间歧视的手段或对服务贸易的变相限制。只要合适，承认应基于多边同意的标准。在适当的情况下，各成员应与有关政府间组织或非政府组织合作，以制定和采用承诺的共同国际标准和准则，以及有关服务行业和职业实务的共同国际标准。

## 四、垄断和专营服务提供者及其他限制竞争的商业惯例

《服务贸易总协定》第 8 条和第 9 条分别就“垄断和专营服务提供者”和“商业惯例”确立了一般性义务，其目的是保障服务提供者之间的公平、充分竞争。这两条直接涉及竞争问题的规定，是《服务贸易总协定》的一个特点。

各成员应确保其境内的任何垄断服务提供者，在相关市场提供垄断服务时，其方式不得违反最惠国待遇义务及作出的具体承诺。

一成员的垄断服务提供者，不论是直接或通过关联公司，在垄断权范围之外且该成员已作出具体承诺的服务提供方面参与竞争，该成员应确保该提供者在其境内不滥用其垄断地位，不以与具体承诺项下的义务不符的方式行事。

如成员在形式上或事实上授权或设立少数几个服务提供者，且实质上阻止这些服务者在境内的相互竞争，上述对垄断服务者的规定也适用于此类专营服务提供者。

对于抑制竞争、限制服务贸易的服务贸易提供者的商业惯例，在其他成员的要求下，相关成员应进行磋商，以期取消这样的商业惯例，并提供可获得的有关资料。

## 五、义务例外

《服务贸易总协定》允许成员采取贸易管制措施，这就是该协定第 14 条规定的“一般例外”：“在此类措施的实施不在情形类似的国家之间构成任意或不合理歧视的手段或构成对服务贸易的变相限制的前提下，本协定的任何规定不得解释为阻止成员采取或实施以下措施……”

该例外的制定模式和关税与贸易总协定第 20 条“一般例外”相似。某一措施欲根据一般例外条款获得例外，需满足实施方式和使用目的这两项要求：一项要求是该类措施在国家间不应构成武断的或不公正的歧视，或构成对服务贸易的变相限制。另一项要求是该类措施必须用于下述目的：为保护公共道德或维护公共秩序所必需；为保护人类、动物或植物的生命或健康所必需；为确保遵守与该协定的规定不相抵触的和下述问题相关的法律、法规所必需：防止欺诈和欺骗做法，或处理服务合同违约事项，保护和个人资料处理与散

播有关的个人隐私，保护个人记录和账户秘密，安全问题；为保证对其他成员的服务或服务提供者平等和有效课征或收取直接税的差别待遇；源于该成员受其约束的避免双重征税协议或者任何其他国际协议或安排中的避免双重征税的规定的差别待遇。在美国博彩案中，美国以“为保护公共道德或维护公共秩序所必需”为自己的措施抗辩。该案专家组认为，成员有权根据其自己的法律和价值观，在自己的境内界定和适用“公共道德”或“公共秩序”的概念。上诉机构支持这一点，但认为该案中的争议措施没有满足实施方式的要求。

除一般例外之外，《服务贸易总协定》的一般义务还存在安全例外，该协议不得解释为：要求任何成员提供其认为公开后会违背其基本安全利益的任何资料，阻止任何成员为保护其基本安全利益采取必要的行动，或阻止任何成员为履行《联合国宪章》下维护国际和平与安全的义务而采取的行动。

此外，《服务贸易总协定》第 2 条确立的最惠国待遇义务、第 16 条确立的市场准入义务以及第 17 条确立的国民待遇义务，不适用于政府机构为政府目的购买服务的服务采购的法律、法规和要求，因为该购买并不旨在于商业转售，或并不旨在于为商业销售在提供服务时使用。

## 六、服务贸易的经济一体化

根据《服务贸易总协定》第 5 条，该协定不得阻止任何成员参加或缔结相互间实现服务贸易自由化的协议，如果该类协议：涵盖众多服务部门；协议生效时或在合理的时间框架基础上，在该类协议涵盖的部门中，通过消除现有的歧视性措施、禁止新的或更多的歧视性措施，成员之间不存在或消除国民待遇意义上的实质上的所有歧视。该类协议应旨在便利协议参加方之间的贸易，并且与订立该类协议前适用的水平相比，对于该类协议外的任何成员，不得提高相应服务部门或分部门内的服务贸易壁垒的总体水平。该类协议参加方的成员，不可对任何其他成员从此类协议中可能获得的贸易利益寻求补偿。如因该类协议的订立、扩大或任何重大修改，某成员意在撤销、修改其作出的具体承诺，从而与减让表中规定的条款和条件不符，则应提前通知，并遵循《服务贸易总协定》规定的修改减让表的程序。

根据协议参加成员的法律设立为法人的任何其他成员的服务提供者，只要在参加成员领土内从事实质性商业经营，即有权享有该一体化协议项下所给予的待遇。换言之，该服务提供者享有协议参加方的本地企业享有的协议待遇，享有协议的其他参加方根据该协议所提供的待遇。这一规定，与前文所述的服务提供者的法人国籍的确定标准相一致。这使得非类似协议参加方的成员通过在参加方境内设立企业，可以间接享有该协议的利益。

根据《服务贸易总协定》第 5 条之二的规定，《服务贸易总协定》不得阻止任何成员参加在参加方之间实现劳动力市场完全一体化的协议，只要该协议对参加方的公民免除有关居留和工作许可的要求，且通知服务贸易委员会。

# 第四节　《服务贸易总协定》的具体承诺

## 一、具体承诺的性质和作用

世界贸易组织成员在特定服务部门、特定服务领域承担的特定义务，是由该成员在谈判时作出的具体承诺决定的。具体承诺在《服务贸易总协定》中以及在服务贸易自由化的进程中起着非常重要的作用，它主要包括市场准入和国民待遇两大类。《服务贸易总协定》中的一般义务，实质上是以具体承诺为基础的，例如，最惠国待遇义务、国内管制方面的义务、垄断方面的义务、保障国际收支方面的义务等。如没有具体承诺，一般义务也无实际意义。其原因在于，与货物贸易不同，服务贸易受到较大的国内管制，成员没有开放服务贸易市场的义务，是否开放服务贸易市场由成员决定。在服务贸易市场没有开放的情况下，其他义务也失去应有的作用。此外，具体承诺也是逐步实现《服务贸易总协定》服务贸易自由化目标的必经步骤和具体措施。

具体承诺如同约束性关税，对作出具体承诺的成员具有约束力，一般不能轻易修改或撤销，只有在承诺生效 3 年后，在发出修改或撤销某一具体承诺意向，并与受影响国家作出谈判、达成补偿协议后，才可以修改或撤销该具体承诺。在此类谈判和协议中，有关成员应努力维持互惠承诺的总体水平，不低于谈判前具体承诺减让表中的规定。补偿性调整应在最惠国待遇基础上进行。如不能达成补偿性协议，受修改承诺影响的成员可以提交仲裁。如无成员申请仲裁，则拟修改成员有权实施拟采取的修改。如有成员申请仲裁，则修改成员在作出符合仲裁结果的补偿性调整前，不得修改或撤销其承诺。如修改成员实施其拟议的修改或未遵循仲裁结果，则任何参加仲裁的受影响成员，可以根据裁决结果对修改成员改变或撤销实质上相当的利益。

根据《服务贸易总协定》第 6 条对国内法规实施的规定，每一成员在作出具体承诺的部门中，应保证所有影响服务贸易的普遍适用的措施，以合理、客观和公正的方式实施。

## 二、具体承诺减让表

每一成员在其减让表中列出了自己作出的具体承诺。具体承诺减让表规定了对外国服务和外国服务提供者的限制，是否给予市场准入、是否给予国民待遇、成员在哪些具体服务部门和事项方面承担具体义务，均依该具体承诺减让表来确定。具体承诺减让表直接决定着成员根据《服务贸易总协定》承担的具体义务。无论在结构方面还是内容方面，具体承诺减让表都非常复杂，与货物贸易下的关税减让表有着很大的不同。世界贸易组织争端解决机构处理的服务贸易案件中，具体承诺减让表的解释问题成为争议最大的问题。与最惠国待遇义务的例外清单采取“否定式”相反，具体承诺采取了“肯定式清单”的方法，成员只对具体承诺的事项和范围承担义务。

在具体承诺减让表中，每个成员应具体列明下述内容：市场准入的规定、限制和条件；国民待遇的条件和资格；有关附加承诺的承诺；适当情况下，实施这类承诺的时间表；这类承诺的生效日期。这些内容与服务贸易方式、服务部门分类紧密联系在一起，构成了一个复杂的体系。

具体承诺减让表以4种服务贸易方式为基本要素，由水平承诺和部门承诺两大部分组成，每一部分都包括“部门或分部门”、“市场准入限制”、“国民待遇限制”和“附加承诺”四个方面。水平承诺适用于减让表中的所有部门，部门承诺仅适用于所列出的服务部门或分部门。部门承诺最具体地确定承诺的具体范围。从“市场准入限制”、“国民待遇限制”这样的名称中可以看出，具体承诺是从限制的角度来体现的，可有三种具体表达方式：不作承诺、具体列明限制、没有限制。“不作承诺”意味着该成员在该方面不承担任何义务；“没有限制”则正相反，表明该成员在该方面承担了不实施任何限制的全部义务；“具体列明限制”这一方式表示了承担义务时所附带的要求，详细列出了采取限制的内容和性质。既影响市场准入又影响国民待遇的限制，列入“市场准入”限制一栏。

**表1　中国服务贸易具体承诺减让表（节录）**

［服务提供方式：（1）跨境交付；（2）境外消费；（3）商业存在；（4）自然人流动］

| 部门或分部门 | 市场准入限制 | 国民待遇限制 | 其他承诺 |
|---|---|---|---|
| 一、水平承诺 | | | |
| 本减让表中包括的所有部门 | （3）在中国，外商投资企业包括外商独资企业和合资企业，合资企业有两种形式：股权式合资企业和契约式合资企业<br>…… …… | （3）对于给予视听服务、空运服务和医疗服务部门中的国内服务提供者的所有现有补贴不作承诺<br>…… …… | |
| 二、具体承诺 | | | |
| A. 专业服务<br>a. 法律服务（CPC861，不含中国法律业务） | （1）没有限制。<br>（2）没有限制。<br>（3）外国律师事务所只能在北京、上海……以代表处的形式提供法律服务。<br>代表处可从事营利性活动。<br>驻华代表处的数量不得少于截至中国加入之日起已设立的数量。一外国律师事务所只能设立一个驻华代表处。 | （1）没有限制。<br>（2）没有限制。<br>（3）所有代表在华居留时间每年不得少于6个月。代表处不得雇用中国国家注册律师。 | |

续前表

| 部门或分部门 | 市场准入限制 | 国民待遇限制 | 其他承诺 |
| --- | --- | --- | --- |
| | 上述地域限制和数量限制将在中国加入 WTO 后 1 年内取消。<br>外国代表处的业务范围仅限于下列内容……<br>外国律师事务所的代表应为执业律师。<br>(4) 除水平承诺中内容外，不作承诺。 | (4) 除水平承诺中内容外，不作承诺。 | |
| …… …… | …… …… | …… …… | …… …… |

除上述减让表的结构和内容复杂外，乌拉圭回合谈判中服务贸易谈判所依据服务部门分类的粗略，给解释准确界定成员作出的具体承诺内容造成了困难。对具体承诺减让表的解释，亦遵循《维也纳条约法公约》规定的原则，进行客观解释，寻求共同意图。在美国博彩案专家组程序中，美国多次重申其没有意图对博彩服务作出承诺。专家组和上诉机构仍然根据减让表中的实际用语作出了美国对博彩服务作出承诺的裁定。

对于每一种服务活动，有关市场准入和国民待遇的限制，又与 4 种服务贸易方式联系起来。《服务贸易总协定》作为一个全新协定，减让表作为一个新型减让表，没有经验可以借鉴，因此，对市场准入限制和国民待遇限制进行标准化的分类存在一定的困难。

减让表对作出承诺的成员具有约束力，但成员可以在作出的承诺生效 3 年后的任何时间，修改或撤销该承诺。拟修改承诺的成员，应向服务贸易理事会发出通知。如其他成员根据《服务贸易总协定》项下的利益受到拟修改的影响，经请求，拟修改成员应进行谈判，以期达成必要的补偿性调整。有关成员应努力维持互利承诺的总体水平，使其不低于此类谈判前具体承诺减让表中规定的水平。补偿性调整应在最惠国待遇基础上作出。如未达成补偿性协议，受影响成员可将该事项提交仲裁，任何希望获得补偿的成员均应参加仲裁。

## 三、市场准入

市场准入也即市场开放。根据《服务贸易总协定》第 16 条，对于通过前述 4 种服务贸易提供方式的市场准入，每个成员给予其他任何成员的服务和服务提供者的待遇，不得低于其承诺表中所同意和明确规定的条款、限制和条件。市场准入不包括政府采购。

就构成具体承诺的市场准入和国民待遇的关系来说，市场准入是国民待遇的基础和前提。如果某一措施既与市场准入不符，也与国民待遇义务不符，则该措施应列入市场准入栏目。在这种情况下，对市场准入的限制也构成了对国民待遇义务的限制，规定了国民待遇的条件或资格。

在作出具体承诺的部门，除非在承诺减让表中明确规定，成员不得在其部分地区或全境维持或采取下述措施：（1）限制服务提供者的数量，不论通过数量配额、垄断和专营服务提供者方式限制，还是通过经济需求标准要求（the requirements of an economic needs test）方式限制；（2）以数量配额或经济需求标准要求的方式，限制服务交易或资产总值；（3）以配额或经济需求标准要求的方式，限制服务业务总数或以指定数量单位表示的服务产出总量，但不包括成员限制服务提供投入的措施；（4）以数量配额或经济需求标准要求的形式，限制特定服务部门可雇用自然人总数或服务提供者可雇用自然人总数，这些自然人为提供特定服务所必需并与之直接相关；（5）限制或要求服务提供者通过特定类型的法律实体或合营企业提供服务的措施；（6）通过限制外国股权最高百分比，或限制单个或总体外国投资总额，限制外国资本的参与。上述6种限制，被视为服务贸易市场壁垒。

发展中国家利用《服务贸易总协定》允许的扩大发展中国家参与的规定，利用上述规定在承诺减让表中对建立商业存在提出了要求，明确注明批准商业存在应以加强国内服务能力的经济需求为标准。其条件通常包括：在合资企业的基础上批准商业存在的建立；不允许外国服务提供者在此类合资企业中占有大部分的股份；董事会成员中应有一定数量的本国人；外国服务提供者应使用适用的先进技术和管理经验；该企业应培训当地雇员并向他们传授技术；可能时应雇用当地的国内分包人员。

对外国服务和服务提供者提供市场准入，实质上是允许外国服务提供者进行服务的国际投资。这一点在商业存在这种服务方式上体现得最为明显，也可以通过上述对6种措施的禁止体现出来。《服务贸易总协定》在市场准入减让表部分特别指出，如成员对通过跨境提供方式提供服务作出市场准入承诺，且如果资本的跨境流动是该服务本身所必需的部分，则该成员由此已经承诺允许此种资本跨境流动。如果成员就通过商业存在方式提供服务作出市场准入承诺，则成员由此已经承诺允许有关资本转移进入其境内。

## 四、国民待遇

市场放开、外国服务和服务提供者进入后，必然产生外国服务及服务提供者与本国同类服务及服务提供者的待遇关系问题。这一问题由国民待遇义务来解决。但国民待遇义务性质上属于具体承诺，因而，成员不存在普遍的义务授予外国服务及服务提供者的待遇不低于授予本国同类服务及服务提供者的待遇。如前所述，国民待遇与市场准入存在密切的关系。在服务贸易中，国民待遇义务是以市场准入为前提的。这与货物贸易不同。在货物贸易中，即使不存在进口货物，也可能违反国民待遇义务，因为无进口货物很可能正是对外国产品歧视的结果。

根据《服务贸易总协定》第17条，成员在所有影响服务提供的措施方面，给予任何其他成员的服务和服务提供者的待遇不得低于其给予本国同类服务和服务提供者的待遇。但该规定并不要求给予任何其他成员的服务和服务提供者的待遇，在形式上与给予本国同类服务和服务提供者的待遇相同。无论形式是否相同都可满足国民待遇的要求。国民待遇义务是以竞争条件为判断标准的。如果相同形式或不同形式改变了竞争条件，从而使该成员的服务或服务提供者与任何其他成员的同类服务或服务提供者相比处于有利地位，则提供给其他成员的同类服务或服务提供者的这种形式相同或不同的待遇应被视为较低的待遇，即歧视性待遇。根据上诉机构在加拿大汽车案（DS139、DS142）中的解释，一项措施与服务提供中的竞争条件相关，即为影响服务贸易。

与货物贸易和知识产权中的国民待遇不同，《服务贸易总协定》的国民待遇仅适用于一国作出具体承诺的部门或方面，仅限于列入承诺减让表的部门，并且要遵照其中所列的条件和资格。对于没有作出承诺的部门，不适用国民待遇。即使在作出承诺的部门中，也允许按所列条件对国民待遇进行限制。

与最惠国待遇义务一样，国民待遇义务以同类服务或服务提供者为条件，实践中亦同样根据竞争关系或竞争条件来确定。

## 五、附加承诺

除上述市场准入和国民待遇外，《服务贸易总协定》的具体承诺部分还包括第三部分“附加承诺”：“各成员可就影响服务贸易但根据第 16 条或第 17 条不需列入减让表的措施，包括有关资格、标准或许可事项的措施，谈判承诺。此类承诺应列入成员减让表。”

世界贸易组织成员一旦作出附加承诺，该承诺即对该成员有约束力。在墨西哥电讯服务案（未上诉）中，墨西哥因为没有履行其就电讯竞争方面作出的附加承诺而被世界贸易组织争端解决机构裁决认为违反了义务。

## 六、保障国际收支情形下的具体承诺例外

《服务贸易总协定》对于出现严重的国际收支和对外财政困难或威胁的情形提供了义务例外：“如发生严重国际收支和对外财政困难或威胁，一成员要对其已作出具体承诺的服务贸易，包括与此类承诺有关的交易的支付和转移，采取或维持限制。”

但采取或维持上述限制，应满足下述条件：（1）不得在各成员之间造成歧视；（2）应与《国际货币基金组织协定》相一致；（3）应避免对任何其他成员的商业、经济和财政利益造成不必要的损害；（4）不得超过处理国际收支和对外财政困难或威胁所必需的限度；（5）应是临时措施，并应随国际收支和对外财政困难或威胁的改善而逐步取消。此外，不得为保护一特定服务部门而采取或维持此类限制。

除上述情况外，成员不得对与其具体承诺有关的经常项目交易的国际转移和支付实施限制。

# 第五节　服务贸易的逐步自由化

《服务贸易总协定》谈判、签订、生效时，有一些服务部门还没有具体的约束性规则，如金融服务协定等仅列出框架，作为进一步谈判的指导。另外，服务贸易逐步自由化是《服务贸易总协定》的一项原则。《服务贸易总协定》仅仅是个开始，应逐步实现更高水平的自由化，各成员应继续就服务贸易进行谈判。谈判的方向是减少或取消对服务贸易产生不利影响的措施，以此作为提供有效市场准入的一种方式。

1994 年乌拉圭回合谈判结束时，服务贸易的许多部门并没有达成一致的协议。部长会议就一些部门的进一步谈判问题作了规定，包括自然人流动问题谈判、金融服务谈判、海运服务谈判、基础电信谈判、专业服务标准的确定。《服务贸易总协定》的附件也就自然人流动、空运服务、金融服务、海运服务和电信谈判规定了指导原则。

在《服务贸易总协定》生效后，对上述有关问题以及服务贸易的补贴、紧急保障措施、政府采购问题继续进行谈判或制定统一的规则。

自然人流动涉及自然人为提供服务在他国的暂时居留权问题。《服务贸易总协定》并不适用于寻求永久就业者或取得公民身份、永久居留或永久就业的条件。同时，该协定并不阻止一国采取相应的措施对进入其境内或在其境内暂时居留的自然人进行管理，包括为保护边境完整和确保自然人有序跨境流动所必要的措施，但该措施不应损害或阻碍根据具体承诺而给予其他任何成员的利益。1996 年 4 月，世界贸易组织就自然人流动通过《服务贸易总协定第三议定书》，在议定书生效时，以新达成的具体承诺减让表取代或补充该协定原来的具体承诺减让表。

1996 年 4 月通过的《服务贸易总协定第四议定书》及其附件，统称《基础电信协议》，于 1998 年 2 月 2 日生效。该协议的实质性内容规定在附件中，包括了基础电信的具体承诺和最惠国待遇例外，分别补充、修正原来的具体承诺和最惠国待遇；具体内容包括了市场开放、投资和竞争法规三个部分。

金融服务的谈判导致 1995 年达成了《服务贸易总协定第二议定书》，作为金融服务谈判的中间协定。1997 年 12 月，达成了有关金融服务的《服务贸易总协定第五议定书》，并于 1999 年生效，其包括的金融服务减让表和最惠国待遇例外取代了原有的具体承诺和最惠国待遇例外。第五议定书的结构与第四议定书的结构类似。

有关服务贸易的补贴、紧急保障措施、政府采购问题的规则正在研究制定。

## 一、问题与思考

1. 如何理解服务贸易与货物贸易的关系？

2. GATT与GATS的一般原则有哪些不同？
3. 如何理解服务贸易中的国民待遇？
4. 如何理解具体承诺、市场准入及国民待遇之间的关系？
5. 具体承诺减让表与关税减让表有什么不同？

## 二、练习题

### （一）判断正误

1.《服务贸易总协定》中的国民待遇与GATT1994中的国民待遇一样，都是普遍适用的义务。

【解析】错误。《服务贸易总协定》中的国民待遇是非普遍性义务，成员只有作出具体承诺时才承担国民待遇义务。

2. 吸引外国旅游者到中国旅游，就是中国出口了旅游服务。

【解析】正确。这是服务贸易的境外消费方式。

3. 劳务输出是一种服务贸易，不仅是劳务本身的出口，还带动了货物的出口。

【解析】正确。最明显的例子是我国的工程承包。

4. 香港特别行政区不承认中国内地的大学毕业文凭，实际上就是对中国内地人员到香港特别行政区就业的资格限制。

【解析】正确。就业市场不对具有中国内地大学毕业文凭的人开放。

5. 中国允许外国保险机构在中国营业，并不表示外国保险服务出口到了中国。

【解析】错误。外国保险机构在中国营业，是外国保险机构通过商业存在的方式，将保险服务出口到了中国。

6. 一国服务市场对外开放程度的大小，取决于该国的具体承诺。

【解析】正确。《服务贸易总协定》只是一个框架性协议，包括了一般义务和具体承诺的义务。市场是否开放、开放程度大小、有无限制，属于成员具体承诺的范畴。

7. 由于服务贸易的无形特征，通过对货物征收关税的形式管理进出口的做法对服务贸易不适用。

【解析】正确。关税是对有形货物实施，许多服务是无形的。服务贸易自由化的问题主要是放开服务市场、放松管理的问题。

8. 对于跨国公司来说，东道国的国内措施比边境措施的影响更大。

【解析】正确。跨国公司主要在东道国经营，国内环境、法律制度直接影响其经营成败。

9. 商品经销属于服务贸易的范围，但并不表示货物批发不受关税与贸易总协定的调整。

【解析】正确。GATT1994第3条第4款有关法律、规章等的国民待遇的规定中，即涉及货物的经销问题，如果在这方面对进口产品和国内同类产品有歧视，无疑会受到该条款的调整。

10. 由于服务贸易的种类繁多，相互之间差别较大，不可能像对货物贸易那样实行统一管理。

【解析】正确。迄今为止，在服务贸易领域，缺乏像在货物贸易领域进行商品分类的协商制度。

11.《服务贸易总协定》项下的最惠国待遇义务，是普遍适用的义务，除一般例外和安全例外之外，不存在其他例外情形。

【解析】错误。列入最惠国待遇义务豁免的协定生效时的一次性例外，是《服务贸易总协定》项下最惠国待遇的重要例外。《服务贸易总协定》第 2 条规定，对于该协定包括的任何措施，每一成员对于任何其他成员的服务和服务提供者，应立即无条件地给予不低于其给予任何其他国家同类服务和服务提供者的待遇。但一成员可维持与该义务不符的措施，只要该措施列入《关于第 2 条豁免的附件》，并符合该附件的条件。

12. 在具体承诺减让表中，市场准入与国民待遇是两个不同的内容，市场准入方面的限制不包括国民待遇方面的限制。

【解析】错误。《服务贸易总协定》第 20 条有关具体承诺减让表的条款中规定：与第 16 条“市场准入”和第 17 条“国民待遇”均不一致的措施，应列入与第 16 条有关的栏目。在这种情况下，所列内容将被视为也对第 17 条规定了条件或资格。

13.《服务贸易总协定》下的最惠国待遇义务既适用于同类服务，也适用于同类服务提供者。

【解析】正确。这是服务贸易领域内最惠国待遇义务与货物领域内的最惠国待遇义务的重要区别。货物方面的最惠国待遇义务仅适用于同类货物。

14.《服务贸易总协定》的适用范围非常广泛，包括政府对服务的提供。

【解析】错误。虽然《服务贸易总协定》的适用范围非常广泛，但却不包括行使政府职权时提供的服务。

15.《服务贸易总协定》项下的国民待遇义务，要求给予其他成员的服务或服务提供者不低于给予国内同类服务或服务提供者的待遇，该待遇必须具有相同的形式。

【解析】错误。《服务贸易总协定》项下的国民待遇重实质轻形式，其第 17 条规定，一成员可通过对任何其他成员的服务或服务提供者给予与其本国同类服务或服务提供者的待遇形式上相同或不同的待遇，满足国民待遇义务的要求。如形式上相同或不同的待遇改变竞争条件，与任何其他成员的同类产品服务或服务提供者相比，有利于该成员的服务或服务提供者，则此类待遇应被视为较为不利的待遇。

16. 世界贸易组织成员根据《服务贸易总协定》作出的具体承诺，对该成员具有约束力，该成员不得违反或修改。

【解析】错误。《服务贸易总协定》第 21 条名为“减让表的修改”。一成员可依照该条的规定，在减让表中任何承诺生效之日起 3 年期满后的任何时间修改或撤销该承诺。

17. 在《服务贸易总协定》的具体承诺减让表中，水平承诺中的限制适用全部部门。

【解析】正确。这是《服务贸易总协定》具体承诺减让表的特征之一。

18. 成员允许通过商业存在提供服务，实质上就是允许外国资本在相关方面进行投资。

【解析】正确。允许外国服务提供者在国内通过商业存在方式提供服务，就是允许外国投资者在国内开展业务。商业存在有多种形式，如设立独资企业、合作企业、合资企业、分支机构，设立办事处等。

**（二）选择题**

1.《服务贸易总协定》与 GATT1994 的不同在于________。

A. 调整对象不同 B. 约束力度不同 C. 国民待遇的适用方式不同

【解析】答案 AC。《服务贸易总协定》调整服务贸易，无普遍的国民待遇义务，其国民待遇义务属于具体承诺的范围，而 GATT1994 调整货物贸易，国民待遇义务具有普遍的约束力。

2. 具体承诺减让表中包括________。

A. 水平承诺 B. 最惠国待遇承诺 C. 部门承诺

【解析】答案 AC。具体承诺减让表包括了承诺国开放国内市场及在国内的待遇等相关内容，包括适用于所有部门的水平承诺和特定部门的部门承诺。最惠国待遇义务属于普遍性义务，除非在豁免表中列出例外，成员无须作出承诺。

3. 世界贸易组织成员的最惠国待遇义务，适用于________。

A. 成员的垄断服务 B. 成员的专营服务 C. 一般服务

【解析】答案 ABC。最惠国待遇义务适用于《服务贸易总协定》所包括的任何措施。

4. 行使政府职权时提供的服务，不适用于________。

A. 最惠国待遇义务 B. 国民待遇义务 C. 市场准入义务

【解析】答案 ABC。行使政府职权时提供的服务不属于《服务贸易总协定》的调整范围。

5. 服务贸易可以通过下述方式进行：________________。

A. 跨境提供 B. 商业存在 C. 自然人存在

【解析】答案 ABC。《服务贸易总协定》第 1 条根据提供方式定义服务贸易，其中包括跨境提供、境外消费、商业存在和自然人存在。

6. 如在具体承诺减让表中列明，在作出市场准入的部门，成员可以________。

A. 限制提供服务者的数量

B. 限制服务业务总数

C. 限制外国股权的比例

【解析】答案 ABC。允许市场准入与进入市场后的限制是两个问题。《服务贸易总协定》第 16 条允许在减让表列明对相关措施的限制。如果没有列明，则不得采取下列措施：限制服务提供者的数量、限制服务交易或资产总值、限制服务业总数或服务产出总量、限制雇用人数、特定类型法律实体以及限制外国股本参与。

7.《服务贸易总协定》包括________。

A. 该协定本文　B. 该协定的附件　C. 减让表

【解析】答案ABC。《服务贸易总协定》包括了该协定本文、协定附件和成员作出的减让表三个组成部分。

8.《服务贸易总协定》定义的法人，应具备下述条件：________。

A. 任何法律实体　B. 必须以营利为目的　C. 必须为私人所有

【解析】答案A。任何法律实体，不以营利、私人所有、公司制度为条件。

9. 实现服务贸易自由化的协议，应具备的条件有________。

A. 涵盖众多服务部门

B. 不得对协议外的其他成员提高贸易壁垒

C. 必须由地理上相邻的成员组成

【解析】答案AB。涵盖范围应非常广泛，不得损害非成员的利益。

10. 构成具体承诺减让表组成部分的是________。

A. 市场准入　B. 国民待遇　C. 附加承诺

【解析】答案ABC。《服务贸易总协定》第三部分“具体承诺”包括了市场准入、国民待遇和附加承诺三项内容。

# 第十一章

# 与贸易有关的知识产权

本章摘要

《与贸易有关的知识产权协定》是关税与贸易总协定乌拉圭回合谈判的重要成果之一。该协定的订立与实施，扩大了多边贸易制度的调整范围，进入了传统上被认为是民商法的领域，将知识产权与贸易政策联系在一起。该协定一方面纳入了已有的有关知识产权公约的相关规则，另一方面确立了知识产权保护的新纪律。该协定有关知识产权的实施规则，不同于以往的知识产权公约，使与贸易有关的知识产权保护进入了更高的层次。

关 键 词

知识产权协定　《巴黎公约》　《伯尔尼公约》　《罗马公约》　《集成电路知识产权公约》（《华盛顿公约》）　出租权　集成电路布图设计　未披露信息　排他性的返授条件　阻止对效力的异议　强制性一揽子许可　地理标志　强制许可　方法专利的举证责任

## 第一节　《与贸易有关的知识产权协定》概况

### 一、签订背景

在签订《与贸易有关的知识产权协定》（以下简称知识产权协定）之前，有关知识产权的公约已不能很好地满足知识产权密集型产品出口商的要求。如《保护工业产权巴黎公约》（以下简称《巴黎公约》）没有规定专利的最低期限或明确什么可以申请专利，没有国际性的协定来规范、保护商业秘密，计算机软件和录音制品应得到更好的保护，以前的国际协定及国内法对假冒商品打击不力。另外，以前的公约没有约束性的、有效的强制程序。

GATT1947 中与知识产权有关的条款非常有限：第 9 条“原产地标记”提及原产地标记的使用要求。第 12 条第 3 款和第 18 条第 10 款要求为收支平衡目的使用进口限制措施的国家不得实施阻止遵守专利、商标、版权或类似程序的限制。第 20 条“一般例外”规定：保护专利权、商标和版权的措施，只要不在情形相同的国家之间构成任意或不合理歧视的手段，或构成对国际贸易的变相限制，就不受协定的约束。关税与贸易总协定适用于货物，关税与贸易总协定中的知识产权条款主要是确立货物贸易的义务和纪律，在保护知识产权方面并无实质性的纪律，或没有正面确立积极性义务。

随着含有知识产权的商品越来越多，商品呈现技术密集型的特点，知识产权保护对这类商品发挥其优势具有至关重要的作用。知识产权商品的复制容易，发达国家向发展中国家技术许可增多，知识产权的侵权容易引起贸易扭曲，使得在发达国家的坚持下，加强对知识产权的保护，尤其是与贸易有关的知识产权的保护，成为关税与贸易总协定乌拉圭回合谈判的重要议题。《北美自由贸易协定》中对知识产权的规定也为新的世界范围内的知识产权的保护协定提供了借鉴。

## 二、协定的特点

知识产权协定的宗旨是减少对国际贸易的扭曲和阻碍，促进对知识产权的有效和充分保护，保证实施知识产权保护的措施和程序本身不成为合法贸易的障碍。基于这一宗旨，该协定就下列问题确立了新的规则或纪律：关税与贸易总协定的基本原则和有关国际知识产权协定的适用性；与贸易有关的知识产权的效力、范围和使用的适当标准和原则；考虑到各国法律制度的差异，实施与贸易有关的知识产权规定的有效和适当的手段；通过多边方式解决争端和过渡性安排等。

知识产权协定是乌拉圭回合谈判中达成的新协议之一。该协定通过在与贸易有关的知识产权领域对成员施加义务，第一次将知识产权纳入世界贸易制度，是一项具有开拓性的成果。该协定确立了知识产权与贸易的紧密联系和处理规则。知识产权协定调整的知识产权范围，包括版权及相关权利、商标、地理标志、工业品外观设计、专利、集成电路布图设计和未披露的信息。

知识产权协定将关税与贸易总协定的基本原则纳入了该协定。关税与贸易总协定基本原则的理解和适用规则，同样适用于知识产权协定。另外，关税与贸易总协定一般的适用和解释方法，也对知识产权协定的解释有指导作用。《世界贸易组织协定》第 16 条第 1 款明确规定：“除本协定或多边贸易协议项下另有规定外，世界贸易组织应以 1947 年关税与贸易总协定缔约方全体和 1947 年关税与贸易总协定框架下的机构所遵循的决定、程序和惯例为指导。”DSU 第 3 条“总则”第 1 款规定：“成员确认遵循根据 1947 年关税与贸易总协定第 22 条和第 23 条适用的争端解决规则，以及本谅解进一步阐释的规则和程序。”GATT1947 的法律历史和经验，被纳入了世界贸易组织的新框架。

知识产权协定是一个非常复杂的特殊的协定。其规定不仅仅包括该协定文本本身，还通过纳入条款纳入了原来已有的知识产权公约的规定，而这些公约有自己的管理组织，有的具有非常悠久的历史，如《巴黎公约》和《保护文学艺术作品伯尔尼公约》（以下简称

《伯尔尼公约》），有的还没有生效，如《集成电路知识产权公约》（以下简称《华盛顿公约》）。知识产权协定将这些已有成果纳入自己的纪律范围，对所有的成员（无论是否加入上述公约）具有约束力。世界贸易组织对于这些公约的理解和解释，依赖于这些公约原有管理机构——世界知识产权组织的理解和解释。这就使《世界贸易组织协定》这一自成一体的制度体系具有依赖性和开放性。同时，知识产权协定在纳入已有公约时，并非全文采纳相关公约的文本，而是有选择地并入，使知识产权协定的有关内容相对独立于原公约。

知识产权协定确立了一个较高的最低保护标准，保护范围广，保护期限长，保护程序严格。为了确定、实施这一标准，该协定对发展中国家作出了一定期限的过渡性安排，如今这一过渡期已经结束。对知识产权的严格保护，引起了与公共健康等相关问题的冲突。2003 年 8 月，世界贸易组织全体成员达成了《知识产权协定与公共健康多哈宣言第 6 段的实施决定》，以解决相关的问题。2005 年 12 月世界贸易组织通过了修改知识产权协定的决定，旨在将 2003 年 8 月决定的内容永久化。该修改决定需 2/3 成员批准后生效。截至 2014 年 6 月，还未生效。

除基本原则外，知识产权协定不仅规定了知识产权的保护对象、范围和使用标准，还规定了知识产权的实施义务。后一内容，使知识产权协定不同于传统的知识产权公约，它使对知识产权的保护力度更大、保护更充分，从而强化了各成员对与贸易有关的知识产权的保护义务。

## 三、知识产权协定的基本原则

知识产权协定确立了保护知识产权的有关规则和原则，概括来说，包括下述几个方面。

1. 最低保护原则

各成员应实施该协定确立的义务，实施该协定的规定。各成员对于其他成员的国民给予该协定规定的待遇。各成员可以，但无义务在其法律中实施比该协定要求的更广泛的保护，只要此种保护不违反该协定的规定。各成员有权在其各自的法律制度和实践中确定实施该协定规定的适当方法。相对于已有的其他知识产权保护国际公约，提高了保护水平。

对于有关的知识产权，“其他成员的国民”应理解为符合《巴黎公约》、《伯尔尼公约》、《保护表演者、录制者及广播组织罗马公约》（以下简称《罗马公约》）和《华盛顿公约》的保护资格标准的法人或自然人，如同世界贸易组织全体成员是这些公约的全体成员。知识产权协定所指的“国民”一词，对于世界贸易组织的单独关税区成员而言，指在该关税区内拥有住所或真实有效的工商营业机构的自然人或法人。

2. 国民待遇原则

在知识产权保护方面，每一成员给予其他成员国民的待遇，不得低于给予本国国民的待遇。但是，《巴黎公约》、《伯尔尼公约》、《罗马公约》和《华盛顿公约》规定的例外除外。就表演者、录音制品制作者和广播组织而言，国民待遇义务仅适用于知识产权协定规定的权利。

如上所述，“国民”一词的概念，应根据相关公约或协定中的标准确定。鉴于知识产权协定规定了最低保护原则，该协定中所要求的国民待遇实际上是最低相同标准基础上的国民待遇。知识产权协定认可国民待遇在某些情形下的例外。该协定明确提及《伯尔尼公约》第6条和《罗马公约》第16条第1款（b）项，这些规定含有某种程度上的互惠国民待遇。这意味着，知识产权协定确认并保留了这些公约中原有的国民待遇例外。

另外，各成员可以在司法和行政程序方面维持国民待遇例外，但这些例外应为保证遵守与该协定的规定不相抵触的法律和法规所必要，且这种做法的实施不会对贸易构成变相限制。可以看出，知识产权保护方面的国民待遇，和关税与贸易总协定中的国民待遇存在明显不同。

国民待遇以及下文所述最惠国待遇义务，不适用于世界知识产权组织主持缔结的多边协议中有关获得或维持知识产权的程序。除遵循国民待遇义务和最惠国待遇外，知识产权协定在争端解决中不得用于解决知识产权权利用尽问题。

3. 最惠国待遇原则

对于知识产权保护，一成员对任何其他国家国民给予的任何利益、优惠、特权或豁免，应立即无条件地给予所有其他成员的国民。“保护”一词应包括影响知识产权的保护对象、取得、范围、维持和实施的事项，以及知识产权协定专门处理的影响知识产权使用的事项。

某一成员给予的下列情况下的任何利益、优惠、特权或豁免，可以免于最惠国待遇义务：由一般性司法协助或法律实施的、并非专为保护知识产权的国际协定所产生的；《伯尔尼公约》或《罗马条约》允许的另一国不按国民待遇给予的；该协定未规定的表演者、录音制品制作者以及广播组织的权利；《世界贸易组织协定》生效前已生效的知识产权保护国际协定所产生的，该类协定已经通知与贸易有关的知识产权委员会，且对其他成员的国民不构成任意的或不公平的歧视。

知识产权协定中的最惠国待遇，是知识产权保护公约中第一次规定，与其他协定中的最惠国待遇一样，同样具有基石作用。尽管和关税与贸易总协定中的最惠国待遇，在具体方面不尽相同，但其解释和适用规则应当是一致的，特别是有关“无条件性”的解释。

4. 促进经济与社会福利原则

知识产权的保护和实施，应有助于促进技术革新以及技术的转让和传播，有助于技术知识的创造者与使用者相互利益，促进社会、经济福利以及权利和义务的平衡。

在制定或修改法律或法规时，各成员可以采用对于保护公共健康和营养、促进对其社会、经济和技术的发展至关重要的公共利益所必需的措施，只要该措施与知识产权协定的规定相一致。各成员可以采取适当的措施防止知识产权权利人滥用知识产权，防止不合理限制贸易或对国际技术转让产生不利影响的行为，只要该措施与知识产权协定相一致。

与前三项原则相比，促进经济与社会福利原则更多地带有国家的社会政策性内容。如果前三项原则更多地侧重于知识产权保护义务的履行，促进经济与社会福利原则则较多地带有义务例外的倾向，为限制知识产权提供了政策和法律依据。

# 第二节　知识产权协定纳入的知识产权公约

## 一、知识产权协定与纳入的公约的关系

知识产权协定是基于主要知识产权国际公约并通过参考与吸收其大部分条款形成的。知识产权协定的目标之一是在世界贸易组织与世界知识产权组织以及其他有关国际组织之间建立一种相互支持的协作关系。知识产权协定确立的有关国际知识产权的新规则和纪律，是建立在已有知识产权公约的基础之上的。只要不违反该协定的规定，各成员可根据有关国际公约的要求来确保比该协定规定的更高水平的保护。

知识产权协定纳入《巴黎公约》、《伯尔尼公约》、《罗马公约》和《华盛顿公约》的相关内容。知识产权协定第一部分至第四部分（实体部分）的任何规定，不得背离各成员据上述条约可能承担的义务。这明确表明，知识产权协定确立的义务，是建立在上述公约的基础之上的，是对已有公约的内容和义务的补充与发展。另外，知识产权协定对不同公约的纳入是有选择性的，并且对不同公约的纳入方式不同。对于《巴黎公约》、《伯尔尼公约》和《华盛顿公约》，知识产权协定直接纳入了相关条文，而对于《罗马条约》，则采取了转变的方式，没有直接引用条文。

知识产权协定纳入上述公约，扩大了上述公约的适用范围，使原先没有加入上述公约的成员受到了相应的约束，使原本没有生效的条约产生了实际的效力。

就具体公约来说，知识产权协定作出了下述规定。

1.《巴黎公约》

知识产权协定要求各成员在知识产权标准、知识产权执法以及知识产权的获得及维护方面，遵循《巴黎公约》（1967）第 1 条至第 12 条和第 19 条的规定。第 1 条至第 11 条是《巴黎公约》的实体条款，第 12 条是有关国家工业产权专门机构的规定，第 19 条规定了成员相互间签订专门协定的权利。根据美国拨款法案（DS176）中上诉机构的解释，《巴黎公约》上述条款中包括的而知识产权协定未明确提及的，如厂商名称，亦在保护之内。

在商标的保护客体方面，成员可以根据不违背《巴黎公约》的其他理由拒绝商标注册。《巴黎公约》第 6 条之二“驰名商标”比照适用于服务，比照适用于与已注册商标的货物或服务不相类似的货物或服务。对地理标志，各成员应向利害关系方提供法律手段，防止构成《巴黎公约》第 10 条之二范围内的不公平竞争行为的任何使用。

在保证针对《巴黎公约》第 10 条之二的不公平竞争采取有效保护的过程中，成员应按知识产权协定的新规定保护未披露信息和向政府或其代理机构提交的数据。

2.《伯尔尼公约》和《罗马公约》

各成员应遵守《伯尔尼公约》第1条至第21条及其附件的规定（实体规定）。但是各成员不享有《伯尔尼公约》第6条之二授予或引申的权利，即精神权利。因而，知识产权协定没有规定文学、艺术作品的精神权利。

知识产权协定第14条第1款、第2款和第3款授予表演者、录音制品制作者和广播组织的权利，在《罗马条约》允许的限度内，各成员可对这些权利规定条件、限制、例外和保留。《伯尔尼公约》第18条的规定“追溯保护”比照适用于表演者和录音制品制作者的权利。与纳入的其他公约不同，知识产权协定没有直接纳入《罗马公约》的具体条款，而只是转述了该条约第7条、第10条和第13条的相关规定，《罗马公约》的许多实体规定并没有被纳入知识产权协定中。

3.《华盛顿公约》

各成员同意依照该公约第2条至第7条（第6条第3款除外）及第12条和第16条第3款，对集成电路布图设计提供保护。

## 二、纳入公约简介

1.《巴黎公约》

《巴黎公约》于1883年签订后经多次修订，存在不同的文本，现大多数国家采用的是1967年的斯德哥尔摩修订本。该公约规定了工业产权保护的三项基本原则：国民待遇原则、优先权原则和独立原则。该公约定义的工业产权的保护对象，包括专利、实用新型、外观设计、商标、服务标记、厂商名称、货源标记或原产地名称以及制止不正当竞争。“工业产权”中的“工业”一词不限于一般意义上的工业，而应作最广泛的理解，包括农业、采掘业、商业等。适用《巴黎公约》的国家组成巴黎联盟。

（1）国民待遇原则和公约特别规定权利原则。巴黎联盟成员国的国民，在保护工业产权方面，在该联盟其他国家内，应享有该国法律现在或今后可能授予该国国民的保护。一切不应损害公约特别规定的权利。这种保护不以在提供保护的国家有住所或营业所为条件。另外，非巴黎联盟成员国的国民，在联盟一个国家内有住所或真实、有效的工商业营业所的，也享有国民待遇。因此，《巴黎公约》依国籍或住所确定是否给予国民待遇。国民待遇原则适用于各国法律授予其国民的一切利益，保护国按本国的法律对外国国民提供保护，根据本国法确定国民待遇水平。这种保护不以互惠为条件。

（2）优先权原则。某一特定申请人在向某一成员国提出工业产权正式申请的基础上，可以在特定期限内向其他成员国提出申请（在后申请），向其他成员国提出的在后申请视为在第一个申请日提出。这样，相对于第一个申请之后、在后申请之前就同一发明或商标提出的其他申请，在后申请享有优先的权利或地位，不会丧失新颖性。优先权只能以在巴黎联盟成员国就同一事项所提出的第一次申请为基础。同时，第一个申请的撤回、放弃或驳回，都不破坏该申请作为优先权基础的地位。专利和实用新型的优先权期限为12个月，商标和外观设计的优先权期限为 6 个月。

(3) 独立原则。巴黎联盟成员国的国民向某一成员申请的专利权，与在其他成员国或非巴黎公约成员国对同一发明所取得的专利权是相互独立的，互不相关。特别是在优先权期限内申请的各项专利，其无效和被剥夺权利理由以及正常有效期，相互之间是无关的。就商标而言，同一商标在不同国家所受的保护是相互独立的，申请和注册商标的条件，由各成员国的本国法确定。

《巴黎公约》对于专利权人不实施或不充分实施其专利，规定了强制许可原则，国家可以通过法律强制实施该专利。《巴黎公约》同时规定了对驰名商标的保护。成员国有义务拒绝或取消注册并禁止使用易于与另一个早已在该成员国驰名的商标产生混淆的商标。商标在成员国驰名应由其行政主管机关或司法当局决定。某一商标没有在某一成员国使用，如在该国已经为人所知，则该商标在该国仍然可能是驰名的。另外，《巴黎公约》还对服务商标和集体商标作了规定。

2.《伯尔尼公约》

《伯尔尼公约》于 1886 年订立，是世界上第一部版权公约，历经多次修订，现行文本是 1971 年的巴黎修订文本。《伯尔尼公约》确立了文学、艺术作品保护的三项基本原则：国民待遇原则、自动保护原则和独立保护原则。该公约规定了受保护作品的范围，确立了作者的专有权利。

(1) 国民待遇和公约特别规定权利原则。就享受该公约保护的作品而论，作者在作品起源国以外的其他缔约国中享有该国法律现在给予和今后可能给予其国民的权利，以及公约特别授予的权利。对起源国的界定根据不同标准来确定：可以是作者国籍标准（人身标准）或作品国籍标准，只要作者是成员国国民或非成员国国民的作品在成员国发表，该成员国即为起源国。对于在规定的保护期不同的成员国发表的作品，保护期最短成员国为起源国。制片人总部或惯常住所在成员国境内的电影作品，以该国为起源国。建造在成员国境内的建筑作品，或构成成员国建筑物一部分的平面和立体艺术作品，以该国为起源国。该公约第 6 条规定了有限国民待遇：在成员国内无住所的非成员国的国民，在成员国首次发表作品，若非成员国未能充分保护成员国国民作者的作品，则成员国可以对该作者作品的保护加以限制。这被称为有限的国民待遇或有限互惠。知识产权协定认可这种有限的国民待遇。

(2) 自动保护原则。享有、行使缔约国法律和该公约规定的权利，不需要履行任何手续，也不论作品在起源国是否得到保护。保护国的法律对文学、艺术作品自动保护。这是《伯尔尼公约》不同于《世界版权公约》的非常重要的方面。

(3) 独立保护原则。享受和行使文学、艺术作品的权利，不依赖于在起源国是否受到保护。除该公约条款另有规定外，只有被要求给予保护的国家的法律才能规定保护范围以及为保护作者的权利而向其提供的救济方法。独立保护原则与版权的地域性保护是联系在一起的、一致的。独立保护原则存在某些例外，如保护期限一般不超过起源国规定的保护期限、追续权等。

《伯尔尼公约》保护的文学、艺术作品，包括文学、科学和艺术领域内的一切作品，不论其表现形式或方式如何。该公约提供了一些文学、艺术作品的范例，诸如：书籍、小册子和其他著作；讲课、演讲、讲道和其他同类性质的作品；戏剧或音乐戏剧作品；舞蹈艺术作品和哑剧作品；配词或未配词的乐曲；电影作品以及以类似摄制电影的方法表现的作品；图画、油画、建筑、雕塑、雕刻和版画；摄影作品以及以类似摄影的方法表现的作品；实用美术作品；与地理、地形、建筑或科学有关的示意图、地图、设计图、草图和立体作品。

《伯尔尼公约》规定了文学、艺术作品的作者享有的经济权利和精神权利。作者经济权利包括复制权、翻译权、公开表演权、广播权、朗诵权、改编权、录制权、电影权、追续权。经济权利的保护期限，一般文学、艺术作品为作者有生之年加死后50年；电影作品的保护期限为公映后50年，如果作品摄制完成后50年内没有公映，最低保护期为作品摄制完成后50年；不具名作品或署笔名作品，保护期为作品合法向公众发表后50年，能够确定作者身份的，或者作者在保护期内公布身份的，适用作者死后50年的规定；摄影作品和实用美术作品的最低保护期限为作品完成后25年；合作作品的版权保护期，按最后死亡的作者计算。

1928年罗马修订会议上增加了第6条之二，规定了作者的精神权利：作者的精神权利不受作者的经济权利的影响，甚至在上述经济权利转让之后，作者仍保有要求其作品作者身份的权利，并有权反对对其作品的任何有损其声誉的歪曲、割裂或其他更改或其他损害行为。作者的精神权利，至少应保留到作者的经济权利期满为止，并由被要求给予保护的国家的本国法所授权的人或机构行使。但在批准或加入该公约时国内法不保护精神权利的国家，有权规定对这些权利中的某些权利在作者死后不予保留。保护精神权利而采取的补救方法由被要求给予保护的国家的法律规定。

3.《罗马公约》

《罗马公约》于1961年订立于罗马，是对邻接权保护的公约。该公约的保护不改动，也不影响对文学和艺术作品的版权保护；对该公约的解释不得损害对文学、艺术作品的版权保护。该公约要求缔约国必须是《伯尔尼公约》成员国。由于与《伯尔尼公约》的这种关系及成员国之间的这种关系，《罗马公约》有时被称为封闭性的公约。

《罗马公约》给予的保护基本上由各国依其国内立法对本国表演者、录音制品制作者和广播组织给予的国民待遇构成。国民待遇，指被要求给予保护的缔约国的国内法律给予下列待遇：（1）其节目在该国境内表演、广播或首次录制的、身为该国国民的表演者的待遇；（2）其录音制品在该国境内首次录制或首次发行的、身为该国国民的录音制品制作者的待遇；（3）其广播节目从设在该国领土上的发射台发射的、总部设在该国境内的广播组织的待遇。但国民待遇应符合该公约明确保证的最低限度保护，该公约允许的明确例外或保留除外。对于表演者，可依缔约国表演地、表演录制地或表演播放地，给予国民待遇。对于录音制品制作者，可以依据缔约国国民标准、录制标准或发行标准，给予国民待遇。对于广播组织，可以依据总部标准或发射台播放标准，给予国民待遇。

《罗马公约》没有明确规定表演者最低限度的权利，该公约向表演者保证的最低限度保护是防止不经其许可而实施某些行为的可能性。该公约通过列举需要预先获得表演者同意的某些行为，实际上授予了表演者权利。这些受到限制的行为包括：广播或向公众传播实况表演；录制未曾录制过的表演；复制表演的录制品，但以原始录制未经表演者同意或制作该复制品的目的是该公约或表演者不允许的为限。

唱片制片者有权许可或禁止直接或间接复制它们的唱片。

广播组织有权许可或禁止：(1) 转播它们的广播节目；(2) 录制它们的节目；(3) 复制它们的未经它们许可录制的广播节目，为非法目的复制合法制作的录制品；(4) 在收费的公共场所向公众传播电视节目。《罗马公约》第16条第1款 (b) 项规定，成员可以宣告不执行上述第4项。如这样，其他成员无义务对其总部设在上述国家的广播组织给予第4项的权利。这类似《伯尔尼公约》第6条规定的互惠或有限国民待遇。知识产权协定认可这种待遇。

《罗马公约》规定的最低保护期限是20年，自录制作成、表演举行或广播播出之年年底起计算。

4.《华盛顿公约》

该公约于1989年5月26日订立于华盛顿。该公约本身并没有生效。但是知识产权协定第35条将该公约的第2条至第7条（第6条第3款除外）及第12条、第16条第3款纳入其中。

该公约第2条至第8条是实体性条款，第9条至第21条是程序性条款。知识产权协定基本上采纳了该公约的实体性条款，但排除了第8条和第6条第3款。第8条是关于保护期限的条款，该条规定最低保护期限为8年；知识产权协定将这一期限延长为10年。第6条第3款规定了未经权利人同意使用的措施，即非自愿许可或强制性许可的实施；知识产权协定排除这一条款，意味着不允许采取强制性许可。在程序性条款方面，知识产权协定仅采纳了两个条款，即第12条和第16条第3款。第12条涉及该公约与《巴黎公约》及《伯尔尼公约》的关系，规定该条款不影响任何缔约国根据《巴黎公约》或《伯尔尼公约》承担的义务。第16条第3款规定，对于该公约生效时已经存在的集成电路设计，各缔约方无权对其适用该公约，即不得利用该公约对其进行保护，但这一规定不影响该集成电路设计根据其他的国际条约所享有的保护。第16条第3款实质上是不得追溯保护条款。

该公约第2条是定义条款，第3条规定了公约的保护对象，第4条规定了保护的法律形式，第5条确立了国民待遇原则，第6条规定了保护范围，第7条涉及利用、登记和披露。

缔约方有义务根据该公约在集成电路方面给予知识产权保护，特别是应采取充分的措施，确保防止根据第6条被视为非法的行为，确保在产生这样的行为时给予适当的法律救济。上述义务适用于具有独创性的布图设计，即该布图设计是创作者自己的智力劳动成果，并且在创作时该布图设计在布图设计创作者和集成电路制造者中不是公认的常规设计。

缔约方可以自由决定通过特别法或版权、专利、实用新型、工业设计、不正当竞争或任何其他法律，实施根据《华盛顿公约》承担的义务。

在遵循确保对集成电路设计提供知识产权保护的义务的前提下，对其他缔约方国民或在其他缔约方有住所的人，对在其他缔约方有真实、有效的营业所并创作设计或生产集成电路的法人或自然人，每一缔约方给予与本国国民一样的待遇。但在指定代理人或指定送达地址方面，或对外国人适用的相关法院程序的特殊规则方面，可以不遵循国民待遇。

该公约没有直接规定布图设计创作人的专有权，这一权利是通过确定未经其许可的行为非法而确立的。根据该公约，没有权利人许可而从事的下列行为是非法的：复制；为商业目的进口、销售或经销。缔约方可以自由决定未经权利人许可的其他非法行为。但第三人为了个人目的或为了评估、分析、研究或教学的唯一目的，未经权利人允许的复制行为，不为非法；第三人在评估、分析在先设计的基础上，创作了具有独创性的在后设计，其可以在集成电路中包括在后设计，或对在后设计从事前述评估、分析等行为，而不被视为侵犯了在先设计的权利人的权利。不知或无理由得知其进口、销售或经销的集成电路含有非法复制的集成电路，不为非法。权利人将含有布图设计的集成电路投放市场或同意将其投放市场，可以认为权利用尽。

## 三、世界贸易组织与世界知识产权组织的关系

世界知识产权组织是根据 1967 年《建立世界知识产权组织公约》于 1970 年该公约生效时成立的，于 1974 年成为联合国的一个专门机构。世界知识产权组织成立后，原管理《巴黎公约》和《伯尔尼公约》的保护知识产权联合国际局的职能，由世界知识产权组织接管。在世界贸易组织成立之前，或者在关税与贸易总协定乌拉圭回合谈判就知识产权问题进行谈判之前，世界知识产权组织是世界上唯一对知识产权国际保护方面有影响的国际组织：世界知识产权组织管理或与其他组织共同管理的一系列知识产权公约或协定，确定了知识产权的标准、体系、范围、制度，是技术贸易的基础。该类知识产权公约或协定并不直接与贸易有关，而是重在解决知识产权的获得、期限、效力以及有关的国际合作问题，可以说是一种静态的知识产权保护。世界贸易组织的知识产权协定，则是从贸易促进的角度解决知识产权的保护问题，着重在动态的过程中加强对知识产权的保护。1995 年 12 月世界知识产权组织和世界贸易组织就建立相互支持性关系与合作签订了《世界知识产权组织与世界贸易组织协议》，相互向对方及其成员国提供法律、规章及其翻译，相互提供法律技术援助及技术合作。

# 第三节　知识产权协定的新内容

## 一、知识产权保护的标准

### 1. 版权与相关权利

知识产权协定规定，各成员遵守《伯尔尼公约》1971 年文本中的实体规定（第 1 条到

第 21 条）及其附录，但是对于《伯尔尼公约》规定的精神权利（即署名权和保护作品完整权）或由此派生的权利，各成员不享有权利或承担义务。该协定明确版权保护延及表达（expressions）而不延及思想工艺（procedures）、操作方法或数学概念之类。

计算机程序作为文学作品保护，被纳入了版权保护范围。数据或其他资料汇编，只要其内容的选取或编排构成智力创作，应作为智力成果据版权法受到保护。该保护不延及数据或资料本身，不得损害数据或资料本身已有的版权。

知识产权协定创设了计算机程序和电影作品的出租权：成员应规定计算机程序和电影作品的作者及其合法继承人有权允许或禁止把其作品原作或副本向公众进行商业性出租。对于电影作品，成员可不承担此义务，除非此种出租已导致作品的广泛复制，从而实质损害该成员授予作者及其合法继承人的专有复制权。对于计算机程序，如果该程序本身不是出租的主要标的，则该义务不适用。

除摄影作品或实用艺术作品外，如作品的保护期限不按自然人的有生之年计算，则该期限自作品经授权出版的年度年终起不少于 50 年，或自作品完成后 50 年内未经授权出版，则自作品完成年度年终起 50 年。知识产权协定有关保护期限的这一规定，与《伯尔尼公约》规定的作者有生之年加死后 50 年不同，是按授权出版年度年终开始起算，可以视为对《伯尔尼公约》保护期限规定的补充，更体现了与贸易有关的知识产权保护的特点。

知识产权协定第 13 条规定了对专有权的限制和例外。该条允许各成员对专有权作出限制或例外，但这种限制或例外应仅限于特殊情形，且与作品的正常利用不相冲突，不得无理损害权利持有人的合法权益。这三项要求构成了适用限制或例外的标准。

知识产权协定第 14 条规定了对表演者、录音制品制作者和广播组织的保护。就将其表演固定在录音制品上而言，表演者应有可能阻止下列未经其授权的行为：固定其未曾固定的表演和复制该录制品。表演者还有可能阻止下列未经其授权的行为：以无线广播方式播出和向公众传播其现场表演。录音制品制作者应享有准许或禁止直接或间接复制其录音制品的权利。广播组织有权禁止下列未经其授权的行为：录制、复制录制品、以无线广播方式以及将其电视广播向公众传播。如果成员不授予广播组织这类权利，则应提供广播客体的版权所有人阻止上述行为的可能性，但应遵循《伯尔尼公约》的规定。这些规定类似于《罗马公约》中的有关规定。

知识产权协定第 11 条有关计算机程序的规定（出租权），比照适用于录音制品制作者和按成员法律确定的录音制品的任何其他权利持有人。如果成员于 1994 年 4 月 15 日在录音制品的出租方面已实施向权利持有人公平付酬制度，则可维持该制度，只要录音制品的商业出租不对权利持有人的专有复制权造成实质性损害。

对表演者和录音制品制作者的保护期限，自该固定或表演完成年年底起算，至少应不低于 50 年。对广播组织提供的保护期限，自广播播出年之年底起算至少 20 年。《罗马公约》规定的相应保护期限为 20 年。

各成员对上述授予表演者、录音制品制作者和广播组织的权利，可以在《罗马公约》允许的限度内，规定条件、限制、例外和保留。《伯尔尼公约》第 18 条有关追溯适用的规定比照适用于表演者、录音制品制作者享有的权利。

2. 商标

知识产权协定扩大了可构成商标的保护客体的范围：任何标记或标记组合，只要能够将某一企业的商品或服务区别于其他企业的商品和服务，即能够构成商标。此类标记，特别是文字（包括人名）、字母、数字、图案和色彩组合，以及这些标记的组合，都可以注册为商标。如标记本身不能区别相关的货物或服务，可以根据使用获得的识别性（distinctiveness）注册。成员可以要求标记能够为视觉感知作为注册的一个条件。上述规定不得理解为依据不违背《巴黎公约》的理由拒绝商标注册。商标所适用的货物或服务的性质，在任何情况下，都不得成为注册商标的障碍。

使用也可以作为商标注册的依据，但实际使用不应成为提交注册申请的条件。不得仅以自申请日起 3 年期满没有按预定使用为由，拒绝该申请。如维持注册需要使用商标，则只有在至少连续 3 年不使用商标后才可以注销该商标，但商标所有权人提供了商标使用障碍存在的有效理由除外。独立于商标所有人的意志而产生的情形，例如对受商标保护的货物或服务的进口限制或其他政府要求，应视为不使用商标的有效理由。

就注册商标所有人权利方面，知识产权协定规定：注册商标所有人有权阻止第三人未经其许可，在贸易过程中在相同或类似的商品或服务上使用相同或类似的商标，导致可能的混淆。相同货物或服务使用相同标记的情况下，推定存在混淆的可能性。上述规定不得损害任何在先权利，也不得影响各成员以使用为基础提供权利的可能。受权利所有人控制时，其他人对商标的使用构成了维持商标注册目的上的使用。

《巴黎公约》第 6 条之二对货物驰名商标的保护延及服务。在确定商标是否驰名时，各成员应考虑公众对相关部门中的商标的了解程度，包括商标在该成员境内的宣传使公众了解的程度。《巴黎公约》第 6 条之二比照适用于与注册商标使用于其上的货物或服务并不类似的货物或服务，只要该商标在这些货物或服务上的使用可以表示这些货物或服务与商标所有人的货物与服务存在联系，且该使用可能损害注册商标所有人的利益。根据知识产权协定第四部分，《巴黎公约》第 4 条有关优先权的规定，比照适用于服务标记。

商标在贸易中的使用不得受到特殊要求的无理妨碍，例如，要求与另一商标一起使用，以特殊形式使用，或以损害商标对一企业与其他企业的货物或服务的识别能力的方式使用。但是上述规定不阻止这样的要求：将识别生产货物或服务的企业的商标与区别该企业的特定货物或服务的商标一起使用，但不将二者联系起来。各成员可以确定商标许可和转让的条件，但不允许商标的强制性许可，且注册商标的所有权人有权将商标与该商标所属业务一同转让或不一同转让。

知识产权协定规定了商标权利的例外。对商标所授予的权利，各成员可规定有限的例外，例如描述性词语的合理使用，但此类例外应考虑到商标所有权人的合法利益和第三方的合法利益。这表明，实施这一例外需要满足三项要求：权利例外的有限性；商标所有人的合法利益要求；第三方的合法利益要求。

商标首次注册的保护期和续展注册的保护期均不得少于 7 年。商标的注册可以无限期续展。

3. 地理标志

知识产权协定对地理标志在《巴黎公约》的基础上作了进一步的规定。所谓地理标志(geographical indication)，指识别货物产自某一成员境内或该境内的某一地区或地方的标记，货物的特定品质、信誉或其他特征主要归因于该地理来源。当货物的品质、信誉或其他特征基本上归因于货物的地理产地时，货物的品质、信誉或其他特征本身即构成地理标志的依据。

在地理标志方面，如果货物标志或说明中使用任何手段标明或暗示相关货物来源于真实原产地之外的某一地理区域，或构成《巴黎公约》第10条之二范围内的不公平竞争，各成员应向利害关系方提供法律手段予以制止。如果商标中包含的或构成该商标的地理标志所标明的领土并非货物的来源地，且如果在该成员中此类货物的商标使用该标志会使公众对其真实原产地产生误解，则该成员在其立法允许的情况下，可依职权或经利害关系方的要求，拒绝该商标注册或宣布注册无效。前述保护，可适用于虽在文字上表明货物来源的真实领土、地区或地方，但却虚假地向公众表明该货物来源于另一领土的地理标志。

知识产权协定还对葡萄酒与白酒的地理标志作了补充性的规定。此外，就各成员加强对单个地理标志的保护进行国际谈判提出了要求。

知识产权协定第24条第4款至第9款规定了地理标志保护的6种例外。第一，世界贸易组织协定签署前已经使用或善意使用例外。该例外仅限于与葡萄酒或烈酒的地理标志相关的地理标志。《世界贸易组织协定》签署（1994年4月15日）前，某一成员的国民或居民使用其他成员表明葡萄酒或烈酒的特定地理标志用于货物或服务，至少已10年以上或为善意使用，则成员无协定义务阻止该地理标志的持续或类似使用。第二，保护义务前的商标在先善意使用例外。在知识产权协定规定的义务对成员适用之前或该地理标志在其起源国获得保护之前，如商标已善意申请或注册，或通过善意使用获得商标权利，则根据知识产权协定实施保护地理标志的措施，不得因商标与地理标志相同或类似而损害该商标注册的资格、商标注册的效力或商标的使用权。第三，通用惯用术语例外。如其他成员有关货物或服务的地理标志与某成员以通用语文的惯用术语作为其领土内此类货物或服务的通用名称相同，则该协定的规定不得要求该成员对其他成员的相关标志适用这些规定。第四，商标在先善意使用的有限例外。成员可以规定，与商标使用或注册相关的、根据协定“地理标志”一节提出的任何请求，必须在对受保护的标志产生不利影响的使用在该成员广为人知后5年内提出，或在该成员商标注册公布日后5年内提出（如果后一日期早于前一日期），只要该地理标志未被恶意使用或注册。它表明，如果在5年后提出地理标志保护的要求，则可能不受保护，但如果商标的使用或注册是恶意的，则不受该5年期限的限制。第五，名称权例外。知识产权协定有关地理标志的规定，不得损害任何人在贸易过程中使用其名称的权利，或使用其所继承业务名称的权利，除非该名称使用的方式使公众产生误解。第六，起源国不保护导致的例外。在起源国不受保护或已经停止保护或在该国中已经废止不用的地理标志，依该协定无保护义务。

4. 工业设计

对于独立创造的具有新颖性或原创性的工业设计（工业品外观设计），各成员均应提供保护。如果与已知设计或已知设计特征的组合没有根本性不同，可以认定该设计没有新颖性或原创性。各成员可以规定，对工业设计的保护不延及主要考虑技术或功能的设计。知识产权协定特别规定了对纺织品设计的保护要求。各成员应确保，对纺织品设计的保护要求，特别是费用、审查或公布的要求，不应不合理地阻碍寻求和获得这种保护的机会。各成员可通过外观设计法或版权法履行这一义务。

受保护的工业设计的所有权人，有权制止第三方未经其同意，为商业目的生产、销售或进口带有或含有复制或实质性复制受保护设计的物品。对工业设计提供的保护期限至少为10年。

对工业设计的保护，成员可以规定有限的例外，该例外不应与受保护设计的正常使用存在不合理的冲突；在考虑第三方合法利益的基础上，该例外不应不合理地损害工业设计所有人的合法利益。知识产权协定对工业设计保护规定的例外要求，与对商标保护规定的例外要求，有所不同。上述例外要求意味着，例外可以与正常使用存在合理的冲突，工业设计所有人的合法利益比第三方的合法利益似乎更重要一些。

5. 专利

《巴黎公约》构成了专利国际保护的基础。知识产权协定扩大了专利的保护范围，扩大了权利人的权利，规定了专利申请人的条件，规定了对权利人权利的限制，并对方法专利的举证责任给予了特别的规定。专利权的保护期限自申请之日起不低于20年。此外，对专利撤销或无效的决定确立了司法审查制度。

知识产权协定将可授予专利的客体，延及除对人或动物的诊断、治疗和外科手术方法以及植物和动物品种以外的一切技术领域。任何发明，无论是产品还是方法，只要具有新颖性、创造性并可付诸工业应用，都可以获得专利。成员可以拒绝对某些发明授予专利，如果禁止这些发明在成员境内的商业利用为保护公共秩序或公德所必需，包括为保护人类、动植物的生命或健康所必需，为避免对环境的严重损害所必需。但这种拒绝不仅仅因为其法律禁止该发明的利用。各成员可以对下列内容拒绝授予专利：人类或动物的诊断、治疗和外科手术方法；除微生物以外的植物和动物，以及除非生物和微生物方法外的生产植物和动物的主要生物方法。但各成员应通过专利制度或专门的特别制度或其制度组合，保护植物品种。上述排除事项，只是表明成员无义务授予其专利权，并不表示成员不可以提供保护。知识产权协定对植物品种的保护提出了特别要求。

知识产权协定对专利的获得和专利权的享有规定了非歧视要求。对于专利的获得和专利权的享有，不因发明地点、技术领域、产品进口或当地生产而受到歧视。

专利权人，对于专利产品，享有制止第三方未经其同意进行制造、使用、许诺销售、销售或为这些目的进口该产品的行为的专有权。与《巴黎公约》相比，知识产权协定增加了专利权人许诺销售权和进口权。对于专利方法，专利权人有权制止第三人未经其同意使用该方法的行为以及下列行为：使用、许诺销售、销售或为这些目的进口至少以该方法直接获得的产品。专利权人有权转让专利，通过继承转移专利，并有权签订许可合同。

知识产权协定规定了专利权的例外和限制。成员可以对专利授予的专有权规定有限的例外，该例外不应与专利的正常使用存在不合理的冲突；在考虑第三方合法利益的基础上，该例外不应不合理地损害专利权所有人的合法利益。这一例外要求与工业设计保护的例外要求是一致的。

知识产权协定对强制许可和政府使用规定了条件，以防止阻碍竞争或阻碍技术的进步。如果成员法律允许未经权利人的许可对专利客体作其他使用，包括政府使用或经政府许可的第三方的使用，应遵守下列规定：（1）使用许可应个案审议。（2）在使用前拟使用者已经为以合理商业条件获得权利人的授权作出努力，该努力在合理时间内没有成功；全国紧急状态或其他极端紧急情形，或公共非商业使用的情况下，可以免除这一要求。（3）使用的范围和期限应限于被许可的目的，半导体技术只应限于公共非商业使用，或者限于救济司法或行政程序确定的反竞争行为。（4）使用应是非独占性的。（5）使用许可应是不可转让的，除非连同享有此种使用的企业或商誉一起转让。（6）使用许可应主要为了供应授权成员的国内市场。（7）在充分保护被许可人合法权益的前提下，如导致此类使用的情况已不复存在且不可能再次出现，则应终止有关此类使用的许可。主管当局应审议此类情形存在与否。（8）任何情形下，均应在考虑许可的经济价值的情况下，向权利人支付适当报酬。（9）与使用许可相关的任何决定的法律效力，均应接受司法审查，或接受不同的上一级别的主管机关的独立审查。（10）与使用报酬有关的决定，均应接受司法审查，或接受不同的上一级别的主管机关的独立审查。（11）如此类使用是救济司法或行政程序确定的反竞争行为，成员无义务适用上述第二项和第六项的条件。（12）如此类使用是允许不侵犯第一专利就不能利用的第二专利的利用，应遵循下列附加条件：与第一专利权利要求的发明相比，第二专利权利要求的发明涉及重要的具有巨大经济意义的技术进步；第一专利的所有权人有权以合理的条件通过交叉许可使用第二专利具有的发明；除非与第二专利一同转让，第一专利的许可使用不可转让。

知识产权协定规定了方法专利的举证责任。对于侵害所有权人权利的民事诉讼，如专利客体是获得产品的方法，则司法机关有权责令被告方证明其获得相同产品的方法不同于已获专利的方法。下列情况下，任何未经过专利权人许可而生产的相同产品，如无相反证明，应视为通过专利方法获得的：（1）通过专利方法获得的产品是新产品；（2）通过专利方法获得相同产品存在重大可能，权利人通过合理的努力不能确定实际使用的方法。满足上述任何一种条件，都可以规定前述举证责任在被指控的侵权人。在引述相反证据时，应考虑被告方保护其制造和商业秘密的合法利益。

6. 集成电路布图设计

各成员应根据知识产权协定引用的《华盛顿公约》的相关条款保护集成电路的布图设计。此外，知识产权协定还增加了应予遵守的补充性规定。

未经权利人许可，下列行为非法：为商业目的进口、销售或以其他方式分销受保护的布图设计、含有受保护布图设计的集成电路，或者含有上述集成电路的物品（继续含有非法复制的布图设计）。但对于含有非法复制的布图设计的集成电路或含有该集成电路的物品，如果从事上述行为的人或命令从事上述行为的人，在获得集成电路或含有集成电路的物品时，实际不知并且也无合理理由知道包括了非法复制的布图设计，不得认定这些行为非法。上述人员在收到布图设计是非法复制的充分通知后，可对现有存货或在此之前的订货从事此类行为，但需向权利人支付一笔费用，数额相当于根据自由达成的许可使用该布图设计应支付的合理提成费。前述专利权部分中，政府使用或政府授权使用应遵循的前11项条件，比照适用于布图设计的非自愿许可，或未经权利人授权的政府使用或为政府使用。

对布图设计的保护期不得少于10年，自申请之日或在世界上任何地方首次进入商业利用之日起计算。在不要求注册作为保护条件的成员中，对布图设计的保护期限自在世界任何地方首次商业利用之日起不得少于10年。但任何成员可以规定在布图设计创作15年后不予保护。

7. 未披露信息

知识产权协定要求对未披露信息（商业秘密、专有技术）进行保护。受保护的信息必须是秘密的，因秘密而具有商业价值，且合法控制人采取了合理的保护措施。秘密，指信息作为一个整体或作为各部分的精确排列和组合，尚不为通常处理有关信息范围内的人普遍了解或不易为他们获得。对于符合上述条件的信息，自然人和法人应有可能防止其合法控制的信息未经其同意，以违反诚实商业做法的方式，向他人披露、被他人取得或使用。违反诚实商业做法的方式，至少包括违约、泄密、违约诱导，并包括已知或有重大过失而未知信息取得涉及该做法的第三人取得未披露信息。该协定并没有要求将未披露信息视为一种财产，而只是要求合法控制人有可能阻止上述行为。

在针对《巴黎公约》第6条之二规定的不公平竞争的有效保护中，成员应根据上述要求保护未披露信息和向政府提交的信息。

8. 协议许可中反竞争行为的控制

知识产权协定承认与知识产权有关的限制竞争的许可做法或条件可能对贸易产生不利影响，阻碍技术的转让和传播。该协定的任何规定，都不阻止成员在其立法中具体规定在特定情况中可能构成滥用知识产权权利、对相关市场内的竞争有不利影响的许可做法或条件。成员可以采取与知识产权协定的其他条款一致的适当的措施，阻止或控制这种做法。这些做法可包括排他性的返授条件、阻止对效力的异议、强制性一揽子许可等。

如成员有理由相信，作为其他成员国民或居民的知识产权权利人从事违反其法律的反竞争行为，并希望保证法律的遵守，则该成员可以要求与其他相关成员进行磋商。该磋商不影响依法采取的任何措施，不影响任何一方作出最终决定的充分自由。被请求磋商的成员应给予充分的积极的考虑，并提供充分的机会进行磋商，通过提供磋商事项的现有公开信息和其他信息进行合作。如果某一成员的国民或居民在另一成员境内被指控违反该成员有关反竞争的法律而被起诉，另一成员可以根据请求，按照前述同样的条件给予磋商机会。

## 二、知识产权的实施

知识产权协定与以前的知识产权公约的根本不同，在于其对实施与执行条款的规定。该协定规定了知识产权实施的一般义务、民事和行政程序及救济、临时措施、与边境措施相关的特殊要求以及刑事程序等。可以说，知识产权协定提供了完整的知识产权实施框架和制度。

1. 一般义务

知识产权协定要求各成员应在国内法中规定知识产权的实施程序。这些程序的实施方法，应避免对合法贸易造成障碍，同时防止滥用程序。实施程序应公平、公正，不应过于复杂，费用不应过高，不应设定不合理的时效或无道理的拖延。案件裁决时，最好采用书面形式，并应说明判决的理由；案件判决至少应及时送达诉讼当事人。案件应仅基于当事人有机会听证的证据作出裁决。对于终局的行政决定，以及对于司法机构的初审判决中的法律问题（符合国内司法管辖权的规定），诉讼当事人有机会要求司法机构进行审查；但对于刑事案件中的无罪判决，成员无义务提供审查的机会。

知识产权协定规定的知识产权的实施义务，并不产生与一般法律实施制度不同的知识产权实施制度的义务，也不影响各成员实施一般法律的能力。其任何规定，在知识产权执法与一般法律执法的资源分配方面，不设定任何义务。

2. 民事和行政程序及救济

（1）公平、公正程序。在知识产权协定包括的知识产权权利实施方面，各成员应向权利持有人提供民事司法程序。原、被告双方享有及时获得详细通知的权利。原、被告双方有权由独立律师代表出庭，在强制本人出庭方面程序负担不应过重。各方均有权证明其权利请求，并提供相关证据。

（2）证据。如一方当事人已经提供合理获得的证据，足以支持其诉求，并指明了对方控制的证实其权利请求的相关证据，司法机关在适当的情形下可以要求对方提供此证据。如当事人自愿且无正当理由拒绝提供或在合理期限内不提供必要信息，或严重阻碍与实施措施相关的程序，则成员可以授权司法机关，在提供听证机会后，在向其提交的信息基础上作出初步的或终局的肯定或否定裁决。

（3）禁令。司法机关有权命令一方当事人停止侵权，特别是在货物结关后立即制止涉及侵权的进口产品进入国内商业渠道。对于当事人知道或有理由知道对受保护对象的交易侵犯知识产权之前获得或订购的受保护对象，成员无义务授予司法机关这种权力。

（4）赔偿费。对于已知或有理由知道自己从事侵权活动的人，司法机关有权责令侵权人向权利持有人支付足以补偿因知识产权侵权所受损害的赔偿。司法机关还有权责令侵权人支付包括律师费用在内的有关费用。在适当的情况下，即使侵权人不知或没有合理理由知道从事侵权活动，司法机关也可以责令侵权人退还所得利润或支付法定赔偿。

（5）其他补救。为有效制止侵权，在不给予任何补偿的情况下，司法机关有权责令以避免对权利人造成任何损害的方式，将被认定侵权的货物清除出流通渠道，或只要不违背宪法要求，责令销毁侵权货物。司法机关还有权在不给予任何补偿的情况下，责令将主要用于制造侵权货物的材料和工具清除出商业渠道，以便将产生进一步侵权的风险减少到最低限度。在审议这些请求时，应考虑侵权的严重程度与给予的救济的相称性以及第三方的利益。对于冒牌货物，简单地去除非法附着在货物上的商标，除例外情况外，不足以允许这类货物进入商业渠道。

各成员可以规定司法当局有权责令侵权人通知权利人生产或经销侵权货物或服务的第三人的身份和经销渠道，除非与侵权的严重程度不相称。

知识产权协定还对被告的权利保护作出了规定，防止程序滥用。这包括两方面：一是申请人滥用程序的赔偿，二是公共机构和官员非善意执法的救济。如请求采取措施的当事人滥用执行程序，司法当局有权责令该当事人对于因其滥用而误受禁止或限制的当事人所受损害给予充分的补偿，并责令申请人支付被告所产生的费用，包括律师费。在知识产权保护和实施的执法中，公共机构和官员在执法中善意采取或拟采取措施时，成员才可以免除其给予适当救济的责任。

3. 临时措施

为了制止知识产权侵权的发生，特别是阻止货物（包括结关后的进口货物）进入其管辖区域内的商业渠道，为了保存侵权指控的相关证据，司法机关有权责令采取迅速、有效的临时措施。适当时，特别是任何延迟可能造成权利持有人不能弥补的损害时，或者证据有被销毁的危险时，司法机关有权在不事先通知的情况下，采取临时措施。

为了防止临时措施的滥用，保护被申请人的合法利益，知识产权协定规定了相关的保障措施：司法机关有权要求申请人提供合理获得的证据，使司法机关在很大程度上相信申请人是权利持有人，申请人的权利正受到侵害或侵害威胁；司法机关有权责令申请人提供足以保护被申请人的利益、防止滥用临时措施的保证金或相应的保证。执行临时措施的主管机关可以要求申请人提供认定相关货物的其他必要信息。如临时措施被撤销，或因申请人的作为或不作为而失效，或随后认定不存在知识产权侵权或侵权威胁，司法机关可应被申请人要求，责令申请人就这些措施对被申请人造成的任何损害向被申请人提供适当的补偿。

如已经采取没有事先通知的临时措施，至迟在该措施执行后应立即通知受影响的各方。应被申请人请求，应对这些措施进行审查（包括进行听证），以期在通知措施后的合理期限内，决定这些措施是否应予修改、撤销或确认。如果在采取临时措施后的合理时间内没有发起案件审理程序，应被申请人要求，临时措施应予以撤销或终止效力。合理期限由责令采取临时措施的司法机关确定，无这类确定时，合理期限不超过 20 个工作日或 31 个自然日（以时间长者为准）。

因行政程序而采取临时措施时，该行政程序应遵循与上述相关要求实质一致的原则。

4. 与边境措施相关的特殊要求

知识产权协定对于在边境采取的保护知识产权的措施作了规定，这些措施主要包括海关中止放行怀疑侵权的货物，要求申请人提供保证金，进口商提供保证金，对进口商和货物所有权人赔偿，销毁或处理侵权货物等。

权利持有人有正当理由怀疑即将发生假冒商标或盗版货物进口时，可以向主管机关提出书面申请，要求海关中止放行这些货物进入自由流通。对于涉及其他知识产权侵权的货物，也可以提出类似申请。各成员还可以制定海关中止放行自其领土出口的侵权货物的相应程序。

申请人应提供充分的证据，使主管机关相信根据进口国国内法律，存在侵犯权利人知识产权的初步证据；申请人应提供充分、详细的货物说明，以使海关能够易于确认这些货物。主管机关应在合理时间内通知申请人是否受理这一申请，如主管机关确定海关采取措施的期限时，应通知申请人这一期限。主管机关有权要求申请人提供足以保护被申请人和主管机关以及防止滥用的保证金或相应的担保，但该保证金或担保，不应不合理地阻碍使用这些程序。

如按照申请人的申请，海关根据非司法机关或其他独立机关的裁决，对于涉及工业设计、专利、集成电路布图设计或未披露信息的货物中止放行进入自由流通，中止放行的期限已经届满而适当授权机构没有给予临时救济，并且符合进口的所有其他条件的，则货物的所有人、进口商或收货人，在对侵权提交足以保护权利持有人的保证金后有权获得放行。保证金的提交不影响权利持有人享有其他救济，但如果权利持有人在合理期间内没有行使诉讼权，应解除保证金。值得注意的是，这一规定不涉及假冒商标或盗版货物。

海关中止货物放行，应迅速通知进口商和申请人。如果中止放行通知送达申请人后的10个工作日内，海关未被通知被申请人之外的其他人发起案件审理程序，或未被通知经适当授权的机构采取了临时措施延长中止放行，如符合其他进口或出口条件，则应对货物予以放行；在适当的情况下，这一期限可以再行延长10个工作日。如果已经启动案件审理程序，经被申请人要求，应进行审查（包括听证），以期在合理期限内决定这些措施是否应予修改、撤销或确认。在根据临时司法程序中止或继续中止货物放行时，合理期限应由采取措施的司法机关确定，或为20个工作日或31个自然日（以时间长者为准）。

错误扣押或中止放行期满后的扣押对进口商、收货人或所有人造成损害的，相关机关有权责令申请人支付适当的补偿。

除申请人申请采取措施外，如果存在知识产权侵权的初步证据，主管机关可以主动采取措施，中止货物放行。主管机关可以随时向权利持有人寻求帮助其行使权力的信息，迅速通知进口商和权利持有人货物的中止放行。在进口商向主管当局就中止放行提起诉讼时，上述中止放行时限的规定原则上适用。只有在公共机构和官员善意采取措施或拟采取措施时，成员才可以免除他们给予适当救济的责任。

在不损害权利持有人的其他诉讼权利和尊重被申请人寻求司法机关审查的前提下，主管机关遵循上述其他救济所遵循的原则，有权责令销毁或处理侵权货物。对于假冒商标货物，主管机关不得允许侵权货物以未作改变的状态再出口，或对其适用不同的海关程序，例外情况除外。

各成员可以规定，上述所有边境措施的规定不适用于旅客个人行李中夹带的或小件托运中运送的非商业性的少量货物。

5. 刑事程序

知识产权协定要求各成员，至少对于以商业规模故意假冒商标或盗版规定、适用刑事程序和惩罚。提供的救济可以包括足以起到威慑作用的监禁、罚款，其程度与对同等严重犯罪的救济相一致。适当时，也可以扣押、没收和销毁侵权货物以及主要用于犯罪的材料和工具。对于其他知识产权侵权行为，特别是故意并以商业规模的侵权行为，成员可以规定、适用刑事程序和惩罚。

## 三、其他规定

知识产权协定第四部分、第五部分、第六部分和第七部分分别就知识产权的取得和维持以及当事人之间的相关程序、争端的防止和解决、过渡性安排、机构安排和最后条款作出了规定。在知识产权协定适用10年（2005年）后，其中的过渡性安排、对发展中国家的优惠条款基本上已经失去了意义，根据知识产权协定产生的争端，统一适用世界贸易组织的争端解决机制。

知识产权协定第四部分规定了知识产权取得和维持的相关程序。对于商标、地理标志、工业设计、专利、集成电路布图设计，成员可以要求遵循合理的程序和合理形式，作为获得或维持知识产权权利的条件。这种程序和形式需与知识产权协定的规定相一致。

如果知识产权权利的获得，取决于该权利的授予或注册，则对于授予或注册程序，除遵循获得权利的实质条件外，成员应确保在合理时间内授予或注册，以避免保护期无根据地缩短。

知识产权权利的获得或维持程序，以及行政撤销和诸如异议、撤销与注销等当事人之间的程序，应遵循知识产权实施的一般义务，即程序公平和公正、书面裁决、说明理由，当事人有听证机会。行政终局裁决均应接受司法机关或准司法机关的审查。但在异议或行政撤销不成立的情况下，只要该程序的根据是无效程序的对象，成员无义务提供这种机会。

知识产权协定除在相关知识产权权利部分规定了相应的知识产权权利例外或限制外，在该协定的最后一条规定了安全例外。该协定的任何规定，不得解释为：（1）要求成员提供其认为披露会违背其根本安全利益的任何信息。（2）阻止成员在下列方面采取其视为保护其基本安全利益所必要的任何措施：涉及裂变物质或衍生这些物质的物质；涉及武器、弹药和作战物资的运输，直接或间接为供应军事设施所运输的其他货物或材料；战时或国际关系中其他紧急状态时采取的。（3）阻止成员履行《联合国宪章》项下维护和平与安全的义务而采取措施。

## 一、问题与思考

1. 如何理解知识产权协定与纳入其中的公约之间的关系？
2. 如何理解知识产权协定中的国民待遇义务？
3. 知识产权协定规定了哪些知识产权的实施措施？
4. 在知识产权保护标准上，知识产权协定有什么新内容？
5. 对专利的保护，存在哪些例外？
6. 如何看待知识产权保护与公共健康的关系？

## 二、练习题

### （一）判断正误

1. 中国发明在中国获得专利，即在中国对该发明享有专用权，但不能阻止在外国市场销售、使用这种发明生产的产品。

【解析】正确。专利、版权、商标等知识产权具有明确的地域性，其专用权仅限于授予该权利的地区。

2. 张三有一项发明创造，属独创发明，但李四也独自研究出同样的发明，并获得专利。由于张三的发明是自己研究的，没有参考李四的发明，因而，张三可以自由使用自己的发明。

【解析】错误。一项发明一旦获得专利后，专利权人即享有对该项发明的专用权，其他人欲使用该发明需获得专利权人的许可。张三只可以在法律规定的范围内，在不侵犯专利权人的专利权的前提下使用自己的发明。

3. 知识产权协定规定的虽然是私权（民事权利），个人却不能依据该协定的规定主张权利，或指控政府违反了有关规定。

【解析】正确。这是知识产权协定与世界知识产权组织管理的其他知识产权公约或协定不同的地方，其主要原因是该协定是世界贸易组织规则的一部分，而世界贸易组织规则迄今为止并不能在成员国境内直接适用，成员据该协定的义务是对其他成员承担的，个人不能直接指控某一成员没有履行协定规定的义务。

4. 一项作品的作者欲获得版权保护，需向国家版权局登记。

【解析】错误。版权是自动保护的，无须履行任何手续。

5. 发明专利的保护期限是从申请日起满20年。

【解析】正确。知识产权协定第33条“保护期限”明确规定，专利可获得的保护期限不得在自申请之日起计算的20年期满前结束。

6. 发明专利在保护期限届满后，即不再获得法律的保护，也不能申请继续保护；而商标权的保护期可以续展一次。

【解析】错误。专利保护期满后即进入公共领域，商标可以无限制地续展。

7. 知识产权协定的一大特点是，它包含了世界知识产权组织管理的一些知识产权公约。

【解析】正确。知识产权协定纳入了世界知识产权组织管理的一些知识产权公约，其对知识产权的保护是建立在这些公约确立的保护基础上的。

8. 知识产权协定与传统的知识产权公约相比，它增加了知识产权保护和实施机制。

【解析】正确。这是该协定对知识产权国际保护的重大发展。该协定将知识产权保护与贸易政策联系在一起。

9. 如果某一进口产品在进入中国海关时被发现侵犯了中国的知识产权，中国海关当局可以采取必要的处理措施。

【解析】正确。这就是所谓的海关知识产权保护措施。知识产权协定第 51 条规定了成员海关中止放行侵权产品的要求。

10. 虽然商业秘密也受到法律的保护，但其前提条件是没有公开，而发明获得专利保护的前提是必须公开。

【解析】正确。发明专利以公开获得国家的强制性的一定期限的保护，国家法律对商业秘密的保护却以该秘密没有公开为前提。商业秘密在没有公开之前，一直获得法律的保护。这两种保护方法各有优势。

11. 中国软件只有在向中国有关部门登记后才能获得保护，而外国软件不需要登记即获得中国法律的保护。这与国民待遇相违背。

【解析】错误。国民待遇义务的本意是给予外国人或外国产品的待遇不低于同等情况下给予本国人或本国产品的待遇，换句话说，给予外国人的待遇可以优于本国人，但不能低于本国人。

12. 专利权人有权禁止任何人使用、销售、进口、制造使用专利技术生产的产品。

【解析】错误。根据知识产权协定第 28 条有关专利权的规定，一专利授予其所有权人下列专有权利：如专利客体是产品，则防止第三方未经所有权人同意而进行制造、使用、许诺出售、销售或为这些目的而进口该产品的行为；如专利客体是方法，则防止第三方未经所有权人同意而使用该方法的行为，并防止使用、许诺出售、销售或为这些目的而进口至少是以该方法直接获得产品的行为。

13. 产品专利权是法律赋予的垄断权，谁享有这些权利，谁就垄断了该产品市场。

【解析】正确。这正是知识产权人的专有权利的价值所在。知识产权权利人可以禁止他人使用，或有偿许可他人使用相关知识产权。

14. 中国的彩电生产企业，大都使用日本松下显像管，如果该显像管是专利产品，这些企业都需要为此支付使用许可费。

【解析】正确。但前提是日本松下晶体管在中国获得专利保护。实际上，许多知名大企业，产品未到，知识产权注册先行。这样就保护了自己的产品市场。

15. 如果侵犯了知识产权，可能承担刑事责任。

【解析】正确。知识产权协定第 61 条规定了知识产权保护的刑事程序。中国刑法存在相应的规定，中国最高人民法院颁布了相应的司法解释条款。

16. 技术许可方在许可合同中限制利用许可技术生产的产品的出口销售的范围，有一定的合理性，因为在国外其他地方可能已经存在同一技术许可。

【解析】正确。知识产权具有一定的地域性。没有专利权人的许可，不得销售、进口专利产品。知识产权权利人授予的技术许可往往有一定的地域限制，有法律上的原因，也有经济上的原因。

17. 一项专利技术的权利人可以同时向位于不同地方的不同的人许可专利技术，而货物所有权人却不可能将某一货物同时许可给不同的人使用。

【解析】正确。货物是有形的，特定时间只能在特定地点为特定人使用。而专利技术是无形的，可以由多个人分享使用，易产生专利技术的非法使用。这也是强化知识产权保护的原因。

18. 获得专利权需要申请，享有版权却不需要任何手续。

【解析】正确。版权自动保护，专利须申请并经过审查方给予保护。

19. 一项商业秘密的所有人如果没有采取适当的保密措施，该商业秘密可能失去法律的保护。

【解析】正确。商业秘密获得保护的前提是没有公开。但如果商业秘密的所有人自己都没进行保护，没有采取适当的保密措施，在其他人使用该商业秘密时，所有人可能不能获得法律提供的保护。

20. 知识产权协定与《巴黎公约》相比，在专利权方面，增加了专利权人的进口权。

【解析】正确。《巴黎公约》只规定了专利权的 4 项权能，即生产、制造、销售、使用，知识产权协定增加了许诺销售和进口这两项权能。

21. 青岛海尔公司的产品标有“青岛”字样，这就是地理标志。

【解析】错误。根据知识产权协定第 22 条，地理标志指识别一货物来源于一成员领土或该领土内一地区或地方的标识，该货物的特定质量、声誉或其他特性主要归因于其地理来源。

22. 知识产权协定尽管和关税与贸易总协定有很大的不同，但关税与贸易总协定框架中的基本做法，对该协定也适用。

【解析】正确。知识产权协定是《世界贸易组织协定》的组成部分，世界贸易组织遵循关税与贸易总协定框架下确立的做法与惯例。

23. 知识产权协定既规定了对提出侵权指控的申请人的保护，也规定了对被指控侵权的被申请人的保护。

【解析】正确。申请人与被申请人受平等保护，防止滥用相关权利。

24. 由于海关当局对进口产品的强制性措施对该产品的国内市场有影响，不排除申请人没有依据指控侵权的情况。

【解析】正确。这也是申请人申请采取保护措施要求满足一定条件的原因所在。

25. 一件商标，如果没有在我国注册，即使驰名，也不受我国法律的保护。

【解析】错误。驰名商标是商标注册保护的例外。

**（二）选择填空**

1. 知识产权协定明确禁止下述与技术许可有关的做法________。

A. 强迫性一揽子许可

B. 不得对技术效力提出异议

C. 技术改进的单方面反馈

【解析】答案 ABC。知识产权协定第 40 条规定，成员在与该协定其他规定相一致的条件下，可按照该成员的有关法律法规，采取适当的措施以防止或控制此类活动，包括诸如排他性返授条件、阻止对许可效力提出质疑的条件和强制性一揽子许可。

2. 知识产权权利的执行措施，包括________。

A. 民事程序　B. 行政程序　C. 刑事程序

【解析】答案 ABC。知识产权协定第三部分"知识产权的实施"规定了知识产权实施的民事和行政程序及救济，海关程序以及刑事程序。

3. 能够对龙井茶提供保护的知识产权是________。

A. 版权　B. 地理标志　C. 发明专利

【解析】答案 B。龙井茶的特有品质来自于特定地理区域，龙井是该茶的地理标志。

4. 知识产权协定在版权保护方面增加了下述内容：________。

A. 将计算机软件明确作为文学作品来保护

B. 出租权

C. 权利人的精神权利

【解析】答案 AB。根据知识产权协定第 10 条和第 11 条，对计算机程序应作为《伯尔尼公约》项下的文字作品加以保护，就计算机程序和电影作品而言，成员应给予作者及其合法继承人准许或禁止向公众商业性出租其享有版权作品的原件或复制品的权利。

5. 在知识产权的最惠国待遇和国民待遇方面，享有这一权利的主体是________。

A. 获得知识产权保护的产品　B. 知识产权本身　C. 国民

【解析】答案 C。知识产权权利人是国民。

6. 知识产权协定没有采纳的《伯尔尼公约》规定的权利是________。

A. 出租权　B. 精神权利　C. 表演权

【解析】答案 B。精神权利。该协定第 9 条规定，成员应遵守《伯尔尼公约》第 1 条至第 12 条及其附录的规定，但对于该公约第 6 条之二授予或派生的权利（即精神权利），各成员在该协定项下不享有权利或承担义务。这也是知识产权协定项下贸易知识产权与一般民事意义上的知识产权的区别。该协定是调整国际贸易的世界贸易组织规则的一部分。

7. 下面有关知识产权协定的说法中正确的有：________。

A. 将驰名商标的保护延及货物

B.《巴黎公约》的优先权规定比照适用于服务标记

C. 使用也可以作为商标注册的依据

【解析】答案 BC。知识产权协定第 62 条规定，《巴黎公约》第 4 条（优先权）比照适用地服务标记；第 15 条规定，各成员可以将使用作为注册条件，但一商标的实际使用不得作为接受申请的一项条件。

8. 政府授予强制许可应满足的条件包括：________。

A. 这种许可应个案审议

B. 使用范围和期限仅限于被许可的目的

C. 这种使用是非独占的

【解析】答案 ABC。知识产权协定第 31 条规定了未经权利人授权的其他使用，包括政府授予的强制许可。这种授权使用应满足的条件包括：这种授权使用应一事一议，使用范围和期限应仅限于被授权的目的，这种使用是非专有的。

9. 对于知识产权侵权，司法机关可以________。

A. 发布禁令　B. 责令赔偿　C. 提供其他救济

【解析】答案 ABC。知识产权协定第三部分的第二节“民事和行政程序及救济”中对司法机关发布禁令、赔偿及其他补救作出了相应规定。

# 第十二章

# 世界贸易组织规则的例外制度

本章摘要

世界贸易组织规则中的例外制度，主要包括一般例外和国家安全例外。这些例外为世界贸易组织成员的违法措施提供了正当性，违法成员不需承担违法的后果或责任，但违法措施获得正当性需要满足一定的条件。这一制度设计体现了公共政策价值高于贸易价值的认知。区域贸易协定、对发展中国家的特殊差别待遇，也是世界贸易组织规则中的例外。

关 键 词

正当性抗辩　一般例外　国家安全例外　公共道德例外　生命健康例外　自然资源保护例外　政策措施　必要性

## 一、例外的性质

法律规则，作为一种普遍适用的行为规则，要尽可能考虑到现实的复杂性和多样性。因此，法律规则在设定义务时，也会考虑到可能存在的例外情形。在世界贸易组织规则中，这样的例外情形主要体现为例外条款。

这种例外，不是表示不用履行义务，而是表示在违反义务时如果满足了例外条款所规定的条件，即根据例外条款获得了“正当性”，可以不用承担违反义务的责任。因此，它是一种免责性质的例外。在世界贸易组织争端解决程序中，一般例外的抗辩被称为 affirmative defense，中文可意译为免责抗辩或正当性抗辩，类似合同法中的不可抗力条款。既然属于免责性例外，被指控违反义务、被认定违反义务的一方，要证明符合免责条款中应当满足的条件。由于例外条款是作为一种例外性情形而存在，其适用条件非常严格。如果例外条款中所含条件非常容易地被满足，则丧失了其例外性，成为常态性；而一旦例外情形成为常态，与例外条款相对应的其他义务条款在某种程度上则变成例外了。这种情形与整个制度设计不符，也与法律规则体系不符。

一般例外条款的作用，在于明确了贸易利益与公共利益间的关系：贸易利益从属于公共利益；为了公共利益，哪怕侵害了规则保护的贸易利益，也是允许的。从政策角度说，贸易政策从属于公共政策。

## 二、世界贸易组织规则中的例外条款

世界贸易组织的实体规则分为三大块：货物贸易规则，服务贸易规则，知识产权规则。每套规则中都含有相应的例外条款，但具体表现形式不同。

就性质来说，世界贸易组织规则中的制度性例外条款主要包括三类：第一类是一般例外条款，第二类是区域经济一体化例外条款，第三类是安全例外条款。第一类以关税与贸易总协定第 20 条、《服务贸易总协定》第 14 条为代表；第二类以关税与贸易总协定第 24 条和《服务贸易总协定》第 5 条为代表；第三类以关税与贸易总协定第 21 条、《服务贸易总协定》第 14 条之二、知识产权协定第 73 条为代表。知识产权协定中无类似关税与贸易总协定、《服务贸易总协定》中的一般例外条款，但主要类型的知识产权中，如版权、商标和专利中，存在着例外条款，分别是第 13 条（版权）限制和例外、第 17 条（商标）例外、第 30 条（专利）授予权利的例外。还有一类，是发展中国家的特殊差别待遇。但该类不具有普遍性。此外，还存在一些具体条款的例外，例如反倾销税与反补贴税可以视为约束关税义务的例外，因国际收支平衡原因采取数量限制措施可以视为普遍取消数量限制义务的例外，等等。

安全例外条款存在于关税与贸易总协定、《服务贸易总协定》、知识产权协定中，它涉及国家安全、战争等事项。贸易利益与国家安全利益相比，自然后者更高、更重要。国家安全利益属于世界贸易组织成员自判的范畴，关税与贸易总协定和世界贸易组织不会处理这种事项。因此，尽管历史上有国家对于某一措施是否因安全原因而获得例外抱有怀疑，但没有国家深究这一事项。

三大协定中的安全例外条款文本基本相似。关税与贸易总协定第 21 条“安全例外”规定如下：“本协定的任何规定不得解释为：(a) 要求任何缔约方提供其认为如披露则会违背其基本安全利益的任何信息；或 (b) 阻止任何缔约方采取其认为对保护其基本国家安全利益所必需的任何行动：(i) 与裂变和聚变物质或衍生这些物质的物质有关的行动；(ii) 与武器、弹药和作战物资的贸易有关的行动，及与直接或间接供应军事机关的其他货物或物资贸易有关的行动；(iii) 在战时或国际关系中的其他紧急情况下采取的行动；或 (c) 阻止任何缔约方为履行其在《联合国宪章》项下的维护国际和平与安全的义务而采取的任何行动。”

区域经济一体化，既符合社会经济的发展趋势，也符合关税与贸易总协定/世界贸易组织规则促进贸易的目标和宗旨，因此，区域经济一体化例外条款存在着普遍的正当性。从最初由 6 个成员起家的欧共体到现在 28 个成员国的欧盟，从现在区域贸易协定的如火如荼，可以看出区域经济一体化的重要性、可持续性和发展活力。由于赋予更惠待遇的区域贸易协定的蓬勃发展，区域贸易协定例外成为困扰世界贸易组织全球性贸易制度下最惠国待遇规则的一个突出问题。如何处理区域经济一体化例外与最惠国待遇义务，目前还没有找到一个普遍接受的方案。由于区域经济一体化例外是世界贸易组织规则本身允许的一种例外，同时由于世界贸易组织成员或多或少地参与区域贸易协定之中，这一问题只能由世界贸易组织成员自己来解决。全球性与区域性，阶段性与长期性，经济性与政治性，理想性与现实性，都影响着世界贸易组织成员的态度和选择。

关税与贸易总协定第 24 条第 5 款是关于区域经济一体化例外："因此，本协定的规定不得阻止在缔约方领土之间形成关税同盟或自由贸易区，或阻止通过形成关税同盟或自由贸易区所必需的临时协定，但是：(a) 就关税同盟或导致形成关税同盟的临时协定而言，在建立任何此种同盟或订立临时协定时，对与非此种同盟成员或协定参加方的缔约方的贸易实施的关税和其他贸易法规，总体上不得高于或严于在形成此种同盟或通过此种临时协定（视情况而定）之前，各成员领土实施的关税和贸易法规的总体影响范围；(b) 就自由贸易区或导致形成自由贸易区的临时协定而言，每一成员领土维持的且在形成此种自由贸易区或通过此种贸易协定时对非自由贸易区成员或非协定参加方的缔约方实施的关税或其他贸易法规，不得高于或严于在形成该自由贸易区或签署协定之前相同成员领土内存在的相应关税或贸易法规；以及 (c) (a) 项和 (b) 项所指的任何临时协定应包括在合理持续时间内形成此种关税同盟或此种自由贸易区的计划和时间表。"

从关税与贸易总协定第 24 条第 5 款中可以看到，区域经济一体化例外需要满足一定条件。是否满足这样的要求，由关税与贸易总协定/世界贸易组织进行审查。现实中，由于成员各自参与了区域贸易协定，世界贸易组织规则中规定的审查标准不明，导致对成员签署的现有区域贸易协定是否真正符合第 24 条的要求，没有一个明确的答案。现实的结果是，区域贸易协定中规定的优惠措施极大地影响了最惠国待遇义务的实施。

《服务贸易总协定》第 5 条规定了经济一体化例外："本协定不得阻止任何成员参加或达成在参加方之间实现服务贸易自由化的协定，只要此类协定：(a) 涵盖众多服务部门①，并且 (b) 规定在该协定生效时或在一合理时限的基础上，对于 (a) 项所涵盖的部门，在参加方之间通过以下方式不实行或取消第 16 条意义上的实质上所有歧视：(i) 取消现有歧视性措施，和/或 (ii) 禁止新的或更多的歧视性措施，但第 11 条、第 12 条、第 14 条以及第 14 条之二下允许的措施除外。"鉴于《服务贸易总协定》的框架性特点和逐步自由化特点，以及由世界贸易组织成员承诺承担具体义务（市场准入和国民待遇）的特点，《服务贸易总协定》中的经济一体化例外更缺乏明确的、统一的、具体的标准。

知识产权协定的目标是既要促进知识产权的有效和充分保护，又要保证实施知识产权的措施和程序本身不成为合法贸易的障碍。为此目的，"制定了有关下列问题的新的规则和纪律：关税与贸易总协定的基本原则和有关国际知识产权协定或公约的适用性；就与贸易有关的知识产权的可保护性、范围和使用，规定适当的标准和原则；就实施与贸易有关的

① 此条件应根据部门数量、受影响的贸易量和提供方式进行理解。为满足此条件，协定不应规定预先排除任何服务提供方式。

知识产权规定有效和适当的手段，同时考虑各国法律制度的差异；在多边在及防止和解决政府间争端规定有效和迅速的程序”（协定前言）。该协定吸收了关税与贸易总协定的精神和经验，但它的例外规定不同于关税与贸易总协定。该协定第 8 条（原则）规定了性质上可以理解为知识产权保护例外或限制的条款：“在制定或修改其法律和法规时，各成员可采用对保护公共健康和营养，促进对其社会经济和技术发展至关重要部门的公共利益所必需的措施，只要此类措施与本协定的规定相一致。”“只要与本协定的规定相一致，可能需要采取适当措施以防止知识产权权利持有人滥用知识产权或采取不合理地限制或对国际技术转让造成不利影响的做法。”

知识产权协定针对不同知识产权权利规定了例外，最明确的是第 13 条、第 17 条和第 30 条对版权、商标和专利权的例外。第 13 条规定：“各成员对（版权）专有权作出的任何限制或例外规定，仅限于某些特殊情况，且与作品的正常利用不相冲突，也不得无理损害权利持有人的合法权益。”第 17 条规定了商标权的例外：“各成员可对商标所授予的权利规定有限的例外，如合理使用描述性词语，只要此类例外考虑到商标所有权人和第三方的合法利益。”第 30 条规定了专利权的例外：“各成员可对专利授予的专有权规定有限的例外，只要此类例外不会对专利的正常利用发生不合理抵触，也不会不合理损害专利所有权人的合法权益，同时考虑第三方的合法权益。”

## 三、关税与贸易总协定一般例外的适用

真正常被援用的例外条款是一般例外条款，特别是关税与贸易总协定第 20 条的一般例外条款。

关税与贸易总协定第 20 条“一般例外”的规定如下：

在遵守关于此类措施的实施不在情形相同的国家之间构成任意或不合理歧视的手段或构成对国际贸易的变相限制的要求前提下，本协定的任何规定不得解释为阻止任何缔约方采取或实施以下措施：(a) 为保护公共道德所必需的措施；(b) 为保护人类、动物或植物的生命或健康所必需的措施；(c) 与黄金或白银进出口有关的措施；(d) 为保证与本协定规定不相抵触的法律或法规得到遵守所必需的措施，包括与海关执法、根据第 2 条第 4 款和第 17 条实行有关垄断、保护专利权、商标和版权以及防止欺诈行为有关的措施；(e) 与监狱囚犯产品有关的措施；(f) 为保护具有艺术、历史或考古价值的国宝所采取的措施；(g) 与保护可用尽的自然资源有关的措施，如此类措施与限制国内生产或消费一同实施；(h) 为履行任何政府间商品协定项下义务而实施的措施，该协定符合提交缔约方全体且缔约方全体不持异议的标准，或该协定本身提交缔约方全体且缔约方全体不持异议；(i) 在作为政府稳定计划的一部分将国内原料价格压至低于国际价格水平的时期内，为保证此类原料给予国内加工产业所必需的数量而涉及限制此种原料出口的措施；但是此类限制不得用于增加该国内产业的出口或增加对其提供的保护，也不得偏离本协定有关非歧视的规定；(j) 在普遍或局部供应短缺的情况下，为获取或分配产品所必需的措施；但是任何此类措

施应符合以下原则：所有缔约方在此类产品的国际供应中有权获得公平的份额，且任何此类与本协定其他规定不一致的措施，应在导致其实施的条件不复存在时即行停止。缔约方全体应不迟于1960年6月30日审议对本项的需要。

在结构上，第20条包括两部分。第一部分是该条的开始部分，或句首部分；第二部分是（a）到（j）项的政策项目部分。第一部分关注措施的实施方式，第二部分关注政策目的。一项被认定违反了相关义务的措施，只有在满足这两部分的要求时，才能免责。

关税与贸易总协定第20条一般例外解决的是贸易政策与公共政策的关系问题，同时要求基于公共政策的措施公正实施。在争端解决实践中，无论是关税与贸易总协定时代，还是世界贸易组织时代，少有争端能够真正援引一般例外条款而成功抗辩（欧共体石棉案是一例外）。其主要原因是，在绝大多数争端中，被诉方的措施不符合公共政策项目的要求；少数案件中，争议措施即使满足了公共政策项目的要求，其实施方式不满足公正实施要求。此处主要介绍公共政策项目的要求。但需要指出的是，上诉机构在美国虾龟案中强调，在分析被诉方援引第20条的抗辩时，应先分析政策事项，再分析句首实施方式的要求。①

第20条包括了10类公共政策措施，常用的公共政策措施有4类：保护公共道德的必要措施［（a）］；保护人类、动物或植物生命或健康的必要措施［（b）］；海关执法或反垄断、知识产权或防止欺诈执法的必要措施［（d）］；自然资源保护措施［（g）］。前两类措施涉及的公共政策具有普遍性价值。前三类政策措施不仅要满足政策价值本身，还要满足“必要性”要求，即采取的措施与追求的目标之间、手段和目的之间、具有相称性或比例性。第四类保护自然资源的措施，又被称为环境保护措施，要求这一措施不仅保护自然资源，而且共同适用于进出口和国内生产与消费，即要求内外一致性。如果以保护自然资源为由限制进出口，但不限制国内生产和消费，则该措施不符合此处的要求。

关税与贸易总协定第20条（b）项是有关保护生命和健康的规定，《卫生协议》是第20条（b）项的细化。《卫生协议》前言明确指出“……期望对适用关税与贸易总协定关于使用卫生与植物卫生措施的规定，特别是第20条（b）项的规定详述具体规则”。该协议第2条“基本权利和义务”第4款亦明确，“符合本协定有关条款规定的卫生与植物卫生措施应被视为符合各成员根据1994年关税与贸易总协定有关使用卫生与植物卫生措施的规定所承担的义务，特别是第20条（b）项的规定”。在中国诉美国家禽肉案中，专家组指出，违反《卫生协议》第2条和第5条的措施，不能基于关税与贸易总协定第20条（b）项获得正当性。②

本质上，世界贸易组织《技术性贸易壁垒协议》（TBT协议）与《卫生协议》类似。该协议前言指出，各成员“认识到不应阻止任何国家在其认为适当的程度内采取必要措施，保证其出口产品的质量，或保护人类、动物或植物的生命或健康及保护环境，或防止欺诈

---

① 参见美国虾龟案，上诉报告，第115～122段。

② Panel Report, US — Poultry (China), para. 7.481.

行为，但是这些措施的实施方式不得构成在情形相同的国家之间进行任意或不合理歧视的手段，或构成对国际贸易的变相限制，并应在其他方面与本协定的规定相一致”。虽然TBT协议没有像《卫生协议》那样明确满足了《卫生协议》的要求即视为满足了关税与贸易总协定第20条（b）项的要求，但我们看到TBT协议的前言用语几乎和关税与贸易总协定第20条的用语一样。不但如此，TBT协议第2条第2款规定：“各成员应保证技术法规的制定、采用或实施在目的或效果上均不对国际贸易造成不必要的障碍。为此目的，技术法规对贸易的限制不得超过为实现合法目标所必需的限度，同时考虑合法目标未能实现可能造成的风险。此类合法目标特别包括：国家安全要求；防止欺诈行为；保护人类健康或安全、保护动物或植物的生命或健康及保护环境。在评估此类风险时，应考虑的相关因素特别包括：可获得的科学和技术信息、有关的加工技术或产品的预期最终用途。”这一规定亦和关税与贸易总协定第20条的规定类似。正因为如此，世界贸易组织上诉机构在美国第二金枪鱼案中指出，对（TBT协议）第2条第2款的分析，需要结合合法目标与贸易限制性这两个方面。①应该说，TBT协议第2条第2款的分析方法，和关税与贸易总协定第20条的分析方法是类似的；二者的精神也是类似的。

## 一、问题与思考

1. 如何理解世界贸易组织规则中例外条款的性质与作用？
2. 一般例外与国家安全例外的适用条件有什么不同？
3. 如何理解一般例外中的必要性要求？
4. 援引环境保护例外应注意什么问题？
5. 如何理解关税与贸易总协定中的一般例外条款与“入世”议定书的关系？

## 二、练习题

**判断正误**

1. 关税与贸易总协定一般例外包括句首和政策项目两部分。在适用时，句首和政策项目的分析顺序无关紧要。

**【解析】**错误。句首部分关注政策措施的实施方式，政策项目部分关注措施的具体政策内容，不同的政策措施的实施方式可能是不同的。根据上诉机构的观点，应先分析政策项目部分，后分析句首实施方式部分。

2. 关税与贸易总协定一般例外中句首部分含有不得不合理歧视的要求，这一要求与第1条的最惠国待遇中的非歧视要求是一样的。

---

① See US - Measures Concerning the Importation, Marketing and Sale of Tuna and Tuna Products, WT/DS381/AB/R.

【解析】错误。首先，二者在整个关税与贸易总协定结构中的作用不同，第1条最惠国待遇是具体义务，第20条一般例外是义务例外。其次，第1条最惠国待遇适用范围较小，而第20条一般例外适用范围广泛。第三，第1条最惠国待遇义务要求不得基于产品国籍而实施歧视，且有具体适用对象，而第20条一般例外中的不合理歧视允许歧视存在，重点关注歧视的合理性。

3. 一般例外中所要求的必要性，指非它不可的必要性。

【解析】错误。一般例外中所要求的必要性，指争议措施对于实现政策目标的必要性。需要考虑争议措施对政策目标实现的贡献程度，有无合理的替代措施，替代措施对贸易的不利影响比争议措施引起的不利影响小。

4. 公共道德具有地域性特点。

【解析】正确。各成员的公共道德是不同的。成员的公共道德由成员自己确定，世界贸易组织争端解决机构、专家组或上诉机构不另行审查确立某一成员的公共道德，认可成员主张的公共道德。

5. 执法措施例外中的"执法措施"指成员国内的任何执法措施。

【解析】错误。根据一般例外条款的规定，此处的执法措施仅指和关税与贸易总协定不相抵触的法律、法规的执行措施，通常包括海关执法、进出口垄断执法、国营贸易企业执法、知识产权执法以及防止欺诈行为的执法。

6. 执法措施例外中的执法，也包括执行国际法。

【解析】错误。一般例外中的执法措施例外，仅指执行国内法的措施。

7. 保护可用尽的自然资源，包括有生命的和无生命的自然资源。

【解析】正确。可用尽的自然资源，包括没有生命的不能再生的自然资源，如石油，也包括有生命、可再生但由于人类活动而处于濒危的自然资源，如海龟。

8. 凡是保护可用尽自然资源的贸易措施，均可获得政策正当性。

【解析】错误。适用于进出口的贸易措施，即使具有保护可用尽自然资源的政策目标，但如果不与限制国内生产或消费的措施一同适用，则不符合正当性要求，属于明显的扭曲贸易又不真正保护自然资源的措施。

9. 关税与贸易总协定的一般例外制度表明这一贸易制度并不限制或阻碍人权保护。

【解析】正确。人权保护这一政策价值高于贸易价值，可能据一般例外条款获得政策性例外。但一般例外条款中并没有直接使用"人权"或"人权保护"这样的用语。可以通过公共道德、保护人类、动植物的生命与健康将人权保护纳入进去。但世界贸易组织不是专门致力于人权保护的国际机构。

10. 世界贸易组织规则促进贸易发展，导致热带森林被滥伐。

【解析】错误。世界贸易组织规则促进贸易发展，但同时通过一般例外条款允许成员采取保护自然资源的措施。热带森林遭到破坏，不是世贸规则本身的原因，而是成员自己的措施造成的。

11. 中国《出版物管理条例》禁止出版物含有破坏统一、民族团结的内容。这一措施可以根据一般例外条款主张公共道德例外。

【解析】正确。公共道德具有地域性。援引公共道德例外的成员境内的公共道德由该成员自己主张，审理案件的专家组或上诉机构认可成员的主张。

12. 禁止废旧轮胎进口属于保护人类动植物生命健康的措施。

【解析】正确。废旧轮胎影响人类动植物的生命健康。

第三部分

# 中国与世界贸易组织

# 第十三章

# 中国在世界贸易组织中的权利与义务

本章摘要

中国加入世界贸易组织后，根据世界贸易组织的规则享有权利和承担义务，是建立在权利、义务平衡的基础上的。世界贸易组织规则主要从义务的角度规定了成员的权利、义务。其他成员义务的履行，即是中国权利的享有。中国加入世界贸易组织议定书及工作组报告，包括了中国加入世界贸易组织作出的具体承诺，其中，非市场经济地位和特定产品的保障措施以及纺织品的特殊保障措施对中国外贸影响最大。

关 键 词

外贸经营权　市场扰乱　贸易转移　非市场经济地位　特定产品的过渡性保障措施　非歧视义务　其他国家未履行义务时的救济措施　反规避措施　强制许可的条件

## 第一节　中国加入世界贸易组织的原则与特点

### 一、中国加入世界贸易组织的原则

1986 年，中国正式提出申请，要求恢复关税与贸易总协定创始缔约国地位。中国提出了恢复地位的三原则：恢复而不是重新加入关税与贸易总协定；以发展中国家的身份恢复；以关税谈判为基础。这简称旧三原则。

在世界贸易组织取代关税与贸易总协定之前，中国未能恢复关税与贸易总协定的缔约国地位。此后，中国提出了加入世界贸易组织的三原则：没有中国这样的发展中大国，世界贸易组织是不完整的；以发展中国家的身份加入；权利和义务相平衡。此简称新三原则。

从旧三原则到新三原则，可以说中国的立场没有实质性改变。但同时，也反映了中国对关税与贸易总协定和世界贸易组织认识的进一步深化。关税与贸易总协定经历了多次贸易谈判，关税不断降低，并且就一些非关税问题达成了协议。因而如果说中国恢复身份，则不能确定应恢复到什么程度。由于世界贸易组织的调整对象扩大，仅仅作出关税减让似不足以成为中国加入世界贸易组织的条件。

中国新三原则的提出，反映了中国对自己力量的信心，反映了对世界贸易组织及其规则的本质认识。中国加入世界贸易组织，应建立在权利、义务平衡的基础上。中国履行作为成员的义务，但同时也要享有作为成员的权利。

## 二、中国加入世界贸易组织的特点

从中国提出恢复关税与贸易总协定地位的申请，到 2001 年 12 月 11 日中国作为世界贸易组织第 143 个成员正式加入世界贸易组织，历经 15 年之久。这 15 年，正是中国改革开放不断深化的 15 年。这是中国加入世界贸易组织的大背景。加入世界贸易组织，是中国改革开放的结果和必然。这 15 年，正是中国由计划经济向市场经济过渡的 15 年。建设社会主义市场经济的目标已经确立，社会主义市场经济的体制也在逐步形成。中国目前正处于过渡经济或转型经济状态。

中国是一个大国，并正成为世界贸易大国，中国“入世”时其贸易量排名世界第 7 位。中国加入世界贸易组织对世界贸易的影响，无论是对其他成员，还是对中国自己，都将是巨大的。

中国是一个发展中国家，以发展中国家的身份参与世界多边贸易体制，这在旧三原则和新三原则中都是明确的。这也表明，中国以发展中国家的身份享有权利、承担义务，中国将站在发展中国家的立场上促进世界贸易的发展。但是，从《中国加入世界贸易组织议定书》（以下简称中国“入世”议定书）来看，并没有明确表明中国是以发展中国家的身份加入世界贸易组织，而且在有些方面中国承担的义务超出发展中国家的义务。

## 三、中国加入世界贸易组织的条件

中国以加入世界贸易组织的方式成为世界贸易组织的成员。根据世界贸易组织协定，任何国家申请加入，都须按该国家与世界贸易组织达成的条件加入。“入世”条件的达成，是一个艰难的讨价还价的过程。中国加入世界贸易组织的条件规定在中国“入世”议定书及其附件《中国“入世”议定书工作组报告》中。该议定书构成了《世界贸易组织协定》的一部分。它除了确认遵循世界贸易组织的一般性规范外，还针对中国的具体情况作了规定。另外，中国与其他成员进行的加入谈判的结果、中国作出的具体承诺，也是该议定书的组成部分。在某些方面，由于中国是一个贸易大国，由于前述的特点，中国加入世界贸易组织所承担的义务重于其他发展中国家。

中国在世界贸易组织中的义务，与其他成员的一样，由两部分组成：一部分是各成员都承担的普遍性义务，如各协议条款规定的义务；另一部分是中国“入世”议定书中中国作出的承诺，这是中国承担的独特义务。

同时，中国加入世界贸易组织，是建立在权利、义务平衡的基础上。中国在履行成员义务的同时，也享有作为成员的权利。世界贸易组织规则主要是通过规定成员的义务来确立成员的权利的。其他成员义务的履行，就是中国权利的享有。事实上，中国“入世”后，中国对外贸易取得了飞跃性发展。至2004年年底，中国已经成为世界第三大贸易国。因此，中国“入世”是中国发展的需要，中国“入世”后的发展也证明了中国“入世”这一决策的正确。但随着中国的外贸额和经济影响越来越大，中国“入世”议定书中针对中国所设定的条件也开始发挥作用。

### 四、“一国四席”的特殊问题

中国是世界上最大的国家之一，在这一大家庭之内存在着不同的法域和独立关税区。在世界贸易组织多哈部长会议上，世界贸易组织在批准中国加入世界贸易组织的同时，还批准中国台湾地区以“台澎金马单独关税区”（以下简称中国台北）的名义加入世界贸易组织。2003年1月1日，中国台北正式成为世界贸易组织的成员。而中国的香港特别行政区和澳门特别行政区，在此之前已经是世界贸易组织的成员。这样，在世界贸易组织内部就出现了“一国四席”的独特情形。

中国的“一国四席”，不同于欧共体（欧盟）与其成员国在世界贸易组织中的成员席位。欧共体本身与其各成员国虽然都是世界贸易组织的成员，但各成员国在世界贸易组织中的事务是由欧共体统一处理的，欧共体以一个声音出现。欧共体与成员国的关系是关税同盟与成员国的关系，成员国之间的贸易关系根据关税同盟的规则内部处理。中国的“一国四席”的构成主体，在国家意义上拥有同一个主权，在相互关系的处理上也应遵循这一原则；但在世界贸易组织内部，这四席主体却是彼此独立的成员。

中国内地和香港特别行政区、澳门特别行政区分别建立了“更紧密经贸关系的安排(CEPA)”。这一贸易安排既具有一般意义上的区域贸易安排的特点，又不同于一般的区域贸易安排。从内容上来看，中国内地对香港特别行政区、澳门特别行政区提供的优惠明显优于香港特别行政区、澳门特别行政区对中国内地提供的优惠；从制度上看，关于彼此之间的矛盾没有独立的争端解决机构来处理，而主要是通过协商解决。

2010年两岸签署《海峡两岸经济合作框架协议》，为本着世界贸易组织基本原则处理双方的贸易与投资关系提供了基础。在此基础上，双方又签署了一些新的协议。

## 第二节　中国的“入世”承诺

### 一、中国履行义务的方式

根据世界贸易组织规则的要求，各成员主要通过制定国内法、修改或废除与世界贸易组织要求不符的法律来履行自己的义务。中国在“入世”前后，进行了大量的法规清理工作，并根据需要进行了法律的“立、改、废”，其范围涉及与世界贸易组织规则相关的各方面，而不仅仅是传统意义上的外贸法律。

《中华人民共和国对外贸易法》是中国对外贸易的根本大法。该法于1994年制定、通过，同年7月1日起生效。该法奠定了中国对外贸易法律制度的框架，保障和促进了中国对外贸易的发展。根据世界贸易组织规则，中国应使其国内相关制度与世界贸易组织的要求相一致，这就要求将对外贸易法进行必要的修订，将中国根据世界贸易组织规则享有的权利和承担的义务转化到国内法中。其他国家的外贸制度也为中国完善外贸法提供了借鉴。根据这些情况，中国立法机关于2004年4月对《中华人民共和国对外贸易法》进行了修订，使其更适应对外贸易发展和法律建设的需要。修订后的《中华人民共和国对外贸易法》于2004年7月1日起实施，与之配套的相关条例或规则也得以修订或制定。

除《对外贸易法》外，中国还对其他相关法律进行了修改。

## 二、中国作出的制度性承诺

### （一）透明度

透明度问题，成为中国“入世”议定书中的重要问题。除在贸易体制的管理总规定中规定了这一问题外，在具体事项方面都强调了透明度问题。

中国承诺，有关货物、服务、与贸易有关的知识产权或外汇控制的法律/规章和其他措施，或者影响货物、服务、与贸易有关的知识产权或外汇控制的法律/规章和其他措施，只有公布并为其他成员、个人或企业充分获得，才可以实施。

中国将按照适当的分类和服务（如相关），在官方刊物上公布负责授权、批准或管理服务活动的所有机构的名单，包括由国家主管机关授权的组织，无论通过发放许可还是其他批准形式。获得此类许可证或批准的程序和条件也应公布。

为了履行承诺，中国商务部专门设立了世界贸易组织咨询局，对国内外机构、人士就中国的外贸政策、法律提出的问题，提供权威意见。国家质检总局也设立了相应的通知机构。

### （二）非歧视义务

中国“入世”议定书第3条规定：“除本议定书另有规定外，在下列方面给予外国个人、企业和外商投资企业的待遇不得低于给予其他个人和企业的待遇：生产所需投入物、货物和服务的采购，以及其货物据以在国内市场或供出口而生产、营销或销售的条件；国家和地方各级主管机关以及公有或国有企业在包括运输、能源、基础电信、其他生产设施和要素等领域所供应货物、服务的价格和可用性（availability）。”

关税与贸易总协定中的非歧视义务仅限于同类产品或直接竞争产品，其适用对象是产品。《服务贸易总协定》中的最惠国待遇义务和国民待遇义务适用于同类服务或服务提供者。知识产权协定的非歧视义务的适用对象主要是国民。中国“入世”议定书的上述规定，其适用对象是外国个人、企业和外商投资企业，而不是产品。此外，外商投资企业，根据中国的法律，属于中国企业，不包括在世界贸易组织非歧视待遇所要求的外外、内外比较的对象中。各成员根据《服务贸易总协定》承担的国民待遇义务仅限于各成员在减让表中作出的具体承诺范围，中国也是如此，但中国“入世”议定书的上述规定，包括了服务方面的国民待遇承诺。中国根据中国“入世”议定书承担的非歧视义务，超出了原来的世界贸易组织规则中规定的非歧视义务（包括最惠国待遇和国民待遇义务）。

### （三）贸易经营权

1. 贸易经营权的放开

中国“入世”议定书专门对贸易经营权作了规定。中国承诺逐步放开贸易经营权，在中国正式加入世界贸易组织后的3年内，除根据议定书继续实行国营贸易的货物外，所有中国企业都有权进行货物进出口。同时，“除本议定书另有规定外，外国个人和企业，包括没有在中国进行投资或注册的外国个人或企业，在贸易经营权方面也享有不低于在中国的企业的待遇”。

2004年《中华人民共和国对外贸易法》扩大了外贸经营者的范围，增加了个人这一主体。外贸经营者，是指依法办理工商登记或者其他执业手续，依照外贸法或其他有关法律、行政法规的规定从事对外贸易经营活动的法人、其他组织或者个人。此处的外贸经营者，既包括了在中国境内的，也包括在中国境外的外国公司、企业或自然人。

在美国诉中国文化产品案中，专家组裁定中国没有按照承诺放开外国出版物的进口权。

2. 国营企业

贸易经营权的放开，并不意味着不能由某些企业专营某些商品。某些商品的专营，也不意味着违反了产品的国民待遇。关税与贸易总协定第17条专门规定了国营企业的问题。从理解的意义说，此处的“国营企业”应理解为国家专营企业，以区别于传统意义上的国营企业。

国营企业，可以是国家设立或维持的企业，也可以是政府授予特权的私营企业，其特征是对某些商品实行专营。中国“入世”议定书要求中国的国营企业的进口程序充分透明，在商品的质量、价值或产地方面，政府不应采取措施影响或直接指示国营企业。国营企业的出口商品的定价机制，应向世界贸易组织提供全面的信息。

### （四）与贸易有关的投资措施及非关税措施

在《投资措施协议》中，规定了消除与贸易有关的投资措施的期限。而中国承诺，在加入时，完全遵守该协议的要求，而不诉诸过渡期的规定。

中国承诺，取消并停止实施贸易和外汇平衡要求、当地含量和出口实绩要求。这不仅包括通过法律、规章和其他措施实施的要求，也包括不予执行含有这种要求的合同。

中央政府或地方政府，发放进口许可、配额、关税配额或其他任何对进口、进口权、投资权的批准方法，不能以下述情况为条件：是否存在国内供应商；任何种类的出口实绩要求，比如，当地含量、抵消、技术转让、出口实绩或在中国进行研究和开发。

上述规定除影响到中国的外贸法律外，还影响到中国外商投资立法。中国立法机构已经根据上述承诺对《中外合资经营企业法》、《中外合作经营企业法》和《外资企业法》进行了相应的修订。

## 三、其他成员对中国产品的救济措施

### （一）倾销与补贴中的非市场经济的规定

1. 倾销的确定

对中国产品的出口，进口成员在据反倾销规范比较价格时，可以采取两种方法中的任何一种：使用中国受调查产业的价格或成本；或者使用不严格依据与中国的国内价格或成本的比较方法。后者实质上就是使用所谓的替代国价格或成本。

上述方法的选择，应遵循下述原则：如果受调查的生产商能够明确证明，生产同类产品的产业在该产品的制造、生产和销售方面具备市场经济条件，则进口成员应使用中国受调查产业的价格或成本，以此来确定价格可比性；如果受调查的生产商不能证明，生产同类产品的产业在该产品的制造、生产和销售方面具备市场经济条件，则进口成员可以使用不严格依据中国的国内价格或成本的比较方法（替代国方法）。

在中国"入世"议定书生效时，如果进口成员的国内法含有市场经济标准，一旦中国根据进口成员的国内法，确立中国在某一产业或部门方面是市场经济，上述倾销确定中有关方法的选择的规定应终止。无论中国能否证明市场经济这一点，上述选择方法的规定在中国"入世"议定书生效15年后终止。如果中国确立某一具体产业或部门通行市场经济的条件，上述非市场经济的规定对该产业或部门不再适用。

2. 补贴量的计算

在《反补贴协议》所规定的程序中，在确定补贴数额时，原则上适用《反补贴协议》的相关规定，但如果在适用时存在特殊困难，进口成员可以考虑中国的通行条件可能并不总可以作为适当标准这一可能性，使用补贴利益的确定和衡量方法。在使用这些方法时，进口成员在考虑使用中国之外通行的条件之前，应对这些通行的条件进行调整。

3. 国有企业补贴

根据世界贸易组织反补贴规则，非专向补贴不受世界贸易组织多边贸易体制的约束。《反补贴协议》第2条对补贴的专向性作出了规定。而根据中国"入世"议定书，对国有企业提供的补贴将被视为专向性补贴，特别是如果中国政府提供的补贴的主要接受者是国有企业，或者国有企业接受此类补贴的数量异常之大的情况下，该补贴视为专向补贴。鉴于中国国有企业的普遍性，这一规定似乎将中国的补贴更多地归入了专向性补贴的范围。

### （二）特定产品的过渡性产品保障措施机制

中国“入世”议定书中，特别规定了针对市场扰乱的特定产品的过渡性保障措施机制（简称特保措施机制）。这一机制，专对中国产品实施，实施条件低于保障措施的要求。在严重的情况下，这一规定有可能造成对中国出口的连锁反应，导致许多进口国同时对中国产品采取措施。这一规定在中国加入世界贸易组织之日后12年（2013年12月）终止。在此不赘述。

## 四、中国在服务贸易方面的承诺

和成员根据《服务贸易总协定》承担的市场准入义务和国民待遇义务规定在成员减让表中一样，中国在服务贸易方面作出的承诺同样规定在中国服务贸易具体承诺减让表中。该减让表由水平承诺和部门承诺两部分组成：水平承诺主要是针对外商投资企业、在华代表处及分公司方面的设立问题，以及高级管理人员入境及临时居留问题。部门承诺则根据每一服务部门，根据不同服务提供方式，作出相应承诺。

在《中国“入世”议定书工作组报告》中，就影响服务贸易的政策方面，中国政府作出了相应的承诺。与前述具体承诺减让表不同，工作组报告书中的承诺主要是对相关问题的澄清、确认或定义，并不像货物方面那样，作出了单独的制度性的承诺。

## 五、中国在知识产权保护方面的承诺

中国在知识产权保护方面的承诺，主要规定在《中国“入世”议定书工作组报告》中。中国就知识产权保护作出的承诺主要集中于以下几个方面：

1. 非歧视承诺

中国承诺，将修改有关的法律、法规及其他措施，以保证外国权利持有人在所有知识产权方面的国民待遇和最惠国待遇全面符合知识产权协定。

2. 实体标准及程序方面的承诺

在保护的实体标准方面，包括在获得和维持知识产权的程序方面，中国根据每一类知识产权的情况，分别作出了相应的承诺。承诺修改版权法和商标法，使其完全符合知识产权协定。版权法方面的修改将澄清录音制品的广播机构的付酬机制，此外还包括以下规定：计算机程序和电影作品的出租权，机械表演权，向公众传播权及相关的保护措施，数据库汇编保护，临时措施，提高法定赔偿金额及强化制止侵权行为的措施。商标法的修改主要针对以下方面：增加三维标志、颜色组合、字母和数字作为商标注册的规定；增加集体商标和证明商标（包括地理标志）的内容；引入对官方标志的保护；保护驰名商标；加入优先权；修改现有商标确权体制，并且在商标确权问题上为利害关系方提供寻求司法审查的机会；打击一切严重侵权行为；完善商标侵权赔偿制度。

在专利方面，中国政府承诺对《专利法实施细则》就专利强制许可方面的规定进行修改，以保证：（1）只有在拟使用者在此种使用之前已经按商业条款和条件努力从权利持有人处获得授权的情况下，方可允许未经权利持有人授权的使用，但在全国处于紧急状态或在其他极端紧急的情况下，或在公共非商业性使用的情况下，并符合知识产权协定第 31 条（b）项其他规定的，可不受上述要求的限制；（2）在每一种情况下应向权利持有人支付适当报酬，同时考虑授权的经济价值；（3）任何此种使用的授权应主要为供应授权此种使用的成员的国内市场；（4）如果是半导体技术，则使用的范围和时间仅限于公共商业性使用，或用于补救经司法或行政程序确定的限制竞争行为。

中国承诺，为遵守知识产权协定第 39 条第 3 款，中国将对为申请使用新化学成分的药品或农业化学品的销售许可而按要求提交中国主管机关的未披露的试验数据或其他数据提供有效保护，以防止不正当商业利用，但披露这些数据是保护公共利益所必需的或已采取保护措施防止该数据受到不正当商业利用的情况除外。这种保护包括：采用并制定法律和法规，以保证自中国政府向数据提供者授予销售许可之日起至少 6 年内，除数据提供者外，未经数据提供者允许，任何人不得以该数据为基础申请产品销售许可。在此期间，对于任何第二个申请销售许可的人，只有当其提交自己的数据时方可被授予销售许可。所有使用新化学成分的药品或农业化学物质，均可受到此种数据保护，无论其是否受专利保护。

3. 知识产权执行方面的承诺

中国政府承诺，知识产权协定第 42 条和第 43 条将根据《民事诉讼法》的司法规则得到有效实施。有关实施细则将被修改，以保证完全符合知识产权协定第 45 条和第 46 条的规定，从而使在知道或有合理理由知道其所实施的行为是侵犯他人知识产权行为的情况下，侵权人向权利持有人支付的赔偿应当足以补偿权利持有人因侵权行为而受到的损失。

中国政府将继续加强执法努力，包括采取更有效的行政处罚措施。行政主管机关有权实施充分的处罚措施，以防止或震慑进一步侵权行为，并被鼓励行使该权力。

中国将向知识产权持有人提供与知识产权协定（第 51 条至第 60 条）的有关规定完全一致的、有关边境措施的程序。

针对一些工作组成员提出的提起刑事诉讼的现行适用的金额标准非常高的关注，中国承诺，中国的行政主管机关将建议司法机关作出必要调整，降低金额标准，以解决这些关注。

尽管中国知识产权法律制度在很大程度上符合知识产权协定的要求，但中国根据作出的这些承诺，相继大范围地修改了相关的法律、法规。其中，2002 年 12 月 28 日发布了《专利法实施细则》（2010 年修订）；2008 年 12 月 27 日修改了《专利法》；2002 年 8 月 2 日制定了新的《著作权法实施条例》（2011 年、2013 年修订），代替了旧的实施条例；2001 年 12 月公布了新的《计算机软件保护条例》（2011、2013 年修订），取代了旧条例，新的《出版管理条例》（2011 年修订）取代了旧管理条例，新的《音像制品管理条例》（2011 年修订）取代了旧条例；2001 年 10 月 27 日修改了《商标法》（2014 年修订）；2002 年 8 月以新的《商标法实施条例》（2013 年修订）取代了《商标法实施细则》；2001 年 9 月制定了《集成电路布图设计保护条例实施细则》；2002 年 2 月公布了《奥林匹克标志保护条例》；2009 年 3 月以新的《知识产权海关保护条例》（2010 年修订）取代了旧保护条例。此外，中国“入世”后，最高人民法院发布了有关知识产权保护的一些司法解释，如 2003 年 12 月《关于审理涉及计算机网络著作权纠纷案件适用法律若干问题的解释》（2006 年修订），2002 年 10 月《关于审理著作权民事纠纷案件适用法律若干问题的解释》，2002 年 1 月《关于审理商标民事纠纷案件适用法律若干问题的解释》，2001 年 12 月《关于诉前停止侵犯注册商标专用权行为和保全证据适用法律问题的解释》、《关于审理商标案件有关管辖和法律适用范围问题的解释》，2001 年 10 月《关于开展涉及集成电路布图设计案件审判工作的通知》。2004 年 12 月，最高人民法院和最高人民检察院联合发布了《关于办理侵犯知识产权刑事案件具体应用法律若干问题的解释》，降低了知识产权刑事犯罪的定罪标准和处罚标准。所有这些，都是履行中国就知识产权保护作出的承诺。

## 第三节　中国对争端解决机制的参与

### 一、中国“入世”后的总体争端情况

世界贸易组织成员之间产生贸易争端是不可避免的，贸易额越大的成员，越可能成为贸易争端的当事方。依据世界贸易组织规则解决成员之间的贸易争端，是成员享有的权利和承担的义务。中国“入世”后，中国与其他世界贸易组织成员之间的争端，同样需要按照世界贸易组织规则来解决。《关于争端解决规则与程序的谅解》是处理世界贸易组织成员争端的主要程序规则。某一成员按照《关于争端解决规则与程序的谅解》正式通过世界贸易组织争端解决机构向其他成员提出磋商请求，视为争端产生，世界贸易组织争端解决机构登记为一个争端案件。如果争端成员不能通过磋商解决，则经申诉方请求，进入案件审理程序。该程序包括负责一审的专家组程序和负责二审的上诉机构程序。世界贸易组织争端解决机构通过专家组/上诉机构作出的报告，视为争端解决机构对这一争端作出了裁决、提出了建议。此后进入执行程序。实践表明，世界贸易组织争端解决机构运作良好：大多数争端在磋商阶段解决，部分案件进入审理程序，绝大多数案件的裁决都顺利执行。

按世界贸易组织争端解决机构登记的争端算，自中国“入世”至 2013 年年底的 12 年间，中国作为申诉方提起 12 起案件，作为被诉方被控 31 起案件。由于多个成员对同一措施提出的指控登记为多个案件，中国实际被诉的案件数量少于 30。例如，在汽车零部件案中，欧盟、美国和加拿大都提出了申诉，登记为 3 个案件，实际上都针对中国的同一措施。在这些申诉和被诉的案件中，大部分争端在磋商阶段得到解决，少部分经过了审理程序。在执行阶段，中国比较好地执行了争端解决机构作出的裁决和建议。

## 二、中国涉诉案件的特点

自2006年以来，即所谓的中国“入世”过渡期结束时，与中国有关的案件在整个世界贸易组织案件中一直占有很高的比例，大约占总案件数量的三分之一。中国的申诉案件又占整个中国案件的约三分之一。中国被诉和申诉，即中国对争端解决机制的积极参与，成为世界贸易组织争端解决活动的一个突出现象。

中国申诉案件主要集中于贸易救济措施方面，即反倾销、反补贴和保障措施，包括对中国国有企业的歧视。只有2起案件涉及一般意义上的产业政策措施，即中国诉美国禽肉案和中国诉欧盟再生能源措施案。在中国被诉的案件中，基本上都与产业政策、产业措施相关。这是中国被诉案件的一个特点，这也表明中国的国内产业政策和措施与中国承担的国际义务之间还存在着不协调的情况。

在经过审理的中国被诉案件中，有一种倾向非常明显：中国较为频繁地援引一般例外条款，但没有一起案件援引成功。援引关税与贸易总协定第20条一般例外是世界贸易组织成员的权利，作为世界贸易组织成员，中国当然有权援引这一一般例外为自己抗辩，捍卫自己的权益。但在中国被诉案件中，能否有权援引一般例外成为争端双方、专家组和上诉机构争议非常大的问题。这是其他成员涉案时所没有的情况。另外，中国过多地依重于一般例外条款，这与一般例外条款的例外性、严格性是矛盾的。造这种结果的一个原因是，我们利用世界贸易组织规则及中国“入世”议定书的其他条款进行抗辩的余地、机会太小。另一原因是，中国的被诉措施在设计时没有充分考虑一般例外的要素和要求。现有案件的处理结果，为中国未来谈判及国内措施设计提供了经验和借鉴。

## 一、问题与思考

1. 中国加入世界贸易组织作出了哪些主要承诺？如何看待这些承诺？

2. 针对中国“入世”议定书中的非市场经济的规定，中国政府和企业应从哪些方面寻求解决的办法？

## 二、练习题

### （一）判断正误

1. 中国“入世”后，中国出口产品的生产企业和出口企业可以充分利用中国成本低的特点，大力出口，无须考虑其他发展中国家的生产成本情况。

【解析】错误。中国正处于经济转型中，还没有被世界贸易组织所有其他成员接受为市场经济国家，这样在其他成员对中国出口产品反倾销时可能采取替代国确定中国产品的正常价值。因而，其他发展中国家的生产成本对于确定中国产品的正常价值有参考作用，甚至是决定作用。

2. 中国“入世”后，如何处理对国有大型企业的支持和遵守与补贴相关的义务关系问题，将是中国各级政府面临的一个重要问题。

【解析】正确。根据中国“入世”议定书，如果我国政府提供的补贴的主要接受者是国有企业，或国有企业接受了补贴中不成比例的大量数额，该补贴被视为专向补贴，受到《反补贴协议》的约束。而在我国的财政支持中，主要受益对象是国有企业，例如债务的免除等。

3. 中国出口产品的生产企业在国外的反倾销程序中，如果证明其生产是按照市场经济运作的，则不应使用替代国计算生产成本。

【解析】错误。如果受调查的征税商能够明确证明，生产同类产品的产业在该产品的制造、生产和销售方面具备市场经济条件，则进口成员应使用我国受调查产业的价格或成本，以此来确定价格可比性。需要证明的是产业生产成本。

4. 其他世界贸易组织成员对中国的出口产品进行反倾销调查时，应首先使用中国出口产品的生产成本，在发现该生产成本不可靠时，可以使用替代国确定生产成本。

【解析】错误。根据中国的“入世”承诺，进口成员在根据反倾销规范比较价格时，可以采取两种方法中的一种，即受调查产业的价格或成本，或替代国价格或成本。

5. 对中国出口的产品，其他成员不仅可以在反倾销调查中使用替代国，而且在反补贴调查中也可以使用替代国。

【解析】正确。这是中国“入世”议定书中的规定。在确定补贴数额时，原则上适用《反补贴协议》的相关规定，但如果在适用时存在特殊困难，进口成员可以考虑中国的通行条件可能并不总可以作为适当标准这一可能性，使用补贴利益的确定和衡量方法。

6. 中国是以发展中国家的身份加入世界贸易组织的，所以世界贸易组织规则中规定的发展中国家享有的待遇，中国都享有。

【解析】错误。以发展中国家身份加入世界贸易组织，是中国坚持的“入世”原则之一。但由于中国自身的特点，以及根据中国“入世”议定书规定的中国“入世”条件，中国并非在所有方面都能享有发展中国家成员享有的待遇。

7. 中国进出口经营权放开后，如果实行商品专营，则违反了国民待遇原则。

【解析】错误。商品专营指某些商品由某些指定企业经营，它并没有区分进口产品与国内产品。货物方面的国民待遇集中于进口产品与国内同类产品间的待遇，在税费方面以及在影响国内销售等的法律法规方面，是否存在歧视。

8. 市场扰乱是对国内产业损害中的比较严重的一种形式。

【解析】错误。市场扰乱是特定产品过渡性保障措施机制中的一个条件。该保障措施的实施条件比《保障措施协议》中规定的保障措施的条件低，对产业损害的要求程度也比较低，只要求实质损害，而非严重损害。

9. 中国在“入世”议定书中承诺的非歧视待遇，适用于同类产品。

【解析】错误。中国“入世”议定书第 3 条规定，除该议定书另有规定外，在下列方面给予外国个人、企业和外商投资企业的待遇不得低于给予其他个人和企业的待遇：生产所需投入物、货物和服务的采购以及其货物据以在国内市场或供出口而生产、营销或销售的条件；国家和地方各级主管机关以及公有或国有企业在包括运输、能源、基础电信、其他生产设施和要素等领域所供应货物、服务的价格和可用性（availability）。这一规定表明，享有待遇的主体是人。

**（二）选择填空**

1. 中国加入世界贸易组织后，中国的出口产品的情况有可能表现为________。

A. 数量一直增长　B. 增速先增长后下降　C. 增速先下降后增长

【解析】答案AB。由于“入世”后贸易条件迅速改善，开始时增加速度明显，但一定时期后中国“入世”所产生的受约束的一面开始显现；同时，中国出口产品的迅速增长可能导致其他成员采取一系列的限制性措施，导致增长速度放慢。绝对数量应当是增长的。

2. 中国出口产品在遇到反倾销调查时，其他成员可使用下述方法确定该产品的价格：________________。

A. 中国的生产成本

B. 某一替代国的生产成本

C. 几个替代国的不同生产要素的成本

【解析】答案ABC。某一替代国的生产成本和几个替代国的不同生产要素成本，都是替代国成本。替代国成本与中国生产成本构成了其他成员可以选择适用的两种方法。

3. 中国进出口经营权放开后，下述企业可以获得进出口经营权：________。

A. 中国的企业

B. 在中国投资的外国企业

C. 没有在中国投资的外国企业

【解析】答案ABC。中国“入世”议定书及2004年修订的《中华人民共和国对外贸易法》将进出口经营权扩大到任何企业和个人。

4. 中国加入世界贸易组织后，承诺取消下列措施：________。

A. 外汇平衡要求　B. 当地含量要求　C. 出口实绩要求

【解析】答案ABC。根据中国“入世”议定书，中国承诺取消并停止实施贸易和外汇平衡要求、当地含量和出口实绩要求。这不仅包括通过法律、规章和其他措施实施的要求，也包括不予执行含有这种要求的合同。

5. 中国出口产品在受到其他国家的反倾销调查时，中国生产商如不能证明下述事项，就可能按替代国的成本确定产品的价格：________。

A. 该企业按市场经济规则经营

B. 该企业所在的产业全部按市场经济规则经营

C. 该企业所在的产业多数按市场经济规则经营

【解析】答案C，即产业标准。

6. 中国加入世界贸易组织后，承担的义务包括________。

A. 世界贸易组织一般规则确定的义务

B. 中国加入世界贸易组织议定书中规定的义务

C. 中国作出的关税减让和具体承诺

【解析】答案 ABC。中国正式“入世”时的世界贸易组织规则，以及中国“入世”议定书中规定的条件，以及中国“入世”谈判中所作出的承诺，都是中国承担世界贸易组织义务的渊源。

7. 中国台湾地区作为世界贸易组织成员，被称为________________。

A. 台澎金马单独关税区　B. 中国台湾　C. 中国台北

【解析】答案 AC。中国台湾地区是作为一个独立关税区加入世界贸易组织的，该关税区被称为台澎金马单独关税区，简称中国台北（Chinese Taipei）。

# 第十四章
# 挑战与未来

本章摘要

和导致世界贸易组织成立的关税与贸易总协定乌拉圭回合谈判一样，世界贸易组织成立后的十几年来，在取得公认成就的同时，也是一波多折。西雅图部长会议失败后，多哈部长会议使人以为峰回路转、柳暗花明，但接下来的坎昆会议又让人意识到前进道路的坎坷。整个多哈回合谈判困难重重。从谈判议题到运行机制，摆在世界贸易组织面前的是挑战和机会。

关 键 词

非歧视原则的减损　全球经济决策的一致性　世界贸易组织的决策规则　裁决的实施机制

## 第一节　世界贸易组织的发展历程

世界贸易组织自 1995 年 1 月 1 日成立以来，根据《世界贸易组织协定》的要求和世界贸易组织自己的安排，分别于 1996 年、1998 年、1999 年、2001 年、2003 年、2005 年、2009 年、2011 年和 2013 年召开了 9 次部长会议，其中以 1996 年新加坡部长会议和 2001 年多哈部长会议成就最大，2013 年印尼巴厘岛部长会议取得有限的成果。

新加坡部长会议通过了《新加坡部长会议宣言》，提出了新加坡会议议题，议题范围广泛，其中包括核心劳工标准、贸易与环境、投资与竞争等新议题，这为世界贸易组织的发展初步指明了方向。该次会议还通过了《信息技术协议》，供成员选择适用，该协议已经于 1997 年正式生效。日内瓦部长会议通过了《全球电子商务的决定》，并决定在第三次部长会议上发起新千年回合的谈判。但事与愿违，西雅图部长会议过程中发生的大规模的反全球化运动，使该次部长会议无果而终。世界贸易组织自成立以来首次遇到了重大挫折，也预示了世界贸易组织发展之路不会平坦。“9·11”事件后的多哈部长会议通过了《多哈部长会议宣言》，开启了所谓的“多哈议程”，为新一轮的谈判拟定了议题和工作计划。该次会议还通过了《与贸易有关的知识产权协定与公共健康宣言》，为知识产权的执法与公共健康的关系处理提供了指导。也正是在这次会议上，中国和中国台北被批准加入世界贸易组织。2003年9月在墨西哥坎昆召开的部长会议，通过了《关于实施与贸易有关的知识产权协定与公共健康宣言第6段的决定》，允许发展中国家在遇到公共健康危机时采取强制许可的方法，生产专利药品。但该次会议除程序性地批准柬埔寨和尼泊尔加入世界贸易组织以外，在重要的“多哈议程”上吵吵闹闹，重蹈失败覆辙。第六次部长会议于2005年年底在香港举行，结果一般。第七次和第八次部长会议均在日内瓦举行，无积极成果。第九次部长会议通过了《贸易便利化协议》(Agreement on Trade Facilitation)。这是世界贸易组织成立以来首次达成的多边贸易协议。该次会议还通过了《粮食安全目的的公共储备》等决定。

对成员国的贸易政策进行监督，是世界贸易组织的重要职责和活动，而贸易政策审查能够保证成员贸易政策的透明度，对成员贸易政策提供集体审查和自我评估的机会。在贸易政策审查方面，截至2013年12月，世界贸易组织贸易政策审查机构已经进行了多达三百余次的贸易政策审查。考虑到《贸易政策审查机制》规定的审查频率，考虑到成员中最不发达国家和小国家，重要的成员已被多次审查。这一审查任务是重大的，其关注点是贸易量大的成员。

在世界贸易组织160个成员中，超过2/3以上的成员自己选择了发展中国家成员地位，其中包括30个最不发达国家。向发展中国家提供技术援助，促进发展中国家的能力建设，是多边贸易体制发展的核心任务之一。自成立以来，世界贸易组织对发展中国家政府官员提供了无数次的各种形式的培训。

处理成员间的贸易争端，是确保世界贸易组织规则得以实施的根本。世界贸易组织争端解决机构在这方面表现不俗。截至2013年12月底，已经有474起案件诉诸争端解决程序，其中，约有一半案件通过双边磋商得以解决，剩余案件中大多数经由专家组程序由专家组作出裁决，其中半数以上的专家组裁决经过上诉机构程序得到审理。此外，争端解决机构还解决了数十件有关裁决的实施措施争议的案件，并作出了数十件仲裁裁决。

## 第二节　犹疑不定的谈判新议题

世界贸易组织的职责之一是为成员就新议题的谈判提供场所。世界贸易组织成立后的第一次部长会议——新加坡部长会议就制定了新的谈判议题。新加坡议题内容广泛，它表现了世界贸易组织成立初始时的信心和壮志。但几经挫折，真正留在“多哈议程”内并取得进展的议题明显少了。2001年的《多哈部长会议宣言》包括的谈判议题有：与执行相关的问题、农产品、服务、非农业产品的市场准入、与贸易有关的知识产权、贸易与投资的关系、贸易与竞争政策的相互影响、反倾销和反补贴规则的完善、争端解决谅解的完善与澄清、贸易与环境、技术能力和能力建设、特殊和差别待遇。2004 年 7 月世界贸易组织总理事会就“多哈议程”作出决定，即所谓的“7 月一揽子决定”，进一步缩小了谈判议题，贸易与投资、贸易与竞争政策不再属于谈判的范围。在此后的谈判中，谈判截止日期一延再延。2006 年谈判中止。2008 年 7 月再次作出一揽子决定，推动谈判。但之后谈判实质处于停滞状态。2013 年年底部长会议通过《贸易便利化协议》，给“多哈谈判”带来了一线希望之光。

1. 贸易便利化

贸易便利化就是简化和统一国际贸易程序，以此促进国际贸易的发展。国际贸易程序，通常涉及海关程序、国际运输、贸易保险和支付以及过境时必须履行的正式程序和手续。根据《多哈部长会议宣言》，贸易便利化议题主要包括三个部分：现有规则的澄清，包括关税与贸易总协定第 5 条“过境自由”、第 8 条“进出口规费和手续”、第 10 条“贸易法规的公布和实施”；确立各成员尤其是发展中国家成员和最不发达成员的贸易便利和优先权；技术援助和能力建设。除关税与贸易总协定外，其他协议也涉及贸易便利化问题，如《海关估价协议》、《原产地规则协议》、《进口许可程序协议》、《装运前检验协议》、《技术性贸易壁垒协议》、《卫生协议》等。因而，贸易便利化是一个涉及面较广的问题。

促进贸易便利，符合世界贸易组织所有成员的利益。但该议题并没有得到所有成员的热心参与。除了贸易便利化所涉及的技术性问题和成本外，新规则的达成意味着成员承担了新的义务。而世界贸易组织现有规则运行的结果表明，发展中国家成员所具有的劣势并没有得到充分的救济。因而，发展中国家成员对接受新的规则积极性不高。

“7 月一揽子决定”附件 D“贸易便利化的谈判模式”主要对发展中国家成员和最不发达成员的支持与援助作出了规定。除《多哈部长会议宣言》中宣称的目的之外，特别应努力达成海关之间或其他适当机构之间在贸易便利和通关问题上的合作。谈判的结果应特别考虑对发展中国家和最不发达国家的特殊的差别待遇这一原则。该原则应不仅仅限于给予传统的实施承诺的过渡期，特别是达成承诺的程度和时间应与发展中国家和最不发达国家的实施能力相关。发展中国家和最不发达国家成员没有义务进行超出其能力的基础设施的投资。最不发达国家成员只需作出与其发展、金融和贸易需求或其管理和制度能力相一致的承诺。

作为谈判的组成部分，成员应努力指出其贸易便利化的需求和优先方面，特别是发展中国家和最不发达国家成员更是如此，并应解决发展中国家和最不发达国家成员对拟议措施产生的成本表达的关注。对能力建设的技术援助和支持，对于发展中国家和最不发达国家成员充分参与并从谈判中受益极为重要。成员，特别是发达成员，承诺在谈判中对这样的援助和支持给予充分的保障。此外，根据谈判达成的承诺的性质和范围，还应提供援助和支持帮助发展中国家和最不发达国家成员履行谈判达成的承诺。涉及对发展基础设施的支持的，发达国家应作出最大努力提供这样的支持，但这样的支持不是无止境的。在基础设施没有完成或发展中国家或最不发达国家成员缺乏必要的能力时，不需履行承诺。

2013 年巴厘岛部长会议通过的《贸易便利化协议》，主要包括三部分，即第一节、第二节和最后条款。其中，第一节共含 13 条，规定了促进货物转移、放行和通关的相关规则，主要包括：信息公开和提供，规章生效前的评议机会、信息及磋商，货物实际进口前对相关申请的预先决定，复议或审查程序，促进公正、非歧视和透明的其他措施，与进出口相关的税费规定，货物的放行和通关，边境机构合作，海关控制下的货物转移，与进出口和转运相关的手续，自由转运，海关合作，机构安排。第二节是有关发展中国家成员和最不发达国家成员的特殊差别待遇规定，主要是有关实施宽限期的规定和提供援助的规定。《贸易便利化协议》的最后条款部分规定，该协议对所有成员均有约束力，该协定不得解释为削弱成员根据 GATT1994 承担的义务，也不得解释为削弱成员根据《技术性贸易壁垒协议》和《卫生协议》享有的权利或承担的义务。GATT1994 的所有例外及豁免均适用于该协议。除该协议另有规定外，关税与贸易总协定第 22 条和第 23 条的争端解决规定及 DSU 适用于该协议的争端解决。

《贸易便利化协议》主要涉及海关手续问题，而这一问题是世界海关组织（WCO）的传统职责，协议也强调了世界海关组织在实施和管理这一协议中的作用。《贸易便利化协议》通过后，世界海关组织通过决定，认为这一协议完全符合世界海关组织的计划，决心有效实施并帮助世界海关组织成员实施《贸易便利化协议》。这是不同国际组织合作、促进全球治理的一个范例。

2. 农业及农业补贴

农业补贴问题是坎昆会议争议最大的问题。发展中国家与发达国家之间的对立，是造成这一议题停步不前的主要原因。经验表明，相对而言，富国补贴农业，而穷国则对农业征税。

《农业协议》允许在一定限度内提供国内支持、出口补贴，并提供了计算补贴数额的标准。允许提供的补贴额主要是根据世界贸易组织成立前各国实际提供的补贴来计算，它导致的实际情况是“金喇叭式”的民主：越是提供补贴的，越能提供补贴；原来没有提供补贴的，现在仍然不能提供补贴。该规则运行的结果可想而知。

农业是发达国家中最受保护的部门，在发展中国家是经济支柱。发达国家中大量的农业补贴特别是出口补贴的存在，对发展中国家的农业甚至经济产生了严重的不利影响。在发展中国家农业的市场准入逐步放开的情况下，这种影响更加明显。发展中国家要求取消出口补贴，发达国家主张善待出口补贴。美欧之间有关补贴的分歧亦广泛存在。

作为“7 月一揽子决定”附件的“农业模式确立框架”，重申了建立公平的市场导向的贸易制度的目标，提供了后续阶段谈判的指导和基础，强调最终的平衡应在后续谈判中达成，并体现在单一承诺中。为了实现这一目的，应制定对发展中国家的特殊差别待遇实际有效的、有意义的规定。农业对发展中国家成员的经济发展具有极端的重要性，这些成员必须能够追求支持其发展目标、降低贫困战略、粮食安全与生活关注的农业政策。谈判还应考虑《多哈部长会议宣言》第 13 段表达的非贸易关注。国内支持、出口补贴和市场准入三方面构成了相互联系的整体，必须以平衡、公平的方式进行改革。

在国内支持方面，特殊差别待遇是国内支持的必要组成部分。发达国家作出的国内支持的降低应予以协调，被允许的扭曲贸易的国内支持的程度越高，降低程度应越大。每一发达成员应在约束水平上实质性降低扭曲贸易的支持的总体水平。“综合支持总量最终约束水平”和微量允许水平，应进行实质性降低，对于蓝箱支持，应有最高限额；调整扭曲贸易的任何规则和条件的澄清或制定，都应考虑这一因素。扭曲贸易的国内支持水平越高的成员，其应降低的幅度就越大，以获得协调的结果。

在出口补贴方面，成员同意确立详细的方法，保证在最终的可靠日期前平行取消所有形式的出口补贴，确立对具有同等效果的所有出口措施的纪律。在成员达成的最终期限前，取消列入减让表的出口补贴，取消偿付期超过 180 天的出口信贷、出口信贷保证或保险计划，取消与达成的纪律不符的与偿付期低于 180 天（含 180 天）的出口信贷、出口信贷保证或保险计划的条款和条件，取消对于出口国营贸易企业的扭曲贸易的做法，取消与将来达成的有效实施的纪律不符的粮食援助。对于上述承诺分年度实施。发展中国家成员应享有更长的实施期，逐步取消所有形式的出口补贴。

在市场准入方面，对发达国家成员和发展中国家成员采取统一的方法（single approach）。谈判中应遵循下列指导原则：在现有的约束税率基础上作出关税减让；除最不发达成员外，每一成员都应作出减让，同时对发展中国家成员的特殊的差别待遇是不可缺少的因素之一；通过高关税大减让并保留对敏感产品的灵活性，实现逐步的关税减让，对所有的产品实现市场准入的实质性提高。在对发展中国家的特殊的差别待遇方面，建立特别保障机制（special safeguard mechanism，SSM）。

2008 年 7 月，农业谈判因发展中国家与发达国家之间就特别保障措施上的严重分歧而受挫。2008 年 12 月形成了最新的农业公式草案。该草案分为国内支持、市场准入、出口竞争、监督等部分，规定了相关部分的规则。在国内支持部分，采用三重公式，总体降低扭曲贸易的国内支持，发达国家分阶段实施，发展中国家享有特殊差别待遇。在市场准入方面，规定了降低关税的三重公式，区分了敏感产品，规定了农业的特别保障机制，以及发展中国家的特殊差别待遇。在出口补贴方面，发达国家应进一步降低出口补贴。

2013 年巴厘岛部长会议通过了多项有关农业的决定，涉及政府提供的一般服务、粮食安全目的的公共储备、有关农产品关税配额管理的谅解、出口竞争。有关政府提供的一般服务的决定，扩大了《农业协议》附件 2 绿箱支持中“政府提供的一般服务计划”的范围，包括与土地改革和农村生产保障相关的为促进农村发展和减贫的一般服务计划，如土地生态恢复、土壤保持和资源管理、旱情管理和水灾控制、农村就业计划、产权证书发放、农民安置计划。粮食安全目的的公共储备，在《农业协议》中亦属于绿箱支持中的政府服务计划的范围，但有相关的标准限制。巴厘岛部长会议对此作出的决定，建立了一种临时机制，适用于就粮食安全目的的公共储备达成最终解决办法前的阶段。对于发展中国家为粮食安全目的实施的公共储备计划而对传统粮食作物提供的支持，成员应克制根据《农业协议》第 6 条第 3 款和第 7 条第 2 款 b 项提出违反指控。该决定同时要求从该决定获益的发展中国家应向农业委员会提供相应的通知，保证相关计划的透明。有关农产品关税配额管理的谅解，将列入减让表的关税配额的关税配额管理视为《进口许可程序协议》意义上的进口许可，按该协议及本谅解的相关规定处理。

3. 非农产品的市场准入

"7月一揽子决定" 再次确认非农产品市场准入的谈判应旨在降低，适当时取消关税高峰、高关税和关税升级，以及其他的非关税壁垒，特别是针对发展中国家有影响的出口产品；重申特殊差别待遇及减让承诺的非完全互惠作为谈判模式的一部分的重要性。减让采取公式法进行，按某一公式计算出各成员的减让额。

公式法对于降低关税，降低或取消关税高峰、高关税或关税升级，非常关键。对于采取的公式，应遵循下列要求：(1) 产品范围全面，没有事先排除；(2) 关税减让或取消，应在现有减让全部实施后的现有约束税率基础上开始，但非约束关税，开始减让的基础应是基准年适用的最惠国税率的两倍；(3) 最惠国税率的基准年是 2001 年，具体日期为 11 月 14 日；(4) 尊重发展中国家自动的贸易化，但在世界贸易组织内部，关税在最惠国基础上有约束力；(5) 所有的非从价税应基于将达成的方法转化为同等的从价税，并按从价税受到约束；(6) 应基于 1996 年协调制度或 2002 年协调制度的分类开始谈判，谈判的结果按 2002 年协调制度的分类最终确定；(7) 进口数据的参考期为 1999 年至 2001 年。

作为例外，非农产品的关税低于 35%的约束水平的成员，可以免于通过该公式作出关税减让。这些国家以不超过现有减让全部实施后发展中国家的全部平均约束关税的水平，对 100%的非农产品关税实行约束。

部门关税部分，是实现《多哈部长会议宣言》规定目的的另一核心因素，特别是对于发展中国家成员有影响的出口产品。全体参与者的参与对此非常重要。谈判组应对这一部分继续进行讨论，以界定产品的范围、参与者以及对发展中国家参与者提供的充分灵活性。

发展中国家应享有更长期限的实施期。最不发达国家成员无须适用这一公式，也无须采取部门谈判法，但它们应提高约束承诺的水平。考虑到新加入成员的集中减让，该类成员的关税减让应采取特别的规定。

非关税壁垒是谈判中的不可分割的同样重要的组成部分。解决非关税壁垒的方式包括要价/出价、水平法或纵向法，应充分考虑对发展中国家成员的特殊的差别待遇。

2008 年"7月一揽子决定"之后，在进一步谈判的基础上，2008 年 12 月形成了非农产品的市场准入公式草案的最新文本。除制定了具体的公式外，还指出了与公式有关的因素，发展中国家使用这一公式的系数及灵活性，最不发达国家的例外，以及补充公式等。

4. 服务贸易

未提出最初出价的成员必须尽快提供出价。提交修改的出价的日期的确定应切实可行。为了对所有成员提供有效的市场准入，并且为了保证实质性的结果，成员努力确保高质量的出价，特别是对发展中国家有影响的部门和出口供应方式方面，对最不发达国家成员给予特殊的注意。成员应旨在逐步达成更高程度的自由化，不预先排除任何服务部门或提供模式，并应特别注意对发展中国家成员有影响的部门和出口供应模式。成员注意到发展中国家在第四种供应模式中的利益。成员应加紧努力完成根据《服务贸易总协定》第 6 条第 4

款、第 8 条和第 15 条的决策的谈判。已经确定目标的技术援助应予提供，以促进发展中国家有效地参与谈判。

5. 知识产权

知识产权协定通过给予发展中国家特殊的差别待遇的方式，换取该协定规定的高标准要求。如今发展中国家享有的特殊的差别待遇基本已经到期，而发展中国家在履行该协定规定的义务时却遇到了诸如公共健康危机这样的难题。多哈部长会议通过的《与贸易有关的知识产权协定与公共健康宣言》，赋予了发展中国家在面临紧急状态下执法的灵活性，这些灵活性包括：在适用国际公法的习惯解释规则时，知识产权协定的每一条款都应当根据明确表示的协定的目标和宗旨，尤其是协定的目标和原则来理解；每一成员都享有授予强制许可的权利，享有确定强制许可的授予依据的自由；每一成员有权确定什么构成了国家紧急状态或其他紧急状态，公共健康危机就是这样的一种紧急状态；该协定与知识产权权利用尽相关的规定的效果，是允许各成员在遵循最惠国待遇和国民待遇要求的前提下，确立自己的不受质疑的体制。此后，世界贸易组织总理事会分别在 2002 年 6 月和 7 月就延长最不发达国家的过渡期及药品方面的义务作出了决定。2003 年 8 月，世界贸易组织理事会通过了《关于实施与贸易有关的知识产权协定与公共健康宣言第 6 段的决定》，就药品方面的强制许可作了进一步的规定。

由于发达国家和发展中国家的意见分歧，2003 年的坎昆会议无功而返。在无法在世界贸易组织这一多边体制内制定新的知识产权规则后，许多发达国家利用其实力通过双边或区域性协定，提高知识产权的保护水平，其标准超过了知识产权协定规定的最低保护标准。这一做法与知识产权协定的目标与宗旨相违，使发展中国家面临新的不平衡。

发达国家和发展中国家在知识产权保护水平与公共利益需要方面的矛盾，为就知识产权制定新的纪律造成了困难。“7 月一揽子决定”重申了成员按照《多哈部长会议宣言》在进行环境、知识产权领域谈判的决心。但该决定并没有提供详细的指导规则。

知识产权领域的谈判，主要是就建立酒类地理标志的通知和注册的多边制度进行谈判。这一谈判主要涉及三个方面的问题：制度的参与是否自愿和注册的后果/法律效果；通知和注册的领域；费用、管理等负担，特别是对发展中国家和最不发达国家的影响。在这些问题上，都没有取得统一的认识。

## 第三节 仍待完善的运行机制

无论世界贸易组织与进一步兴起的全球化是否有直接的内在联系，世界贸易组织是在全球化的浪潮中建立的，这一事实是确定的。世界贸易组织在全球化的进程中蹒跚而行。全球化既为世界贸易组织的发展提供了机遇，也对世界贸易组织的发展提出了挑战。世界贸易组织如何发展，全系世界贸易组织如何作出因应，更准确地说，全系世界贸易组织成员如何因应，毕竟世界贸易组织是由其成员管理、推动的国际组织。

世界贸易组织建立了规则导向的多边贸易制度。为了保证这一机制的顺利运行，除了世界贸易组织成员善意履行义务外，世界贸易组织还建立了一系列保障机制，比较有代表性的是贸易政策审查机制和争端解决机制。世界贸易组织内部的运转机制，世界贸易组织与外部因素、外部力量的互动机制，都是制约、影响世界贸易组织机制运作的重要因素。

2003年6月，世界贸易组织总干事成立了由8位专家组成的咨询委员会，就世界贸易组织的运行进行审查并就如何完善提出建议。该委员会由关税与贸易总协定和世界贸易组织前任总干事彼得·萨瑟兰任主席，其他委员都是非常杰出的专家。2005年年初，世界贸易组织发布了由该咨询委员会提交的报告《世界贸易组织的未来：应对新千年中的机制性挑战》。①

2007年12月，英国华威大学华威委员会发布了报告《多边贸易体制向何处去》，对以世界贸易组织为核心的多边贸易体制进行了全面、深入的分析，指出了多边贸易体制面临的5大挑战，并提出了10项建议。

这两份报告比较全面、客观地评估了世界贸易组织的成就和面临的挑战，产生了较为广泛的影响。

咨询委员会的报告除结尾部分的结论和建议外，共包括了九个部分，分别是：全球化与世界贸易组织——自由化贸易的情况，非歧视的减损，主权，与政府组织的一致与协调，透明度及与市民社会的对话，世界贸易组织争端解决机制，结果导向的机构——决策与可变性布局，结果导向的机构——政治推动和有效程序，总干事和秘书处的作用。可以说，该报告正是对世界贸易组织面临的挑战的总结和评估。该报告在今天仍不失针对性和时效性。

1. 全球化与世界贸易组织

全球化的进程与世界贸易组织的作用被普遍误解，并被严重歪曲。虽然世界贸易组织代表了20世纪40年代以来多边主义的最根本性的进展，国际社会对其优点或其限制性却缺乏了解。

2. 对非歧视减损的反应

咨询委员会对当前优惠贸易协定（PTAs）的快速发展表现出了极大的关注。作为世界贸易组织根本原则的非歧视待遇，正越来越变成例外。政府需要表现出克制，或承担对多边贸易制度造成更大损害的风险。任何这类新安排的首要标准是，它明确改善受益国的贸易和发展前景，而不损害该安排之外的其他成员的利益。对歧视性优惠的长期救济，是通过多边贸易谈判有效地降低最惠国税率和非关税措施。应认真考虑发达国家作出的将关税

---

① See The Future of The WTO: Addressing institutional challenges in the new millennium, report by the Consultative Board to the Director-General Supachai Panitchpakdi, by Peter Sutherland (Chairman), Jagdish Bhagwati, Kwesi Botchwey, Niall FitzGerald, Koichi Hamada, John H. Jackson, Celso Lafer, Thierry de Montbrial, World Trade Organization, 2004.

降为零的最后日期的承诺。优惠贸易协定在世界贸易组织应受到有意义的审查和有效纪律的约束。

3. 对主权的关注：得大于失

世界贸易组织拥有国家以前专享的能力和权力。最终起作用的是国家层面上政策空间的损失与多边层面上合作与法治的优势之间的平衡是积极还是消极。咨询委员会认为，该平衡对所有的世界贸易组织成员目前是积极的，在将来仍然如此。

4. 全球协调与一致：更好的全球治理

与其他政府机构的合作通常会增加世界贸易组织的重要性，使世界贸易组织的活动正规化。然而咨询委员会相信，世界贸易组织规则的确立与解释，是为了世界贸易组织成员本身，应摆脱不当的外部干预。不应根据其他场合中存在的政治紧张和冲突来审查其他组织在世界贸易组织机构内的观察员地位。世界贸易组织不是联合国的一部分，也不应成为联合国的一部分。世界贸易组织是一个独特的（sui generis）国际组织，观察员地位仅应根据对作为贸易谈判场所的世界贸易组织的贡献授予。

发展中国家，随着不断转向贸易自由化，经常不能提供调整机制来缓解对就业和社会福利的其他方面的短期不利影响。国际发展机构，主要是世界银行，应提供或完善计划，为发展中国家的与贸易政策相关的调整援助提供资金。

实现全球经济决策的一致性，应是所有多边经济机构的首要任务。总理事会于 1996 年授予总干事寻求认真的一致性议程的职责。总干事已经采取了一些有用的措施，现在应对扩大和强化世界贸易组织这一领域内的活动的选择方案进行审查。

5. 与市民社会的对话：双方的责任

在过去的几年中，世界贸易组织在对外透明度方面已经取得了很大的进展。然而，世界贸易组织与非政府组织的关系以及与公众的关系框架，需要审查。

必须承认，使市民社会参与贸易政策问题的首要责任在世界贸易组织成员。虽然世界贸易组织与市民社会的关系有自己的完整性和动力（integrity and dynamics），在国家层面上，它们已经与政府/市民社会关系不可分割地联系在一起。

对于世界贸易组织与市民社会和一般公众的关系，成员必须制定一套明确的目标。在这些目标的统一框架内，应进一步完善 1996 年总理事会“与非政府组织关系安排指南”，以便指导秘书处人员与市民社会公众磋商及对话。

这一指南，应包括秘书处与相关组织建立制度性的深入关系所采取的标准。然而，与任何一类组织建立联系，都不能构成对其他类别组织的永久排除。秘书处没有义务与其明示目标削弱或损害世界贸易组织的集团进行认真的联系。对于最不发达地区中涉及贸易问题的当地市民组织，应作出特别努力给予帮助。

世界贸易组织与市民社会关系的改善，没有更多的资源是不能实现的。

6. 争端解决制度：能够强化的成功

DSU 是朝以规则为基础的国际贸易外交的统一制度迈出的重要的积极的一步。虽然咨询委员会相信进行剧烈的变化前慎重和经验是必要的，但该委员会仍然提出一些建议。

任何改革措施或想法，如果产生外交否决权，或造成特定争端使最终通过的专家组报告的某些方面无效或改变的机会，都必须坚决予以抵制。争端解决机构应不时地选择特定裁决，由争端解决机构的合理、公正的特殊专家组进行深入分析，以便对世界贸易组织制度提供建设性批评的审慎报告。

应制定并澄清允许上诉机构将案件发回原专家组的原则，特别是如果发回重审不增加程序的延迟。可以考虑采取名单制和特别指定相结合的方法，指定专家组成员，以减轻专家组选择中的问题。

对于法庭之友信息，咨询委员会基本同意已经采取的接受和考虑适当提交的法庭之友的程序。然而，为了公正和妥善地处理向专家组和上诉机构提交的法庭之友，应制定普遍性的标准和程序，平衡资源对公正性影响的担心。这类材料能够改善争端解决程序的总的质量。

为了减轻对透明度的某些关注，理所当然，专家组和上诉机构的听证一般应对公众开放。如果专家组（或上诉庭）或争端一方当事人提议，存在合理的充分理由阻止公众参加全部或部分听证，可以不采取这一新做法。

专家组和上诉机构裁决的实施问题很重要，在某些方面让人担心。特别是，DSU 对败诉方提供了自由选择是否实施义务、给予补偿或承受报复的理念，是错误的。“买断义务”(buying out of obligation)，对制度，对贸易条件，尤其是对发展中国家成员申诉方的利益，都是有害的，发展中国家成员申诉方不能采取有效的报复。对较穷的申诉方提供金钱补偿，作为完全实施裁决前的临时措施，可能是值得实验的一种方法。

外交官、政府官员和立法者对国际贸易争端的根本越了解越好。世界贸易组织秘书处应当鼓励和促进技术援助，以激发对条约实施中的规则导向作用的更广泛理解，以及对所有的司法机构（国内的和国际的）采取的一般方法的更广泛理解。

从事争端解决的外交官和官员，需要更好地理解争端解决制度，而且该制度所服务的社区的一般公众，也需要更好地理解争端解决制度。需要作出更大的努力提供信息、进行教育，包括世界贸易组织或争端解决机构任命的专家小组提供信息和教育。

*7. 推动谈判前进：对决策和可变布局的新看法*

世界贸易组织的协调一致的决策方法，有很多优点。然而，对达成一致所产生的问题，也需要根据其他类型的决策可能产生的差别，进行认真的更深入的研究，例如纯程序性问题。在这一背景下，咨询委员会敦促世界贸易组织成员，使总理事会通过一项宣言，一成员拟阻止本已取得广泛一致的支持的措施，只有以书面形式宣告该事项对其具有重大国家利益，并提供理由，才可以阻止一致意见的达成。

最近几年的主要谈判中，成员在实质进展方面都遇到了相当大的困难。这虽然不是新问题，是多种因素的反映，然而，咨询委员会相信，在多哈回合谈判之外，应对谈判的不同方法进行审查。例如，应重新审查世界贸易组织谈判的多边方法的原则。应特别注意那些没有选择参与的成员可能面临的问题。此外，该方法不应允许成员小集团提出相当多的其他成员坚决并一直反对的世界贸易组织问题。基于这样的理解，如果政治上接受这一原则，则应建立专家小组考虑技术的和法律的影响并就其提出建议。在某些情形下，《服务贸易总协定》“减让表”法可能是一个适当的选择。对这两个概念应一起进一步地探讨。

可能时，世界贸易组织将来达成新的协议，应含有契约性权利的条款，包括必要的资金安排，使最不发达国家成员在实施新的义务时接受适当的、充分的技术援助和能力建设资助。

8. 确保政治推动和有效程序的组织性变化

咨询委员会认为，应通过更强有力的政治参与加强世界贸易组织的运行。首先，部长会议通常应每年召开一次。其次，应要求总干事向部长（会议）书面报告贸易政策发展情况。最后，每5年应举行一次世界领导人参加的世界贸易组织峰会。

有必要将世界贸易组织的谈判和其他活动置于比现在更广泛的政策环境。世界贸易组织在日内瓦的工作，必然紧紧地以成员政府在国内必须处理的广泛的政治、经济和发展问题为中心，但并不总是与这些问题明确相关。咨询委员会建议，由总干事召集和主持高级别官员的咨询机构，该机构没有行政权力但议程广泛，每季或半年召开会议。该机构的组成成员应有所限制，部分成员按轮流方式组成。应提供相应的资金，确保来自发展中国家首都的高级官员参加。必要时，咨询机构可以全部或部分召开部长级别的会议。这样的机构应在部长会议前召开会议，以减轻两级别间的工作转变带来的问题。

部长会议期间，总干事和秘书处应有能力和资格处于谈判的核心。副总干事和部门干事在整个程序中应与协调员一起工作。为了进一步提高透明度和包容性（inclusiveness），总干事应与相关集团在小范围的会议上探讨提高协调的可能和集团的意见。

9. 充分发挥总干事和秘书处的作用

按照《世界贸易组织协定》的要求，以及部分基于该职位的现职和过去任职人员的建议，总理事会现在应明确澄清总干事的“权力和义务”。技术能力和适当的经验，应是任命总干事的前提条件。咨询委员会更倾向于放弃允许世界贸易组织成员只提名自己国民作为候选人或者候选人必须获得其政府的支持的共识。应避免在发展中国家和发达国家间选择的任何倾向性以及地区排队。

秘书处作为世界贸易组织制度卫士的作用，应予再次确认。成员应鼓励和激励秘书处的更大的智力产出和政策分析。在秘书处的各层次上，特别是在最高层，获得最合格的人员极为重要。可以通过任命相当于总干事的行政主管来强化秘书处内的管理文化。

世界贸易组织预算的重大提高，在当前的气候下可能不现实，但确实有必要，其年增长率应超过其他获得较好资助的机构。

华威委员会《多边贸易体制向何处去》① 这一报告，指出多边贸易体制面临的5大挑战：第一，在工业化国家内部，多边贸易的进一步自由化面临的反对力量增加。这一趋势使市场进一步的互惠开放受到了不正当的限制，并削弱了国际经济合作机制的价值。第二，主要由美国和西欧主导的两极化全球体制让位于多极体制，已经成为无可争议的事实。这一挑战将确保处于演变中的这一结构不陷入长期停滞或更坏的崩溃状态。第三，在不断变

① See The Multilateral Trade Regime: Which Way Forward? the Report of the First Warwick Commission, December 2007.

化的环境中，世界贸易组织成员应就世界贸易组织的目标和功能达成一项基础广泛的协议，这一协议反过来有效地界定世界贸易组织的“边界”。第四，确保世界贸易组织的多项协议和程序对最弱小的成员产生利益。这要求世界贸易组织成员解决现有贸易规则和公平、正义与发展之间的关系。第五，随着优惠贸易协定的泛滥，应采取适当的措施确保这些活动背后的巨大动力最终纳入促进国际贸易中长期确立的非歧视原则和透明原则的轨道。

根据上述挑战，华威委员会《多边贸易体制向何处去》这一报告提出了10项建议，应对这些挑战：第一，在决策程序中，需要考虑适用临界法（critical mass approach）。这一方法的根本含义是，并非所有的成员都需要在某一相关政策领域作出承诺。在利用临界法确定谈判议程时，需要明确积极的全球福利利益，保护非歧视原则，更多地考虑决策的收入分配效果。第二，在正式提起申诉前，世界贸易组织成员应有权利用争端解决调解人解决潜在的争端。这样的程序允许在正式的双边磋商前诉诸独立第三方的调解。第三，维持并强化争端解决程序的透明和开放活动，在听证会公开、允许在专家组和上诉机构程序提交法庭之友方面尤其如此。第四，当不能执行裁决或提供与贸易有关的补偿时，世界贸易组织成员应考虑接受向受害方提供现金补偿的义务。第五，根据对发展需求的可靠分析，并且承认发展中国家的不同需求要求采取差别措施这一现实，加倍努力制定明确的、具体的特殊和差别待遇规定。第六，明确界定世界贸易组织、捐助国、潜在的受助国和其他相关国际组织在贸易援助中的相应职责。如果缺乏相应职责的界定，就会削弱贸易援助的有效性，并增加世界贸易组织为其他各方承担责任的风险。第七，当前应进一步努力澄清和完善世界贸易组织有关区域贸易协定的规则和程序。第八，主要工业国应克制相互之间签订优惠贸易协定。在世界贸易中具有重大份额的发展中国家同样应克制相互间签订优惠贸易协定。第九，世界贸易组织成员应强化区域贸易协定的透明度审查机制，并使之永久化。应考虑建立一种机制，便利对区域贸易协定的集体监督，并建立相应的行为准则。第十，在世界贸易组织内部建立一种反思程序，由总理事会主席/总干事领导，对多边贸易制度面临的挑战和机会进行审查，并制定解决问题的行动计划。

## 一、问题与思考

1. 如何理解世界贸易组织法律制度下成员之间的经济外交关系？

2. 根据《世界贸易组织协定》对世界贸易组织的职能定位，世界贸易组织如何处理好组织与成员、组织与其他机构间的关系？

## 二、练习题

**判断正误**

1. 世界贸易组织是一个独立的国际经济组织，它可以制定实施其成员反对的政策或规则。

【解析】错误。世界贸易组织是由成员共同管理的组织，其决策惯例是协商一致。世界贸易组织不可能通过成员反对的规则。

2. 根据现有的争端解决规则，上诉机构可以将争端案件发回专家组重申。

【解析】错误。上诉机构可以维持、推翻或变更专家组的裁决，根据实践也可以完成专家组没有完成的分析，但上诉机构不可以将案件发回重审。

3. 如果某一成员违反了世界贸易组织规则，世界贸易组织可以对其进行制裁。

【解析】错误。世界贸易组织缺乏对某一成员进行制裁的权利。对某一成员的制裁或报复，是由提起申诉并维持争端解决机构授权的成员进行的。

4. 如果某一成员违反了世界贸易组织规则，世界贸易组织的其他成员可以对其进行集体制裁。

【解析】错误。世界贸易组织成员承担的义务具有相对性。世界贸易组织规则是一个双边协议网。某一成员违反其承担的义务，可能只影响到其中某些成员的利益。受影响成员可以通过磋商、诉诸专家组程序来解决贸易争端。在被诉方拒不执行争端解决机构作出的裁决或建议时，经争端解决机构授权，申诉方可以对被诉方中止减让其他义务，其他成员无权对被诉方采取措施。

5. 世界贸易组织争端解决程序应当公开，应当将所有案件的审理过程对公众开放。

【解析】错误。尽管透明度是世界贸易组织追求的一个目标，应增加争端解决程序的透明度，但并非所有审理过程都对公众开放。

6. 世界贸易组织规则是其成员制定并由成员遵循的，成员据该规则享有权利、承担义务，个人或企业不能据该规则承担义务、享有权利。

【解析】正确。迄今为止，世界贸易组织规则不能在成员国内法律制度中直接适用。世界贸易组织要求成员将其国内立法与世界贸易组织的相关规则的要求相一致。

7. 世界贸易组织总干事在总理事会休会期间代理总理事会行使职权。

【解析】错误。总干事负责秘书处工作，是世界贸易组织的管家，但却不是主人，主人是部长会议或总理事会或世界贸易组织成员。

8. 世界贸易组织规则是发达国家成员和发展中国家成员集体通过的，它表明发达国家成员与发展中国家成员之间不存在利益的冲突。

【解析】错误。由于谈判实力的不平等、由于经济结构和实力的差异，表面上平等适用的规则实质上并不能保证消除发达成员与发展中国家成员之间的利益冲突。坎昆会议的失败明显说明了这一问题。

9. 总干事领导的秘书处是世界贸易组织的管家。

【解析】正确。秘书处是世界贸易组织的服务机构，而非权力机构。秘书处的负责人是总干事，总干事由部长会议或总理事会任命，并规定其职责。

# 参考书目

1. 世界贸易组织乌拉圭回合多边贸易谈判结果法律文本．对外贸易经济合作部国际经贸关系司译．北京：法律出版社，2000

2. 曾令良．世界贸易组织法．武汉：武汉大学出版社，1996

3. 赵维田．世贸组织（WTO）的法律制度．长春：吉林人民出版社，2000

4. 王贵国．世界贸易组织法．北京：法律出版社，2003

5. 曹建明，贺小勇．世界贸易组织．3 版．北京：法律出版社，2011

6. 贺小勇，朱榄叶．WTO 争端解决机制研究．上海：上海世纪出版集团，2007

7. 韩立余．既往不咎——WTO 争端解决机制研究．北京：北京大学出版社，2009

8. 张乃根．WTO 争端解决机制论——以 TRIPS 协定为例．上海：上海人民出版社，2008

9. ［比］约斯特·鲍威林．国际公法规则之冲突．周忠海，等译．北京：法律出版社，2005

10. ［澳］克里斯托弗·阿勒普．世界贸易组织的新协定．广东外语外贸大学法学院，译．上海：上海人民出版社，2004

11. ［法］伯纳德·霍克曼，迈克尔·考斯泰基．世界贸易体制的政治经济学：从关税与贸易总协定到世界贸易组织．刘平，等译．北京：法律出版社，1999

12. ［美］约翰·H. 杰克逊．世界贸易体制：国际经济关系中的法律与政策．张乃根，译．上海：复旦大学出版社，2001

13. ［美］约翰·H. 杰克逊．GATT/WTO 法理与实践．张玉卿，等译．北京：新华出版社，2002

14. Ernst-Ulrich Petersmann. The GATT/WTO Dispute Settlement System. Kluwer Law International，1997

15. Robert E. Hudec. Enforcing International Trade Law：The Evolution of the Modern GATT Legal System. Butterworth Legal Publishers，1993

16. Peter Van den Bossche. The Law and Policy of the World Trade Organization：Text，Cases and Materials. Cambridge University Press，2005

17. Peter Van den Bossche and Werner Zdouc. The Law and Policy of the World Trade Or-

ganization. 3rd edition. Cambridge University Press，2013

18. Petros C. Mavroidis. Trade in Goods. 2nd edition. Oxford University Press，2012

19. Nicolas F. Diebold. Non-discrimination in International Trade in Services. Cambridge University Press，2010

20. Simon Lester，Bryan Mercurio，Arwel Daviesand Kara Leitner. World Trade Law. Hart Publishing，2008

图书在版编目（CIP）数据

世界贸易组织法 / 韩立余著．— 3 版．—北京：中国人民大学出版社，2014.7
新编 21 世纪法学系列教材
ISBN 978-7-300-19575-9

Ⅰ.①世… Ⅱ.①韩… Ⅲ.①世界贸易组织-规则-高等学校-教材 Ⅳ.①D996.1 ②F743

中国版本图书馆 CIP 数据核字（2014）第 139377 号

“十二五”普通高等教育本科国家级规划教材
新编 21 世纪法学系列教材
总主编　曾宪义　王利明
**世界贸易组织法**（第三版）
韩立余　著
Shijie Maoyi Zuzhifa

| | | | |
|---|---|---|---|
| 出版发行 | 中国人民大学出版社 | | |
| 社　　址 | 北京中关村大街 31 号 | 邮政编码 | 100080 |
| 电　　话 | 010－62511242（总编室） | | 010－62511770（质管部） |
| | 010－82501766（邮购部） | | 010－62514148（门市部） |
| | 010－62515195（发行公司） | | 010－62515275（盗版举报） |
| 网　　址 | http：//www.crup.com.cn | | |
| 经　　销 | 新华书店 | | |
| 印　　刷 | 北京昌联印刷有限公司 | 版　　次 | 2005 年 12 月第 1 版 |
| 规　　格 | 185 mm×260 mm　16 开本 | | 2014 年 7 月第 3 版 |
| 印　　张 | 18.5 | 印　　次 | 2022 年 4 月第 9 次印刷 |
| 字　　数 | 393 000 | 定　　价 | 45.00 元 |

## 《　　　　　　》※任课教师调查问卷

为了能更好地为您提供优秀的教材及良好的服务，也为了进一步提高我社法学教材出版的质量，希望您能协助我们完成本次小问卷，完成后您可以在我社网站中选择与您教学相关的1本教材作为今后的备选教材，我们会及时为您邮寄送达！如果您不方便邮寄，也可以申请加入我社的**法学教师QQ群：83961183（申请时请注明法学教师）**，然后下载本问卷填写，并发往我们指定的邮箱（cruplaw@163.com）。

邮寄地址：北京市海淀区中关村大街31号中国人民大学出版社411室收

邮　　编：100080

再次感谢您在百忙中抽出时间为我们填写这份调查问卷，您的举手之劳，将使我们获益匪浅！

**基本信息及联系方式：**※

姓名：________ 性别：________ 课程：________

任教学校：________ 院系（所）：________

邮寄地址：________ 邮编：________

电话（办公）：________ 手机：________ 电子邮件：________

**调查问卷：**※

1. 您认为图书的哪类特性对您使用教材最有影响力？（　　）（可多选，按重要性排序）
   A. 各级规划教材、获奖教材　　B. 知名作者教材
   C. 完善的配套资源　　D. 自编教材
   E. 行政命令
2. 在教材配套资源中，您最需要哪些？（　　）（可多选，按重要性排序）
   A. 电子教案　　B. 教学案例
   C. 教学视频　　D. 配套习题、模拟试卷
3. 您对于本书的评价如何？（　　）
   A. 该书目前仍符合教学要求，表现不错将继续采用。
   B. 该书的配套资源需要改进，才会继续使用。
   C. 该书需要在内容或实例更新再版后才能满足我的教学，才会继续使用。
   D. 该书与同类教材差距很大，不准备继续采用了。
4. 从您的教学出发，谈谈对本书的改进建议：________

**选题征集：**如果您有好的选题或出版需求，欢迎您联系我们：

联系人：黄　强　联系电话：010-62515955

**索取样书：**书名：________

书号：________

**备注：※ 为必填项。**